本书的出版获淮阴师范学院教授基金、博士后基金资助

淮上文丛

潘德舆年谱考略

朱德慈 著

中国社会科学出版社

图书在版编目（CIP）数据

潘德舆年谱考略/朱德慈著. —北京：中国社会科学出版社，2009.9
ISBN 978-7-5004-7888-1

Ⅰ. 潘… Ⅱ. 朱… Ⅲ. 潘德舆（1785—1839）—年谱 Ⅳ. K825.6

中国版本图书馆 CIP 数据核字（2009）第 098944 号

策划编辑 罗 莉
责任编辑 丁玉灵
责任校对 石春梅
封面设计 毛国宣
技术编辑 李 建

出版发行 中国社会科学出版社
社 址 北京鼓楼西大街甲 158 号 邮 编 100720
电 话 010—84029450（邮购）
网 址 http：//www.csspw.cn
经 销 新华书店
印 刷 北京新魏印刷厂 装 订 广增装订厂
版 次 2009 年 9 月第 1 版 印 次 2009 年 9 月第 1 次印刷
开 本 710×1000 1/16
印 张 22.25 插 页 2
字 数 350 千字
定 价 46.00 元

《淮上文丛》总序

悠悠长淮，孕育古代淮阴灿烂的文明；浩浩运河，兼收南北文化的精华。

当四五万年前的下草湾文化、六七千年前的青莲岗文化印制出人类在淮阴活动的足迹时，在这片热土上诞生了第一个古国——徐国。徐国的建立者是淮夷，淮夷是东夷部族的一支。中华民族以华夏（炎黄）部族、东夷部族、苗蛮部族和北狄部族为主体。

在传说时代，东夷诞生了伟大的英雄后羿。后羿是弓箭的发明者。按照美国民俗学家摩尔根的说法，发明弓箭是人类进入高级蒙昧社会的标志，是人类进入文明社会的必然阶段（参见摩尔根《古代社会》，商务印书馆 1977 年版，第 9 页）。后羿敢于挑战太阳，作为后羿的传人，淮夷自然有不屈不挠的英雄品质，或许是因为这样的原因，他们在血与火的洗礼中建立了熠熠发光的徐国。尚武是人类生存的第一需要，也是人类自我发展的第一个品质。这一血脉流淌千年，汩汩不息，浸入了淮阴人的灵魂。于是，在古代淮阴大地上出现了项羽、韩信等彪炳史册的大军事家。

尚文是人类精神活动的需要。我是谁？当人类带着生存上的困惑追问这一问题时，精神上的诉求已悄然地提上了议事日程。在发现下草湾、青莲岗文化的过程中，我们何尝感受不到先民们传达出来的审美要求呢？这是一方充满了创造力的文化大邦。走出淮阴，为民族文化添上绚丽的一笔，是一代又一代淮阴人的梦想。从这里出发，我们的先民们开创了淮阴灿烂与辉煌的文明。正是有了这一深厚的文化底蕴和传承，才在这片神奇的土地上孕育了汉代辞赋大家枚乘、枚皋父子，南朝文学家鲍照、宋代诗词家张耒、南宋画家龚开、明代小说家吴承恩、清代画家边寿民（扬州八家之一）、清代女弹词家邱心如……当枚乘《七发》开一代新风时，有多少赋家为此竟折腰。由模仿《七发》创“七林”体，散体大赋成为一代文学之胜，是枚乘高举起辞赋革新的大旗。

淮河是淮阴的母亲河，像黄河、长江哺育中华民族一样，淮河也哺育了淮阴人。这条奔流不息的大河托起了淮阴人永远挺立的脊梁。淮阴是“浮在水上”的土地，淮阴有四分之一的面积是水（古代的水面更大）。从空中俯视淮阴，那烟波浩淼的洪泽湖如同振翼高飞的天鹅……淮阴水网密布，五龙口汇聚了柴米河、六塘河、盐河、古黄河、运河等波光粼粼的大河，赋予淮阴比江南水乡更秀美的风光。

还是谈谈大运河吧。大运河是淮阴走向繁荣的大动脉。自隋炀帝开挖大运河以后，淮阴成了隋炀帝游幸江都的必经之地。淮阴运河古已有之，早在公元前 486 年，吴王夫差为了北上争霸，在长江与淮河之间开挖了古运河邗沟。隋炀帝以洛阳为中心向东南开挖大运河，连接邗沟通往江都。元代以后，北方运河淤积，遂废弃不用。从此，杭州到北京的运河成为中国最繁忙，同时也是最有价值的人工河流。

运河的作用太大了。当时，全国的政治中心在大都（今北京），可是，天下取之不竭的财富又在江浙。“苏湖熟，天下足。”要想用最经济的手段把江南钱财运往北京，唯一的办法就是通过“漕运”。漕者，槽也。平地开挖的大运河如同马槽状。通过水路征调沿途各地的粮食、布帛、食盐、茶叶、铸钱等入京，给大运河带来了前所未有的繁荣景象。

漕运是封建王朝的生命线，元明清三代的国家财政收入有一半以上靠漕运实现。为了保障国家财政，明清两代在淮阴设置了漕运总督府（旧址在今淮安市楚州区）和河运总督府（旧址在今淮安市清浦区）。漕运总督府与河运总督府相隔仅二十多里，同属一地，一个地方有两个总督府，在明清两代极为罕见，故淮阴又有“运河之都”的称谓。

在这条黄金水道上，淮阴扮演了重要的角色。淮阴地处京杭大运河的中部，素有“九省通衢”之称。淮阴最为重要的水陆码头是清江浦。当时，小小的清江浦约三十万户人家，以一户五口计算，人口超过百万。清江浦一时名声大震，“南船北马舍舟登陆处”遂成为清江浦的美誉。此外，古镇河下也是十分繁忙的水陆码头。漫步在河下镇青石铺成的小街上，不时地可以听到明代状元沈坤抗击倭寇的故事，吴承恩撰写《西游记》的故事……这是一方乐土，开启乾嘉学派的大师阎若璩客居在这里，为发现甲骨文作出杰出贡献的刘鹗、罗振玉寓居在这里……当我们走进刘鹗、罗振玉的故居时，完全可以感受到他们守着青灯黄卷奋笔疾书的形象。

翻过历史，走入近代。面对民族深重的危机，淮阴人又书写了新的一页。为抗击英国入侵者，关天培勇守虎门炮台；为辛亥革命的成功，南社英俊少年周实流尽了最后一滴血；还有一代伟人周恩来，为救国救民高唱着“大江歌罢掉头东，邃密群科济世穷。面壁十年图破壁，难酬蹈海亦英雄”的雄浑诗篇，走出了淮阴。历史的烟云从我们的眼前滚滚而过，我们感受着淮阴，读解着淮阴，淮阴为中华民族的文化历史书写了重重的一笔。

出于对乡贤的敬仰，我们——淮阴师范学院中国古代文学学科的同仁有志于发扬光大淮阴优秀的文化传统，决定将我们的学术成果奉献给这座历史文化名城。“淮水东南第一州，山围雉堞月当楼。”（白居易《赠楚州郭使君》）这一富有诗情画意的诗句既道出了我们对淮阴的深厚感情，也是我们将这套丛书取名为“淮上文丛”的原因。

需要交代的是，淮阴师范学院坐落在文化名城淮阴的中心，中国古代文学学科于2004年被批准为江苏省普通高校重点建设学科。近半个世纪以来，淮阴师范学院中国古代文学学科先后出现了于北山、周本淳等知名学者，他们的《陆游年谱》、《范成大年谱》、《杨万里年谱》，《诗话总龟》（校点）、《唐音癸签》（校点）、《震川先生集》（校点）等至今为学术界津津乐道。

薪火相传。近年来，淮阴师范学院中国古代文学学科在继承老一辈学者辨彰学术、考镜源流传统的基础上，在秦汉文史、唐宋文学、元明清文学等领域取得了一些可喜的成绩，使学科逐步形成了自己的特色。“书轨新邦，英雄旧里。”（宋苏轼《淮阴侯庙记》）踵先贤之旧履，续淮阴之新章，是我们淮阴师范学院中国古代文学学科人的心愿。

张　强

2006年7月10日

目　　录

自　序

清道光年间，潘德舆以学行诗论负时令望，雄视一世，蜚声南北，尊敬者、追从者、私淑者皆甚众，乃当时诗坛一颗耀眼的明星。

潘德舆（1785—1839），字彦辅，号四农，别号艮亭居士、念石道人等，江苏山阳（今淮安市楚州区）车桥乡人。出身于没落的书香门第，十二岁即能诗。十五岁应童子试，成诸生。自十六岁始，历经十三次应考，方于道光八年，亦即四十四岁那年中江南解元。继之六度参加会试，终未考取进士。道光十五年三月，大挑一等，以知县用分发安徽。四载未得实授，道光十九年七月廿七日郁郁病卒于里第。汤鹏说他是“叟之用心若日月，惜哉不上白玉堂”[1]，客观地道出了其可悲的生活历程。王柏心云：“山阳一老殊绝伦，道高自比渭与莘。可怜槁馘死牖下，明月但照空山坟。”[2]更道出后学对四农的无限惋惜。

四农殁前五月，作绝笔诗曰：“五十年来肮脏身，痴心独扫世间尘。一腔热血喷何处，惟把文章示后人。”[3]真实地道出了其平生所为。从十八岁开始，除了读书应试外，他把所有的精力都集中在授徒与著述上，刊行有《养一斋集》二十六卷、《养一斋札记》九卷、《养一斋词》三卷、《养一斋诗话》十卷及《李杜诗话》三卷等。另有稿本、钞本若干，如《北行日记》、《养一斋家书》、《养一斋杂稿》及批点《古诗源》、《唐贤三昧集》等，存于淮壖，迄今鲜为人知。他曾坦言：“万族纷有营，嗟我溺文史。竭精不适用，贱不如众技。冥行数十年，蹩躠未知止。犹冀铅椠间，名字永不死。”[4]虽然其迹未登仕版，但是其“冥行数十年”所取得的丰硕的学术与创作成就，如其所愿，已然名垂史册。《清史稿》卷四八六列其事迹于《文苑传》，诸清代诗学史、思想史竞夸其名。

他是一位成就斐然的诗学批评家。从早期零星闪光的《说诗牙慧》，到后来渐次深入、偏重艺术的《古诗源》批点、《陶渊明诗》批点、《唐贤三昧集》批点、《王摩诘诗》批点，再到引领时代风会、倡导“诗教”的《养一斋诗话》十卷及《李杜诗话》三卷，他经历了一个成功的批评家应当完成的全部过程。他最终奉献给文学批评史的十三卷诗话，所论“必求合于温柔敦厚、兴观群怨之旨”[5]，“在当时的诗坛上，树起一面旗帜，力图推挽一代诗风，使之沿着风雅方向发展”[6]。有人“私谓为国朝论诗第一书”[7]，有人以为“近时诗话，当以此为首矣”[8]。前辈钱仲联先生纵论曰：“从嘉庆到道光一段时间，清王朝已开始走下坡路，诗坛也趋于岑寂。唯一值得重视的是山阳潘德舆。潘氏著《养一斋诗话》，昌言‘诗言志’、‘诗无邪’，以三百篇为根本，强调诗歌的教化作用，讥斥性灵派所言性情，不过是嘲风雪，弄花草，叹老嗟卑，荒淫狎邪之语。他标举‘柔惠且直’一语，以为是‘古诗人之性情’。其论诗境，提出‘质实’二字，以救格调、性灵诸说的偏蔽。在诗论方面，跟叶燮《原诗》先后辉映。”[9]时贤则谠言：“他继承了《诗经》以来的现实主义诗歌传统，吸取了白居易、黄彻、张戒、宋大樽等的现实主义诗论和严羽、姜夔、徐祯卿、王世贞等人的诗歌艺术论方面的合理内核，在新的历史条件下，建立了以‘诗品之人品’为核心的诗学理论体系。”[10]其词学观则针对新兴的常州词派倡导比兴寄托、过度尊崇南宋之弊，率先针锋相对、旗帜鲜明地提出：论到词“意格之闳深曲挚，则莫盛于北宋。词之有北宋，犹诗之有盛唐。”[11]如此“针砭张氏，亦是诤友”[12]的独卓姿态，同样赢得了后人的尊敬。

他是一位矫立不群的儒学思想家。民国初徐世昌撰《清儒学案》，计列正案一百九十四，“四农学案”居其一。当代钱穆著《清儒学案》，计列专案六十四，“四农学案”亦居其一。仅据此便已可约略揣测其思想高度。其思想的主要特点是：融合传统汉学及程、朱理学与陆、王心学，三位一体，“不袒汉、宋，而以近儒之破碎穿凿为汉学之糟粕，语录之空虚元渺为宋儒之筌蹄。”至于其论治术，则“以为天下之大病不外一‘吏’字，尤不外一‘例’字，而实不外一‘利’字。近世一二魁儒负匡济大略，非杂纵横，即陷功利，未有能破‘例’字、‘利’字之局，而成百年休养之治者也”[13]。正如张树声所指出的那样，雍、乾以来，

"士大夫好言心性、讲太极，而于义、利之界每鄙为粗旨，不屑讲明，惟是肆高论、辩同异，不待考诸其行而知其难副所言"[14]。潘德舆的新儒学思想正是针对这种侈论空谈而进行的强力反拨，钱穆《中国近三百年学术史》因而认定其与魏源等人同属以龚自珍为代表的经世致用派的主要成员之一，确实是颇合事实的。

他是一位名闻遐迩的文章家。为文"醇厚刚劲"[15]，"旨醇体洁，力追南丰"[16]。在桐城文风席卷天下之际，坚定地彰显着自己的特色。

他是一位个性鲜明的诗人。其诗题材广泛，尤以"田家杂题，篇篇皆佳，不啻亲历，令人味之不尽"[17]。姿态"貌丰骨劲，气足神完"[18]；风格"深微窅突，兴趣邈然，能以古厚寓雄宕，思深力沈，无蹶张狡愤之气"，"往往诗中有画，盖诗家而有道气者也"[19]。于诗体则"五言苍深沉郁，直逼少陵而不袭其貌；歌行豪宕，律句遒亮，与虞山、伯生抗行，李、何诸子不及也"[20]。特擅五古，"能继陶、杜的传统"，"乾嘉诗坛的不良习气，已经湔洗净尽"[21]。南社诗人周实总结为"养一斋家法"[22]。在乾、嘉以来"六十年诗人，名重格愈下"[23]的委靡诗坫，四农别树一帜，赢得了鲁一同、孔继鑅、叶名沣、吴昆田、黄秩林等众多追随者。探花诗人冯煦称其已独开一派，云："我昔学诗宗孔融（谓宥函先生），诗派上溯养一翁。一编私淑五十载，廉立顽懦闻清风。"[24]

他是一位词人。其词师法辛弃疾、张炎两家，间"参以北宋一唱三叹之旨"[25]，或"浑灏流转"，或"纵横跌宕"，或"清矫高旷"[26]，词学家品评为"清疏老成"[27]，亦足传世。

他是一位书法家。早期从临摹《黄庭经》、《闲邪公家传帖》及王羲之法帖入手，后与包世臣、周寅等书家交游切磋，转益多师，逐渐自成一面。作为学者型书家，其书法结体遒劲，顾盼自如，潜气内转，韵味沛然。

如此一位在众多领域卓有建树、在当时受到普遍尊崇的思想家、文学家、艺术家，长期以来人们对他的了解却相当有限，从未越出《崇祀乡贤录》、鲁一同《行状》、丁晏《潘君传》以及清史馆诸臣据《行状》裁剪而成的《潘德舆传》。据说同治年间曾有人为四农编撰年谱[28]，可惜未曾传世。又据传四农挚友丁晏的玄孙丁志安先生（1914—1987）曾撰《潘四农年谱》[29]，可惜亦未刊行。数年前，笔者获睹潘亮弼、潘亮彝兄弟合作之《先府君行略随年附记》钞本，近五千言，遂结合有关史料，撰成长文《潘德舆年谱》，公诸于世，学界方始对四农生平与创作有了较进一步的了解。自此以后，师友同人纷纷要求我能对潘德舆再作深入探究。2007 年，为完成《养一斋诗话》的新辑与校点工作，我特约前辈陈慎侗先生襄助，蒙其慨然出示家藏钞本四农批点《古诗源》、《唐贤三昧集》、《陶渊明集》、《王摩诘集》以及由《说诗牙慧》中摘录而成的《养一斋诗话外编》等，使得世人对于四农诗学观的形成过程与结构体系有了更加全面的认识。不仅如此，陈先生还陆续相赠家藏之钞本四农日记、家书、早年诗集、晚年杂稿，包括陈先生尊人陈畏人老先生（1883—1970）从各处蒐集编纂而成的四农酬世诗文、手迹杂钞等所有关于潘德舆的资料。与此同时，我也在楚州图书馆发现了四农参加会试的墨卷钞本及其诸友朋与裔人的稿本等。又有了这些第一手材料作基础，我遂萌生了为四农做一长谱的强烈愿望。于是广事钩稽，细加排比，详为考究，耗时数月，终成这部《潘德舆年谱考略》。不敢云能孚师友同人之望，差堪自慰的是比那篇《潘德舆年谱》提供了更丰富的材料、不少考证也更精密了些，聊可补文学史或地方史之阙。

需要稍作说明的是：陈畏人父子之所以能够保存如此多有关潘德舆的资料，乃因其与潘德舆有着特殊的渊源。原来畏人先生本姓史，名鉴庭，五岁时出继姨夫陈纪元，改名陈宗书，字畏人，后乃以字行。其本生曾祖史珣（字蕴东）即四农夫人史氏之弟，故畏人先生屡称四农为曾太姑丈。四农于自己的著述手稿未曾完全刻意保存，故当其在世时已有流失，仅存友朋过录本。其去世后，次子潘亮彝为保存先泽，一方面将家传手稿题识密藏，一方面从各种渠道将其散落的著作加以搜集整理。亮彝两子兰实、兰同皆乏可观文才，故亮彝临卒，嘱传先泽于长兄亮弼之子潘兰嶲（字筱轩）。兰嶲三子名赓、名选、名扬乏可观文才，故兰嶲临卒，嘱传其堂弟潘兰璘（亮弼三弟亮熙之长子）之子潘名泰。名泰后染烟霞癖，财产散尽，乃鬻家藏旧书为生。畏人世袭医道，家底殷实，久悉其曾太姑丈乃淮壖文宗，闻表弟潘名泰售先人藏书，乃出重金征购其中四农已刊著作及未刊诸稿。为求完璧，复辗转钞录已落入他人手的四农文墨，虽片纸亦不忍弃[30]。畏人卒，由其子陈慎侗（1909—　）宝藏迄今。

由于身处偏隅，见闻有限，所考或仍未尽如人意，个别交游人物甚或还未得其详。凡此种种不足，诚恳期待师友同好不吝赐教、补正。

【注释】

[1] 汤鹏：《山阳诗叟行》，见《海秋诗集》卷十二。

[2] 王柏心：《润臣舍人出示山阳潘四农孝廉所书诗册时潘殁已三载矣为诗吊之》，见《百柱堂全集》卷十。

[3] 潘德舆：《纵笔》，见《养一斋集》卷十。

[4] 潘德舆：《赠徐镜溪水部》，见《养一斋集》卷五。

[5] 徐宝善：《养一斋诗话序》，见《养一斋诗话》卷首。

[6] 孙静：《从潘德舆的〈说诗牙慧〉稿本到〈养一斋诗话〉》，载《文史》第十三辑。

[7] 谢章铤：《记钞通甫类稿续编》，见《赌棋山庄集·文集卷七》。

[8] 陆以湉：《冷庐杂识》卷七。

[9]、[21] 钱仲联：《三百年来江苏的古典诗歌》，见《梦苕庵论集》，中华书局 1993 年版。

[10] 蔡镇楚：《中国诗话史》卷五《清诗话》，湖南文艺出版社 2001 年版。

[11] 潘德舆：《与叶生名沣书》，见《养一斋集》卷二十二。

[12] 谭献：《箧中词》卷三。

[13] 鲁一同：《崇祀乡贤安徽候补知县潘先生行状》，见《养一斋集》附录。

[14] 张树声：《养一斋札记序》，见《养一斋札记》卷首。

[15] 李元度：《国朝先正事略》卷一。

[16] 丁晏：《潘君传》，见《颐志斋文集》卷十。

[17]、[18] 邱炜萲：《五百石洞天挥麈》卷七。

[19] 林昌彝：《射鹰楼诗话》卷五。

[20] 丁晏：《柘塘脞录》，见《山阳诗征》卷二十四。

[22] 周实：《无尽庵诗话》卷二。

[23] 潘德舆：《与通甫》，见《养一斋集》卷七。

[24] 冯煦：《壬子季冬题〈岱峰晴雪图〉》，钞本《〈岱峰晴雪图〉题识》。

[25] 潘德舆：《养一斋词自序》，见《养一斋词》卷首。

[26] 沈照：《酹江月·题摄山最高峰》、《水龙吟·七夕渡江》、《疏影·寓斋老藤》批语，据陈畏人钞录本《养一斋词》。

[27] 谭献：《复堂日记》卷四“己卯年”。

[28] 潘兰隽：《先养一公年谱跋》，载《晚学斋诗文存稿》（见《山阳潘氏历代存稿》，稿本）。谓同治九年赴江宁乡试期间，江宁杨长年（字朴庵）曾向其出示方葰由（字伯雄）“编辑先大父年谱，既成”。

[29] 郭寿龄：《怀念丁志安先生》，载《江苏文史资料》第84辑《淮安古今人物（第二集）》。

[30] 史鉴庭与潘德舆之关系，参谱文“乾隆五十九年”注释［1］。潘德舆集外文流传情况，参拙校《养一斋诗话》内所附诸跋。史鉴庭保藏潘德舆著作因由，乃其子陈慎侗面告。

凡　例

一、本谱以存世之潘德舆著作及潘亮弼、潘亮彝兄弟所作《先府君行略随年附记》为基础，通过对相关文献的钩稽考索、相互参证，尽量细致地勾画谱主生平行迹，反映谱主思想及创作演进的轨迹，藉以觇一代布衣知识分子的生存状态。其中对谱主文学批评思想的深化过程、文学创作与交游等方面的考订，着力尤多。

二、谱文记事，以时间先后为序。每年之内，日期确凿者按日记，只能估测大致时间者按月、季记。

三、谱主交游多非著名历史人物，尤其是早年在乡间的交游，鲜登仕版者。为了让读者更深入地了解谱主的人际关系，本谱对与谱主交游的人物，除个别身世无考者，皆于初见时引述其有关简历或综考其主要行迹、创作与学术成就等。对谱主交游人物及“诗坛生态”栏所列同时诸公的生卒年月，凡已见于一般工具书，如《清代碑传文通检》、《清代人物生卒年表》等，而笔者又无异议者，不复注明出处。其不见于一般工具书或笔者有异议者，则酌予考索。

四、谱主作品编年，刻本《养一斋集》中诗已然由编者给出，钞本《养一斋诗集外续钞》则由谱主文孙潘兰甯认定，笔者所得集评《养一斋词》钞本，其中亦幸有潘亮彝对乃父词作的编年。故除少量经考证确定他们的编年错误而外，有关诗词的编年便依从前贤。而于文、赋等，除少数依照《先府君行略随年附记》的指认，余则多由本谱考证而得。同一年内作品的时间先后，皆由本谱认证，不得其详者列入“其他作品编年”项。

五、本谱纪事以夏历记年月日。若有特殊需要，如某人物生或卒于年底而西历已为翌年，则中西历日互见。凡中西历日之对应及某节气所在月日，悉依郑鹤声《近世中西史日对照表》。

六、谱主游历之地，于初见时作简要说明，区划以与谱主时代相吻合之《嘉庆重修一统志》为准。至于该地具体情形，则亦以谱主生活时期或稍微前后之各地方志为主，间采他书，俾令谱主所言，信而有征。

七、受篇幅限制，凡已刻印行世的四农作品，本谱一般仅录其标题；于其著述，则仅录其序言。而于诸钞本或稿本之诗尽量整录，文则酌录部分，以存文献。引录的原则是与其交游行迹、思想情绪变化相关，纯然的写景、咏史等作品亦存题而已。

八、为了行文风格一致，在征引《先府君行略随年附记》时，仅袭其意。如直接迻录，则加引号。

九、本谱侧重展示四农作为诗人和诗学批评家的一生，故于交游诸公亦多偏重考述其诗作成就与特色，其余则略及之。

十、本谱所征引的文献，不少鲜为人知之稿本或钞本。为了让更多的读者了解这些文献，初见时对其主要内容及版本特征尽量予以简要说明，并于书末所附征引文献目录中一一交代其馆藏或何人之手。

十一、本谱略述与谱主关系较远的时事，特列“山阳要闻”栏，录考与谱主活动密切相关的周围史实。复立“诗坛生态”栏，突出显示谱主诗词创作与批评的生态环境。

十二、本谱从各种已刊文献中辑得四农序跋、墓志等集外作品若干，如其具有学术价值，则择要摘取，否则录其尾署，权且为有志于编辑四农全集者提供线索是矣。复从各种未刊文献中辑得四农及其友人佚作若干，或可补清代文学研究之缺。然而这些钞本、稿本，或因潦草过甚，或因蠹蚀漫漶，不无辨识困难处。笔者虽勉力裁断，却恐仍有误判，祈方家正之。

潘德舆世系简表

一世祖潘思诚（元至正间为淮安路医学教授，世称古逸先生）——潘彦直（行一）

潘彦方（行二，医称庶乙公）——潘景道（行一）

潘志道（？—1408.1.17），行二，医称庞眉公——潘让（1376—1408.1.18），医称神术公——潘信（行一）

潘谅（1403—1467），行二，字友谅，医号赘世子——潘亨（1429.1.9—1486），字从礼，晚号冰壑老人。景泰七年举人，官至武昌知府——潘全（行一）

潘寿（1449—1496），行二，字希人，号虚室居士——潘坤（行一）、潘毛（行三）

潘埙（1476—1562），行二，字伯和，号熙台。正德三年进士，官至右副都御史、河南巡抚——潘沐（行一）

潘采（1520—1545），行二，字世修，号锡川。郡廪生——潘蔓（行一）、潘苞（行三）

潘蕃（1541—1606），行二，字仲蔚，号敦复。邑庠生。卒赠文林郎——潘叔明（行一）、潘叔暐（行三）、潘叔晔（行四）

潘叔旸（1590—1633），行二，字乂君，号青羊。万历四十三年举人，官山东招远县知县、云南马龙州知州——潘大壮（行一）、潘中孚（行二）

潘既济（1603—1651），行三，字定也，号达庵——潘芳度（行一）

潘常度（1643—1700），行二，字眉公。官长洲县学教谕。卒赠修职郎——潘建寅（行一）、潘建本（行二）、潘建官（行三）、潘建典（行四）

潘建武（1687—1755），行五，字止斋。庠生——潘兆登（行二）、潘兆奎（行三）

潘兆蕡（1713—1763），行一，字轫初，号云阶。庠生——潘宗文（行二）

潘宗睿（1749—1802），行一，字圣思，号抑隅。岁贡生，候选训导——潘德舆

潘亮弼（1806—1856），行一，字符直，号闳轩，小字桂，郡庠生，议叙八品职衔。——潘兰隽（1846—1910），行一，字伯英，号筱轩，小字骏，邑廪贡生。光绪壬午举人，戊戌大挑二等，历署邳州训导兼学正，兴化、砀山等县教谕。——潘名赓，行一，附贡生；潘名选、潘名扬，皆国学生

潘亮彝（1815—1883），行二，字符钦，号廉亭，外号六畦居士，小字杏，邑廪贡生。——潘兰实（1842—1886），行一，字伯秀，号浒香——潘名显、潘名宝、潘名灿

潘兰同（1845—1890），行二，字仲言，号思如。——潘名炳

潘亮熙（1820—1867），行三，字元纯，号瓶叔，晚号耐轩，小字松，郡优廪生，同治癸亥岁贡。——潘兰璘（1852—1924），行一，字伯彬。——潘名履，行一；潘名泰（1890—1924），行二，字少彬，号子詹，一号娄孙，江南监狱学校毕业，江北法政学校修业，历充山阳典狱员

潘兰华（行二）——潘名谦

潘兰章（行三）——潘名震

（《续宗谱》卷一）

潘德舆年谱考略

潘德舆，字彦辅，一作硯圃，号四农，别号艮亭居士、念石道人、三录居士[1]，亦号天衢[2]。以号四农行世[3]。

嘉庆、道光间著名批评家、文学家，诗文词兼擅[4]。

江苏省淮安府山阳县（今淮安市楚州区）人。淮安府治与山阳县治同位于淮城。

世居郡城都宪坊，至四农父方于乾隆四十五年庚子（1780）应车桥鲍、邵二姓之邀坐馆，从而移居车桥镇[5]。

车桥位于山阳县城东南四十五里，为清初以降日渐兴盛的重镇，素有五桥十三庵之称[6]。

山阳潘氏初以医术称，自潘埙开始走上仕途。所传潘采一系虽仕宦不甚通达，文名却逐渐显扬，形成一个规模可观的文学世家。据光绪《淮安府志》卷三十八《艺文志》载，潘采有《锡川存稿》，潘蕃有《大梦轩集》，潘叔旸有《匪莪室诗草》，潘既济有《达庵初刻》。另据《潘氏世集》，潘叔献（字圣于，号华玉）、潘叔明（字公生，号维溪）、潘尊贲（字腹老）、潘夏（字长卜，号西河）等，在明末清初，亦均以诗名。清中叶，潘兆登有《达岸诗集》，潘宗睿有《笥萧诗集》。至潘四农而达极盛。四农而后则潘亮弼有《一好斋诗存》一卷、潘亮彝有《六畦轩存稿》二卷、潘亮熙有《浑斋存稿》一卷、潘兰实有《听樵馆诗草》一卷、潘兰隽有《晚学斋诗文存稿》一卷，见《山阳潘氏历代存稿》。

【注释】

[1]《先府君行略随年附记》，潘亮彝、潘亮弼著，钞本。下文简称《行略》。

[2]《淮安潘氏续修宗谱》（以下简称《续宗谱》）卷一："德

舆，行三，字彦辅，号天衢，一号四农，小字三巳。”

［3］或谓“四农”是德舆之字，如鲁一同《崇祀乡贤安徽候补知县潘先生行状》：“先生讳德舆，字彦辅，一字四农。”《清史稿》卷四八六更曰：“潘德舆，字四农。”然《皇清例授文林郎大挑分发知县潘公崇祀乡贤录》、《行略》、《续宗谱》卷一、丁晏《潘君传》（《颐志斋文集》卷十）及《重修山阳县志》（以下简称《县志》）卷十四本传则咸曰：“德舆，字彦辅，号四农。”依古人取字宜与名相关之通则，辅与舆正合，而“四、农”二字则与德、舆二字不相涉也。考“四农”一词，源自四农八世祖潘埙的《平田野老自传》：“吾，老农也。汝欲知我，请以农喻：吾幼而耕书田，儒而农者也；出而耕龙田，仕而农者也；归而耕心田，隐而农者也；老而耕平田，农而农者也。吾自幼至老，合四农而一之，未尝一日离。”（《山阳潘氏统宗谱》卷二《列传》）四农追慕先人创意，取以为号则可，而与其名无关，故不可能为字。

又，或谓四农号“养一”，如《近代词钞》第285页：“潘德舆：字彦辅，一字四农，号养一，江苏山阳（今淮安）人。”此误尤甚。“养一”是德舆书室名，而非其号。其《养一斋记》（《养一斋集》卷二十）述之甚明：“养一者，即主善云尔。主善则动亦一，静亦一，富贵贫贱患难，无往而不一，孟子所谓得其养也。不主善则德二三，动罔不凶，孟子所谓失其养也。得失之间，敬与不敬而已矣。余书室久以‘养一’名，余之身心未克一也。”

另，与四农几乎同时的武进李兆洛（1769—1841），晚号养一老人，著作亦名《养一斋集》，计有诗文三十五卷。番禺潘仕成（1785—1859），道光十二年顺天乡试副榜贡生，初供职刑部，后官至两广盐运使。其字德畬，或亦作德舆。如张祥河《潘德舆泮塘别墅》（《小重山房诗词全集·桂胜集》）、何绍基《九月二十日潘德舆招饮海山仙馆即事有作》（《东洲草堂诗钞》卷十三）等所言。此皆与山阳潘德舆及其著作似是而实非，读者须鉴别之。

［4］谢章铤《记钞通甫类稿续编》：“四农《养一斋诗话》，不争流派，不标举佳句，独以本原定升降，深得修辞立诚之旨。私谓为国朝论诗第一书。”（《赌棋山庄集·文集卷七》）

陆以湉《冷庐杂识》卷七：“山阳潘彦辅孝廉德舆《养一斋诗话》尚论列代，至明而止。其论悉禀圣人诗教之旨，以心术行谊为本，以气骨韵味为主。近时诗话，当以此为首矣。”

丁晏《柘塘脞录》：（四农）“君邃于学，工诗古文词。高蹈雅怀，植品甚峻，诗才天授，下笔成章，茹古涵今，千汇万状。五言苍深沉郁，直逼少陵而不袭其貌；歌行豪宕，律句遒亮，与虞山、伯生抗行，李、何诸子不及也。……著《养一斋诗话》，溯原风雅，痛斥门户声气之习，洵为有功诗教。”（见《山阳诗征》卷二四）

林昌彝《射鹰楼诗话》卷五：“山阳潘四农解元（德舆）《养一斋诗集》，深微窅突，兴趣邈然，能以古厚寓雄宕，思深力沉，无蹶张狡愤之气，盖才人而有道气者也。尤精于论诗。”

邱炜萲《五百石洞天挥麈》卷七：“四农解元诗似诸城刘相国书，溯源在三唐以上，貌丰骨劲，气足神完。……所有田家杂题，篇篇皆佳，不啻亲历，令人味之不尽。其中尤多盎然见道语，是以学人而兼诗人者。”

徐世昌《晚晴簃诗汇》卷一百三十二：“四农诗境高洁，其论诗……足挽江左诗派之失。”

李元度《国朝先正事略》卷一：“潘德舆，字四农……文章醇厚刚劲，如其为人。”

谭献《复堂日记》卷四：“《养一斋词》，清疏老成。”

[5]《茅屋初成述怀》（《养一斋集》卷三）首联“橐笔来东涧，凄凉五十年”句下自注：“先子于乾隆庚子岁移居车桥。”颔联出句“莓苔荒古巷”句下自注：“旧宅在郡城都宪坊。”

《季秋展先大人墓》（《续钞》）颔联出句“屋老只看槐落地”下自注：“余先世旧居在城南都宪坊中，有槐阴书屋。”

《鲍世嫂史孺人诔并序》（《酬世集》）：“吾家旧居城中，车桥无亲故。乾隆庚子，先君子友教车桥，鲍三兄西垣幼执业门下。”

都宪坊：在淮城南门大街东侧，因明嘉靖间潘氏先人潘埙官至右副都御史而命名。《县志》卷二《建置》：“补衮坊、都宪坊，俱为潘埙立。”“潘都巷：南门大街东。”

潘亮彝《车桥闻见记》：“吾潘氏自乾隆庚子岁移居车桥，先大父抑隅公就鲍、邵两家之聘也。迄今溯之，九十余年矣。其时先君子尚未生，在弟子列者若邵丈杏传、鲍丈西垣、商丈相巫、卢太舅春池、蓉湖两先生，皆一时知名士。其后先君子继之。凡车桥问学之士，大半出门下。故车桥人至今思吾潘氏文学之盛，而车桥人读书进取之多，亦大半由先大父、先君子陶成之力。”

邵育云《故乡忆之二——车桥形势》（《淮安采风录》卷四）：“邵家老宅在第五槽巷……潘四农先生与邵家有姻亲之谊，定居车桥，乃在邵堂楼东侧，建有两宅两院。”

[6]《车桥闻见记》：“车桥盖始于明末清初，其先虽不无规画，然有人事可纪，则在明末，至我朝之初而渐盛焉。”“其地在射水之滨，居南北之中，西距郡城四十五里，又东为盐城、阜宁水陆之孔道，西起太平庵，东至文昌宫，南至潘庄，北带后庄徐、魏诸姓，皆车桥境也。”

《车桥文昌宫记》（《养一斋集》卷二十）：“山阳治东四十五里为车桥。其地数千户，枕涧水居。数十年前，儒衣冠者数辈而已。”

周伟《车桥乡记》（《南社丛刻》第十四集）：“车桥乡者，居古淮阴之东鄙，今淮安县所隶地。地成长方形，长不足三里，广不足一里，居民千余户。穿其中者为涧水，水发源于运河，而东入于海。昔人云：‘高山大川，实钟灵气。人物之兴，必有赖于是。’盖所蕴藏者富，则所发泄者丰，理固然也。车桥地形平衍，既无山谷之嵚崎，足以钟毓豪杰，而兹一勺涧水，亦细流未畅，不足以当大川之澎湃，以故车桥一乡，历明清两代，人物无足称述。非独是乡之穷陋，实亦有地理之关系存焉。近百年来，稍稍有起色，然亦仅得潘四农之讲学、周烈士之死义而已。……余尝得闻诸父老云：‘是乡故有木桥五，架涧水以利交通。以车桥名，实得象形之义。盖涧水既贯是乡，两岸必有市廛居室，故取车字中之竖象涧水，其五画象五桥，旁两小竖象民居，而以桥字殿焉。’然则是乡未有名称以前，已先有桥也，已先有五桥也。则此五桥者，即车桥之粹也，即车桥人民所当尊重葆爱而不啻其祖先者也。”

邵育云《故乡忆之二——车桥形势》：“车桥镇旧称：‘有五桥十三庵，一百单八巷，鲍、邵、严、任四大姓。’夷考五桥，镇内确有五座大木桥横跨涧河两岸，以利行旅。西桥在鲍大巷北首，老桥衔接大街与北街，三桥在当铺巷北首，四桥在潘家巷北首，五桥近小东门附近。西桥何以不名头桥，老桥何以不名二桥，依次排列者，想系造桥基于交通需要，逐渐发展。推测初有老桥，然后有西桥，再后则有三四桥，各桥何时而建，不得而考。”“五座木桥，形式完全相同。桥顶高于堤岸丈许，以利舟楫通行。两侧斜坡度约为四十五度。两桥堍长约丝余尺，桥面宽约八九尺。两边设栏杆，桥面铺板后再加木脊以防滑。”“十三庵，从东边说起。在大东门外约三百武，有文昌宫。……大东门内有龙瑞庵。……龙瑞庵后向北偏东约数百武有一都天庙。……都天庙后不远，沿涧河南岸，有金龙四大天王庙。……龙王庙河对岸，离河岸约百余武，有兜率院。……在南门外东首，有放生庵一座。后有大殿三楹，前有放生阁。阁宇高敞，南眺烟霞，极目甚远。又南门外路东首有通济庵一座。……距西圩门外约里许，有城隍庙。……西圩内临文曲沟西尽头有二僧庵及贞节祠各一，东西毗连。……涧河北岸西桥之西，有关帝庙一座。……北圩内有北极庵。”同前《故乡忆之四——车桥鲍邵严任四姓考》：“鲍姓：何时迁来车桥，无可查考。清乾隆年间，有鲍宗瑾其人，字蕴华。内行淳笃，事兄宗奎极恭谨，坐立有常度。子抡彦，字邦士，诸生，读书日百余行。性好善，倡挑涧河，修湖港各堤，为农田兴利除弊。……邵姓……邵敬泉为迁淮始祖……第六世邵应旗，字秉衡，号静庵，太学生。……子源洙，嘉庆丁卯科举人。”

乾隆五十年乙巳（1785） 一岁

【山阳要闻】

夏，淮郡大旱[1]。

【行状】

六月二十八日（西历8月2日），生于车桥。因与祖父生年（康熙五十二年癸巳）、父亲生年（乾隆十四年己巳）同逢“巳”，故乃父为其取小字“三巳”[2]。（《行略》）

【诗坛生态】

正月十四日，华亭张祥河生。四月十五日，歙县程恩泽生。六月十八日，蕲水陈沆生。七月二十六日，侯官林则徐生。张惠言二十五岁，包世臣十一岁，周济四岁。

四农交游：正月初七日，满人钟昌生。十月初七日，桐城姚莹生。盛大士十五岁，曹镳（字琢文，号砺庵）四十二岁，朱纻三十六岁，汪廷珍二十九岁，杨皋兰二十四岁，陈晋二十三岁，阮钟瑗二十二岁，张令彭二十一岁，卢沆二十一岁，卢泽十七岁，郭瑗十三岁，胡棠十岁，李宗昉七岁，陶克让六岁，邱广业五岁，黄以炳四岁。

【注释】

［1］李苞《乙巳志荒》："旱魃肆其虐，斯民罹厥辜。……渔梁封纲罩，樵径绝薪刍。寂寂缠腰贯，哀哀抱膝儒。入房闻鼠泣，出市见牛屠。水泊船全折，街居屋碎沽。朝谋庸有夕，精竭更无粗。灶减烟栖冷，村逃户剩孤。提携兼老稚，困苦愿佣奴。妻失夫形悴，儿亡母泪枯。……可怜充脏腹，只少啖泥涂。稗实争如宝，榆皮剥见肤。惨生活命计，烹及死人躯。赤脚蓬头垢，鸠形鹄面瘥。人乎知旦暮，鬼也尚须臾。"（《山阳诗征》卷二十一）

［2］潘宗睿《笥萧诗集》卷一有《生男命名三巳志感》："大人降癸巳，三十七生予。予生三十七，阿子悬弧初。岁星同在巳，今昔不相如。予昔发垂额，王父亲授书。堂前赐梨枣，酒肉问有余。予今洗儿日，两几荐盘蔬。昔年槐夹巷，旧宅高门闾。伯叔兄弟聚，教予行步徐。今托赁舂役，庑下非吾庐。父菑失播获，讵得夸新畬。吾闻莪变蔚，无子益唏嘘。匪蔚差强意，匪莪惭新樗。"

乾隆五十一年丙午（1786） 二岁

【山阳要闻】

是年春夏，淮扬一带寒、旱、涝灾害频仍，饿殍无算，以致人相残食[1]。

湘潭举人王世峰任山阳知县。

【诗坛生态】

三月二十五日，上元梅曾亮生。四月二十九日，江夏陈銮生。七月十六日，甘泉汪喜孙生。十一月十九日，吴县曹楙坚生。吴县戈载生。

冬，直隶翁方纲任江西学政。(《复初斋文集》卷三十三《书文信国像后》)

【注释】

[1]《县志》卷二十一《杂记(二)》:“(乾隆)五十一年……大饥，人相食。夏，大疫，人死于道路相枕。”

焦循《荒年杂诗》九首(《雕菰集》卷二):“三月无雨种，四月无雨栽。昨宵雨若镝，猛至驱尘埃。东邻摘野蕨，西邻莳园莱。园莱叶黄蠹，野蕨根倾颓。”(其一)“采采山上榆，榆皮剥已尽。采采墓门茅，茅根不堪吮。千钱二斗粟，百钱二斗糠。卖衣买糠食儿女，卖牛买粟供耶娘。无牛何以耕，无衣何以燠。休问何以耕，休问何以燠。未必秋冬时，一家犹在屋。”(其二)“未死不忍杀，已死不必覆。出我囊中刀，刳彼身中肉。瓦鬴烧枯苗，煎煎半生熟。羸脊无脂膏，和以山溪蔌。生者如可救，死者亦甘服。此即妻与孥，一嚼一号哭。哭者声未收，满体乍寒缩。少刻气亦绝，又满他人腹。”(其三)“丙午二月末，严寒胜残腊。裸体蹲门檐，驱之莫容内。背倚相为凿，男女任丛杂。孰知骨瘠冷不容，霜华著肉吹寒风。皮黑若漆痛不觉，头颅如散心如空。终夜喔喔预鬼泣，晓来满地横僵虫。昨日死十七八，今日死廿三四。荻槽卷如蚕，一穴百十殡。君不见农夫饿死西原头，鸢鸟攫肠犬食臂。”(其九)

吴进《王永熙诗传》(《山阳诗征》卷十九):“乙巳、丙午，连岁凶，米白金六两余。”

《车桥闻见记》:“乾隆五十一年，江北大饥。车桥流亡遍野。”

乾隆五十二年丁未(1787) 三岁

【山阳要闻】

钱塘附监生孙慰祖任山阳知县。

【诗坛生态】

五月初四日，钱塘许乃普生。八月初九日，江宁周开麒生。九月十六日，聊城杨以增生。

江西南城吴煊（字退庵）与胡棠（字甘亭）同撰《唐贤三昧集笺注》三卷成。

乾隆五十三年戊申（1788） 四岁

【山阳要闻】

仁和顾德昌任山阳知县。

【诗坛生态】

三月初三日，江宁马沅生。二月二十三日，元和朱骏声生。宝山沈学渊生。

庄存与卒。吴泰来卒。

乾隆五十四年己酉（1789） 五岁

【山阳要闻】

汪廷珍中进士，一甲二名，即榜眼。入翰林院任编修。

【行状】

初识字，母卢氏（1753—1795）“授以唐人绝句及吕氏《小儿语》”。（《行略》）

侍母极孝。“年五、六岁时，母卢病，行坐视母而哭之。母食，乃食。”（《县志》卷十四）

【诗坛生态】

二月十三日，南海曾钊生。四月二十六日，甘泉罗士琳生。九月初五日，嘉应吴兰修生。十二月初七日，钱塘项名达生。宿迁王相（惜庵）生。二月二十一日，山阳阮葵生卒，年六十三。

乾隆五十五年庚戌（1790） 六岁

【山阳要闻】

“秋七月，大雨一昼夜。城内行舟，秋禾漂没。”（《县志》卷二十一《杂记（二）》）

【行状】

春，入家塾。

冬，患痘症，甚危。（《行略》）

【诗坛生态】

正月二十一日，钱塘张应昌生。五月十五日，歙县徐宝善生。七月初五日，青浦陆我嵩（芳玖）生。八月初八日，吴县吴嘉淦生。武进吴颉鸿（笛江）生。直隶方履籛生。

乾隆五十六年辛亥（1791） 七岁

【诗坛生态】

二月初五日，宝应刘宝楠生。九月初五日，江阴季芝昌生。宝山毛岳生生。山阳徐登鳌生。

冬，直隶翁方纲任山东学政。

乾隆五十七年壬子（1792） 八岁

【山阳要闻】

长洲尤维熊以任教职旅淮安。（《县志》卷六）

【行状】

正式师从张令彭[1]，问业凡四年。（《行略》）

初习《论语》、《孟子》、《诗经》、《易经》等（《行略》）。

某日，“客闻其颖悟，指淡巴菰袋头为题，令赋之。先生即

应曰：‘火热炼铜红。’客大惊曰：‘此异日诗翁也。’”（徐嘉《潘四农先生逸事》）[2]

【诗坛生态】

正月十五日，仁和赵庆熺生。三月二十四日，钱塘梁绍壬生。三月二十六日，吴县潘曾沂生。七月初五日，仁和龚自珍生。长洲沈传桂生。震泽张履生。

【注释】

[1]《哭张篱东先生》（《养一斋集》卷三）颔联“师来为弟子，我始拜先生”句下自注：“先生执经于先子门，德舆八岁受业。”

[按] 张令彭（1765—1823），字篱东，山阳泾口人。嘉庆三年戊午首次参加山阳县学科考（民国乙卯刻本《淮山肄雅录》卷下），继为邑庠生。早年师从潘宗睿，后以授徒为业。

又，四农代舅氏卢餐仙作《张篱东先生哀序》（见《养一斋酬世诗文集》）中曰：“兄与予同岁生……何年甫近六十而遽殒耶？”因知篱东与餐仙同生于乾隆三十年（1765）。

附说：《养一斋酬世诗文集》由四农次子潘亮彝辑钞，扉页题：“此帙所辑无前后次序，略分三类以为寿、挽、杂著三者而已。又附录各诗文联语。咸丰辛亥闰八月亮彝敬辑。”以下凡引据该集皆省称“《酬世集》”。

[2] 徐嘉文载《味静斋文存续选》卷二，称是乃“先生七、八岁时”事，故系于本年。

乾隆五十九年甲寅（1794） 十岁

【山阳要闻】

宛平王元佐任山阳知县。

【行状】

始习《仪礼》、汉唐古文。（《行略》）

【诗坛生态】

三月二十四日，邵阳魏源生。六月二十日，江都梅植之生。八月二十九日，山阳丁晏生。十月十二日，钱塘汪远孙生。长沙熊少牧生。三月，新城鲁九皋卒，年六十三。十一月二十日，江都汪中卒，年五十一。

洪亮吉自编《卷葹阁诗集》二十卷成。

乾隆六十年乙卯（1795） 十一岁

【时政】

九月初三日，乾隆帝宣谕建储，立第十五子颙琰为皇太子，且以明年为嗣皇帝嘉庆元年。（《清史稿》卷十五《高宗本纪（六）》）

【行状】

尊父命缔姻同邑史圣对之第五女[1]。

五月二十三日，母卢氏卒。（《续宗谱》卷一）

痛感慈母见背，日夜哭不绝声[2]。（《行略》）

父亲宗睿闻之凄然，乃令之舅氏卢春池家小住[3]。（《行略》）

尊儒排佛之志已经坚定[4]。

【诗坛生态】

闰四月初九日，仪征张安保生。五月十七日，长兴朱紫贵生。晋江陈庆镛生。乌程凌坤生。

【注释】

［1］四农《鲍世嫂史孺人诔并序》（《酬世集》）：“乙卯吾年十一，先君子为缔姻车桥史氏。”

［按］邵天雷《曲肱居士传》：“先生姓史氏，讳步瀛，字蓬仙，自号曰曲肱居士。其先……圣对，字陈左……配俞氏，无丈夫子，生女子子六：一适盐城安丰镇梁某。……一适鲍先生西

垣，附贡生；一适范某某；一适严某某；一适潘先生讳德舆，道光戊子科乡举第一，崇祀乡贤，里人所称四农先生者也；一适纪先生燕庭，盐邑庠生。……陈左公无子，嗣子珣，字蕴东，为谐音公第三子。生希曾，字省三，配杨氏，无出，而以先生兼祧之。……先生之高祖荫槐，曾祖谐音，讳圣聪……祖佩鸣，讳珩，本生祖玉函，讳琳……考善亭，讳希贤，妣氏汤。……先生配徐孺人，生女子子一，适郝氏。生丈夫子四：长曰味馨；次味清；次鉴庭，出继于陈氏；次味芬。咸为商业，而相年不永。惟鉴庭以商业立家，好儒术，恒交士大夫，绝重文学。先生之孙曰慎侗、曰慎伯，咸入学校，皆鉴庭子也。”（《史氏宗谱·传》）

又，《车桥闻见记》：“彝外王父史公圣对，字陈左，由城而来居车桥三世矣。至公以大度闻，尤为人敬服。……无子，以从子珣嗣。珣字蕴东，彝舅也。”

又，《续宗谱》卷一：“潘德舆：配史氏，生乾隆乙巳十月二十八日。”

［2］《潘公崇祀乡贤录》：“性至孝，十一岁丧母卢孺人，号泣不食者数日。”

［3］卢沆（1765—1825）：字春池，号餐仙。诸生。“子贞吉、蔼吉。”（段注本《淮山肄雅录》卷下）

［按］《酬世集》末收录郭瑗代卢沆作《金太孺人哀言》，题下潘亮彝注曰：“卢餐仙舅祖款，郭蘧蘧先生作。”文中云：“太孺人今年八十有七，沆今年五十有二，亦以授徒迁涟水。”前述金孺人卒于嘉庆二十一年（1816），逆数五十二岁，因知餐仙生于乾隆三十年（1765）。又，嘉庆十九年甲戌（1814）冬，四农作《水调歌头·送舅氏之涟西》其三，开头两拍曰：“此别勿惆怅，且复学顽仙。平头五十老子，要读养生篇。”亦足证明卢沆生于乾隆三十年。而《哭蓉湖舅氏》云：“乙酉秋渡江，伯舅弃我遽。归时空凭棺，含涕送入墓。”因知其卒于道光五年乙酉（1825）。

又，《车桥闻见记》：“卢春池太舅，少与蓉湖、止泉两太舅同受业于先大父门。……止泉太舅入学后即游京师，惟春池太舅依先大父最久，终身无二师。少有才名，一日能为十余文，而犹若有余才未尽。熟于经史及唐宋以后诸小说，每论一事，意绪纷纶。郭丈蘧蘧曰：‘卢子诚粲花之舌也！’中年手致千金，旋即散去。以授徒糊口，名满大河南北间。尝欲有所著述，以多病未果。后又染风疾，更不能执笔。每自叹曰：‘止泉以文名，蓉湖以诗名，吾以病名，命夫！’才过六十，卒。子苞元、晓梧两表叔，并有声庠序。”

[4]《行略》：“是秋，送葬至城南准提庵，僧见府君颖异，谓宜拜佛，府君以为邪教，斥之。”《潘公崇祀乡贤录》：“故举人幼即有志正学，器识如成人。尝过浮屠，僧劝之拜。正色曰：‘某愿受孔子戒。’”

嘉庆元年丙辰（1796） 十二岁

【时事】

正月，湖北宜都、枝江白莲教首领张正谟聚众起义。白莲教大起义从此爆发，愈演愈烈，席卷鄂、豫、川、陕、甘五省。

【山阳要闻】

淮扬一带去年及今年荒旱[1]。

介休王昉任山阳知县。

【行状】

侍读于阜宁金庄[2]。（《行略》）

宗睿授其《孝经》，并书以下数语与之作为修身要诀：“天之所覆，地之所载。父兮生我，母兮鞠我。君也养之，师也教之。何以为人，主敬存诚。影衾屋漏，自敬其身。”[3]（《示儿长语·附录》）

始有诗存世，题曰《老树》、《梨花》[4]。（《行略》）

【诗坛生态】

正月二十二日，昆明戴絅孙生。十一月十三日，嘉定程庭鹭生。宿迁臧纡青生。顺德梁廷枏生。

郭麐撰《蘅梦词》二卷成。

【注释】

[1] 四农代薛震峰作《挽邵静安先生文》曰：“犹忆星厄元

楞，岁逢柔兆，腴田似石，稗米成珠。出妻为少蒸藜；卖女只如牵犬。老天鬼国，遍地邙山。”（《酬世集》）

[2]《阜宁县新志》卷二《地理志·村庄》无金庄。第一区有“金家团”，属钱笃乡。

[3]《写孝经诗》回忆幼年经历曰：“忆我为儿时，家塾在堂隅。日映读书罢，归为慈母娱。八岁就外傅，鲁论初咿唔。九岁五经毕，文义颇不疏。十岁读礼经，古句忘崎岖。十一背慈训，茕茕失母乌。十二出门游，奔走能跨驴。是时从大人，来往神愉愉。大人授《孝经》，命儿自写书。”

[4]《老树》：“咫尺盘空起，高风几岁年。秋深叶不坠，苍莽晚庭前。”《梨花》：“梨花将放我归去，梨花放罢我重来。斜日骑驴如踏雪，落英满地劝衔杯。”

嘉庆二年丁巳（1797） 十三岁

【山阳要闻】

金匮举人顾亮任山阳县学训导。

【行状】

始习《春秋三传》，有欲注《春秋》之志[1]。

【诗坛生态】

五月二十一日，许瀚生。六月十四日，湘阴李星沅生。闰六月二十七日，吴江仲湘生。十二月二十九日桐城叶琚生。七月初三日，镇洋毕沅卒，年六十八。十一月十七日，钱塘袁枚卒，年八十二。

张惠言、张琦昆弟辑《词选》二卷成。八月，惠言为之序。

【注释】

[1] 甲午年作《车中读春秋感赋》，尾注：“余十三、四岁时，有注《春秋》之志。”

嘉庆三年戊午（1798） 十四岁

【山阳要闻】

高邮廪贡宋保署淮安府学教授。

【诗坛生态】

五月二十二日，钱塘项廷纪生。六月十一日，海宁许梿生。六月初十日，潍县韩梦周卒，年七十。十一月十二日，武进管世铭卒，年六十一。

姚鼐编《惜抱轩诗集》成，二月自序。吴骞撰《拜经楼诗话》四卷成，七月自序。宋大樽撰《茗香诗论》一卷成，七月，陈斌序之。

嘉庆四年己未（1799） 十五岁

【山阳要闻】

江阴进士张錤任淮安府学教授。

【行状】

潘宗睿移教至车桥南之土楼陶铸家，四农仍随侍读书[1]。（《行略》）

秋，“应童子试，县取第八名，府取第四名”（《行略》）。

府试时，作《钵池山怀古》[2]，其中有句云：“我来秋色老，人去暮山青。”（《行略》）

知府官懋弼赏其才，是四农第一知音[3]。

【诗坛生态】

六月二十四日，建宁张际亮生。十月二十七日，监利王柏心生。十二月初五日，道州何绍基生。十二月二十三日，莆田林扬祖生。顺德黎简卒，年五十二。

【注释】

［1］嘉庆八年作《归后三日》诗尾注：“余旧肄业于陶氏

家塾。”

［2］钵池山：“在城西北十五里，冈阜盘纡，外高中凹，形如钵盂。唐杜光庭《洞天福地》记载，此山为七十二福地之一。相传王子乔炼丹于此。丹台、丹井皆在其下，台旁有祠，祀子乔像。”（光绪《县志》卷十九《古迹》）又“相传王子乔炼丹于此，丹成，试与鸡食，化凤而去。”（盛大士《蕴愫阁诗续集》卷二《淮阴竹枝词》其十二自注）“其地前固沮洳滨海，而地脉自皖龟山东来，起伏过淮阴，底我北鄙廿里外，复坟起蜿蜒。虽拔地苕峣，未尝特擅山之体势，第四境皆土，独此赤沙涌溢，实为山脉所终结，故以名山。而形因周匝袤延，环之以水，则又钵池所以命名者也。自乾隆甲午，河决老坝，向之沮洳，堙为平陆矣。当其凌山子湖，与西南诸湖沦涟相望，固骚人逸士游览胜境。烟波浩荡中，是山也，若岛屿浮立海上，幽夐澄逸，绝远氛坱。诚哉，其为仙乡也！”（田毓璠《钵池山志叙》，见《钵池山志》卷首）其上有名胜古迹：王子乔炼丹台、炼丹井、炼丹灶。下有爱莲亭。（《钵池山志·古迹》）

［3］丁晏《柘塘脞录》：“君为熙台中丞之裔，幼而聪慧，九岁即能诗。髫龄应童子试，太守官公懋弼爱其才，面试《钵池山》诗，君有句云：‘我来秋色老，人去暮山青。’太守叹曰：‘潘生海内奇才，可惜晚达。’”

［按］光绪《淮安府志》卷十三《职官》：官懋弼，嘉庆二年署淮安知府，至嘉庆五年卸任。

《清代官员履历档案全编》第24册（第229页）有官懋弼出任池州知府时的履历牒，曰：“臣官懋弼，顺天府大兴县举人，年五十二岁，原任江西饶州知府，革职，捐复原官补用，令签掣得安徽池州府知府缺，敬缮履历，恭呈御览，谨奏。嘉庆十一年七月二十七日。”因知其生于乾隆二十年（1755）。殆自离淮安知府任后，即转任饶州，继任池州。

嘉庆五年庚申（1800） 十六岁

【山阳要闻】

是年恩科乡试，山阳骆腾凤中式第三十三名，吉星奎中式第四十九名，副榜马磐第十五名。（段注《淮山肄雅录》卷下）

钱塘监生陈廷栋任山阳知县，以治办称。通州廪贡冯夔友署山阳县学教谕。

【行状】

侍父于土楼陶宅。

二月初七日，应县学岁试，取古学第一。补县学弟子，科试二等（《行略》）。题“不亦可乎二句”；“所以考其善不善者”；“金作砺”。是年宗师钱樾[1]。（《淮山肄雅录》卷下）

同时成诸生者，有丁琳、郭瑗、邱大鹏（字扶南，号石台）、吴云（字少卿，吴进之孙）、杨枫南（字丹林）等。（段注《淮山肄雅录》卷下）

秋，初应乡试。荐卷入赏，名列第四。及至填榜时却被摈，始终不知何故。（《行略》）

【诗坛生态】

二月二十二日，南海谭莹生。三月二十九日，仪征张集馨生。四月十九日，上元温葆深生。五月十八日，钱塘魏谦升生。宝应朱士彦中举。

【注释】

[1] 钱樾（1743—1815），字抚棠，一作黼堂，浙江嘉善人。“举乾隆庚寅顺天乡试，壬辰成进士。改庶吉士，授编修，历坊局，累迁吏部左侍郎。坐失察铨吏，再降官编修。晋鸿胪寺、大理寺少卿，内阁学士兼礼部侍郎。以忧去职，服除，疾作，遂不赴补。尝充陕甘正考官，再充江西副考官，督四川、广西、江苏、山东四省学政。……以疾终矣，年七十有三。”（张井：《尚书房行走吏部左侍郎钱公神道碑铭》，见《碑传集》卷三十九）

嘉庆六年辛酉（1801） 十七岁

【山阳要闻】

本年乡试，山阳李宗昉中式第一〇四名，张培诚中顺天榜。六合举人贾安策任山阳县学教谕。

【行状】

侍父于土楼陶宅。

春，作《拟古》三首“红尘暗白日”、“拔刀出关塞”、“征夫千里途”及《春郊即事》、《途中口占》[1]。

八月，由父亲带领二应乡试。途经高邮作《南行途中即事》[2]；经镇江，作《舟中望金山》[3]、《题金山寺》[4]。（《续钞》卷一）

至省会金陵，寓居城南三圣庵[5]。作《石城怀古》二首[6]、《登鸡鸣寺塔望玄武湖》[7]、《文德桥》[8]、《访隐仙庵》[9]、《清凉山望江》[10]、《游秦淮水榭》等诗。（《续钞》卷一）

因生疟疾，未得入闱，怏怏而返[11]。归途作《途中口占》[12]。（《续钞》卷一）

九月，返土楼，作《赠陶际华》[13]。（《续钞》卷一）

十月，嫡叔潘宗文殁[14]。宗睿只有兄弟二人，自居长，宗文行二。弟竟先殁，宗睿哀痛肺腑，致咳血疾。（《行略》）

自从父亲病重，四农侍奉极孝[15]。

结识邱广业[16]。

【诗坛生态】

三月十三日，益阳汤鹏生。三月十三日，山阳韦坦生。十二月二十六日，乌程费丹旭生。泰兴陈潮生。十一月二十八日，章学诚卒，年六十四。

刘大绅自编《寄庵诗钞》十三卷成，五月自序。

【注释】

［1］以上诸诗均见《养一斋集外续钞》卷一。该集由四农文孙潘兰骞辑，共四卷，皆为刻本《养一斋集》所未收之早年诗作。基本按时间先后排列，始于本年，止于嘉庆二十三年。以下凡引此皆省称“《续钞》”。

［2］《南行途中即事》：“年少心情壮素秋，一天风色送扁舟。远帆总逐南云去，别瑗偏随北水流。弓马喧嚣连楚驿，笙歌杂遝望扬州。城南遥指炊烟起，鸦上秦邮塔外楼。”

［3］《金山志》卷一《山水》："金山：在镇江府城西北扬子江中。自城至山五里，脉接长山，迤逦为五州山，至下鼻浦入江，突为此山。"《嘉庆重修一统志》卷七十二《江苏省（一）》："金山：在镇江府西北七里大江中，与焦山对峙，相距十里许。世称金、焦、北固为京口三山云。"

［4］《题金山寺》："谁得一幅画，挂在长江上。海潮欲卷去，半夜起鱼龙。"

［按］金山寺："旧名泽心。《太平寰宇记》：金山泽心寺，在城西南扬子江。……国朝康熙二十五年，赐额江天寺。唐宋至今诗人则通谓之金山寺。寺有苏东坡玉带。"（《京口山水志》卷二）

［5］三圣庵：亦名三藏禅堂，"在聚宝山北麓，本天禧寺下院，嗣属大报恩寺。咸丰间毁，同治中重建。"（《金陵胜迹志》卷七）

［6］《石城怀古》："千里江山拱建康，天然襟带控南疆。已无重镇分京口，犹说雄都胜武昌（吴大帝始都武昌，后迁秣陵）。百战干戈龙虎踞，六朝歌舞草莱荒。独来蒋帝祠前望，衰柳藏乌飐夕阳。"（其一）"青溪迢递枕朱楼，玉树曾传贵盛游。不见衣冠名士宅，依然佳丽帝王州。乐游苑里车声悦，幕府山边猎阵秋。千载若无投杼恨，江南天子更无愁。"（其二）

［按］石城：亦名石头城。"在上元县西，今俗呼鬼脸城，盖古城之西面也。……《世说》注引丹杨记曰：'石头城，吴时土坞，后因山加甓，因江为池，地形最为险固。'"（嘉庆《新修江宁府志》卷八《古迹（上）》）

［7］嘉庆《新修江宁府志》卷十《古迹（下）》："鸡鸣寺：在城内西北，当六朝宫后，疑即同泰寺址。明洪武十二年改建，曰鸡鸣寺，迁灵谷宝公函瘗于山，建塔五级。其左近列建十王功臣等庙，星置棋布，绵亘相接，钦赐门额曰秘密关。其右建施食台，又有望湖亭、凭虚阁，登阁满城在望。"《金陵选胜》卷一《山川》："玄武湖：以黑龙见得名，即今后湖。周数十里，山川如画，六朝旧迹多出其间。"

［8］道光《上元县志》卷三《疆域·桥》："文德桥：在县学前，旧为浮桥，万历中建。"《金陵胜迹志》卷二："文德桥，在县学西。本木桥，万历中圮，邑人钱宏业易以石。道光中阑圮，溺人数十。咸丰兵燹，桥毁。同治五年仍易以木板桥。水上两岸

人家悬桩拓架，为河房水阁，雕梁画槛，南北掩映，秦淮之胜也。”

［9］嘉庆《新修江宁府志》卷十《古迹（下）》：“隐仙庵：在清凉山虎踞关之侧。相传陶宏景隐居于此，故名。明初冷铁脚、尹蓬头诸人尝游于此庵。有老梅一株，相传为六朝时树；老桂二株，为宋时树。”

［10］嘉庆《新修江宁府志》卷六《山水（上）》：“清凉山：在上元清凉门内。”乔宇《游清凉山记略》：“石城门内之北二里，有山环绕。经石梁入，径至清凉寺。其寺乃南唐李主避暑处，故曰‘清凉’，至今多竹，相传其所遗者。其山面城平旷，中有奇基，乃翠微亭之故址也。登眺则都城宫阙、军廪官府、居民街巷，远而长江列巘，皆历历在目。城中具山水之幽、尽登览之胜者，无如此山。”（《金陵梵刹志》卷十九引）

［11］明年，有诗题《深秋病疟因忆客岁是月正侍先大人白下归舟时也哭以志之》。尾注：“客岁亦以疟，未入闱。”

［12］《途中口占》：“前村遥指竹桥西，柳内人家柳外堤。小渚叶留春睡鸭，曲篱烟护午啼鸡。天空鹜度树霞乱，日落鸦横远树低。细草一鞭归路近，月明何处正扶犁。”

［13］《赠陶际华》：“坐里松窗日影长，云霄俯仰气昂藏。人皆邺下推王粲，我已江东让谢庄。天地可能埋碎骨，风花谁相助诗肠？石边一笑前生约，更愿来生约未忘。”

［按］陶克让（1780—1834），字际华，号文川，山阳人。早年师事潘宗睿，“嘉庆十五年举于乡，明年成进士，改庶吉士。曹文正公深契赏之。乞假归，以父春秋高，不乐仕进”（《养一斋集》卷二三《陶君家传》）。“家居养亲十余年。父殁，试得金华令。”（《县志》卷十四）

又，《陶君家传》曰：“道光甲午冬，余入都，道逢浙客谈金华令陶君不去口，不知其与余至交也。明年正月，京邸闻君丧，哭之。”考四农道光甲午入都在十一月下旬，而次年正月已在京邸得闻际华死讯，可知际华当殁于道光十四年甲午腊月。《传》又曰：“疾已困，犹输资为员外郎。部牒至，君小敛矣。年五十有五。”由此可知文川生年应从道光十四年（1834）逆数五十五岁，即乾隆四十五年（1780）。另外，四农道光元年（1821）代孙岩作《陶淡园先生哀序》（见《酬世集》）时称际华“年甫强仕”，亦可证知其生于乾隆四十五年。

[14] 潘宗文（1758—1801），“字含章，小字六三，号玉渊，生乾隆戊寅七月廿六日，卒嘉庆辛酉十月十一日。”（《续宗谱》卷一）

《车桥闻见记》：“彝叔祖玉渊公随吾祖来车桥，好篆刻图书，日不去手，积一箱许。为人携去，亦不校。生平不疑人欺，亦不欺人。尝鬻酒于市，天寒，勺酒饮之，投以水，沽酒者至而勺不能举矣，曰：吾不知水冻而酒不冻也。其趣如此。子朗陵公，幼与先子同称早慧，读书日百余行。未冠，入邑庠，乃困于场屋。中年又因家故，郁郁以殁，至今人犹惜之。”

[15]《潘公崇祀乡贤录》：“十八岁，父病，侍疾两月，衣不解带，药物皆跪捧床下。”

又，《行状》：“训导患咯血疾，每进药必跪床下，既而割臂肉以进。训导君察其色动，泣曰：‘固知儿有是也。’”

[16]《送邱勤子序》：“忆予十六、七岁，初识勤子，气皆盖一座。”

又，邱广业（1771—1834）：字勤子，亦作琴沚，山阳郡城河下镇人。乾隆五十六年辛亥（1791）诸生，“嘉庆十三年举本省乡试，道光六年大挑二等，选安徽凤阳县临淮乡训导，年近六十矣。为训导六年引疾归，未一载殁。”（《养一斋集》卷二三《邱君家传》）著有《卧云居诗草》。

嘉庆七年壬戌（1802） 十八岁

【山阳要闻】

李宗昉中进士，一甲二名，亦即榜眼。

【行状】

二月十日，父宗睿殁[1]。（《续宗谱》卷一）

三月，访周协和，作诗纪之[2]。

四月初，由大师兄邵源洙协助，窆葬抑隅公。十二日，曹镳应邀作《抑隅公家传》（见《续宗谱》卷首）。

夏，感念居于射陂之西的嫡堂兄潘德星，作诗三首纪之[3]。

七月，作诗慰赠远房侄潘开阜赴安东（今涟水县）[4]。

不久，即作别土楼，吟诗二首以纪[5]。

至阜宁沙庄马宅独立坐馆，授徒马永清[6]。（《行略》）

秋，作《秋夜》、《湖上望舅氏不至》、《鸡冠花》二首、《深秋病疟回忆客岁是月正侍先大人白下归舟时也哭以志之》、《杂感》二首。（《续钞》卷一）

对射陂情有独钟，味其神理，作《湖上望月》、《湖居绝句》二首等[7]。

冬，卢止泉舅氏自京师还里，四农晋谒，执业为弟子，研习史学。

【其他作品编年】

诗：《韩侯钓台》、《村居》、《湖上》、《拟东坡题画四绝》（竹鹤、黄精鹿、杏花白鹇、莲龟）。（《续钞》）

【诗坛生态】

三月初八日，泰兴吴存义生。六月十五日，江宁汪士铎生。八月十三日，昆明黄琮生。八月二十三日，桐乡陆以湉生。六月，张惠言卒，年四十二。宝应朱士彦中进士，为探花。

【注释】

[1] 丁晏《柘塘脞录》：抑隅先生为熙台中丞八世孙，为名诸生，内行尤美。幼孤露，孝养继母，抚弱弟成立。季父晓亭客游河南，著陈留籍，有子三人，一廪于庠。乾隆辛亥，中州岁大祲，晓亭子伯仲相继殁。癸丑春，其季宗斌挈孥及寡嫂来淮。君时授徒糊口，为之奠其居，资其饘粥。越二载，斌又殁，先生归骨焉。所遗两嫠一孤，皆哺养之。异母弟宗文先生为活生计，文殁后遗妻若子复于先生取给。其孝友如此。

宗睿能诗，有《咏诗韵示舆儿》："譬如兵在屯，部署谁其却。须以意将之，好丑无执着。又如棋有枰，尔我子共落。可死亦可生，岂曰随庋阁。诗情本天籁，周沈初禁约。所喜蜂有衙，非如茧独缚。险绝栈道中，怯者攀绳索。勿弃盘石安，转就女萝弱。此事让韩潮，窄径足不蹶。无忧马脱衔，都如水赴壑。寄语学步人，放胆歇行脚。"（《笥萧诗集》卷四）可见四农诗歌创作家学之一斑。

[2]《访周协和》(《续钞》卷一):“十里射湖春,柴门映碧落。寻君一棹归,野鸥相送客。”

[按] 周协和:字号事迹均待考。

[3]《寄怀朗陵兄》(《续钞》卷一):“侧身西望暗然添,一水分流两滞淹(时兄居射陂之西,余在东)。放鸭渔篙依断草,捞虾野艓伏苍蒹。落霞秋水人登阁,细雨斜风客下帘。本得故交酬契阔,衔杯直待挂明蟾。”(其一)“斜日平畴夏雨深,故乡缥缈旧园林。蟭螟已自无余地,蛮触何须起竞心。咬菜一家同况味,落花两地此光阴。昨归庭院殊非昔,自扫苍苔抱玉琴。”(其二)“两地相思一水流,渔庄寂寞稻粱谋。垂髫便说三珠树,此年空为五凤楼。法曲无心传下里,奇书何处借荆州?几时□我池塘梦,柑酒闲情□粟留。”

[按] 潘德星(1783—1832),宗文之子,“字聚荀,号朗陵,小字达生。邑廪生。生乾隆四十八年十一月十一日生,卒道光壬辰十月廿二日,年五十。配郝氏,生乾隆甲辰五月廿七日,卒道光甲辰五月廿七日,年六十一。”(《续宗谱》卷一)嘉庆癸亥首次参加山阳县学科考(民国乙卯刻本《淮山肄雅录》卷下)。

[4]《送从子拟山》(《续钞》):“风雨悲茕独,凄凄膝下时(时正奉先大人讳)。君能同意气,天又使分离。涟水秋云远,湖堤落日迟(余将束装赴射陂)。依依桥上柳,一叶一相思。”

[按]《续宗谱》卷一:潘开阜(1784—1822),锡朋子,“行一,字拟山,号笛江,小字八六,郡庠生。生乾隆甲辰二月二十日,卒道光辛巳正月廿一日,年三十八。配蔡氏,生乾隆壬寅,卒嘉庆丁丑九月十二日,年三十六。葬宿迁县蔡家庄。”

考《养一斋日册》(陈畏人钞本),道光二年壬午(1822)正月二十七日,“接舒民侄书,知拟山侄于月之二十一日下世……年不满四十而死,老母之养尚未终,孤子生甫两月耳。”因知《续宗谱》之言拟山卒年误。

又,检《淮山肄雅录》卷下,潘开阜系嘉庆十四年诸生。

[5]《将赴射陂留别陶氏昴弟》(《续钞》卷一):“兰茝丛中满袖芳,幽居随意住沧浪。负书人世非刘勰,倒屣门庭有蔡郎。云气幻皆天上狗,雨工群是水边羊。东窗绿荫萧萧里,插笔他时忆我狂。”(其一)“碧云千里奈愁何,葭菼邨邨起棹歌。寒贱十年闻见少,交游几辈别离多。秋分烟水双凫阔,月冷关山一雁

过。今夜丹枫深泊处，梦魂犹自罣庭柯。”（其二）

［按］射陂，即射湖，全称射阳湖，“居淮郡东南七十里，为山阳、宝应、盐城三邑之分界。阔约三十里，周回三百里。……向者海禁未开，民间舟楫仅抵庙湾。自康熙甲子开禁之后，凡北地商民由山作航海而来，多由此入口，南达高、宝，以至江焉。”（《续纂淮关统志》卷三《川原》）。朱经《射阳湖赋》：“惟洛射湖，既灵且长。大江之北，淮水之阳。割东南之丰壤，据淮南之边疆。……其南则白田、瓦沟，广洋、博支……其西则腹受蚬蟵，股引黄昏……其东则海陵、马长之依然，喻口白沙之仍在。”（民国《宝应县志》卷三十《辞赋》）

［6］马盛年（1787？—1833）“子永清，诸生，宅心和厚。岁饥，振财粟、施方药无算。……惜年未五十，卒。”（光绪《盐城县志》卷十二《人物》）

［按］《沙家庄夜泊》（《养一斋集》卷二）起句“昔时扫榻山房月”下自注：“癸亥、甲子间馆于庄中马氏扫月山房。”

又，检《阜宁县新志》卷二《地理志·村庄》：沙庄，属沙庄乡，在第一区辖内。与山阳县毗邻，中间仅隔一射陂而已。

时德星馆于射陂之西，四农馆于射陂之东，餐仙舅氏亦馆于近村。见明年诗题《间岁客射陂皆居餐仙舅氏宅是秋舅氏去兀兀独居颇增惆怅》（《续钞》）。

［7］《湖上望月》：“圆月浴沧海，清辉散池上。孤云片片来，遥射作异状。云意已无月，天角撑步障。对峙影不飞，巉绝若列嶂。欲吞不得吞，毫芒森四放。深黑截半轮，裁剪得朽样。斯须倒涌出，光彩互动荡。影落鱼龙惊，逼近不敢望。幽客清夜游，贮立喜平旷。远见星火光，点点入沙涨。霜寒携手归，何处渔人唱。”

《湖居绝句》二首：“清溪一带碧于油，自卷虾簾望素秋。芳草靠湖湖靠市，小秦淮水此风流。”（其一）“荷香十里晚船风，月落渔归露满篷。一面人家三面水，采莲人可在莲东。”（其二）

嘉庆八年癸亥（1803）　　十九岁

【山阳要闻】

定海举人邱令谟任山阳知县。

【行状】

二月上旬，为操持乃父去世一周年纪念，由沙庄返里。临行，诗以别之[1]。

途中作《夜过射湖》[2]。归家作《初归题壁》二首[3]、《梦游华岳（并序）》[4]。

三月底，返沙庄。

从兄潘德星科试游庠（《行略》、《宗谱》卷一）。

黄以炳（字蔚雯）参与岁试和科试。（《淮山肄雅录》卷下）

仲秋，返里。作《返里后同人宴集》[5]、《归后三日访陶氏昆季再叠前韵留赠墨泉并呈惜阴书屋（陶之家塾）诸子》[6]、《答张墨泉复迭前韵却寄》、《返里再迭前韵》。（《续钞》卷一）

未几即回，作《湖上晓起》、《射湖放棹》。（《续钞》卷一）

在马氏塾馆扫月山房，怀想车桥友人，作《寄怀里中诸子》三首[7]、《墨泉书讯近状》二首。（《续钞》卷一）

暮秋，止泉舅氏至郡城坐馆，招四农入郡城书院肄业。四农应命入城，作《止泉舅氏招入城肄业，已有坐地不果，临行赠诗一章》[8]。

在淮城逗留期间，宿海会庵，因作《宿海会庵用壁上韵》[9]及《寺楼坐雨》[10]。（《续钞》卷一）

因沙庄馆事未终，四农不能久滞郡城，未几即回。临别，作《夜宿周春和宅临别留赠》[11]。

回馆后，作七绝《间岁客射陂皆居餐仙舅氏宅是秋舅氏去兀兀独居颇增惆怅书此奉寄并呈楚阳许昆圃》五首[12]。（《续钞》卷一）

车桥星命先生李郁文来访，诗以送别[13]。

复作《暮秋即事》。（《续钞》卷一）

冬初，车桥所赁屋主柴某生无赖歹念，乘四农父、叔、母俱亡，自己又年少，乃横生枝节，百般刁难，勒索其家财。遭婉拒后，竟强迫自家妇人服卤死宅中，然后嫁祸潘家。是时潘家只有祖母金氏（1730—1816）一人在，年迈无助，家中所有乃被柴某毁掠一空。四农闻讯，从沙庄急归，“还其宅，敛其尸，终不与较，时年未冠也。”（《县志》）作《弊庐叹》[14]。

事毕，奉祖母金氏至再从弟潘德成家暂住[15]。（《行略》）

冬，作《冬日湖上》、《北风行》。（《续钞》）

腊月中旬，闻安徽宿州教民起事，感慨赋诗[16]。

年底，应餐仙舅招，途中口占一律[17]。

【其他作品编年】

刻本《养一斋集》收诗始于是年，有《读史》八首、《射湖晚泊》二首、《朝饮酒》、《杂诗》二首（《养一斋集》卷一）等。《续钞》卷一中编于本年但时节不易确定的作品尚有《田家》二首、《绣球花》二首、《题背立美人图》七首、《自喻》、《和东坡渔父词韵》四首、《和东坡纵笔韵》、《读史》三首、《感怀》、《盆兰》、《游双塔寺》、《题桃花源记后》四首、《牡丹》、《芍药》、《春意》、《自遣》、《夜坐》、《杂诗》三首、《题渊明爱菊图》、《闻虫》、《湖上》二首、《偶成》、《和东坡秋兴》三首、《炙砚》、《题画》（乱山雪后忘西东）、《和东坡梅花诗韵》十首、《和坡公松风亭下梅花诗韵》三首、《题梅花扇韵》以及《将进酒》[18]、《赠许昆圃》三首[19]、《赠丁葆初》[20]等。

【诗坛生态】

正月十四日，上元蔡宗茂生。六月，南丰吴嘉宾生。十二月初四日，钱塘吴敬羲生。临桂朱琦生。

洪亮吉自编《更生斋诗集》成。

【注释】

[1]《湖上送别》（《续钞》卷一）："春水合诸派，人家远近分。潮痕低蚀岸，湖气聚成云。辽阔浮村树，苍茫泻夕曛。此中方作客，况使帐离群。"

[2]《夜过射湖》（《续钞》卷一）："挂席破烟昏，平湖乱草根。孤征愁日落，高卧听涛奔。月黑天低水，林遥雾压村。微茫灯火际，知是旧柴门。"

[3]《初归题壁》（《续钞》卷一）："插脚云烟去，春光柳柴平。荒村斜日淡，古树怒云生。水月迷人影，茭蒲涩橹声。破扉徐踏入，灯火别离情。"（其一）"我爱《张融传》，牵舟岸上居。此心无系恋，随地即樵渔。麦秀田飞雉，溪闲柳挂鱼。晚来菰米

熟，安稳睡吾庐。”（其二）

[4]《梦游华岳》（《续钞》卷一）序曰：“癸亥三月十二之夜，梦中三峰突峙，奇幻莫测，作诗志之。”诗曰：“五岳荡我胸，空翠如在眼。惜无神游术，出门一水限。丈夫贵养气，真境苦未展。天风戛然来，吹梦过层巘。仰睹三峰奇，喜极穷睇眄。巉刻殊衡霍，势足药卑褊。连山朝白帝，云气递舒卷。马首入高峰，突立愁如转。飘忽一掌分，大道出蹇嵼。黄河走东北，过此入兖豫。一线劈雷霆，两崖刀斩划。武功及太白，附庸势低俯。渭水若杯勺，矧是灞与浐。三辅隋云雾，声息寂鸡犬。依稀金莲峰，绿莎踏轻软。玉女顾我笑，岩花纤指捻。举首接星辰，昴毕近可搴。西北有高台，齿齿砌砥碝。逼近不敢登，钩连恃竹笕。却立愈惝恍，真幻□得辩。我居淮泗东，异域少游践。百里无名山，造物靳灵产。太息居敝庐，生趣一蝘蜓。足不出墙壁，运动苦蝡蝡。山神体我意，片晌致缱绻，三千余里中，游魂代舟辇。世界原子虚，梦境亦昭阐。譬如斯饥人，大嚼得肥脔。一饱不足奇，事后乃追缅。安得骑茅龙，翻身游嵲嵺。”

[5]《返里后同人宴集》（《续钞》卷一）：“壮志结清秋，逸情飞旧雨。选幽怀平林，践约憩秋圃。葵叶高于人，萝阴低在户。暝烟一萤流，乱草百虫苦。狂呼月生岩，低唱潮归浦。欢长恐境移，酒少借诗补。明朝花落多，转眼别俦伍。关山隔酬酢，风月孰撑拄。感此谢情人，眷言怀故土。”

[6] 张墨泉：名与事迹均待考。惟知其卒于道光十年（1830）之前。考卢涌《春日和四农见怀之作》颈联出句“墓上草皆宿”下自注：“谓墨泉、好山辈。”（见《友声集》本《蓉湖存稿》卷下）而卢涌卒于道光十年，故墨泉之卒必在此前。

[7]《寄怀里中诸子》（《续钞》卷一）：“柴门斜带水迢迢，凉意都从薄暮招。高阁谈锋茶试斗，小窗诗意酒先浇。打包僧带云归寺，踏醉人扶月过桥陈居在寺之左桥之右。好是一园秋色里，年年菘韭佐清寥。”（陈锡蕃）“绿意空庭坐有首，碧筒谋醉思清新。吹箫气概雄吴市，挥尘风神学晋人。月到斜落刚送客，酒无赊处始知贫。明朝挂席晴湖去，翠竹平沙梦境真。”（张荣安）“联臂低吟哀底诗，客中风味问秋知。西堂蟋蟀悲何极，曲巷琵琶系所思。伟节一时推最怒（郭昆弟三人，而景蘧尤清跋），王湛半世岂真痴。连朝正有清游兴，平远山尤忆郭熙。”（郭景蘧）

［按］陈晋（1763—1834），“字锡蕃，号竹轩。道光间布衣。有《竹轩类稿》。”（《山阳诗征续编》卷二十六）薛乘时婿。

检乙未二月二十三日《家书》曰：“陶大兄、陈大兄先后溘逝，我闻之流涕数次。老友凋零，真可悲痛。挽陈诗二章，另纸书之，汝可先持与邵六兄看阅，再与陈三世兄收藏。陶诗尚未下笔，容稍暇为之。”又检《酬世集》内有《寄挽陈竹轩》二章。另乙未秋南下途中作《雨夜闻笛》其二尾注：“客冬入都后，锡蕃、际华、勤子皆溘逝。”因知陈晋及陶克让皆卒于道光十四年冬。另检《养一斋日册》，道光二年（1822）七月，“十六日，至陈竹轩宅，祝其六十寿。”以故知其生年。

《车桥闻见记》：“竹轩丈人者，陈丈锡蕃之别字也。少受业于先大父，为文不肯平易，必幽折以取之，故小试即不利。后乃不为文而寄意于诗，诗亦以幽致胜。先集中怀里人作，云‘一生村晚豆花凉’，可以概见。平日以生计付其子，而日坐市阛，静无一语。有过之者即其处为棋局，门外喧嚣轰耳，内则子声丁丁，不异空山也。春秋佳日，或大雪日，必至村僻处，拄杖微吟，归则三五杯，独醉而已。然遇人有不平事，辄须发怒张，大声侃侃，然人孤乐亲而敬之曰竹轩丈人。年七十卒。”

寄怀陈诗颈联曰：“打包僧带云归寺，踏醉人扶月过桥。”自注：“陈居在寺之左，桥之右。”

又，郭瑗（1773—1823）：字芋田，改字景蘧，号蘧蘧，山阳人。“家贫，迭遭凶丧，所居老屋一间，日光穿漏，宾祀坐卧洗爨皆在其中。过者多促刺不乐，瑗读书赋诗，扬扬自得。……视富贵人如土苴，不一挂齿颊。故人有矜其困者，怀金遗之，坐语移时，卒不敢白而罢。……所着诗雅洁冲淡，肖其为人。”诗集名《寓庸室遗草》（《县志》卷十四《人物》、卷十八《艺文》）。

考四农《寓庸室遗草序》（《养一斋集》卷十八）云：“蘧蘧卒年五十有一。”复考四农手批《寓庸室词》之《水调歌头》“冬日读史”、同调“冬夜独坐”二首云：“冬日读史、冬夜独坐二词，清雄激越。‘屋角’十一字尤为绝唱，十余年前仆所极赏心者。丁亥冬日，偶检故纸，得原稿及仆评语，反覆吟诵，泪落满怀，盖蘧蘧之没已五年矣。四农。”时丁亥即道光七年（1827），该年冬日蘧蘧既“没已五年矣”，则其当卒于道光三年（1823）也。又，四农批其《满江红·丙子乡试前录送失名戏作》云：

“由写‘梨花’句，同人遂争呼蘧蘧为‘郭梨花’，亦一时可传事。非失名，乃得名矣。然校录送文者旋即续出，蘧蘧复入闱。后此戊寅、己卯、壬午，又三应乡试不中，癸未即世，热场终未生色也。重览此阕，为之掩卷欷歔云。四农。”则明确交代蘧蘧卒于癸未，亦即道光三年矣。由道光三年逆数五十一岁，因知蘧蘧生于乾隆三十八年（1773）。

关于郭瑗品性，《车桥闻见记》述之更为生动：“蘧蘧丈少习于贾者十余年，后弃之去。读书游庠，意致甚高。与先子交最密，尝夜谈至三更许，仆夫欠伸作恶声不去也。家炊屡断，有馈之者，弗受。时鼓琵琶一曲。室曰寓庸，仅半间许。题曰得此已足。生徒嘈杂其中，咿唔满耳，亦不以为忤。诗笔高绝，作后多不留稿。先子为一一搜罗而叙订之，每曰：‘自郭生没后，谁攻吾过者？’可以知其古意矣。”“车桥质库，（陆子怀生）舅家之遗址也。由程而归于鲍，鲍将以上业资赠。其时大舅、二舅没矣，三舅蘧蘧先生在，鲍子镜山携四十金来见舅，见其意度闲远，坐谈移晷，竟不能达其意而去。”

又，张仁：字荣安，或作容安，乾隆五十三年戊申诸生。（段注本《淮山肄雅录》卷下）郭瑗姊丈。

[8]《临行赠诗》：“落叶冷阶户，明湖凄暮秋。百里怀所亲，泪下心悠悠。昨日见故人，樽酒方绸缪。飞鸿遗我书，为我谋何周（至陶氏宗塾，始克见舅氏手书）。谓我若孤鸟，深落林木幽。云霄睇方亟，羽毛将专修。感此切素怀，杖策孤城游。到来乐谈经，永夕聊羁留。所议旧交约，反复空夷犹。明朝契然去，一卷徒冥搜。侧身望天涯，烟波寄离忧。”

[按] 卢泽（1769—1850?）：字止泉，山阳车桥卢家滩人。从学于汪廷珍（汪廷珍《实事求是斋遗稿》卷四有《寄卢生止泉》七言律绝各一首）。乾隆五十三年戊申诸生，五十九年甲寅（1794）举人，官安徽舒城县教谕，赐国子监学正衔。晚年“主讲钟山书院，侨寓江宁。”（《续纂山阳县志》卷十《人物》）

考四农代人作《卢止泉先生七十寿序》（《酬世集》）有云：“道光十八年戊戌八月廿七日，为先生览揆之辰。”由道光十八年（1838）逆数七十岁，故知止泉生于乾隆三十四年（1769）。

丁晏《柘塘脞录》：“止泉先生少负文誉，驰声日下。晚年侨寓白门，长斋绣佛。戊申仲冬，余至金陵，往谒，赋诗见赠，时

年已八十余矣。”（见《山阳诗征》卷二十三）

[9]“海会庵：在漕署西。其正殿额书宏光年建。”（《淮城信今录》卷九《香火志》）其址即今之漕运宾馆及其西邻。

[10] 该寺应即指海会庵。其《宿海会庵用壁上韵》前几句曰：“古寺投双屐，孤城滞一舟。雨声今夜永，春色隔年游。”观此可知。

[11]《夜宿周春和宅临别留赠》：“年年秋色住清凉，剪韭栽菘世味忘。杯酒不教空北海，名园今始识南塘。蕉窗露彩侵衣重，花径泉声到枕长。已置幼舆丘壑里，莫穷明镜照吴霜（周年甫四十，而两鬓如丝）。”

[按] 周春和（1864—?）：名与事迹俱待考。与周协和为兄弟。四农明年作有《五月五日饮周春和宅》二首，其一首联自注：“余旧与春和订交于金庄，庄舍梨花最盛。”

[12] 许嘉谷，字昆圃，江苏兴化人。寓居射陂。

[13] 诗题《送李郁文》（《续钞》）。案，《车桥闻见记》：“李翁郁文，乡之谈星命者也。性古直，未尝谀人，故其术不甚行。晚年并星命亦不谈，日读《周易》数行，所居屋止二间，诵声达于户外。行道者笑之，翁弗顾也。先君子少困于场屋，翁每为泣下，先君子作生挽歌赠之。……以瘫痪卒。”

[14]《弊庐叹》自序：“余旧典宅在涧河侧，居之越十载矣。癸亥冬日，宅主忽帅其家属麕至，坐食数日，勒加售值，无以应之，遂迫其妇死宅中。予憎此宅之凶，彼妇之惨，即以此宅畀其夫而去，不取直焉。感而有作。”

[15] 潘德成（1793—1840），“字艺辅，生乾隆癸丑三月二十四日，卒道光庚子　月　日，年四十八。配雍氏，卒道光辛巳正月一日，年二十。”（《续宗谱》卷一）

[16]《风雪闻教匪乱宿州》（《续钞》卷一）：“寒窗灯火忆孤城，夜色威严起甲兵。谁使玉龙同乱战，敢教池鸭混军声。咽喉腔带驰奔马，鳞甲摧残斩怒鲸。慎重阵前诸将帅，平湖一带是连营。”（其一）“半壁金汤镇上流（宿为淮泗上游），忽惊小丑厉戈矛。冰花暗失旌旗彩，风管遥催鼓角愁。坚阵一时成玉垒，全淮终古奠金瓯。须臾阴晦消除尽，晓日曈昽照九州。”（其二）

[按] 光绪《宿州志》卷十《武备志·兵事》：“嘉庆七年十

二月初一日，教匪王潮名结党乘夜袭杀知州张鼎营、都司杨荃卫、守备金振各官，放火劫狱，城守把总胡玉、外委把总张永清救护阵亡，城遂陷，贼据州署。乡民执戈来援者数千人，武生秦攀元、乡民周四海等战死。兵目邢朝相受重创，死而复苏，报闻庐凤道珠隆阿、凤阳府杨廷瑛驰至。初六日，杨与乡民围其外，珠率兵民入城。贼拒战，把总贾沛阵亡，珠被重创。武生张朝栋翼处之，寿春总兵王集率游击舒凌阿、守备艾凤麟踵至。初八日，王驻防西门，命舒督兵入城，与把总高忠等环围州署，火之，毙贼百余人，生擒贼目五，女一，其首逆先被创死矣。贼平，州署全毁。"

[17]《岁暮舅氏见招舟中口占》(《续钞》卷一)："秋鸿社燕本忘形，来往云天迹未停。渔网影从斜日晒，樵斤声送隔林听。村烟入暮微飘白，岸柳先春略逗青。料得倚柯凝盼久，扁舟已过几鸥汀。"

[18]《将进酒》(《续钞》卷一)："天公付我愁十斛，我逃愁乃入愁谷。忽得酒杯相尔汝，愁欲近酒不许愁。上诉真宰怒，明日且将夺我酒杯去。为我谓天地，天地亦有愁，若不酌酒愁悠悠。天地以山为壶海为肠，百川东注何洋洋，乌得禁我不举觞？我不愿黄金之高如北斗，但乞酒杯不去手。且纳天地归吾杯，跳身入海，吾将与天地并长久！"

[19]《赠许昆圃》(《续钞》卷一)："华发飘萧两鬓齐，水乡花国怅孤栖。已无竹实留鹓凤，不惜盐车驾駃騠。壮志每愁斜日落。新诗都压碧云低。年来我亦扁舟客，心迹谁堪付晓鸡。"(其一)"榾柮光红记拥炉，又从苔阁看春芜。如斯风雨宜留客，最好楼台总傍湖。清露一庭梳竹鹤，垂杨两岸扑烟凫。离心共此波流阔，北雁南云望却殊(余家在湖之北，而许在南)。"(其二)"自插疏篱自剪茨，文休标格久吾师。无公不乐琴尊里，有约便来风雨时。世界竟容儒者食，文章莫受古人欺。逢君不惜当年少，老去风情已自奇(许年过五十，颇有豪气)。"(其三)

[20]《赠丁葆初》(《续钞》卷一)："数年把袂两无心，翻入风尘问赏音。今日石边同一笑，梅花无语月华深。"

[按]丁国培，字葆初，与四农少同砚席。

嘉庆九年甲子（1804） 二十岁

【时事】

八月，白莲教起义军余部首领苟文润遇害。白莲教起义至此宣告失败。

【山阳要闻】

常熟举人言廷璜任山阳县学训导。

杨皋兰、许世爊乡试中式。

【行状】

春，从兄朗陵迎养祖母金氏于曹甸[1]。四农遂寄孤妹于塔儿头舅氏家[2]，独自在沙庄教馆。（《行略》）

作《湖上暮雨》（《养一斋集》卷一），《立春日题壁》、《渡射陂》、《折桥柳》。（《续钞》卷一）

应王某邀赏牡丹，诗纪其盛[3]。

拜止泉舅氏，初识林蕴山，作《别林蕴山用明朱文恪远别辞韵》[4]。

游射湖，作诗《舟中即事》、《射陂放舟》。（《续钞》卷一）

夏，作《五月五日饮周春和宅》二首、《餐仙舅氏书来作此却寄》二首。（《续钞》卷一）

入秋，作《问燕》、《代燕答》（《续钞》）。小序曰："余居此烟水中二载矣。是秋，归志已决，聊设为问答，以明素志。"

复作《七月晦日》。（《续钞》卷一）

仲秋，三应乡试。启程时作《河岸留别朗陵兄》[5]；经扬州作《维扬即事》；经仪征作《真州》[6]；接近金陵时作《江中望摄山》[7]、《月夜登燕子矶》（"真州城外千层浪"）[8]。

至金陵，作《石城杂感》五首、《石城柳》、《莫愁湖》[9]、《吊方正学祠》二首[10]、《秋海棠》。（《续钞》卷一）

游台城，作《台城偶题》[11]。（《养一斋集》卷一）

归时，与新识江铭作别，诗以赠之[12]。

复作《月夜登燕子矶》（首句"归舟初泊寺钟渺"）。途中作《三次渡江皆不及游金山怅然赋此》。（《续钞》卷一）

返里，与黄以炳订交，作《古意赠黄蔚雯》[13]。

作《哀游子》[14]、《残菊》。（《续钞》卷一）

季秋，获知乡试失利。师兄金士显自京归经车桥，诗以送其还里[15]。同时诗送亦乡试落第的蔡若金[16]。

探视黄以炳疾，作《季秋问蔚雯疾归宿胡荫南宅》[17]，自注："时报罢十余日。"

初冬，返车桥，作《孟冬重过射陂留宿题壁》[18]。

仲冬，移馆里中陶宅[19]。

【其他作品编年】

诗：作拟古乐府《车遥遥》、《君马黄》、《巫山高》、《战城南》、《有所思》，作《代相逢行》、《古离别》，均见《养一斋集》卷一。另有《杂诗》三首（"雍门见孟尝"、"吾钦鬼谷子"、"春风振庭树"）、《画梅》、《题五老图》、《题画》（"石意当秋深"）、《蟭寄轩诗》、《梅花画扇》、拟古乐府《采莲曲》、《善哉行》、《独漉篇》、《临高台》、《艳歌行》、《王孙游》、《自君之出矣》、《猛虎行》、《煌煌京洛行》、《白纻歌》、《妾薄命》、《老将》二首，均见《续钞》卷一。

【诗坛生态】

二月二十一日，吴江殷寿彭生。七月初四日，湘潭罗汝怀生。庐江江开生。

【注释】

[1] 曹甸：市镇，"距淮城七十余里，方向东南。"（《曹甸镇志》二《区域》）今属扬州市宝应县。

[2] 塔儿头：村庄名，距曹甸镇西之"蔡桥隔十余里"（《曹甸镇志》三《舆地志·村庄》），"一称塔庄……清代以后，名较曹甸尤著，盖以镇海塔、永宁桥、定善院而名称也。且塔寺香烛、清明赛会之风俗，迷信疏文皆曰古塔市曹甸镇，似曹甸属于古塔。"（《广曹甸镇志》）

[3]《王文邀看牡丹醉后留赠》（《续钞》卷一）："轻寒微雨百五天（牡丹一名'百五'），主人家住花溪边。渔溪一曲花为堵，主人种花识花谱。槛外花头大似盘，清香十里飞亭午。去年

曾约访柴扉，酒瓮茶瓯碧四围。坐久不知香入席，时看花片上人衣。东风昨夜归何急，遥知花砌铺狼藉。主人自说怨封姨，满地绛英深二尺。去年花事胜今年，今年人尚饮花前。明年花比今年好，人去花开谁醉倒。年年但得醉花丛，花魂人意相缭绕。吁嗟呼！姚黄魏紫斗春风，谁使披枝色相空。种花主人知此意，残红飘画犹沉醉。抽毫援简爱我狂，我爱花唯累十觞。举触倾首攀芳树，可怜莫放春归去。”

[4]《别林蕴山》（《续钞》卷一）：“帆袅袅兮波悠悠，怀佳人兮春复秋。得新知兮握手（是日在止泉舅氏处初晤），惟风雨兮淹留。陟彼岵兮烟无色，尔与我兮共衔恤（林正奉其尊君讳），仰苍天兮如何？伤余心兮离别。登禹门兮鱼为龙，感不遇兮心忡忡。既疲曳兮处此，纷飘泊兮云鸿。渺渺兮关山，劳劳兮车马。不见君兮思忧伤，既见君兮心藏写。来胡为兮栖迟，去胡为兮夷犹。挥手一去兮，不可以久恋，唯好修以为常兮，足慰天末之离愁。”

[按] 林蕴山：名与事迹俱待考。

[5]《河岸留别朗陵兄》（《续钞》卷一）：“半幅蒲帆黯黯愁，破琴古剑一扁舟。文章何物能憎命，少小无家且好游。风雪马陵人度腊，烟霞牛首雁惊秋（兄去冬沭邑度岁，余此时又将赴省）。行踪南北劳相忆，夜雨连床有事由。”

[6] 真州：即仪征，宋、元、明时称真州。详《重修仪征县志》卷一《建置志·沿革》。

[7]《江中望摄山》（《续钞》卷一）：“片帆飞出纱幔洲，突开万顷奔洪流。隔江山色照眉宇，分明画出平远秋。推蓬看山若奔马，连峰不辨高与下。东西蜿蜿如游龙，山痕江色争明冶。榜人向我指一山，意态绰约云烟间。回顾众山黯无色，天然奇妙超人寰。离山百里棹孤艇，山脚长江倒山影。一峰孤绝出天际，云是崚嶒最高顶。初行我望山，渐觉山近我。侵晓开帆日薄西，始见层峦当画舸。看山我在篷底眠，不知浪花高入船。浪平渐影秣陵树，爱此云峰不能去。举头燕子西飞东，万帆齐向危矶住。”

[按]《江南通志》卷十《舆地志·山川·江宁府》：“摄山，在府东北四十五里。山多药草，可以摄生，因名。《舆地志》云：摄山形方，四面重岭，似伞，亦名伞山。西北有水注江，乘浦入摄湖，即秦始皇所从渡江者。《南史》云：齐明僧绍居此山，后

舍宅为栖霞寺。齐时随石大小凿佛象千余，名千佛岭。右为天开岩，有白乳泉、白鹿泉。又有般若堂、明月台，宴坐石，高下相望，胜处极多。”《摄山志》卷二《形胜》：“山为钟阜支脉，高百三十丈，周回四十里。多产药草，可以摄生，故名。形团如盖，又曰缴山。”今名栖霞山。

[8]《江南通志》卷十一《舆地志·山川·江宁府》：“燕子矶，在上元界观音门外，磴道盘曲而上，丹崖翠壁，凌江欲飞，绝顶有亭，能揽大江之胜。”《金陵胜迹志》卷六：“燕子矶，观音山余支也。一峰特起，三面陡绝。江中望之，形如飞燕，故名。矶上旧有水云、大观、俯江诸亭。白云扫空，晴波漾碧。西眺荆楚，东望海门。估客离人，或乃夜登，水月皓白，澄江如练，景物尤胜。故自晋题咏于此独多。”

[9]《莫愁湖》(《续钞》卷一)：“更无海燕栖妆榭，只看衰鸿满奕楼。千古英雄儿女泪，平分万顷碧湖秋（莫愁湖旧为中山西园，中有楼三间，相传王与太祖弈棋于此地）。”

[按] 嘉庆《新修江宁府志》卷七《山水（下）》：“莫愁湖：在江宁水西门外。”《金陵选胜》卷一《山川》：“莫愁湖：石头城西。丽人卢姓，字莫愁，家居湖上。”

[10]《吊方正学祠》(《续钞》卷一)：“干戈有恨起天家，痛哭声传殿上哗。自古词司臣禅让，那闻新主见衰麻。鸱鸮室毁周宗迫，吴楚兵连汉策差。未忍重搜深虑论，秦淮呜咽激平沙。”(其一)“管钥谁教启北门，独将十族报天恩。先生乃欲与家事，庄士空留佐事孙。深虑论难回世复，清君侧已失忠魂。伤心华表千年鹤，犹说当时有哲昆（正学弟孝友云‘华表柱头千年鹤，梦魂依旧到宗山’）。”(其二)

[按]《江南通志》卷三十七《舆地志·坛庙》：“方正学祠：在聚宝山，祀明方孝孺。万历间建。”《金陵胜迹志》卷八：“方正学祠，在雨花台。明万历时南京士大夫建。……康熙四十二年，钱钰董修。……嘉庆二年，江宁巡道方昂重修，姚鼐有记。”

[11]《金陵选胜》卷二《城阙》：“台城：一云苑城，本吴后苑。今鸡鸣寺后有城基，碑曰：‘旧台城。’”嘉庆《新修江宁府志》卷八《古迹（上）》：“台城：在上元县治北。本吴秣陵、晋建业故城。……魏晋谓天子所居禁省为台，故遂名为台城。”

[12]《真州舟次晤新安江君铭赴省抵寓后过从累日临别柬

赠》(《续钞》卷一):“江干月落烟蒙蒙,吴船逆上乘长风。榜人欸乃不得住,蒲帆饱曳张如弓。岂知天意若有待,雨气忽锁山巃嵸。风回棹转泊江渚,镇日钝置情谁通。千里遇合不及料,同舟仙侣今始逢。移棹就之讯所自,家住黄浦东南峰。丰采照耀出云表,独居座上神从容。觌面相失耻聋瞶,急前问讯披心胸。推倒一世古同甫,论者谁足当横纵。以此巨才出问世,虎气腾达钝钩锋。秋江几度屐跷困,行踪落落如飞篷。即今奔走急秋赋,豪气喷涌宜摩空。先生所养出天性,万人之敌谈笑中。寒寒星满江且高会,举觞一吸疑长虹。嗟我秣陵看山色,屐齿再折心尚雄。名场恣肆少年态,对君慷慨铭私衷。自慨论交束发日,蜗居局促淮之东。旧雨回首不可数,新友投契无如公。转眼关山赴吴会(江归途,必由苏杭),寒霜冷落江头枫。别绪苍茫寄不得,碧云追递无诗筒。明年风日淮阴市,公车直上行如龙。一鞭若动故人思,愿君为我停青骢(江即于是领乡荐)。”

[按] 江铭:安徽歙县篁南人,嘉庆九年甲子举人。见民国《歙县志》卷四《选举志·科目》。

[13]《古意赠黄蔚雯》(《续钞》卷一):“西方有佳人,美拟秦罗敷。十三织锦缎,十四裁罗襦。十五弹琵琶,音曲何清徐。修眉浮连娟,远山天一隅。回眸露皓齿,一笑增丽都。葳蕤垂云翘,綷縩曳长裾。徘徊大野中,倏忽光景殊。恨无良媒通,震荡心不愉。良缘本有在,一朝降庭除。携手追古欢,绸缪为清娱。感叹不能言,执子唯贱躯。中怀未及申,飙然归旧庐。再拜前致词,为我立斯须。鸩媒杂踏来,新知毋相渝。感予长太息,泪下衣沾濡。努力各自爱,毋使春华徂。”

[按] 黄以炳(1782—1834):字蔚雯,号少霞,山阳人。“嘉庆十三年举乡试第五,三试礼部不第。大挑知县,非其好也,改署泰兴训导,补金匮训导,以母老乞归。丁母忧,服未阕,殁,年五十三。邑之人皆曰:‘是孝子也。’”(《养一斋集》卷二三《黄君家传》)“以炳生平虽以笃行称,然刚介不阿,非义不取。亲友有过,面逆不少讳。”(《县志》卷十四《人物(四)》)

考四农于道光十五年(1835)秋自京师甫归里,作《哭黄蔚雯》,曰:“归里哭邱生,寸心已分裂。斗闻君亦亡,肝肺真断绝。踉跄至君门,一语万呜咽。君死不姑待,我行复牵掣。隔此数日间,不得生诀别。”以此知蔚雯卒于四农上次离乡后数日。

考四农上次应吴昆田邀离乡赴京，时在道光十四年（1834）十一月，因知蔚雯当即卒于彼时。

附及，黄以炳能诗善词，著有《茗香亭诗词钞》，可惜未曾刊刻，故今人多惟从《山阳诗征》或《山阳艺文志》略知其诗。实则其诗词集手稿民国初尚存，见宋琨《静思轩藏书记甲编》。甚至到解放初或许仍存，因为丁志安编《山阳词征》（稿本，楚州区图书馆藏），尚选其词三十八首。宋琨称道其词“端庄流丽，卓然成家”，确非虚誉。笔者遍寻，未获全璧，遗憾不能已。

[14]《哀游子》序曰：“友人金君久客京师，闻母伤始归。归后欲于梦中一见其母而不可得，哀毁之色，见者怆焉。作诗唁之。”金君，或即金士显，见注[15]

[15]《送金希文》（《续钞》卷一）：“落叶苍冥满金井，霜堆老屋一灯冷。故人来作深夜谈，月转方知夜已丙。紫微花外凉月归，隔牖枯棋声正微。棋声不断月影落，寒风虢虢侵人衣。眼前风月只如此，一枰陈迹转瞬了，回忆少年欢笑时，欢笑年年如流水。水自流，人自愁，君家梨树对芳沟。梨花三月飘香处，即今虬枝老干摇清秋。垂髫情态不可记，窗前笔塚成高丘（余童时曾就其家塾读书）。十年蜡屐一故我，江山处处烟霞锁（时正报罢）。游遍红尘染素衣，秋风襆被计何左。榼有酒，囊有诗，茫茫六合谁相知。回顾残棋未了局，颠倒黑白吾真痴。明朝送君出长道，满地严霜旭日好，日高霜尽不见君，历落马蹄即秋草。”

[按]金士显：字希文，阜宁金家庄人。潘宗睿门生。廪生。历署高淳、泰兴、兴化教谕，所至以振兴学校为先。著有《纪荒诗草》，见民国《阜宁县志》卷十八。

[16]诗题《送蔡汝砺》，计三首。

[按]蔡若金，字汝砺，江苏宿迁人。本年亦省试报罢，适往阜宁，途经车桥。

[17]《季秋问蔚雯疾归宿胡荫南宅》（《续钞》卷一）：“江湖豪气落杯酒，吾生命定牛马走。抚膺计忆同心人，戛然酒杯堕吾手。酒酣拔剑歌衰回，故人门户封苍苔。蹇裳访之踏素月，眼底未有如君才。君才奇特不可测，六月培风且暂息。忧怀不为良友伸，一庭荒草锁秋色。秋风秋雨意何如？病鹤褵褷翎不舒。回看跋浪烧尾客，已将腾踔登公车。多情懒见故人面，寂寂窗尘堆几砚。我将饥驱游四方，顾此形骸乌知倦。却还访旧来茅堂，中有

一人诗酒狂。门前无客可罗雀，座上为我犹倾觞。倾觞醉倒两无语，风雨萧萧且闭户。”

［按］胡荫南，名与事迹不详。当与胡棠（号舍南）为本支兄弟。

［18］《孟冬重过射陂留宿题壁》（《续钞》卷一）：“临溪茅屋柳成阴，三载青毡寄兴深。风雨竟忘贫彻骨，文章莫问俗知音。一窗灯火谁分梦，十里湖天让独吟。明岁海棠香满地，狷狂空托客披襟。”

［19］明年秋，四农作《久怀陶氏昆季中秋后始克一往临别感赋》六首，其一首联“岁尽榻犹下，春还袂忽分”下自注：“客岁在陶宅家塾，几两月。”以是知其本年底之短暂经历。

嘉庆十年乙丑（1805） 二十一岁

【山阳要闻】

金乡进士周坦任山阳知县，居官勤正。

【行状】

正月，移馆于郡城丁氏[1]。（《行略》）

二月，嫁妹于塔儿头周俊福。（《行略》）

经对韩愈、苏轼诗文的揣摩、涵咏，作文吟诗均已“笔阵渐开”[2]。

作《竹院》二首（春意入新竹、草色满芳城）、《与黄蔚雯》三首、《饮蔚雯宅》、《寄怀周协和》二首。（《续钞》卷二）

三月，娶同里太学生史圣对之女（1785—1858）为妻[3]。即借住史宅。（《续宗谱》卷一、《行略》）

夏，作《萤》、《蝉》。（《养一斋集》卷一）

作《斋居杂咏》八首（《蝶》、《蜻蜓》、《蜂》、《蝇》、《蚊》、《蛾》、《蜘蛛》、《蛙》）[4]。（《续钞》卷二）

入秋，作《悯旱》。

作《秋夜》、《寄怀里中诸子用癸亥年韵》（陈大锡蕃、张大荣安、商二相巫[5]、郭三景蘧）。（《续钞》卷二）

仲秋，暂返车桥，作《中秋感怀》三首（“客舍年年景物清”

等)[6]。(《续钞》卷二)

访陶克让兄弟，作《久怀陶氏昆季中秋后始克一往临别感赋》六首纪之。(《续钞》卷二)

约当九月初返丁氏馆，作《九日寄里中诸子》、《九月初始闻雁》、《季秋展先大人墓》四首、《独夜》、《喜雨》、《落叶》四首。(《续钞》卷二)

阅读洪亮吉《卷葹阁诗》，题诗其后[7]。

冬，作《登郡城楼》二首[8]。(《养一斋集》卷一)

代宋联璜作《文津书院落成和李怡庵(名如枚)榷使》(《酬世集》)[9]。

作《将理敝裘陶怡仲惠以哔叽一匹书此为谢》[10]。(《续钞》卷二)

结交阮钟瑗约在本年[11]。

【其他作品编年】

文：《砺志赋》[12](《养一斋集》卷十一)、《书宿州客》。

诗：《杂诗》六首(《养一斋集》卷一)。另《读楚辞》二首、《浔阳琵琶图》、《泪(和义山韵)》、《闲居(和义山韵)》、《莲花(和义山韵)》、《蜂(和义山韵)》、《蝶(和义山韵)》、《月(和义山韵)》、《肠(和义山韵)》、《灯(和义山韵)》、《燕歌行》、《咏史》六首("李陵出天汉"等)、《沟中水》、《城南即事》五首、《杂诗》二首("兰英缀春光"等)。(《续钞》卷二)

【诗坛生态】

四月十三日，曲阜孔继鑅生。七月二十日，镇海姚燮生。山阳鲁一同生。天津华长卿生。五月二十二日，宝应刘台拱卒，年五十五。

【注释】

[1] 此丁氏主人名佩元。见《戊子送报底册》(四农中举报喜时开列的花名册)："南门大街丁佩元(西席)，子进之。"

[2]《说诗牙慧》："二十以后，乃痛取韩、苏二集而读之，笔阵渐开，故步如失。又参以长吉，配以温、李，而琢炼则伤气，驰骋则伤情，二病又兼之矣。"

[3]《续宗谱》卷一：德舆“配史氏，生乾隆乙巳十月廿八日，卒咸丰戊午八月七日，年七十四。”

[4] 此八首与刻本收录的《萤》、《蝉》均属咏物，又同时所作，且同为五绝，故疑其本属组诗。

[5] 商咸：字相巫，盐城人，移居车桥（卷二十三《刘孝子传》、《酬世集》附录）。卒于辛巳之前。辛巳年四农《怀里人作》：“惆怅商生今已矣。”

[按]《车桥闻见记》：“商丈相巫，少不羁。偶狭游，遇先大父于门，大父叱止之，遂携以如其太翁墓，历数所为。商丈愧恨于死，请曰：‘此后惟先生之命。’遂襆被至先大父家，昼夜研诵，又归而键户者年余，补盐邑学弟子。性亢爽，一游京师，归即设帐于家。遇乡里纷争事，挺身出为解，人皆乐得其言而定。能诗善歌，歌音绕梁，任举一器击之，无不应节。先集中怀里人作有云：‘荒村近水风来阔，海国无山日落迟。’商丈诗也。有斋曰‘绿雪山房’，先子为之记。丈没，以子传易相托，先子苦教之。乃不永于年。孙延祚娶妇纪氏，亦早没。纪今抚孤成立。”《笥萧诗集》卷一有《送商生》。

[6] 其二尾注：“是晚寻锡蕃、相巫、荣安，皆不值。”因知其作于车桥。

[7]《题〈卷葹阁诗〉后》（《续钞》卷二）：“秋风习习西北来，先声已到屋角槐。窗纸黑漆灯穗绿，有客方歌肠断曲。长歌一声以当哭，那堪再执公诗读。公才何盘盘，公诗何凄凄。市头舞壮士，舟中泣寡妻。重城十万户中之鸡鸣，对此疑作膈膊啼。我欲掩卷思，搔首愈悽恻。千秋万岁以来之血泪，被公化作笔头墨。墨痕喷薄不复惜，披胸一泻归无极。同时作者孙与张，孙何清健张何狂。共作云龙上下翔，张非公敌孙相当。海内历落数公者，谈诗纵酒继风雅。公自谓学骑鲸人，此语虽出和者寡。公之落笔终有神，谁敢曰公非诗人。奇气勃发动十指，河出积石江出岷。况遣江山壮诗魄，两足历遍楚粤燕齐秦。读公诗，悲公遇。已废蓼莪诗，更歌穷鸟赋。早闻魏舒依外家，长如王粲客京华。关山霜雪欺两鬓，四十方看琼林花。琼林花发萱草折，孤儿泣下都成血。古屋机声灯影间，垂髫风物添呜咽。稜稜玉骨不可磨，寒酸久已心如铁。长呼阊阖肝胆披，投荒就死甘如饴。群僚顾之惊且走，圣恩祇夺词臣绶。万里归来白发多，把臂村童与山叟。

我欲拟公洛阳之贾生，长沙有恨公能平。我欲拟公柳州之司户，刘生下第公气吐。三百年前明之杨，巍然甲第生辉光。奉天一哭行蛮荒，岑烟嶂雨路途长。文章气节差颉颃，诗歌奇崛尤相方。公之所遇竟如此，卷葹阁里心应死。公能寸草报春晖，伤心我尚茕茕子。佣书有似公少年，数年未雪瓶罍耻。束发读公藩邸书，手蹉足蹈心烦纡。近知公好唯酒徒，安得过公黄公垆。及公未老从公娱，举觞大釂歌黄虞。酒酣执笔喷珠玑，好视天下呫哔儒。”该诗体现了四农早期诗学观的某些重要侧面，颇堪注意。

［按］《卷葹阁诗》，二十卷，洪亮吉著，乾隆六十年贵州节署刻本。洪亮吉（1746—1809）：字礼吉，号稚存；又字君直，号北江，晚号更生居士，江苏阳湖人。“（乾隆）庚子中顺天乡试举人，庚戌成进士，殿试一甲第二名，授翰林院编修。……壬子，充顺天乡试同考官，闱中拜视学贵州之命。”嘉庆四年，因上书直谏，谓当朝“臣工多奔竞营私”，被“发往伊犁交将军保宁管束”。翌年夏赦回，“自此枕葄坟籍，放浪山水者十年，卒得告终家衖。……嘉庆十四年五月十二日卒，春秋六十有四。”（赵怀玉《奉直大夫翰林院编修洪君亮吉墓志铭》，见《碑传集》卷五十一）

［8］郡城楼：即镇淮楼，在今淮城镇中心，东邻邮电局，北邻漕运总督署旧址。原为谯楼。正德《淮安府志·规制》：“谯楼，一座三间，在仪门前四十步。台高二丈五尺，宽五丈。宋宝庆二年创建，元末张士诚部将史文炳重修。洪武十九年倾圮，永乐十七年镇守淮安指挥使陈瑄等重建。”因淮水频害，历代地方官员均有治淮之责，故府衙内镌镇淮匾。道光十二年，知府周焘命将府衙内之镇淮匾额移置于谯楼，于是谯楼始名“镇淮楼”。今见者为1958年重建，砖木结构，东西36米，南北26米，通高18.5米。

［9］宋联璜（1724—?）：“字滋泉，号应珩，山阳人。嘉庆癸亥诸生。”（《山阳诗征续编》卷十二）

［按］文津书院：在“淮城西北十二里”板闸镇魁星阁附近。“书院之设，始自乾隆元年，蜗寄唐公创设讲席于爱莲亭。嗣于嘉庆三年阿厚庵莅任，整肃颓风，观光问俗，遴聘主讲，振作人材，仍侨居于翁公祠。……嘉庆十年，经李公讳枚如者以抡才励士为皇家首重之条，自应郑重，岂可假祠宇以长处，遂捐俸采购署东南魁星阁外地址，建造书院一所。”主要“招集本镇无力从师蒙童，试取是镇贫生，择其品学正驯者教读。”（《续纂淮关统

志》卷九《公署·文津书院》）

“李如枚，汉军镶黄旗人。内务府郎中。（嘉庆）九年任。”（《县志》卷六《职官（二）·淮安钞关》）

又，《山阳诗征续编》卷十二即将该诗径题宋氏作。

［10］陶怡仲：名待考。据四农代汪廷珍所作《陶淡园先生诔序》（《酬世集》），怡仲乃陶克让堂兄，陶化兰之子。

［11］《阮君家传》附论曰：“余识之三十年，时与往复辩难，必欣然会心。”阮钟瑗卒（1833）前不久，四农为他作了一副寿联，颂其七十，曰：“老于文事能述古，静其天怀以永年。”（《酬世集》）由其卒年，亦即道光十三年（详下嘉庆十三年注释［12］考证），逆数三十年，是知潘、阮订交应始于本年前后。

［12］《砺志赋》文末自记：“此乙丑岁初交郭景蘧时作，今十有九年矣。景蘧安贫守介，终不遇以卒。已矣，无规过之人矣。覆检此文，心折骨惊。癸未仲冬自记。”

［按］四农之交友郭瑗，始自何时？前揭嘉庆八年于马氏扫月山房所作之《寄怀里中诸子》其三已言怀之，此赋末又言始于本年，二者必有一误。然其道光三年癸未仲冬自记《砺志赋》作于十九年前，该年干支乙丑，则无可疑也。

嘉庆十一年丙寅（1806） 二十二岁

【山阳要闻】

周济始任淮安府学教授。（《县志》卷六《职官（二）》）

【行状】

仍在丁氏塾馆授徒。

春，应岁试。诗、古文俱第一，补廪膳生；科试第二。江苏学政为莫晋一见四农诗文即“许为国士”[1]。（《县志》本传）

之府署，观娑罗树碑，感慨赋诗[2]。复游府署东报恩寺，摩挲寺内高丽古鼎，亦诗以纪之[3]。

暮春，作七绝《送春诗》十首。（《续钞》卷二）

四月二十日，长子亮弼生[4]。

作《赠邱丈古塘》二首（《养一斋集》卷一）、《邱丈古塘自晋省假归出箧索书感赋》二首（《续钞》卷二）[5]。

仲夏，暴雨频降，因作《仲夏阴雨盆积黄淮累日告险率成四律》、《明河篇》[6]。（《续钞》卷二）

复作《放歌》以寄怀[7]。

思念故友，因作《招郭景蘧》四首、《与黄蔚雯》、《晚坐》等。（《续钞》卷二）

入秋，作《立秋夜枕上作》、《秋夜绝句寄蘧蘧》九首、《秋兴》七首、《舟中即事》二首（题下自注："时荷花塘甫决。"）[8]（《续钞》卷二）

仲秋，返里数日。归来作《到馆后作》五首。（《续钞》卷二）

九月初六日，潘德星自沭阳县沭城镇塾馆暂返山阳，四农作诗二首纪其事[9]。

继作《重阳用乙丑年诗韵》二首、作《种菊》四首、《买菊》二首、《对菊》二首、《簪菊》二首、《题秋江垂钓图》七首、《雨中闻笛》二首、《夜起》、《题壁》、《秋草吟》等。（《续钞》卷二）

复作《河堤吏》[10]、《盐河曲》[11]。

冬，迁里中薛氏屋，迎祖母来车桥侍养。（《行略》）

【其他作品编年】

《杂诗》三首、《拟古》二首、《题〈醉草清平调〉》[12]、《题〈西青散记〉后》二首[13]。（《续钞》卷二）

【诗坛生态】

三月初十日，遵义郑珍生。八月二十三日，江都符保森生。六月初七日，青浦王昶卒，年八十三。

【注释】

[1] 莫晋（1761—1826），"字锡三，一字裴舟，别署宝舟，会稽人。……（乾隆）五十九年中式顺天第三名举人，六十年中式第十九名进士，殿试一甲二名，授翰林院编修。……（嘉庆）八年转侍读学士……（九年）十二月命提督江苏学政……十一年擢都察院左副都御史。……以积学能文章闻天下，四十后乃专意理学，不复措意文辞，晚益深造自得。……（道光）六年四月初

八日卒于山阴王衙衖里第，距生于乾隆二十六年五月初五日，春秋六十有六。”（张穆《故内阁学士仓场侍郎会稽莫公事略》，《月斋文集》卷七）

［按］是年岁考题“哀公问社（至）以栗”；“岂以仁义为不美也”；“烟花山际重”。

又，同年参与岁考者有李续香（字少白）、周寅（字木斋）、邵会昌（字惟清，号薇卿）、邵建昌（字立山）、邵师昌（字佩阶，号朗湖）等，并列第一为毛松龄。同年参与科考的有郝其燮（字杏楼）、韦佩铭、祝融峰、黄以叟等。见《淮山肄雅录》卷下。诸人日后皆与四农交往甚密。

［2］《娑罗树碑》（《续钞》卷二）：“娑罗之树高百尺，攫拏疑是鬼神宅。海州刺史好神怪，一碑写向淮阴石。树形蟠屈不计年，碑传唐代开元迹。北海之书天下传，此碑几见星霜易。碑为神物树亦神，千年呵护栖灵魄。胡为原刻久散亡，瑶章宝篆无人惜。陈公太守蒐图书，搨本依稀此碑额。重摹大石藏署中，片纸得之珍拱壁。吁嗟此树得此碑，天使灵材寿山泽。浓阴惨淡落日中，独立苍茫怀古寒。”

［按］同治《县志》卷十九《古迹》：“重杌唐李邕书《娑罗树碑》，在府署。原碑在淮阴，久亡。明嘉靖间，郡守陈文烛从邑人吴承恩家得旧榻，以示沭阳善书者吴从道，定为北海原刻，遂复勒诸石。今颇剥蚀不完。”案，该碑全文见光绪丙子《清河县志》卷二十五《古迹》。此重杌之碑原存于府署之宝翰堂，李宗昉《宝翰堂娑罗树碑歌（在郡署内）》（《闻妙香室诗集》卷一）是证。四农所咏当亦属此。民国初年尚存。《续纂山阳县志》卷十四《古迹》：“重杌唐李邕书《娑罗树碑》，在府署。罗振玉《淮阴金石仅存录》：碑横刻，高一尺三寸，百三十八行，行八字，行书，在府署。”据传日本侵华期间失踪，今淮上仅遗拓片，存于楚州区勺湖公园。

［3］《高丽古鼎》（《续钞》卷二）：“高丽远在辽海边，万里间隔愁风烟。此鼎乃得镇淮郡，大地载物神推迁。太宗昔日诩神武，鸭绿江头振金鼓。百万军来一鼎还，夔文雷篆前无古。天生神物必有缺，此鼎铉耳终磨灭。花枝鸟羽雕镂奇，顽匠何能拟灵铁（鼎亡一耳，巡抚某公铸之，不成）。君不见周鼎久沉泗水中，汉歌宝鼎今安终。此鼎虽缺法物在，兀立古殿生英风。”

［按］同治《县志》卷十九《古迹》："高丽古鼎，在府署东报恩寺内。旧志，唐时得之高丽，宋世赐此寺镇压。其制玲珑虚廓，花枝鸟羽，镂错精巧。为盗窃其盖，复折一耳。明某巡抚命工铸之，不成，后其一耳亦折。"案，据传该鼎在日本侵华期间，被日军强夺，作为冶炼武器的原料。

［4］"（潘）亮弼，行一，字符直，号闳轩，小字桂，郡庠生，议叙八品职衔。生嘉庆丙寅四月二十日，卒咸丰丙辰九月三日，年五十一。配邱氏，生嘉庆丁卯二月七日，卒道光己酉十二月十七日，年四十三。"（《山阳潘氏统宗谱续》卷一）

［5］赠诗其一颈联曰："词赋横汾水，山河古冀州。"感赋诗题明谓"自晋省假归"，是知邱古塘必曾作宦山西。检《山阳邱氏族谱存略·仕迹》，嘉庆间邱氏官山西者，唯邱钟彦一人。原文曰："钟彦，山西洪洞县典史，借补朔平府和林格尔巡检。"故古塘或即钟彦之字或号。

［6］《明河篇》："水晶帘挂月华明，青琐窗开银汉横。盈盈何处招凉坐，耿耿谁家望远情。涵云浅单衫冷，滴露低垂双鬓整。初回碧阙仰秋高，斜亘垂廊知夜丙。秋光夜色奈人何，玉宇无声转素波。诗人微咏澄江练，宫女迟抛云锦梭。长门宫里纤云净，临春阁上疏星映。团扇摇来隔绛纱，晚妆卸罢韬金镜。举头波影淡天光，手拂罘罳下玉堂。可有鸳鸯栖碧浪，即看乌鹊度红墙。砧声又起城南杳，留韵孤飞楼上早。芙蓉槛外倬清阴，梧桐井畔垂侵晓。白狼河远去人稀，黄雀风高塞雁飞。脉脉伤心羡河渚，年年佳会下鸣机。流黄织罢天初曙，尺素谁抛窗外度。夜随萤影烛空阶，晓逐鸬声潜远树。夜明晓没望悠悠，月去云来只自愁。我欲一舟风浪里，葛衣高坐海天秋。"

［7］《放歌》："我生不能朝玉阙游丹邱，即当身封万户侯。胡为乎饥寒缚人如缚猴，两臂迫束鹰在鞲。朝出耕牧南亩牛，日暮不敢言归休。世事浮幻沙前沤，雪泥鸿爪何去留。书生但为稻粱谋，此身甘作桎梏囚。嵇狂阮散有其流，寸心超然八极游。行当策螭遨沧洲，俯视下界同蚍蜉。不然华屋列翠帱，建牙吹角雄九州。西厢赵瑟东齐讴，帐前健儿腾吴钩。词客鳞集纷应刘，豪气勃发八咏楼，神仙过此停翠蚪。安能咒訾嘌斯学世态，下与鹅鹜争糠粃？"

［8］荷花塘：在高邮城南八里，见《钦定南巡盛典》卷八十。

［9］《朗陵兄自沭邑归一晤即别》（《续钞》）："几月潼阳客，深秋匹马还。白头人怅望，黄水路间关。风雨吾庐破，诗书世味艰。明年更何处，闻过马陵山（明岁兄假馆去郡尤远）。"（其一）"屈指茱萸插，登高欲怆神（时重阳前三日）。河鱼稀去信，朔雁送归人。黄叶城东寺，青衫陌上尘。骊驹惊太迫，草草惜征轮。"（其二）

［10］《河堤吏》（《续钞》卷二）诗曰："河堤小吏走不休，东至涟水西郁州（即海州）。自言跋涉胫无毛，新道故道争防修。何新何故两未决，大僚日为金帑忧。自从仲夏决新道，万斛银涛尽倾倒。弃故取新就成势，云梯一任沈沙岛。斯议济漕亦便民，谁谓谋者非达人。成功未奏水将涸，故者非故新非新。尝时一决竹箭直，胡为据此程水力。即今泺漫拍天外，良田美壤肆吞蚀。舍新谋旧势益艰，故河恐是容刀仄。今年水落渠未就，桃花一汛不可受。金如流水去者多，淮北之危雨垂溜。况飞羽檄芒砀山，铜沛一决声潺潺。运艘千只衔尾宿，咫尺隔绝如夷蛮。防河小吏论轻出，微官安足寄得失。请看大官幕府开，群僚抵掌夜继日。熙朝急录治水功，或有神人置神物。"

［11］《盐河曲》（《续钞》卷二）："盐河堤上一万户，不耕绿亩不灌圃。朝朝竭蹶谋饔飧，居者出者恃盐贾。大艘一出从者百，奸豪肥蠹尽所取。小户胼胝恃壮丁，妻孥日亦赡三餔。冲衢大道声震天，前于后喁行按部。百斤之重奔如飞，黑夜喧腾日旁午。忽喧异论诉开府，群情汹汹意拔扈。去年盐河塞不流，今年盐场无斥卤。鹾司择利议海运，此辈忍受枵腹苦。沿河大市喧五都，纷纷扃户待安堵。春秋郑人迁新田，韩献首议称近盐，万家乐利子及孙，淮北之庶甲逼宇。得利失利关国计，细民浅识焉能睹。自知蔀屋谋身家，车辄之前逞怒蛙。天下熙熙惟利趋，况此乡隅众椎鲁。人心地利美不兼，县官划策持首鼠（河北人积众，诉府又诉县，皆详制府）。枯苗万顷瞻云霓，纶章一降沛然雨。"

［按］盐河："治北大河故道也。……自钵池山抵新城北门外东坝止，为今日盐薪要道，土人呼为盐河。本来无坝，因蓄水运盐而设。乾隆八年，因奉旨挑故沙河、鱼变河灌溉民田，而盐河底仰，走水盐船难行。于是汇入水利工程，南自故沙河分流处，西北至草湾三坝口，盐河长二千五百丈，河面宽六丈，底宽三丈，深八九尺不等，用帑九千三百八十余两。今湮废。"（《县志》

卷三《水利》）

又，清河境内亦有盐河，“一名下中河，康熙二十六年开。上自清汛旧盐闸起，下至安汛卢家沟止，长二万六千一百五十四丈。内至清安交界朱元庄河，长七千十丈。属清河境。每岁粮艘过尽，即放中河水入盐河，以济盐柴转运。”（《光绪丙子清河县志》卷六《川渎（下）》）此盐河现犹畅通。四农所言是彼山阳境内盐河，非此盐河也。

[12]《题〈醉草清平调〉》：“长江浩浩天风吹，半规明月衔峨嵋。此中乃有谪仙子，醉上君王宫殿里。当时骑马入长安，跌宕开元天宝间。日脱金龟酒垆侧，内侍传呼飞□还。春风昨夜昭阳急，名花红映倾城色。太真斜倚玉栏干，三郎催吮龙宾墨。花影垆香拂袖微，醉眸未展笔花飞。龙须一掷青蝇起，杖策天台深处归。世间万事如水流，区区蛮触予何求。谪仙去我三千载，昨日招我骑玉虬。脱帽大呼惊王侯，骊山歌舞如梦不。君解此意作图画，烦君置我茅屋峨嵋之峰头。”

[13]《题〈西青散记〉后》：“闲情如梦梦如烟，认作前生又惘然。淡月轻霜携一卷，恰疑身到大罗天。”（其一）“写出亭亭倩女魂，愁红愁绿苎萝村，谁将万幅鲛绡帕，赠与临风拭泪痕。”（其二）

[按]《西青散记》，史震林著。史震林（1693—1779），字公度，号梧冈，江苏金坛人。“乾隆丁巳进士，授淮安府学教授。家故贫，而事亲尽孝。其成进士也，授广东高要县知县，以母老，改就教授。正士习，黜浮华，以淑身励行为诸生劝。淮安故濒河，戊辰，河决，毙人口无算，倾囊瘗埋之。乞终养归，昼夜依侍如婴儿。寓意林泉，娱心翰墨，诗词字画无不超妙，人称为‘四绝’。年八十八，无疾终。著有《华阳散稿》、《西青散记》、《游仙诗草》。”（民国《金坛县志》卷九之四《人物志·文苑》）《西青散记》，四卷，乾隆间海阳汪氏刻本；《重订西青散记》，八卷，嘉庆十年句容裴玠刻本。四农所题，或为八卷本。

嘉庆十二年丁卯（1807）　二十三岁

【山阳要闻】

本年乡试，毛松龄中式第二名，邵源洙中式第八十名。（段

注本《淮山肄雅录》卷下）

桐乡监生程世樽任山阳知县。东流举人章家麟任山阳县学教谕。

【行状】

春，移馆于郡城内王氏[1]。（《行略》）

作《清明后二日入城途中口占》二首、《寄郭景蘧》、《答郭景蘧》（“玉爪金眸尘外质”）、《再寄景蘧效玉台体戏之》。（《续钞》卷二）

夏，作《遣怀》[2]、《答郭景蘧》（“蓬门无客亦无邻”）。（《续钞》卷二）

作《夹城雷神殿后楼避暑》[3]。（《山阳诗征》卷二十四）

秋，四应乡试。临行作《将赴金陵柬景蘧》三绝[4]。

近省会及初入城时作《赴省即事》四首[5]。

复作《石城桥》、《燕子矶访僧不值》、《闱中听雨题壁》二首。（《续钞》卷二）

归途作《南行初归村途即目》、《归舟抵泾河闸夜拨小舟至母舅处》[6]。（《续钞》卷二）

返丁氏馆。初识赵延禔，作《秋斋即事呈赵蓉垞》二首[7]。

复作《归自金陵蓉垞斋中小饮》二首、《蓉垞和诗来再迭前韵与之》二首。（《续钞》卷二）

作《与郭景蘧访张荣安途中口占》、《张墨泉赵蓉垞夜集小斋谈至五鼓翌日为诗索和》二首、《苜蓿》、《阅丁卯乡墨感赋》、《送郭景蘧》七绝四首、《与范丈御堂》四首[8]、《与景蘧》二首。（《续钞》卷二）

获知省试（荐卷）又未中，作《书怀》十章[9]。

冬，妹婿周俊福殁。妹“无子，以犹子炯嗣”。（《行略》）

作《赵蓉垞岁暮还城书此为别》、《舟夜即事》、《次夜归舟仍用前韵》二首。

腊月下旬，往曹甸省祖母及朗陵兄。作《岁暮省朗陵兄》二首、《后三日复寄》。（《续钞》卷二）

除夕，作诗二首以纪当下境况与心态[10]。复作《柬纪丈琴轩除夕日》[11]。

【其他作品编年】

诗：《放歌行》（“铜钲挂树金盆上”）。

【诗坛生态】

十月初十日，南海桂文燿生。十一月二十三日，汉阳叶名琛生。武陵杨彝珍生。八月十五日，高邮沈业富卒，年七十六。

杨芳灿自编《芙蓉山馆诗词钞》十三卷成。

【注释】

[1]《戊子送报底册》：“旧城高皮巷王允中（西席），子耀文。”是知此王氏东家名允中。

[2]《遣怀》（《续钞》卷二）：“侧身天地气昂藏，破褐高歌未是狂。乡曲本无真毁誉，贱贫久已负文章。纷腾时势新花样，飒爽风云大战场。早晚买舟渡江去，六朝烟景壮诗肠（时将赴省）。”

[3] 夹城：由于黄患水道的影响，山阳淮城的商业贸易中心不得不随之北移，故而形成旧城、新城与夹城。《县志》卷二《建置》：“旧城周十一里……新城在旧城北里许。……联城在旧、新城之间，俗曰夹城……东长二百五十六丈三尺，西长二百二十五丈五尺。”杨庆之《春宵癡剩》卷四：“雷神殿，雷祖行宫也，在夹城中。有钟离老祖像，神致如生。小方壶一间，饶有雅致。”

[4]《将赴金陵柬景蘧》（《续钞》卷二）：“我欲扁舟跨海风，一帆安稳出江东。长干酒肆家家熟，只少高谈旧阿戎（时景蘧决意不往）。”（其一）“村水迢迢阻尺鳞，芒鞋又使踏风尘。江南秋色浓如许，多少青山是故人。”（其二）“红栏干倚碧帘清，玉笛声声逐晚晴。愁煞秦淮灯月底，拍肩欢笑孰如卿。”（其三）

[5]《赴省即事》（《续钞》卷二）：“急雨翻空舞白龙，长江直下走汹汹。孤篷不落云阴敛，早过栖霞第一峰。（过江，是日遇雨）”（其一）“好风面面浪层层，隔树云山拥秣陵。回首一峰孤绝处，三年未访六朝僧。（燕子矶，矶前大观崖有僧独居三年，前曾过之）”（其二）“大江一线破云来，木末亭前倦眼开。深□城门归不得，斜阳犹照雨花台。（雨花台）”（其三）“缥缈西风感鬓华，豪情落落寄云霞。青鞋布袜无人识，来访秦淮旧酒家。

（万花园）”（其四）

［6］泾河闸：“淮安城南五十里，漕河东岸有泾河闸。”（《广曹甸镇志》）“旧于河东设关查禁私盐，今废。只由闸引运河水灌溉民田，以时启闭。”（《续纂淮关统志》卷四《乡谱·泾河闸》）

［7］《秋斋即事呈赵蓉垞》（《续钞》卷二）：“秋色萧疏上画屏，雁声是语不堪听。衣边槐影三秋绿，袖里山光六代青。斗室诗书人兀坐，重阳风雨梦宜醒。先生只有琴将鹤，可备床头酒一瓶。”（其一）“旧识文章灿锦屏，琴材愁向爨边听。即看衣脱三秋白，稍慰毡吟十载青。昨夜有情邀尽醉，豪游如梦叹谁醒。良宵孤负知多少，枉作劳劳井上瓶。”（其二）

［按］赵延禔（？—1822?），字吉人，号蓉垞，一号梅墅，乾隆五十三年戊申（1788）诸生，嘉庆六年辛酉（1801）拔贡。（《山阳艺文志》卷八“赵延禔小传”、《淮山肄雅录》卷下）著《蓉垞诗存》（《县志》卷十八《艺文》）。此时亦正在高皮巷附近某氏馆授徒。

丁晏《柘塘脞录》：（蓉垞）“先生为人坦易和厚，里中称长者。诗亦冲和安雅，如绛云在霄，舒卷自如；又如空山无人，水流花开。玩其辞气，其人品可知矣。”（见《山阳诗征》卷二十三）

附考：1. 赵延禔原籍河北大兴，至其本人方入山阳籍。《淮城信今录》卷四《列传·清才传》记之甚明：“赵庭槐，字植三，号培斋，大兴人。……子延禔，入淮籍。廪于庠，辛酉拔贡。”2.《山阳艺文志》蓉垞小传原作“乾隆辛酉拔贡”，而乾隆辛酉为乾隆六年（1741）。倘若果然如此，即便其时二十岁，亦长于四农六十多，四农何由仅称其号曰“蓉垞”，而不尊称曰“丈”等？复检《县志》卷九《选举》，则赵延禔正是“嘉庆年……辛酉拔贡”。3. 蓉垞生年不可考，而卒年则约略可知。检《养一斋日册》，道光二年（1822）七月二十六日，“申刻入城，至赵蓉垞宅问疾，蓉垞面黄唇白，气虚力惫，疾似不可治。”估计赵氏之殁即当在此后不久。

［8］范御堂：名与事迹均待考。

［9］《书怀》（《续钞》卷二）：“莽莽重云黑，高寒压敝庐。鸟声因雨涩，花信到秋疏。敢作苍苍问，而成咄咄书。乾坤容一醉，樽酒最知余。”（其一）“酒力褪寒宵，新愁暮复朝。璞怜周

客误，楮关宋人雕。药少三山信，槎迟八月潮。美人千万里，何处问琼瑶。”（其二）“长江十二渡，孤恨挟涛声（先君应秋赋者十二次）。贱子名何惜，先人气未平。青袍三世债，黄土六年情（名场之困，先祖已然。自先君没，今又六年）。起看庭前鹤，褵褷未一鸣。”（其三）“况复高堂上，寒风白发吹（祖母年七十八）。鞭难先祖着，日更报刘迟。磨蝎真吾命（始日都谓余今岁必不售），雕虫悔囊时。潘郎今夜鬓，恐蒸雪丝丝。”（其四）“磊落同袍子，蜚声入帝州。鲸音铿大海，鹗羽劲清秋。雷雨烧何迫，云霄迥不留。一灯憔悴客，坚坐锁牢愁。”（其五）“欲作掉头去，妻孥剧累人。莺花穿望眼，饥渴锢愁身。击手鲲鹏健，居堂燕雀贫。阿谁鞭影动，风丽马蹄春。”（其六）“到此无长计，风霜合闭门。残书容我读，钝剑感谁恩。事业谋粱雁，形骸出笠豚。牛衣羞欲哭，彻夜不曾温。”（其七）“记击中流楫，心雄古战场。熟粱成梦幻，覆瓿此文章。蝶瘦秋无力，萤寒夜不光。对人惭杜牧，休更说阿房。”（其八）“太息程门雪，樗材结赏音（谓止泉夫子）。山河迷桂影，风雨负葵心。月思今生耻，因缘隔世深。扁舟城外路，愁梦两沉沉。”（其九）“十载凌云赋，今朝竟若何。毡寒青欲破，镜涩绿难磨。蕉冷抽心尽，莲赋得泪多，清商凭一奏，肠结不成歌。”（其十）

[10]《丁卯除夕用先大人辛亥除夕元韵》（《续钞》卷二）：“万事凭如蚁磨旋，看囊诗草敌青钱。遮身薜荔衣愁敝，入梦芙蓉镜枉悬。显志漫成冯衍赋，封侯羞说邓公年（明年二十有四）。贫家不管春风到，且与醉呼酒瓮边。”（其一）“先生不学世周旋，明日先谋挂杖钱。蓬户无宾成日闭，破车送鬼隔冬悬。流光水逝八千日，小学轻荒十七年（辛亥原韵有‘膝下初当小学年’时八岁，今又十七年矣）。枣栗北堂分最乐，只今人倚白雪边（祖母居宗兄处）。”（其二）

[按] 检钞本《笥萧诗集》，未见辛亥除夕诗。

[11]《柬纪丈琴轩除夕日》（《续钞》卷二）：“大造为室云为牖，万古须臾酒在手。笑翁饮酒傍无人，斜倚青天斟北斗。北斗高高众星稀，主人醉兮客忘归。华月西涌日东起，太空两烛扬高辉。昨日斋头洗研石，惊起老鹫潭水碧。呼鹫挟雨上晴空，一润陇前新种麦。吁嗟呼，万事纷纷尘梦中，眼中之人唯是翁。翁且举杯客起舞，小楼今夜又春风。”

［按］纪琴轩：即四农襟兄纪燕亭之父，字钟元，号琴轩，盐城人。

嘉庆十三年戊辰（1808）　二十四岁

【山阳要闻】

渭南监生王伸汉任山阳知县。

是年，淮安大水。江宁候补知县、即墨进士李毓昌奉委至山阳查赈。“寓于漕院东善缘庵。邑令王伸汉属毓昌多开户口，以觊中饱。毓昌不从，伸汉惧泄其事，使仆包祥赂毓昌。仆包祥等于十一月六日夜，置毒茗碗中，鸩之未绝，复以衣带绞之，以自缢告。伸汉与知府王毂验视。毂见毓昌胸前有血迹，疑之。伸汉先后赂毂银四千两，属匿其事，遂以自缢详报，制棺殡之。”毓昌家人疑之，验尸得知乃服毒死，遂告发。嘉庆帝具旨“伸汉、包祥立斩，籍没伸汉子恩官，发遣乌鲁木齐，毂立绞。”其余一干涉案人等或流遣，或籍没。此即清史上著名之“山阳赈粮案”。（详见《县志》卷二十一《杂记（二）》）

本年恩科乡试，山阳黄以炳中式第五名，邱广业中式第三十名。（段注本《淮山肄雅录》卷下）

【行状】

仍馆于王氏家塾。

春，作《酒罢试笔》二首、《饮张墨泉宅》、《和赵吉人春雨》、《和赵吉人》二首、《宿范丈御堂宅》、《城河舟中遇雨》、《涧河道上》[1]。（《续钞》卷三）

作《寄胡蔗坪》二首[2]。（《续钞》卷三）

六月初一，长女生。名之曰：藻。

同月，作《季夏黄淮交会处堤工险迫稍定后作诗志喜兼以述怀》、《纵笔》[3]。（《续钞》卷三）

秋，五应乡试。至摄山，登最高峰，快意成诗二首[4]。继之作《既游摄山晚复拨舟过江》。（《续钞》）

至长江边，作诗《夹江竹园》、《江口闻笛》。（《养一斋集》卷一）

渡江后，作《金陵西门晚泊》、《偶见》。入城，作《秦淮舟中即事》六首、《与周生介福》（自注："江宁人"）[5]。（《续钞》卷三）

考试期间，作《闱中题壁》。试毕，作《榜前与蓉垞偶翻苏集得〈与潘三失解后饮酒〉诗已果报罢戏和原韵兼示蓉垞》二首。（《续钞》卷三）

归途，作《赠秦邮隐士》、《和赵蓉垞题予栖霞诗后韵》。（《续钞》卷三）

返里，作《杂感》二首[6]、《和赵蓉垞见赠元韵》三首、《题戊辰乡墨后》二首[7]。（《续钞》卷三）

酒酣耳热，百感交集，作《醉后戏墨》[8]。

冬，作《冬夜读先子〈笥萧诗集〉》[9]。（《养一斋集》卷一）

作《与胡蔗坪》、《扫雪》、《听雪》、《猎雪》、《咏雪》、《寒斋病酒作歌遣闷》、《纵笔》（"绕槛泉声争注壑"）、《招赵蓉垞》、《前以吉人生日作诗索饮以雪阻未果次日雪霁口占一绝促之》。（《续钞》卷三）

除夕，题诗书怀[10]。

与赵延禔同辑里人诗，作《与赵吉人辑里人诗有作》（《养一斋集》卷一）。是辑为后来丁晏编辑刻印的大型地方诗选《山阳诗征》的椎轮大辂。

【其他作品编年】

文：《斋中杂物铭》[11]。（《养一斋集》卷十七）

诗：《醉歌》（"前生炼药层城颠"）、《浩歌》。（《养一斋集》卷一）

【诗坛生态】

四月二十一日，清河吴昆田生。五月二十九日，南汇张文虎生。六月初九日，武进张曜孙生。十一月初四日，吴县潘曾莹生。宝山蒋敦复生。曲阜孔宪彝生。

【注释】

[1] 涧河："自兴文闸，下经宝带河，蜿蜒百里，而入马家

荡。两岸支渠，均资灌溉。”（《续纂山阳艺文志》卷三《水利》）流经车桥。

［按］潘亮彝《涧河考》（《山阳艺文志》卷六）曰：“车桥之涧河，即古之菊花沟也。在宋时由新城东关外，历北涧、南涧、卞塘、泾口等处，而东注于马家荡，约长八十余里。明季上游为黄水所湮，改道于石塘、周庄等处，名为涧河。又谓寿河以上为大涧河。国初复因河头渐淤，改以郡西之下兴文闸为涧河来源，即今之杨家庙是也。寿河以下形势如故。是见在之涧河，较宋、明之河约长来源十余里，而宋之菊花沟亦止存下游一半耳。……又有小涧河，在车桥西南隅，《志》谓自寿河分，而南流为陈、樊、崔、曹、施、戚诸河，至宥城入荡。近则起于寿河东万庄。来源既缩，下流益短，非复当日之形势矣。”

［2］《寄胡蔗坪》：“欲问春来近事无，睡魔诗思足功夫。闲撑小艇野鸥送，倦倚画桥杨柳扶。焚笔任疏文社友，捡囊拚积酒家逋。可怜京洛尘中客，输我青郊日一壶。”（其一）“野鹤闲云不入城，年来赢得是狂名。阁中病酒又三日，枕上敲诗当四更。欲读书还愁晓起，不看花亦爱清明。雨余邻叟东菑去，布袜青鞋劝我行。”（其二）

［按］胡棠（1776—1840?），字蔗坪，号舍南，嘉庆十八年癸酉（1813）拔贡生（《淮城信今录》卷一《题名》）。

又，丁晏《先师蔗坪胡先生诔》（《颐志斋文集》卷十二）：“先生年十八入邑庠，食既廪，受知于文远皋学使。岁科试皆冠一军，充嘉庆癸酉科拔贡，廷试罢归，杜门教授，学子日众。……夫子之契友潘四农丈、黄少霞师，三人者，以道义相切劘。晏为诗文，夫子必持示潘先生就正而请益焉。”“先生名棠，晏受业师也。勤于诲人，讲肄经史，孜孜无倦容。尝叹近日塾师，重修脯而薄人才，是儒冠而市侩也。又深鄙里巷瞀儒，短书小本，务为速化之术，戕贼美才，莫此为甚。故其教人也，坦然夷途，不为俗学，先后成就凡数十人。至其周恤寒素，不受束修，转有佽助之资，俾得成立，则先生之厚德，近今世人所未有也。”

《车桥闻见记》：“彝外舅胡蔗坪先生，少与兄问樵丈同受业于先大父，有文名。及长，益肆力于学。……嘉庆癸酉拔贡。自都归后，从游者日众，凡经其指授，无不得手以去。先君子尝曰：‘蔗坪之于文，非徒知之者，盖真能之者。’……善诗，清远流逸，有储、王风味，惜生平多不留稿，故人知之者少。年六十余，以风痺病卒。先生尝居于郡城二条营，家有鬼祟亦不惧，先子戏作诗赠之。又居郡城天后宫侧，词集中所称胡蘧庄止止斋是也，后来车桥，遂家焉。先子亦间有诗赠之。”

［3］《纵笔》：“遁似山林寂似禅，闭门阴雨护苔钱。又当贡禹弹冠日（时省试期近），齐说庄生说剑篇。壮士岂无关塞恨，美人自许镜台怜。谁知万叠秋江浪，早付先生醉梦边。”

［4］《登最高峰》（《续钞》卷三）：“昨宵断岸携樽看（前一日与舟中诸子携酒岸上，直对最高峰而饮），今日危峰杖策闲。千里长江流白日，三间古寺压青山。盘崖鹳雀晴时出，吹浪鱼就薄暮还。咫尺仙芝求不得，碧云长拥是禅关。”（其一）“半山目已尽江东，绝顶岧荛更不同。拍岸云涛分蜀峡，插天晴峰绕吴宫。金川门掩秋烟紫，铁瓮城衔落照红。就虎雄图竟何处，暮钟渺渺万岩中。”（其二）

［按］最高峰：即摄山中峰顶。《摄山志》卷二《形胜》：“缴山。左右环拱，远近相望。其间屹然卓立，逦而南者，谓之中峰。”张怡《登最高峰记》：“遵乳泉观、试茶亭遗址而上，山径榛曲，礓砾罥趾。可二里许，至太虚亭下。倚杖四顾，空山无人，天风拂面，江光如练，帆樯出没，不复知有尘世事。当年自中峰以达于巅，一路长松古桧，亏蔽天日，暑盖寒帷，行者忘倦，今竟濯濯矣。复振衣起，数折而后至，月亦如迎。山殿四面各有殿，分奉如来、碧霞、元帝三茅。”（《摄山志》卷五引）

［5］“周介福：字礼五，号竹田，江宁人。工医，善兰竹花卉。有《芥圃诗钞》。”（《清画家诗史·庚（上）》）

［6］《杂感》：“日坐瓜牛壳，安知天地宽。春蚕缘底缚，秋蝶只愁干。万众潜身易，孤怀入世难。可能抛旧业，随分足蒲团。”（其一）“长剑倚何处，悠悠览四荒。百端方卫玠，九尺枉东方。釜底因谁热，锥偏对客藏。醉醒总无赖，莫认须公狂。”（其二）

［7］《题戊辰乡墨后》：“逐队游春趁晓晖，脸波眉黛总依稀。路旁争说东邻美，悔妄未披金缕衣。”（其一）“吹箫妄拟引鸾凰，刻羽移宫尚渺茫。结习十年都洗净，可能按曲谱霓裳？”（其二）

［8］《醉后戏墨》（《续钞》卷三）：“万物苦纷挐，睢睢作时态。强欲作达观，芬馨扫群秽。如何梦寐交，荆棘缪滞碍。轻肥

固有命，古人贵韬晦。惜乎丈夫身，甘为暗然废。我昔十六七，精力奋慷慨。高论破天阍，豪气倾积块。锐似百万军，戳戮挟重铠。直进知无前，矫矫刷荒薉。观者唤如彪，尴阚不可耐。当时狂易壮，四座惊盼睐。岂知转瞬间，疲苶来诟谇。本非壮于趾，竟成咸其脢。毛锥已深缩，弥鼓不敢擂。饥寒之所驱，臃肿过牛戴。不过一囊粟，负此三尺喙。时会同舍生，谈辨发肝肺。譬如女老丑，强颜抹脂黛。请看捷足者，垂声重鼎鼐。高举轻入云，九霄落謦欬。岂伊山河异，一就出鱼□。修饰好容颜，金翘戛玉佩。纵彼非人力，自顾实褦襶。返身阖户坐，痛有芒在背。抽书作日课，且与古哲对。义理穷毫芒，潭奥析茫昧。其如骨相媸，无盐枉自爱。枯毫不可润，钝剑不足淬。仰首搔短发，何事负昊綷。人为有孔留，我作无刃锹。不如饮美酒，昏昏复叆叆。有酒不浇赵，无识等自邶。东陵且种瓜，严光不卖菜。否或求蒲团，孤观照逼内。此去热□恼，灵台洗蒌薱。无人复无我，虚名复何在。”

［9］《笥萧诗集》，潘宗睿著，有誊清本，楚州图书馆藏。按诗体编排，计六卷。扉页题“道光壬寅初冬门下后学鲁一同校一过并加墨”，旁钤阳文“山阳鲁氏”印一方。黄爵滋序，尾署：“道光己丑仲夏赐进士出身翰林院编修国史馆协修加三级宜黄黄爵滋序。”

［10］《除夕书怀》（《续钞》卷三）：“闭得柴扉足度年，何分鹘落与鹰骞。一弹指过皆成迹，五伐毛余尚谪仙。江上春还人远别，山中酒熟客高眠。椒盘今夕添真乐，细舞斑衣白发前。”

［11］铭序：“吾聪明闭塞二十有余年，近稍知学。取斋中之物，近于吾身者铭之。”姑系于此。

嘉庆十四年己巳（1809） 二十五岁

【山阳要闻】

怀宁贡生蔡君弼任山阳知县。娄县举人李杰任山阳县学教谕，华亭举人雷莹任训导。

【行状】

仍馆王氏家塾。

正月，作《春愁曲》（“天畔高楼临市起”）、《饮田家》。（《养一斋集》卷一）

作《春郊即目》、《元夕饮商润泉宅》[1]、《次日复迭韵与之》、《正月十六夜》、《久未晤蔗坪将入城以诗先之》三首、作《郊行》二首[2]。（《续钞》卷三）

仲春，作《花须》、《题寓园壁》、《春斋杂书》十首、《忽忽》、《即事》二首、《春愁曲》（“南望江云思不禁”）、《试笔》[3]。（《续钞》卷三）

季春，作《上巳前一日》、《酒罢题壁》、《病酒》、《晓起》、《偶成》、《城河舟中》、《晓起题壁》[4]。（《续钞》卷三）

孟夏，应岁试，列第一；科试，列第二[5]。（《行略》）

端午，与郭瑗、纪燕亭、商润泉游“野寺之北”，作《五日宴游记》。（《金壶浪墨》）

仲夏，作《招景蘧》、《白莲》、《招纪燕亭奕》[6]。（《续钞》卷三）

入秋后，作《村行》。（《养一斋集》卷一）

作《郊行》（“苍然玩平楚”）、《拟张茂先〈励志诗〉即用原韵》[7]、《晚步》、《秋月正美闻景蘧将返作诗迟之》、《秋圃杂书》六首（《桑》、《槐》、《榆》、《柳》、《楝》、《蕉》）、《友人席上分赋得菱角》。（《续钞》卷三）

中秋节前返车桥。

重阳日，在从弟德成宅欢饮，得诗三首[8]。隔日作《重阳后二日戏书夜来醉事》。（《续钞》卷三）

大师兄邵源洙五十寿诞，作长篇七古贺之[9]。

冬，作《醉过僧舍》、《岁暮送赵蓉垞还郡城》[10]。（《续钞》卷三）

主画诸期间，某童生不敬，四农宽宏雅量，不与计较[11]。

以病止酒。

【其他作品编年】

文：《幽惕赋》[12]（《养一斋集》卷十一）、《灯花颂（并序）》[13]。（《金壶浪墨》）

诗：《与胡蔗坪》[14]、《题陆放翁诗后》[15]、《论文》二首[16]、《题黄蔚雯金陵女史兰花画扇》二首。（《续钞》卷三）

【诗坛生态】

六月初二日，江宁何兆瀛生。九月初十日，吴县冯桂芬生。四月，长洲尤维熊卒，年四十八。五月十二日，洪亮吉卒，年六十四。

【注释】

［1］商润泉：名与事迹均待考。殆商咸族人。

［2］《郊行》："寺拥层层树，田分面面溪。路横欹岸侧，村入野桥西。向日鹊巢暖，盘风鸦阵低。归途忘远近，新草任驴蹄。"（其一）"斜日淡云水，初春浑似秋。怒潮雄啮岸，秃树静维舟。港阔桥添板，林回寺见楼。微茫钟一杵，诗思满怀收。"（其二）

［3］《试笔》："晴窗伸纸试新笔，矫若苍鹰脱鞲疾。盘拏万仞不见影，陡然侧翅山腰立。纵横飒爽风雨声，神鬼暗中扶腕力。昨宵痛饮黄炉边，日高三丈须酣眠。莺声唤起病酒客，春愁百种堆胸前。急取松管挥吴笺，一气迅扫腾云烟。空堂掷笔几欲裂，儿童争看呼颠仙。人生万事取快意，草书解酒亦奇事。"

［4］《晓起题壁》："生不第功图像凌烟阁，又无良田十双事东作。屈伏奇气归一遍，骏马执之付羁络。羲轩何处洙泗远，日抱微言讨冥漠。十五年来体褦襶，浑沌恨无神斧凿。麻衣不脱银榜前，睢睢枉插红尘脚。门前轻肥少者谁，金鞭宝盖照京洛。典诰聱牙喑不知，得风亦振雕陵鹊。吾侪读书饱蠹蠹，十州不铸此大错。早晚更欲较勤惰，鸡虫得失互惭怍。宝剑不化延平津，三年一入洪炉橐。只此竿牍琐琐事，精神不敢肆槃礴。喜我顽钝昧时态，遇花便赏酒便酌。春来入城访石交，豪筵那厌日欢谑。弹指忽忽三月毕，酒杯未疏花已落。羽陵万蠹窥不尽，聊为睡媒作矰缴。昨宵病酒缩缩坐，情怀十倍添作恶。梦中似欲凌空飞，双足踏风玩虚霩。披衣顾影嗤不伦，画饼充饥充傅饦。万事早识幻如梦，且羡晴窗鸟声乐。"

［5］是年岁考在四月十三日，次日即发案；科考在四月二十三日，亦次日即发案。主考官为万承风。（《淮山肄雅录》卷下）

［按］万承风（1753—1814.1.12）：字卜东，号和圃，江西义

宁人。“乾隆四十六年进士。……嘉庆四年，督广东学政。……十二年，督学江苏。以清江浦、荷花塘河工取势太直，屡筑屡圮，奏请复旧，诏如议行。调兵部。……十四年，调安徽学政。……（后）擢兵部侍郎，还京。”（《清史稿》卷三五四）

又，本年岁试入学者有潘开阜（字拟山）、苏浩（字养吾）、高士魁（字紫峰）、刘湘沄（字汇三）。科试入学者则有张涵贞（字梅塍）、刘官方（字民表）等。（民国乙卯刻本《淮山肄雅录》卷下）

［6］《招纪燕亭奕》：“牧猪余乐我剧喜，□然妙手君相当。闲房但得木奴大，清风不数金池凉。何为迟迟举玉趾，想惜玉尘九斛耳。不见天上羲和鞭，大地火迫红炉里。群儿咿唔乱清听，万蝇中间辟窗几。一挥去之蓬门开，葛布单衣飘然来。今宵玉盘不肯出，斜阳野色供吾杯。”

［按］《车桥闻见记》：“纪亦盐籍。纪太翁钟元，善书大字，车桥庵院匾额多其所书。性侃直，里人多敬畏之。子燕亭丈，彝从母夫也。长身玉立，诙谐善辩。从母以风疾卒，家计零落，常郁郁不乐。先集中有陶体赠诗四章，盖亦广其意也。”

［7］张华（232—300），字茂先，范阳方城人。西晋太康年间著名诗家。其《励志诗》，计九首，见《文选》卷十九。

［8］《九日晚饮从弟艺辅宅得诗三首》：“渐雨布林莽，暮色束冥濛。野菊解人意，冒雨开墙东。疏花不上头，偏映酡颜红。螯肥酒亦熟，畅然生高风。吾饮九日酒，休日师陶公。”（其一）“岂惟无陶公，心中无九日。阴阳浑浑尔，浊醪汇为一。秋风自激荡，酒肠自宽佚。旷观悟盈虚，一醉万愿毕。骚人餐菊英，此态转萧瑟。”（其二）“凉风兼细雨，吹我堂东隅。寂寂下柴帘，所乐非一壶。岂惟不在酒，淡然吾忘吾。一醉固妙事，不解心亦愉。随分足所养，外物徒区区。郊老自败兴，何得尤催租。”（其三）

［9］《寿邵鲁南五十韵》（《续钞》卷三，亦见于《酬世集》）末曰：“翳我与君再世好，卅年卜居依衡阎。忆昔鸠丰走街巷，君已卓笔侔高帘。即今遗书未读尽，对人学语羞詹詹。看君六翮振青汉，腼然倚玉秋汀蒹。高天霜落素波起，黄花满径秋厌厌。君年五十若三十，两鬓不见霜丝添。今年西湖拓胸界，澄波十里相摩渐。行将走马曲江上，红麦饼腻牙胶粘。兰陵游学在此岁，

道旁蓉镜苻嘉占。天池震荡电雷合，尘凡鳞介徒喁唫。”

［按］邵源洙（1761—1821），字杏传，号鲁南，江苏山阳车桥人。邵应旂（字秉衡，号静庵）子。由廪生中嘉庆十二年丁卯（1807）科举人，拣选知县。（《淮城信今录》卷一《题名》）

又，《车桥闻见记》：“邵丈杏传，性强敏，读书过人。年三十犹未获一衿，乃移书放生庵读，与家绝迹。妹将出室，家人招之归，亦不顾。及闻轩车鼓龠过门外，为之大恸。明年岁试游庠，嘉庆丁卯举于乡。平日为文气息醇茂，不屑为浅俗之态，三应礼部试不第，归而与乡中诸后辈探求义理，提倡风气。有肝胆，见人之急则慷慨赴之。其卒也，乡里有执经而泣者。……丈没于道光元年。”

［10］《岁暮送赵蓉垞还郡城》：“朔风唤篷篷不应，天公使我为趺僧。大力驱之任尔手，牵帅以往如从绳。风亦自笔奉谁命，呟呟错逆雄奔腾。动沙吹灰日激荡，万事此态难繁称。笔君三载盟息壤，能约便类韝脱鹰。我若得见元寂晚，比年甫作□鲁鄫。华筵使酒我必与，背傅两翮疑飞升。雨窗灭烛说神怪，虚堂古树头鬅鬙。千潭水月即如印，说诗妙亦登上乘。狂歌靐叹俗眼怪，不河汉之惟吾能。正襟迩复作危语，使我中夏寒凌兢。大药针炙去浮气，以古人勉神稜稜。忽然叩户作长揖，返棹欲行南溪冰。我正忍冻上浊酒，不能携榼挑寒灯。可怜过眼一鸿爪，雪泥掩复千万层。枉使明年隔城坐，街鼓十里传登登（余明岁馆于城北）。归来开户望邻树，春愁日与烟光凝（余对门即赵蓉垞斋树）。吾辈离合本细事，随风移转无因仍。何时羊角扫尘埸，踏云同跨天池鹏。”

［11］徐嘉《潘四农先生逸事》（《味静斋文存续选》卷二）：“为廪生时，主画诺。某童新进，给之。先生不校。既而童之父悔曰：‘焉有甫得一衿而欺保师者？’诣门负荆，使执经请业。先生亦受之，若忘前事。于此亦可见数十年前世风之厚也。”

［12］参明年《驳议》之自记。

［13］该文尾自注：“此庚午秋试前一岁作文。”

［14］《与胡蔗坪》：“文章今古争豪发，要放光明世界中。玉尺何人凭只手，金篦怜尔刮双瞳。花花有样鸳针在，草草无成雁字空。莫是吾侪余结习，未须投笔愤天公。”

［15］《题陆放翁诗后》：“放翁诗集万余首，千载狂如此老

无。尚有徽钦在心目，每论李郭恨头颅。青灯闻雁悲沙碛，白发骑驴老鉴湖。我读张园海棠句，人生有酒醉成都。”

[16]《论文》：“脱然心手空依傍，便是千秋独擅时。何处月光何处指，不须稽首更求师。”（其一）“经训昆仑史沧海，茫茫山水正高深。莫将叩寂求音句，误会牙期一曲琴。”（其二）

嘉庆十五年庚午（1810）　　二十六岁

【山阳要闻】

本年乡试，山阳刘彪中式第三名，陶克让中式第六十一名，戴兆虹中式第一百九十名，北榜王廷桂中式第三十三名，张培厚中式第六十名。

周济回任淮安府学教授。

“二月，运河决三铺南，七涵洞田禾尽没。”（《县志》卷二十一）

【行状】

春，作诗《村溪归舟》、《东涧夜舟》[1]、《田家》三首。（《养一斋集》卷一）

移馆于河下（去郡城西北数里）阎氏[2]。（《行略》）

作《到馆后偶然拈笔作诗三首虽不工但以吾兄远道索居故姑誊呈阅以备知近况而已》[3]。（《潘四农先生诗册》）

作《春夜书怀》三首、《城河舟中》（“绿波吹起恨迢迢”）、《对月》三首、《感兴》。（《续钞》卷三）

想念堂兄德星，作诗寄之[4]。

有感于十年来的坎坷境遇，作诗与盛景台倾诉肺腑[5]。

夏，作《荷池夜坐》、《奉怀卢止泉先生》[6]、《晚坐》。（《续钞》卷三）

思念卢泽，作《奉怀卢止泉舅氏》[7]。（《养一斋集》卷一）

于郡城东南角丽正书院初识丁晏，结为知己。作《赠丁俭卿》[8]。（《养一斋集》卷一）

入秋，作《和陶诗》四首（《次九月中西田获早稻韵》、《次归园田居第四首韵》、《次酬刘柴桑韵》、《和饮酒》）、《蔚雯书来作诗答之》、《题月江舅氏〈澄江秋泛图〉》、《题月江舅氏〈驴背

联吟图〉》、《桃源张烈女挽诗》。(《续钞》卷三)

仲秋，六应乡试。在燕子矶边留宿，作《卧永济寺》[9]。前辈朱纻亦同行[10]。

返乡，知又未中，作《庚午报罢和郭景蘧韵》二首[11]。

六试不顺，颇伤情怀，郁闷之下，重开酒戒，作《复饮酒》[12](《续钞》卷三)。继作《怨歌》(《养一斋集》卷一)。

自是对科举的满腔热望稍稍转凉，乃转求著书立言，遂遍读汉唐诸儒经说、宋五子(周敦颐、程颢、程颐、张载、朱熹)书，尤好“三录”(《近思录》、《读书录》、《日知录》)，日不去手，揣摩愈深。始自号“三录居士”。(《行略》)

九月，次女生。

作《斋中独坐》[13]、《访郭景蘧途中作》四首[14]、《一屋》、《溪夜》、《醉中与邱琴沚》。(《续钞》卷三)

作《秋日野寺与宋绀佩金弢岩谈》二首[15]。(《续钞》卷三)

作《佛论》[16]。(《养一斋集》卷十二)

既望之后，连续作《女弟子盥雪生诔》、《郭芋田生诔》。(《金壶浪墨》)

冬，由廪生捐贡。(《行略》)

作《诗成独酌》[17]、《寒窗八课诗》[18]、《读书示邱琴沚》、《调座客》、《自调》[19]等。(《续钞》卷三)

作《寒日》、《书寓斋壁》二首、《赠某童子》。(《养一斋集》卷一)

悯故县令王昉，作《哀廉吏》[20]。(《养一斋集》卷一)

岁暮，作《邱琴沚生诔》、《桃花三梦记》、《海外梦游记》[21]。(《金壶浪墨》)

【其他作品编年】

文：《驳议》[22](《养一斋集》卷十七)、《鬼神论》、《仙论》、《圣贤英雄论(一)》、《圣贤英雄论(二)》、《圣贤英雄论(三)》(均载《养一斋集》卷十二)[23]。

《读水浒传题后(一)》、《读水浒传题后(二)》、《读聊斋志异书后》、《读红楼梦题后(一)》、《读红楼梦题后(二)》。(《金壶浪墨》)

诗：《木芙蓉》、《题画》。（《续钞》卷三）

《红楼梦题词十二绝》[24]。（《金壶浪墨》）

【诗坛生态】

二月十九日，番禺陈澧生。三月十二日，乌程周学濬生。五月初六日，吴县潘曾绶生。

【注释】

[1] 东涧：即指涧河。

[2]《戊子送报底册》：“河下中街阎应杓（西席）。”是知阎氏东家名应杓。

[3] 其三“风雨十年人”句下自注：“弟已作诸生十年。”四农自嘉庆五年成诸生，迄今整十年。

[4]《寄朗陵兄》（《续钞》卷三）：“大好新安住隔年，江南虽近远于天。旧家格调传双璧，前路风云寄一鞭。归棹遥遥期蒋阜，家书渺渺下淮壖。县衙芳草吹新绿，兼为哦诗忆惠连。”

[按] 味诗意，似朗陵于前年已客居于安徽黟县。未详是坐馆，抑或别事谋生？

[5]《与盛阶平》（《续钞》卷三）：“亿万囊中辟一屋，吾侪朝暮食且宿。世有此乐尝者稀，叩首天公拜嘉福。胡不闭户蹲茅堂，上稽姚姒窥炎黄。挟书出门丞自售，龌龊食力如工商。关锁两足学趺坐，言笑按抑毋敢狂。突看破壁蛟龙走，买棹看花约良友。胸中蔚气十丈强，放之直欲醉牛斗。佔毕喧嘈耳窍聋，狂疾入肝作牛吼。对君吐尽十年愤，不顾旁人笑掩口。况闻君家好兄弟，兰玉摧残不长久。忍泪来为皋庑春，堂前白发重搔首。感此擎涕伤心神，破书一卷良误人。柳花满路客不管，啼鸟自送芳郊春。君登城头直东望，云树冥冥绕春涨。蓬门咬菜少情味，梦里还家似天上。谈深园树日将下，雄剑喑鸣互惆怅。欲行不行人意痴，头上黑云风倒吹。披衣不顾唤船去，野叟促膝相参差。万顷菰蒲战寒色，电光破云入复出。依然听雨一灯影，桐叶声声如掩泣。何时买宅深山中，妻帑馌饷吾园公。不然乘轺驾大马，题桥壮志一挥洒。谋生最是读书拙，兀兀闲愁日盈把。君看城门贵人过，谁是肠撑千卷者？”

[按] 盛景台：字阶平，山阳车桥人。嘉庆八年诸生。（《淮

山肄雅录》卷下）

又，《车桥闻见记》："盛丈阶平，有雄道气，善谈。每谈车桥逸事，娓娓不倦。人有欲得旧闻者，必就丈谈问，一经引说，顿觉旧事皆新。所居故隘，坐者几满，盖虽贫困而豪气未尝挫也。"

[6]《奉怀卢止泉先生》（《续钞》卷三）："水光三百里，浩荡起离情。一诵渭阳句，当时日下名。文章付阿士，身世叩君平（精日者书）。又欲挂帆去，看山建业城。"

[按] 味尾联诗意，似卢泽此前已移居金陵。

[7] 该诗与《续钞》卷三中"水光三百里"首，题既相同，诗体又同为五律，故当为同时所作。刻本选其一耳。

[8] 丁晏（1794—1875）：字俭卿，号柘塘，山阳人。乾隆五十九年甲寅（1794）八月二十九日子时生于淮安城内漕院东大沟巷。道光元年（1821）举人，屡应会试均不售。大挑得教谕，不谒选。遂锐意经学及文学。长期主讲山阳文津书院及丽正书院。光绪元年十一月二十三日午时卒于家，享年八十二岁。著有《颐志斋丛书》（包括《禹贡集释》、《周易讼卦浅说》、《尚书余论》、《颐志斋四谱》等二十三种著作）、《颐志斋文集》、《曹集诠评》等（丁寿恒等编《丁柘唐中翰年谱》）。是清代中叶声誉卓著的学者，江藩称其"摭群籍之精，阐汉易之奥，好学深思，为当世冠"（《清史稿·儒林传·丁晏传》）。

[按]《赠丁俭卿》在《养一斋集》中编次于明年辛未，殆误。第一，丁寿恒等（丁晏之子）编写的《丁柘唐中翰年谱》，订丁晏与潘德舆始识于庚午，潘赠丁七言长歌，且称其文章"澄汰陶镕，有江西五家风格"，时丁晏十七岁。赠诗开头即曰："丁生十七气浩汧，权奇天骥脱羁绊。"正与丁谱之说相合。第二，赠诗又曰："我闻前训转相语，不顾旁人笑漫汉。……入塾受书二十载，鸡栖名不出里闬。"前述四农自六岁入塾就傅，至今年亦复正是二十载。故将该诗移编于本年。

[9]《卧永济寺》有句云："弹指白门六回棹，插脚尘途已十年。"自诉六应乡试，成诸生十年也。

[按] 嘉庆《新修江宁府志》卷十《古迹（下）》："宏济寺：今名永济寺，在城东北观音门外、燕子矶侧。洪武初，即山建观音阁。正德初，就阁建寺，赐今额。殿阁皆缘悬崖构成，危石半

空，嵌绝壁上，以铁锁穿石系柱，俯临大江，最为胜处。今江流北徙，洲渚环抱，寺之奇险略异畴昔，而江天旷伟之观自在焉。国初重修禅堂，极为壮丽。”

[10] 明年作《为宋绀佩题朱涧南团扇山水》（《续钞》）组诗，其三尾注：“客岁秋间，泊舟燕子矶，与涧南谈游竟日。”

[11]《庚午报罢和郭景蘧韵》（《续钞》卷三）：“不教仙骨换凡夫，漫说禅机度野狐。客有闲情江上水，秋分凉信井边梧。黄花酒熟柴门闭，细雨楼寒暮笛孤。寄语骊龙珠抱真，今人真是捋羊须。”（其一）“十年手自拨秦灰，窅窅云烟梦一回。木虫日能餐字迹，金鸩秋不壮诗才。漫雕宝鼎工倕指，误结丹房姹女胎。且见香山侍书者，笔端为扫积尘开。”（其二）

[12] 小序曰：“己巳冬，以病止酒。有诗云：‘黄叶漫天醉不辞，填胸傀儡仗金卮。’《如何斗室高寒诗》：‘和到渊明止酒诗。’郭景蘧见之曰：‘君不一年，必复饮！’庚午秋，果大饮。因复作诗解，示景蘧。”诗曰：“去年之酒多于愁，我欲饮酒天不可。今年之愁多于酒，我欲不饮恐无我。酒多伤身天所灾，愁多伤心天所哀。天者吾父酒吾友，严亲不禁良朋来。呜呼！我不假天以富贵，乃复失酒制豪气，揆之于天非天意。”

[13]《斋中独坐》：“醉醒皆无策，行藏难问心。所思天际阔，寒气夜来深。灯焰高虚室，钟声阁远林。聊寻黑甜味，万境总沉沉。”

[14] 其一“人生知有涯”首，刻本卷一收入，题作《偶书》。

[15]《秋日野寺与宋绀佩金弢岩谈》：“畸士奋秋兴，气欲凌苍旻。抚几坐叹息，万象飘微尘。仰观造化大，四序推新陈。哀蛩怨幽砌，白露飞萧晨。落叶自满户，孤怀谁为伸。指偏忘其全，阴阳良不神。岂知荣与枯，一一归鸿钧？为诘闭门客，商歌何酸辛。”（其一）“世态如秋云，秋云亦何依。偶然散太虚，去住忘是非。我来□□人，不觉谈元机。超物见真际，随分获指归。醉中笑禅偈，谭空理愈违。今我但沉醉，妙已通幽微。坐久不肯去，变幻西山晖。君勿厌穷老，吾亦披簑衣。”（其二）

[按] 宋联珠（1763—1820）：字星五，一字绀佩，号补梅，山阳河下人。乾隆四十七年诸生。

郭瑗《送宋绀佩》（《山阳艺文志》卷八）：“君来此乡十八

年，妻孥契阔朋好坚。一朝掉臂棹孤艇，风月谁与吾周旋。……束发逢君识君异，眼中落落无其人。”以此知绀佩曾寓居车桥十八年。

潘亮弼兄弟钞存《养一斋未刻诗目》有题《壬午六月七日故人宋补梅六十寿辰也没二载矣长歌哀之》，以是知补梅之生卒年岁。其时之壬午，只能是道光二年（1822）也。朱纻有《和潘四农阮定甫哭宋绀佩句》（《山阳诗征续编》卷七）：“壬岁曝衣余，大暑苦吏酷。安仁遗我诗，哀挽阳春曲。喑友揽揆周，墓草已再宿。”可与之同证。

金弢岩：名与事迹待考。

野寺：四农诗屡及之。《雪霁偶至野寺》曰：“人寻村外路，钟定雪中庵。”《野寺闲坐看蘧蘧作画即题画扇送之别》曰：“热境不可居，来步野寺东。”是知其在镇东村野。衡诸谱首所引邵育云《车桥形势》的介绍，该寺应指都天庙。四农还曾为该寺拟一正门对联：“以理而言为天，以主宰而言为帝，便疑是睢水忠魂赫赫神威，也只人伦结撰；作善降之百祥，作不善降之百殃，普告我淮壖黎献绵绵福泽，都从心地栽培。”（见《酬世集》）

［16］文末自记：“余近为《黜邪家诫》一书，杂引成说之辟佛者而折衷之，以示吾子孙，较此颇赅悉，然意初不外是也。此作成于庚午九月，《家诫》成于丁亥二月前后，相距十有八年。自记。”

［17］《诗成独酌》：“每当掩卷日，深见古人才。吾亦具奇好，不为天所哀。偶然作苦语，自笑少良媒。且尽一樽酒，寒风夕正催。”

［18］小序曰：“吾窗也欤哉，天之所以械吾者也。天械吾以窗，又锢吾以寒。天之过邪，吾之福也？吾若无窗，吾将无所见明焉。吾不知寒，吾将热中而求饮冰焉。窗开吾智，寒练吾骨，是即天之课吾者身矣。天课吾，吾不自课，是亵天也。吾课吾，吾课天也。笑之天熙，涕之天凄，读之天腴，吟之天癯，愁之天窄，醉之天阔，梦之天黑，忘之天白。吾一日而八天焉。此八者，百千亿万之天，纷纷藉藉于其中，吾见为八者而已。然此八者，非吾贸为彼业，彼自就吾事所事焉。此去则彼至，甲宠则乙妬，吾不获辞也。然则非吾课天，天又以此八者课吾矣。吾既为天所课，恐天不知吾勤惰也。遂作寒窗八课诗，以质之天。”钞

本仅存《笑》、《涕》、《吟》、《醉》、《忘》五题，验之小序，则缺《读》、《愁》、《梦》三诗。

［19］《自调》："人责汝好酒，汝尚昧酒趣。闻汝喜狂醉，知非为酒故。汝日日作诗，寂寞鲜佳句。当世似汝多，非笑颇不怒。门外车马多，扬扬驰道路。汝自误诗酒，何为笑人误。"

［20］小序曰："山阳令王公昉，廉吏也。死阅六年，柩厝野寺。其父兄柩亦在焉。作诗哀之。"

［按］《县志》卷六《职官（二）·知县》："王昉，介休人。附监生。嘉庆元年任，三年回任。有清名。"丁晏《柘塘脞录》："太原王公宰山阳，清苦自励，安静无为，以不扰民为先务。时淮北鹾业方盛，例有馈遗，悉却不受，除夕至无以度岁，爨下无烟，不顾也。殁后负帑，大府咨追。漕帅萨公彬图语同官曰：'清官如王令而累及子孙，吾曹当愧死矣。'慨然贷三千金，为偿库项。萨亦以廉洁名，宜其重视王公也。四农此诗，可称实录。"（见《山阳诗征》卷二四）

［21］《梦诔序》："余屡作异梦而屡述之，客岁底，作《桃花三梦记》、《海外梦游记》。"《梦诔》系时考详明年。

［22］文尾自记："《幽惕赋》，进德之门；《驳议》，则修业之衡也。一作于二十五岁，一作于二十六岁。今十三、四年矣，德业竟何如哉？览之自恧，存之自讥焉。癸未八月自记。"

［23］诸文系年均据《先府君行年纪略》。

［24］范以煦《淮壖小记》卷四《潘省元》："《桃花三梦记》，乃潘四农先生作，见所著《金壶浪墨》中。哀感顽艳，别有寄托。其中《题红楼梦十二绝》，《养一斋集》不载，然讽喻之旨，不可废也。"

嘉庆十六年辛未（1811）　　二十七岁

【时事】

两淮改盐法，盐商以护利哗抗之。

【山阳要闻】

汾阳监生韩慧均任山阳知县。嘉定举人汪显第任山阳县学教谕。

【行状】

仍馆阎氏家塾。

春，作《此日卒可惜》及《寄朗陵兄》（“春风吹我庭”）。（《养一斋集》卷一）

作《春郊》二首、《梦归》、《醉歌》（“吾谓吾饮酒”）。（《续钞》卷三）

作诗《郭景蘧涧东寺院斋居》[1]。

基于科举的失意，转对陶渊明诗兴趣极浓，复作和陶诗若干首（《和陶公田舍始春怀古》二首、《和陶公时运四首与纪燕亭》、《和陶形赠影》、《和陶影答形》、《和陶神释》）。（《养一斋集》卷一）

作《为宋绀佩题朱涧南团扇山水》、《宋绀佩斋中观牡丹诗（并序）》、《题画十六幅（并序）》、《题华清出浴纨扇》二首。（《续钞》卷三）

门生陆梦月作《听莺曲》，四农阅之甚喜，题诗其后[2]。（《续钞》卷三）

作《与陆郎怀生书》[3]。（《养一斋集》卷二一）

基本确立了自己的诗学观[4]，所著诗话业已粗具规模[5]。

春暮，作《驱梦赋》[6]。（《养一斋集》卷十一）

闰三月，作《谈虎》。（《金壶浪墨》）

夏初，返车桥。端午，作《五日集薛震峰宅偕陈锡蕃商相巫郭景蘧联句》[7]。（《续钞》卷三）

五月，作《梦中闻笛诗》（《养一斋集》卷一）。未几，作《梦论》[8]。（《养一斋集》卷十二）

慨叹世人总以先得为真，殊不知其实往往多伪，因作《偶闻桐叶雨声得诗》以寄[9]。

针对自己于酒依违两难的心态，作《病酒》[10]。

倩朱纻绘《濯足万里流图》，自题诗其上[11]。复作《朱丈乙樵为画濯足图不称作诗驳之》。（《续钞》）

入秋，微恙。取读友人周寅诗，作诗以纪[12]。

复作《移琴阁杂书》八首、《寄家人》、《寄妹》、《自遣》[13]。（《续钞》卷三）

族侄潘开阜自宿迁返山阳，四农甚慰，作诗纪之[14]。未几，复作《送从子开阜》，鼓励其努力上进。（《续钞》卷三）

重九，暂返车桥，作《重阳感兴索朱丈乙樵饮》、《自题一首呈诸子》、《寄芋田》、《偕芋田晚步》二首（《续钞》卷三）。回馆后，作《寄里中诸子（并引）》（计十一题：震峰先生、乙樵丈、补梅、鲁南、竹轩、润泉、西垣、问樵、芋田、阶平、稻田）[15]、《遣兴》。（《续钞》卷三）

程氏子慕名赠墨，四农作诗谢之[16]。

十月，作《梦诔（并序）》[17]。（《金壶浪墨》）

完成笔记《金壶浪墨》一卷，自为之序[18]。

同月，所作诗话大致完成，命名《说诗牙慧》，且为之序[19]。

十一月，完成《古诗源》批点[20]。（稿本）

十六日，丁晏作《与潘四农先生书》，劝慰四农不要意志消沉[21]。

作《初雪与香谷琴沚》[22]、复作《双松歌》以寓志[23]。（《续钞》卷三）

游荻庄[24]。

始学填词[25]。

【其他作品编年】

文：《车桥文昌宫记》[26]。（《行略》）

《答丁俭卿书》[27]、《与郭景蘧书》[28]。（《养一斋集》卷二十一）

《刘节母传》[29]。（《养一斋集》卷二十三）

诗：《寄朗陵兄》[30]、《杂诗》二首[31]。（《续钞》卷三）

《写孝经诗》、《行路难》六首、《自题斜月读书图》。（《养一斋集》卷一）

【诗坛生态】

五月初四日，汉阳叶名沣生。十月初二日，侯官林昌彝生。十一月十一日，湘乡曾国藩生。江宁许宗衡生。独山莫友芝生。

【注释】

[1] 涧东寺：即兜率院。详后嘉庆十八年注释 [11]。

[2]《书陆郎怀生〈听莺曲〉后》："卷帘晓无风，莺啼春山幽。欲作听莺曲，今无韦苏州。陆郎年十三，诗骨清且遒。不必斗簧巧，神韵含风流。鸟声既婉宕，诗亦开春愁。吾宗群子弟，佶屈如拙鸠。只当与陆郎，日日双柑游。"

[按] 陆梦月（1798—1821），或作孟月，字怀生。清初名诗人陆求可五世孙。陆宝临长子，郭瑗甥。四农从女婿。著有《浣云斋遗草》(《县志》卷十八)。

《车桥闻见记》："陆子梦月……早失怙，随母依于诸舅，蘧蘧丈甚爱之。母能诗。……陆子幼承母教，善吟咏，有《听莺曲》，为时人所赏。后受业于先子，极力攻苦，不屑于小就。内则孝于孀母，友爱诸弟，外见人若讷讷不能言者，人尤重之。乃年二十余没矣，噫！……使少假以年，其成就讵可量哉?""陆子之弟仲雪亦能诗。仲雪之于诗，先子曾书诗法十则示之，载诗话中。"

怀生生于嘉庆三年戊午（1798），详后道光元年辛巳之《祭陆生文》条考证。此诗既云其当时年十三，则至迟当作于本年春。

[3] 书云："陆郎足下：昨见《听莺曲》，雅润为本，讽诵再过，余音被耳。"故知其与《书〈听莺曲〉后》作于同时。

[4] 自题诗稿："余幼奉庭训，读汉、魏、李、杜诗最洽熟，杜诗尤多。未冠，先子见背，操笔学诗苦无指授，漫然弃幼所读者。案头有一部《精华录》，亦知其非绝境，然熏染数月，遂专趋中晚唐人，盖刘宾客、张司业、李昌谷、温飞卿、杜司勋、许丁卯，皆其所涉历者。已乃谓苏、韩为巨观。年少气盛，爱为尽言，殊自豪也。至二十六、七岁，乃知以陶公为法，于诗渐辨好丑。"(《潘四农先生手迹杂钞》)

[5]《与陆郎怀生书》曰："仆有论诗十余卷，尚未脱稿。开章即以《三百篇》为要义，极知其阔远。"今传其诗话稿本名《说诗牙慧》，计十三卷，刻本名《养一斋诗话》，计十卷，连同附录之《李杜诗话》三卷，亦十三卷，且开篇均同："'诗言志'，'思无邪'，诗之能事毕矣。人人知之而不肯述之者，惧人笑其迂而不便于己之私也。虽然，汉、魏、六朝、唐、宋、元、明之诗，物之不齐也。'言志'、'无邪'之旨，权度也。权度立，而物之轻重长短不得遁矣；'言志'、'无邪'之旨立，而诗之美恶

不得遁矣。不肯述者私心，不得遁者定理，夫诗亦简而易明者矣。”无论篇幅，抑或开篇特征，都正与《与陆郎怀生书》吻合。既知《与陆郎怀生书》作于本年春，因知其诗话之粗具规模最晚亦当在此际。至于其草拟则起码在去年，甚或去年以前。笔者未获《养一斋集外续钞》之前，曾迷信亮弼兄弟之《先府君行略》，谓四农初编诗话始于明年（《潘德舆年谱》，见《淮阴师范学院学报》2002 年第 3 期），应予更正。

[6]《金壶浪墨》之《梦诔（并序）》：“今年三月，作《驱梦赋》。”（《梦诔》系时见下）

[7] 薛乘时（1730—1824），字震峰，车桥人。

[按] 陈锡蕃联句“星粲老人瑞”下有注曰：“时震丈年八十有二。”以是知其生年。卒年考详道光四年注释 [17]。

[8]《金壶浪墨》之《梦诔（并序）》：“今年三月，作《驱梦赋》，则亦厌梦矣。五月，又作《梦中闻笛诗》，已皆以为妄。遂作《梦论》，力言其故。”（《梦诔》系时见下）

[9]《偶闻桐叶雨声得诗》（《续钞》卷三）：“君耳在何所，乃知桐上声。是雨是桐叶，耳浊声难清。百声无一伪，恨先以耳迎。君解洗君耳，伪声不敢惊。但嫌君作诗，伪心犹未平。执笔记此妙，声已亡其精。默默太空里，万响含充盈。”

[10]《病酒》（《续钞》卷三）：“雄谈亦敝唇，狂饮亦酿病。快意丰一时，焉得不伤性。谁其淡无欲，肝肺化冰镜。物来胸不知，神府默渊映。劝戚皆剑矛，吾当养吾命。”

[11]《自题濯足万里流图》（《续钞》卷三）：“斗室一几波怒矗，飞雾长风远惊目。借问此画谁所为，插脚尘中者勿读。我昔披发海上坐濯足，海上仙子道我将此海水浴。我谓我之洗足乃洗心，心与四海之水清沈沈。下饬江妻脱韡，河伯进屦，海若捧巾，有此双白足。乃能朝玉真踏青云，足清心朗洁且淳。涌泉精液和阳春，拍天涛雪湔浊尘。不然吾奔走二十六七年，两足踏汙践垢如腥膻。天公设此四大海，又不便朝夕浣濯颜色鲜。吾将茧足上诉真宰前，罪坐尔海上之顽仙。仙子大笑亟谓尔姑坐，洗足原须东海大，足但忽插蓬山座，海水惊翻亦尔过。我徐伸足入海中，一趾已触鳌鳞破。龙宫偷窥，我应作图。黑蛟能研墨，赤虬能点朱，雄姿逸态天下殊。横空云水相染濡，不知可似此图无。”

[按] 该图今已佚。

［12］《小疾读周木斋诗》（《续钞》卷三）："疏帘动暝色，病客神笼东。忽得故人诗，展函愈头风。清骨洗秋雨，俊气截暮虹。非其饱天性，脱口焉得工。此材世所贱，吾取充药笼。"

［按］周寅（1786—1848）：字木斋，山阳淮城人。"嘉庆中诸生。赋性直谅，能面斥人过。……肆力于李北海、蔡君谟碑帖，书法雄秀，冠绝一时。……自号茧中翁。……晚岁无嗣，偃蹇以终。"（丁晏《颐志斋感旧诗》"周木斋茂才"）

《县志》卷十四："周寅，习蔡襄书，能为方丈字。今城门扁即其所书。"杨庆之《一草亭忆逝诗》"周木斋（寅）茂才"尾注："茂才自弱冠书名驰四方，擘窠之额，斗大之屏，五十年求者无虚日。"

段朝端《楚台见闻录》卷上："周山人寅，少随尊人居乡之下，为狼衔去，得生还，人咸异之。及长，有奇气，恃才不羁，即元旦、朔日，不冠不履，逢亲故未尝作相贺语，人贺之，亦不顾。专用力于书，名噪一时。每赴郡县试，书卷不数行，即舞笔狂草，以是常不遇。至嘉庆丙寅，漕帅观风，极赏识之，拔取第一。……嗣后每逢岁试，必在后列。尝谓人曰：'功名会有时，吾安能截趾适履，以博上官欢，为优等生乎？'其放旷如此！"

又，周寅别号耳鸣山人。其生年，时贤无考。检包世臣《邵生碣文》（《小倦游阁集》卷二十五）："生讳式谷，字子良，姓邵氏，江苏山阳人。其家世为武吏，而生独业文，性尤嗜书。默而寡交，唯与邑人周寅善。周生长生四岁，同学平原千佛寺碑二年，周生书名遂噪起，一郡求者接踵。……嘉庆十一年冬，生年十七，周生年二十一，而荆溪周济以进士选淮安教授始至。"由嘉庆十一年（1806）逆数二十一岁，知木斋当生于乾隆五十一年（1786）。

木斋卒年，时贤认定为同治三年（1864），如《清代人物生卒年表》、《江苏艺文志·淮阴卷》等。实则误甚。其一，丁晏《题周木斋小照（己酉）》（《山阳诗征续编》卷十五）小序云："壬寅、癸卯、甲辰之岁，余有修城之役，淮郡城楼门额每字逾丈，每书阔八、九寸，皆请木斋书之。今所悬榜是也。……今木斋不可作矣。图以纪其事，并系以诗。"以此可知其生活至道光二十四年甲辰（1844）之后，而道光二十九年己酉（1849）已不在人世。其二，木斋《耳鸣山人剩稿》卷首丁晏序曰："今木斋逝矣。余收拾遗墨，仅存二十余，附一小词。……道光二十八年秋八月同里愚弟丁晏叙。”窃阅南京图书馆藏《耳鸣山人剩稿》丁晏初录手稿本，亦正如此。是知其即应卒于道光二十八年(1848)。

考诸称木斋卒于同治三年者，理由是：“咸丰四年（1854）鳏居，10年后卒。”（《江苏艺文志·淮阴卷》）此或据丁晏于木斋《哀江曲》（《山阳诗征》卷二十五）后之按语：“甲辰夏，双鱼暴病，木斋亲煎药饵，病亟，犹抱持之。俄顷，气绝，遂死于怀，其钟情如此。自是意思萧散，愀然不乐。老而乏嗣，余每劝其纳姬侍，而木斋不之应也。鳏独十年，郁郁以卒。哀哉！”然此处甲辰，乃道光二十四年（1844）也。咸丰四年干支甲寅，非甲辰。又，“鳏独十年”之“十”字，必系“数”之音近而误植。否则同是丁晏一人，于道光二十八年秋如何能已说“木斋逝矣”?

[13]《自遣》：“混混龙蛇大泽中，吹箫人敢怨途穷。颜如秋色可怜瘦，病似夏畦犹未工。谪室妻孥催乞米，衔杯宾友似疑弓。谁能深闭蓬庐住，饱得黄虀卧日红。”

[14]《开阜从子至》：“大河水信黯惊魂，秋径萧萧忽叩门。吾族本无三日蓄，少曾感念几人恩。凄凉弹铗声何怨，仓猝分襟恨又吞。老屋一灯双瘦影，牛衣冷泪总难缊。”

[15] 胡涛（1773？—1836）：字问樵，号湘南。山阳车桥人。乾隆五十九年甲寅首次参加山阳县学岁考，获县首。（民国乙卯刻本《淮山肄雅录》卷下）

考《山阳诗征续编》卷九胡涛小传曰：“胡涛，字湘南，乾隆间增生。”《曹甸镇志》卷八《艺文志》录《送燕诗寄镜渠》（遗墨），署名“胡问樵（涛）”。从其弟胡棠字蔗坪，号舍南来看，胡涛当是字问樵，号湘南。

[按]《车桥闻见记》：“问樵丈亦尝居于车桥，文有李石台风力。每馆课之暇，辄与诸朋辈宴集。性浑浑然，人皆以为长者，虽童子可笑侮之。年近六十，犹应岁试。著两重眼镜入场，每卷行止写十六七字，人或笑之，丈怒曰：‘吾文固不弱也！’后移居泾口，有麦若干斛，为门弟子乾没，亦不校，时人高之。”

稻田：姓名事迹均待考。

[16] 诗题《谢程郎赠墨》。其中有句：“程郎峨峨歙州子。”因疑其为寄寓山阳之歙县盐商程晋芳（1718—1784）的后裔。又

尾句“我梦新安江上水”下自注：“时家朗陵客黟县。”考朗陵客黟县，至迟当在嘉庆十三年，详嘉庆十五年注释·[4]。

[17]《梦诔》序曰：“今年……九月初七之夜，梦有告予死期者。余异之，以告人，人大惊。月余，予则忘之矣。既而其梦遂遍传城内外数十里，时人无不为余惧。……（予）乃题曰《梦诔》，乃可以述梦，可以哀死，可以止众惑。”其词曰：“辛未季秋维月七日，潘子就枕，梦至一室。”九月初七之后月余，允为十月间。

[18]序曰：“《金壶浪墨》者，吾握管作文之暇，随手挥霍，所以纪谭笑梦幻，或读杂书，妄有评论，皆触兴而为，不中轨度者也，故以浪墨名。余思古今之文，惟圣人无浪墨，典谟秩叙，书礼严矣。虽雄奇恣肆，恢诡谲怪，如雷奋火焚，载鬼伏戎，龙战虎变，丧牛逐马之《易》，淫妖挑达，铺排纤屑，如吠庞绥狐，采简贻椒，蛸户鹿场，鳖鲤蒲笋之《诗》，凶吉杂糅，雅俗纷舰，如婚娶生子，战伐敛葬，王侯盗贼，麟牛鼠蝝之《春秋》，而皆可以为经，以教后世。此无他，其诚贯金石，其理苞宇宙，故其体虽至变，而实为万世文章之祖。若后人之文稍不及圣者，则不可不知其为浪墨而自择别之。《孟子》外篇，赵岐以为不能宏深是也。虽以庄子为文之至理无范者，而内、外篇或云其手定。其《外篇》多浅易粗直，不及《内篇》七篇远甚。此皆见古人之善为择也。唐、宋以来，往往以杂着阑入，其集多棼错，伤其文体，为后世诟病。余不敏，何敢慕古人？第思古之文体至尊至洁：惟尊也，故体之俳优者万不可上干；惟洁也，故词之纤秾者万不能并处。以余之文，未足尊，而且未企乎洁也，而立意之不敢苟如此！世人有观吾此册，而即斥吾之文之污且杂者，非知吾者也；若观吾此册，而即大夸吾之文，谓足以豪于世者，非知吾者也。呜呼！金壶之墨几何，其日日浪之？吾悔甚。嘉庆辛未阳月，德舆自序。”

[按]黄以炳有《百字令·题潘彦辅德舆海外梦游记》（见《山阳词征》）曰：“苏奴瀚海，怪廿年腐史，东游不到。一枕乾坤开径走，不许扶桑叫晓。琉火孤红，蓬山四碧，春点瑶华岛。月明起舞，满身都是花鸟。　便拟烧烛，鸿天擘笺，鸡塞总在华胥道。万里词曹星使出，豪杰也须压倒。龙女开筵，神君捧袂好。看连鳌钓海风，笔底陆才，翻作潘藻。”所谓《海外梦游

记》，乃《金壶浪墨》中之一篇也，非另外著作名。

又，四农友人黄以瞍之子黄钧宰著有《金壶七墨》，其一亦名《金壶浪墨》，计八卷。二者不可混淆。

［19］《说诗牙慧》，稿本，十三卷，分两册装订，今藏北京大学图书馆善本室。自序曰："千古说诗之善者，孟子一人而已。以意逆志，不为余词，故善也；然亦读诗法也。至取作诗之道而说之，自萧梁之沈约《谢灵运传论》、钟嵘《诗品》始，至宋、元而盛，其说诗无虑数十百种，皆牙慧耳。盖性情之故，恃口说以尽之，其中美恶不同，譬之人各含牙舌而敏钝巧拙分焉，要之小慧也。夫诗之为道，通天地而感鬼神，尽忠孝而美教化，今乃取其词之工拙而扬榷之，诗话愈多，而诗愈亡，岂不谅哉！虽然，不知其微微牙慧而说之，则害诗，且害作诗者。苟知其为牙慧矣，则虽鼓唇掉舌，日日说诗，不过假此为笑谈之一助。譬如寒窗无事，酒清茶熟，谈客两三，聊展戏谑而已。吾以为戏谑，则侯齿开动，随其意之所往，而不惧其拘持而不通。人之知此为戏谑者，亦将曰此子抉摘牙縢，虽隽巧累道，顾愈于市井鄙夫努颈张口，大声叫呼，以盲词簧鼓乡愚，诧为千秋绝调也。其敏钝巧拙，则吾牙缝中偶然之得失，世虽有闻之而齿冷者，仆又何计焉！嘉庆辛未阳月，德舆自序。"

［按］从其尾署看来，到本年冬初（"阳月"即十月），其诗话已基本完成了。今贤孙静先生断言彼时"已有一个粗具规模的本子"存在，并将其命名为"辛未本"（《从潘德舆的〈说诗牙慧〉稿本到〈养一斋诗话〉》，载《文史》第十三辑）。此论可信。

又，淮上今尚存《说诗牙慧》摘钞本，名《养一斋诗话续编》，分上下两卷。乃民国二十五年（1936）山阳乡绅宋琨（字文献）倩清河书家张寿彭据原稿过录。该钞本及原稿后俱归当地藏书家陈畏人（1883—1970），详见陈畏人《钞本养一斋诗话续编跋》。据陈跋，其时《说诗牙慧》原稿"周旋往复，终未出淮安一步，足知先生手泽为人人所宝爱，又何必在我哉?"然则稿本《说诗牙慧》何以流入北大图书馆呢？据陈畏人之子陈慎侗见告，20世纪40年代，李一氓先生在苏皖边区政府任主席期间，以几幅清人山水画置换了乃父宝藏的《说诗牙慧》。该稿本终归北大图书馆，必与李先生有关，其他细节则不得而知。

宋琨（1889—?），字文献，江苏淮安人。20世纪30年代任淮安一区区长。喜好藏书。

［20］该批点以嘉庆八年（1803）重镌之酉山堂版《古诗源》为底本，自序曰："确士选诗，专取规格而略才情，故不尽适人意。然较冯氏《诗纪》则已醇，较钟氏《诗归》则已正，故据为善本者亦多。仆就此点勘，又益以《诗归》中之明显有味者，则大致清美矣。小儿辈以为读本，尚非歧途妄骋者。比姑藏之箧，以与我子弟。嘉庆辛未十一月，四农潘德舆识。"

［21］《与潘四农先生书》（《颐志斋文集》卷八）："晏近见先生志意孤高，行踪冷落，似非壮岁所宜。忆丁卯岁，诵先生下第诗，晏时尚幼，以为少年偶挫，何遽至此，心颇不以为然。今春复见于友人处，感慨嘘唏，较曩时愈甚，窃为先生忧之。夫以先生之才，何事不可为？年未三十，一试不售，尚可待于来年，何故作此不平之鸣耶？……辛未十一月十六日。"

［22］杨皋兰（1762—1837?）：字露滋，号香谷，别号相湾老圃，山阳人。乾隆五十年（1785）年诸生，嘉庆九年（1804）举人。两试进士不成，遂绝意进取，设帐授徒。后得官太常寺博士。"工书翰，明象纬，讲求郡邑水利。……教人正容以相悟，不斤斤为章句讲说，而学者日进，其体任自然类如此。"（《县志》卷十四本传）

［按］露滋自作《题旧雨图序》（《山阳诗征续编》卷八）："凡学使岁科试取以入学者，曰同案。每岁必一聚以为乐，用示车笠之盟。（皋）等皆乾隆乙巳岁谢文宗（名墉，号金圃，浙江人，吏部侍郎）所取童生也。……存者八人：……曰杨（名皋兰，字露滋，号香谷，始年二十四，今年七十六）。"由乾隆五十年乙巳（1785）逆数二十四岁，是知露滋生于乾隆二十七年（1762）。又，诔文记露滋临终叹曰："吾年七十四，死何恨！"检周济《杨皋兰传》（《止庵遗集·文》）亦曰："杨皋兰，字香谷，淮安山阳人也。攻诗赋古文词，兼及天官沟洫。嘉庆甲子举人。太常博士，年七十四，卒于家。"若露滋享年确为七十四岁，则由乾隆二十七年顺数七十四岁，露滋当卒于道光十五年（1835）。然而，据鲁一同、潘亮弼编年的《养一斋诗》，道光十六年（1836）四农自京师返至河下时，尚留宿露滋处，所作《初归宿露滋宅》，毫无露滋已殁意味。故要么所谓享年七十四之说不可信，要么鲁一同等人对《初归宿露滋宅》的编年有误。比较而言，

本谱宁肯相信露滋卒于道光十六年之后，因为《题旧雨图序》中所谓“今年七十六”云云，毕竟直接出自露滋本人之口，乃是破露滋享年七十四的力证。又，道光十七年秋初，四农所作《题亦侨丈遗画》诗前叙文曰：“余弱冠求友，不喜与年少俱。……诸友今唯香谷在，余发亦大半白，意气迥不似畴昔矣。”（《潘四农先生手迹钞存》）此亦露滋生活至道光十七年，至少享年七十六岁之旁证。度露滋之卒，最早在道光十七年秋后。

[23]《双松歌》：“开门雪花舞奇突，我欲移家入酒窟。停杯掀帘看双松，抵一万杯壮毛骨。一松攲侧势危蹙，一松环抱团团绿。三尺之盛十尺松，屋里涛声荡山谷。双松双松尔生自何年，故根想在东海边。勿化双龙飞腾入海去，留我酒酣雪夜来盘桓。更须速买一匹好练绢，写作屏障日日悬我山堂前。双松一客即三友，岁寒盟誓如山坚。松毋嫌我拙，我毋嫌松劲峭不合时人缘。”

[24] 详乙亥年《荻庄送琴沚》条。

[25] 详后《养一斋词自序》。

[26] 邵育云《故乡忆之二——车桥形势》：“在大东门外约三百武，有文昌宫。大殿三楹，前门三楹。大殿内正中供奉文昌帝君……大殿屋脊装有五节顶饰，颜分五色，远远可见。”宫前原有四农撰楹联曰：“休浪传一十七世，化身只此于穆真精，在天成象，在地成形，乃文章之枢纽；细读三五六经，载籍便知生人大节，为臣当忠，为子当孝，是福禄之权衡。”（见《酬世集》）

[27] 书曰：“览足下书，狂喜。既幸曩赏识者不谬，又以仆之鄙贱，乡党所不屑道，足下独拳拳指过失，极论其狂诞之病，抚几击节，感足下遇我厚也。……足下性天忠直可见矣。且足下十七八岁童子耳。”丁晏本年十八岁，与四农初识。更兼四农书之内容正与丁晏来信对应，故知其或作于本年腊月。

[附] 丁晏《与潘四农先生书》：“四农先生足下：前蒙赠诗，捧读久之，辄感激流涕。……近见先生志意孤高，行踪冷落，似非壮岁所宜。忆丁卯岁见先生诵下第诗，晏时尚幼，以为少年偶挫，何遽至此？心颇不以为然。今春复见于友人处，感慨唏嘘，较曩时愈甚。窃为先生忧之。……辛未十一月十六日。”（《颐志斋文集》卷八）

[28] 该书起首曰：“在家十余日，酬应不得息，心蹙蹙然弗

宁。抵馆舍浃旬，心无所属，弥不静，乃日读书以治之。”是谓其作于离家坐馆期间。后曰：“丁生晏昨以书来规仆，劝其练气而养识。”是谓其作于接到丁晏规劝书之后。故姑系于此。

[29] 刘节母：即郭瑗从母。传曰：“从母于嘉庆十六年卒，年七十六。”

[30]《寄朗陵兄》：“少年志乘云，养翮非一朝。及今滞污泽，气奋神不超。岂翳垂天翼，不足凌青霄。阊阖亦无风，北海亦无潮。宜兹斥鷃辈，局局纷啁噍。寄言达真宰，何时蜚神飙。”

[31]《杂诗》其二曰：“断文未云亡，盘郁圣籍中。舍此侈言文，潢污徒溃泷。千古江河流，淠淠贯西东。荀屈贾班马，百派分元功。前人恃源往，左右取不穷。今有一勺水，声响争潨潨。三日淫霖干，疏凿亦不通。持此诧乡曲，聊足欺童蒙。”

嘉庆十七年壬申（1812） 二十八岁

【行状】

仍馆于阎氏家塾。

春初，访胡棠不值，作诗留念[1]。

二月，送生徒入郡城应考。十四日岁考，十六日发案，王步程（字景洛）、任廷珠（字浦还）、王大山（字岳天）同时入学。（《淮山肄雅录》卷下）

三月，作《醉后城东闲步》、《将赴琴沚饮城河舟中口占六绝》、《寄远》、《春晓即事》、《半舫亭桃花大开作四绝句》、《城河舟中即事》（“破除春恨是春愁”）、《次日又拨舟出城》、《春望》、《与芋田谈庄》。（《续钞》卷三）

作《春斋杂书》、《尔来作诗甚苦书此自箴》[2]、《访芋田普渡庵》三首[3]、《题王朗夫园壁》[4]、《与杨香谷丁昆田李靖标游紫霄宫咬金墩归过靖标菜园饮》[5]。（《续钞》卷三）

作五古《论诗》，较早系统申明自己的诗学观[6]。

作《宴花楼晚望》[7]、《春日斋中小饮》、《春游曲》（“东风破雨天微晴”）、《杨花曲》。（《养一斋集》卷二）

夏，作《蘧蘧新居落成题壁》、《闭门》三首（“闭门不谈不卧时”、“闭门有客来叩门”、“闭门若问出门日”）。（《续钞》卷三）

又，《闭门》四首[8]。（《养一斋集》卷二）

秋，作《和朱涧南重阳感兴》二首。（《续钞》卷三）

冬，作《除夕坐雪书怀》四章。（《续钞》卷三）

【其他作品编年】

文：《论南氏通鉴纲目前编》、《三皇五帝考》。（《行略》）

《答阮次玉书》[9]。（《养一斋集》卷二十一）

《刘孝子传》或作于本年[10]。（《养一斋集》卷二十三）

【诗坛生态】

正月十九日，元和陈克家生。正月二十九日，秀水高均儒生。四月十三日，乌程汪曰桢生。

【注释】

[1]《春初访胡蔗坪不值》（《续钞》卷三）："大雪袁公浦，长波去客船。春风吹旧雨，杯酒别新年。桥转门前路，城围水外天。窗虚啼鸟寂，绕壁看题笺。"

[2]《自箴》："诗者适性情，何为苦雕攻。俗体太率意，其意本不工。志足气从之，天行浑浑中。斯须尺管下，万物开元功。吾有一卷诗，为子歌国风。"

[3]普渡庵：未详。据第一首之"为问城东好风景，几人携手上烟堤"云云，则庵似应在郡城东。

[4]《题王朗夫园壁》："交游厨顾誉东京，十载闲居避盛名。高树小池朝倚阁，哀丝豪竹夜飞觞。梅飘深院风香细，柳抱回廊雨气清。徐榻一春留我住，藉君花鸟壮诗情。"

[按]王珏：字两峰，号朗夫，清河人。世居山阳。增贡生，候选布政司理问。

[5]诗曰："紫霄宫里晚钟鼓，道士不归反键户。深堂老仙伴人坐，壁上仙诗杂凡论（壁有洞宾诗，颇平平）。城荒寺僻猿鹤稀，天遣吾徒日挥尘。登城西瞰淮天高，远帆蹙叠不可数。水长天暮帆势急，斜日入云吞半吐。东南□扉雨膏沃，万绿争春气飞舞。提壶者出抱瓮归，茅舍中人乐如许。回头却吊咬金墩，凌烟将军镇淮浦。骨窆昭陵石马边，衣甲淮干杂风雨。人生不作万

户侯，功奠山河食疆土。便当走藏破屋中，一卷商量傲千古。看竹饮酒叩人门，除此柴关总宜杜。李君李君君独贤，菜园一亩美可茹。夕阳人影城东隅，春菜香风散烟渚。子出灌园妻供厨，此味何如鼎三五。癯儒自审精力弱，老农不能且老圃。今宵坐君芳树下，清风习习开眉宇。嘉蔬登盘春味长，沽酒无钱盍赊取。酒酣吟啸有仙气，不许人嗤儒术腐。园丁两次告酒尽，拇战犹夸将如虎。出门一笑真浪游，街鼓冬冬月正午。”

［按］丁琳：字昆田，号实夫，山阳人。嘉庆十八年（1813）癸酉举人，道光十二年（1842）壬辰进士。“性伉爽，凡乡闾利病及有关风教者，常抗论于有司前，无所诎。以知县需次广西，权龙州同知，有当官称。卒于任。”（光绪《淮安府志》卷二十九）乡人于三台阁为之建丁公祠。

又，杨庆之《忆逝诗·丁季园（琳）别驾》注：“别驾以学博捷礼闱，授广西县令。之任即擢别驾，未一载，卒于署。”

李宗沆：“字靖标，号芸缸，嘉庆戊午诸生。”（《山阳诗征续编》卷十一）著有《四书文存》。（杨庆之《春宵寱剩》卷二）

“紫霄宫：城东，即紫极宫。”（《县志》卷二《建置》）“紫极宫：在东南隅，今名紫霄宫。地踞高阜，为九日登眺之所。”（《县志》卷十九《古迹》）即东岳庙对面，今楚港花苑小区之所在。“创于晋，盛于唐宋，迄元季世中微。”（金铣《重修紫霄宫记》，见《山阳艺文志》卷二）明清两代多次修缮，毁灭于解放战争期间。

咬金墩：在紫霄宫附近。吴玉搢《山阳志遗》卷一《遗迹》：“城东角紫霄宫前有高阜，相传为程咬金坟，一称咬金墩。旧志载：宋绍兴十年，韩蕲王筑城，掘地深丈许，见一棺，得埋铭云：唐程知节墓。又云：遇韩则破。按《唐书》，咬金后名知节，东阿人，为峻州刺史，卒赠益州大都督，陪葬昭陵。不得有坟在楚州。然三十年前，予姊家杨氏住东门水巷口，因治屋掘地，得小石碑，长尺余，阔五六寸。中有字一行，今不尽记忆，旁一行有‘臣知节奉敕监造’字，行笔颇类欧、柳。此予所目睹者。疑知节尝有事莅淮，不详于史，无所根证。或此地为其登眺之处。墩、坟声近，久而沿讹，遂为韩蕲王之说而实之耶。”

［6］《论诗》（《续钞》卷三）：“冥搜天地外，是物总供诗。入眼群言小，昂头万象卑。到我无相处，独出古初时。异代同文

囿，千人共墨池。垂髫称卓荦，白首尚规随。厚薄殊于质，精粗择所师。巧工休敛手，拙匠莫拈髭。含响纷鸣窍，论才似列眉。江河终贯海，花鸟各分枝。鞭绕惊霆动，戈当白日挥。元精涵太极，魄力裹须弥。情性风华本，彝伶学业基。治身洵雅正，吐气必淋漓。科律寻前法，翻腾运我思。云霞皆大造，花鸟属伊谁？不贵盛书簏，何堪没字碑。那容疏保障，直藉定纲维。得句孤峦耸，横空寸铁持。千言相拱卫，只语仗敲推。下字炉融鞴，成功将举旗。毫添传阿堵，睛点作之而。乐府声声合，歌行步步移。宫商谐草木，变化出神示。题解当时谬，妃豨众口嗤。叫呼成市乞，委顿则癃疲。律体裁疏密，盈虚度饱饥。有时参活相，原不假人为。叙述工繁富，铺排间偶奇。抒方旋乙乙，珠必贯累累。截句尤渊永，含情待赠贻。忽当天籁发，犹见古风遗。俗手贪容易，连篇自悦怡。短章聊复尔，真味阿谁知。汉魏分醇驳，齐梁剖盛衰。尊唐嫌伪制，祖宋亦偏毗。降自元明近，愈多品骘私。先民传是道，浅者涉其篱。山水才虞尽，军戎力苦疲。廊庙堂瑟缩，草泽语支离。感兴侣先辈，分题欺小儿。迁官都浪喜，送别便同悲。妄摭禅宗录，争填理学词。纤纤如弱女，奄奄拟行尸。艰涩颇叉手，肤庸亦解颐。本无真好恶，焉辨假妍媸。雅郑将淆乱，铅华任取资。音都奸北里，颦转效东施。相马非无式，亡羊各有歧。孟衡悬位置，明镜鉴容仪。末学惭珍帚，词谰漫测蠡。十年劳讽玩，五色混离披。宝筏迷津渡，铜盘叩晓曦。竟能陈义例，未敢恤訾訾。谈奥原难罄，源流略具兹。骚坛今赫奕，请自决雄雌。”

［7］宴花楼：“在城南。旧志：唐时建，今旧城南门是也。时郡守专邀新进士于其上，为之簪花，故曰宴花楼。”（《县志》卷十九《古迹》）案：宴花楼之名，源于赵嘏《陪韦中丞宴扈都头花园》，诗云：“门下烟横载酒船，谢家携客醉华筵。寻花偶坐将军树，饮水方重刺史天。几曲艳歌春色里，断行高鸟暮云边。分明听得舆人语，愿及行春更一年。”本指扈园中楼，后人附会为南门楼。吴玉搢《山阳志遗》卷一《遗迹》：“郡有宴花楼，俗传即郡城南门楼。按旧志云，宴花楼，南唐建，又引赵承祐‘门外烟横载酒船’诗。《渭南集》此诗本题云《陪韦中丞宴扈都头花园》，题下注云：一作楚州宴花楼。宴花楼之名但见于此。韦中丞即楚州刺史韦瓘，扈都头不知何人。疑即扈都头园中楼耳。

然既见赵诗，则唐会昌中已有，何得云南唐始建耶？今俗以南城楼当之，此又不然。按《文苑英华》载郑吉《楚州修城南门记》，作于大中十四年，略云：楚，大邦也。日者草创，南虽设谯门，卑且陋，但阖两扉，为露棚于前，振军旅焉。露棚不能蔽风雨，亟理亟坏，由是刺史大夫中丞李公新作之。……大中之末去会昌不二十年，岂有会昌中有楼屹然，可以宴会，而大中中即止存露天之理？即或圮坏，郑记宁无一语及之？此以知宴花楼之必不为南城楼也。”

［8］此四首与《续钞》卷三之同题三首，当原属同一组诗。

［9］阮钟瑗（1764—1833）：“字次玉，号定甫，岁贡生。……少颖异，读书能究大义。性刚，疾流俗人如雠，人多以为难近。至友不过三四人，有过恒面逆之。有以事理相诘难者，时亦折服。……道光四年，洪泽湖决，西乡死者甚众，流亡布野。瑗募金赈之，活数千人。……凡邑中大利害，多侃侃与守令辩，无少夺。……殁数十年，乡人临大事，举昔之守正不阿者，以瑗与曹镳称首。”（《县志》卷十四《人物》）他事详见四农《阮君家传》。

［按］定甫之生年，其《修凝斋集》卷二《六十生辰自序》述之甚明：“余生年岁在甲申，今岁癸未八月十九日为余六十初度。”其享年，四农《阮君家传》言之甚确：“年七十，卒。”因知其必卒于道光十三年（1833）。时贤多不详其卒年，乃失考。

又，检《山阳阮氏续谱》，钟瑗乃著名学者阮葵生（1727—1789）之从侄。钟瑗曾祖应夏（字虚谷）与葵生祖父应韶（字虞再）为亲兄弟。其父即阮晋（字蕃锡）。

［10］《传》曰：“乾隆三十三年，山阳之车桥大火，火跳越而及，无火道，救火者未归而家已烬。越二日一夜，火定，居民啧啧称刘孝子。孝子，盐城人，名希向，少随父迁车桥。”又曰：“孝子今年六十，病噎，将卒。”假定彼时其十六七岁，则自乾隆三十三年（1768）越四十余年，大致当本年左右。若彼时希向年龄太小，则不得行救火事；若彼时希向年龄太大，其六十岁之时间便当从本年前移，然则四农未必能作出如此成熟之文。

［按］《县志》卷十五为刘希向立传，即截割本文而成。又，刘希向积学能文，著《三冬识余》二卷，咸丰八年刻本。

嘉庆十八年癸酉（1813） 二十九岁

【山阳要闻】

周济回任淮安府学教授（《县志》卷六《职官（二）》）。刘崇敬、丁琳、沈联元、邱鼎元、王彬乡试中式。吴瑭著《温病条辨》问心堂初刻本面世。

【行状】

春初，移馆于河下梁氏[1]。（《行略》）

郊游，作《雪后郊行》[2]、《城河舟中》（“尘市中间日似年”）、《雨宿田家》。（《续钞》卷四）

二月二十二日，第三女生。（《行略》）

郊野踏青，作《郊行》（“田家绕唱午时鸡”）、《偶然作》（“时雨养草木”）。（《续钞》卷四）

刻本《养一斋词》所收词始于本年春[3]。有《高阳台·寄陈锡蕃》、《买陂塘·题胡蘧庄止止斋》[4]、《疏影·寓斋老藤》。（《养一斋词》卷一）

初夏，辞馆归，设帐授徒于车桥家中。（《行略》）

从兄复迎养祖母于曹甸。（《行略》）

作《不学》四章[5]、《感兴诗》五首[6]。（《续钞》卷四）

仲夏，作《苦热与蘧蘧戏作长句》、《日至蘧蘧宅书此解嘲》。（《续钞》卷四）

郭瑗始学绘画，四农赠诗鼓励郭瑗以造化为师，精进画技[7]。

作《梦中作》二首、《杂感》二首、《独坐》、《望雨》。（《养一斋集》卷二）

秋，七应乡试。临行，作《满江红·郭景蘧寓庸室饯席》。（《养一斋词》卷一）

途中，作《金山》、《题壁》、《山居》，至宁，作《燕子矶后山》三首、《秦淮荡舟》。（《续钞》卷四）

远足东郊，游灵谷寺，题诗二首[8]。

将返，偶遇堂姨，罄资斧与之[9]。

抵里，作《风流子·和景蘧》。（《养一斋词》卷一）

作《积雨病目蘧蘧斋中看菊偶题》、《村溪暮舟》、《动静》、《题蘧蘧画》四首（“全销暑气写秋岚”、“雨扫风皴绝点埃”、“水远林疏夕照痕”、“秃树槎枒老屋枯”）、《残菊》二首。（《续钞》卷四）

作《涧舟》、《题景蘧画》、《西村收稻》。（《养一斋集》卷二）

漕运总督阮元招其入幕，力辞不就[10]。

冬，游兜率院，作诗《雪后游兜率院用东坡和僧守诠韵》[11]。（《养一斋集》卷二）

作词《金缕曲·舟雪》、《卜算子》（“村桥晴雪，同景蘧”）。（《养一斋词》卷一）

【诗坛生态】

正月二十五日，兴化刘熙载生。三月初四日，马平王拯生。七月初三日，任邱边浴礼生。江宁秦缃业生。十二月二十一日，万承风卒，年六十一。吴骞卒，年八十一。

李宗昉受命入黔视学。

【注释】

［1］《戊子送报底册》：“梁仲南（西席），杨天爵巷。”是知梁氏东家名仲南。

［2］《雪后郊行》：“雪与春光如作难，偏从雪后得春多。轻阴浅复梅犹萼，薄冻才消水未波。万物有才须蕴蓄，寸心无事即晴和。村郊数里何空阔，野客相携好放歌。”

［3］据四农次子潘亮彝《养一斋词》点校本，下文皆准此。该点校本原稿藏陈慎侗处。

［4］胡蘧庄：即胡棠。见前嘉庆十三年注释［2］引《车桥闻见记》。止止斋：胡棠书斋名。

［5］《不学》其四曰：“我思古人，教人之始。匪恃其学，恃其有耻。嗟我不学，防耻未周。况承教者，而弗优游。天道不远，敢不怀忧。礼之所弛，刑之所囚。我耻不立，才覼其邮。尚回兹义，永臻日休。”

［6］《感兴诗》其四曰：“晨起出门望，奔驰各有营。借问子何好？读书终吾生。读之二十年，了无所专精。所好终无他，一

卷代躬耕。此事是吾事，休问人性情。何为苦不休，但博乡人惊。”

其五曰：“后园喜空阔，不知一亩否？周圜以土墙，高低插杨柳。柳下菜满畦，蒿苋菘芥韭。春朝渐雨过，群香清且厚。晚禾妇手摘，呼儿进樽酒。借问妇与儿，先生何抱负？此乐付之天，日日愧享受。不见南邻翁，晨炊延至酉。”

[7]《蘧蘧学画诗》（《续钞》卷四）：“蘧蘧四十始学画，混沌不辨画疆界。旁人掉臂嗤不伦，我劝蘧蘧胆须大。天地中间无画师，只取胸中尘不挂。削尽尘凡画理深，笔底风云常不坏。风云日日呈恢奇，眼前钝者那得知。知者不在画时学，斗室无言高坐时。洪涛忽翻山忽立，泰华低微沧海窄。虎变鼍鸣不自由，掷笔重摹摹不得。红蕉绿柳阿谁家，落照楼台点暮鸦。豪芒锐入得力处，鸿濛浩荡真精华。个中巨细无分寸，陶铸云山须自运。最恨精工无与伦，旁人只作画师论。岂知造物一画师，大写乾坤细茧丝。是惟不画画乃绝，电扫风皴任所之。君如会得天工妙，许把丹青信手施。”

[8]《灵谷寺》（《续钞》卷四）：“上界凝钟未可听，空山八月走雷声。龙孙百尺参差卧，怒引飞泉破壁行。”（其一）“一峰开朗一峰森，步步山光步步心。踏尽白云幽草路，不知山气是晴阴。”（其二）

[按]《江南通志》卷四十三《舆地志·寺观·江宁府》：“灵谷寺，在府钟山东南。旧于独龙阜建道林寺，梁武帝为宝志禅师建塔于玩珠峰前，名开善。宋改，太平兴国后改蒋山。明洪武初徙山之东偏，改名灵谷。”“灵谷寺：隶上元县，在城东北钟山左独龙冈麓，离朝阳门十里。”（《灵谷禅林志》卷一《沿革》）“寺基五百亩，东至马鞍山，西至神宫监，南至官路，北至钟山宫墙。……寺内有宝公塔、景阳钟、三绝碑、八功德水、琵琶街、梅花坞。”（《灵谷禅林志》卷三《建置》）

[9]《潘公崇祀乡贤录》：“故举人待戚友甚厚，而守己甚洁。尝因乡试遇母氏疏族妹于金陵，悯其贫老，罄所有资斧与之，己更乞待以归。”

[10]《行状》：“初，仪征阮相国为漕运总督，招先生，力辞不往。”检《县志》卷六《职官（二）·总漕部院》：阮元，嘉庆“十七年任”，紧继者李奕畴乃嘉庆“十九年任”，故知阮元之招

四农最大可能是在本年。检《阮元年谱》（张鉴等撰），其于嘉庆十七年九月赴漕运总督任，嘉庆十九年七月初七卸事交印。

［11］“兜率院：在涧河北岸车桥东。相传晋时创建。《龙兴寺碑阴》载，为十子院之一。国朝乾隆初重建。”（《续纂山阳县志》卷二《建置·补遗》）

［按］《车桥闻见记》：“河北岸东首有兜率院，相传此院甚古，志谓作于晋时，龙兴寺碑阴又谓作于唐，僧月多在郡东南羊赛乡为龙兴寺十院之一。以今观之，地基甚大，佛象亦伟，洵非后来所能为也。然究不知当时此地何名？碑阴所谓羊赛乡者，亦后来之统名，非原名也。院侧有石塔八九区，嶙峋可玩，近渐少矣。又有古槐一株，相传是数百年物，尚在。”

邵育云《故乡忆之二——车桥形势》：“兜率院前后各三楹，大门中间供有弥陀佛，笑口常开。正殿中供三世佛，两旁有十八罗汉，雕塑精巧，栩栩如生。”

又，苏轼诗题原作《梵天寺见僧守诠小诗清婉可爱次韵》，见《苏轼诗集》卷八。

嘉庆十九年甲戌（1814） 三十岁

【山阳要闻】

南昌副贡万承纪任山阳知县，治事有风力。

【行状】

仍于车桥家中设馆授徒。

春，作词《念奴娇·元夕集商相巫宅》、《春云怨·送胡问樵》、《百字令》“梅子雨”。（《养一斋词》卷一）

作《感兴》（“笼禽水一勺”）、《同景蘧作》二首、《东溪》、《闲园》、《偶感一首与刘生湘沄》[1]、《与景蘧》、《暮春》、《牡丹宴集》。（《养一斋集》卷二）

作《坐雨》、《养病示蘧蘧》。（《续钞》卷四）

夏，始著《念石子》（《行略》）。后成卷，见《养一斋集》卷二十五[2]。

继作《八箴》。（《续钞》）

作词《水调歌头·看云》。(《养一斋词》卷一)

作《西村》、《北寺》、《南池》、《刘藤》。(《养一斋集》卷二)

六月二十八日，三十初度，以诗述怀[3]。

初秋，作《齐天乐·谢人饷黄精》。(《养一斋词》卷一)

仲秋，西村收稻，归而赋之[4]。

时往邵氏取斯山房游戏，因题诗于壁[5](《续钞》卷四)，复应邀作《取斯山房驱秽文》(《酬世集》)。

友人某赠菊，索诗赋之，累月未应。十月十五日，晤于郭瑗宅，走笔酬之[6]。

作《独游东溪》。

冬，作词《洞仙歌》"冬夜梦中得词二句足成之"，《水调歌头·送勤子之涟东》三阕、《水调歌头·送舅氏之涟西》三阕。

【其他作品编年】

文：《老彭辨》、《书韩子对禹问后》、《书欧阳公春秋论后》。(《行略》)

词：《蝶恋花·寄邱勤子》、《桃园忆故人·寄黄蔚雯》、《金缕曲·夜坐》、《百字令·后圃小步》、《水调歌头》"景蘧送其兄裕庵扇索题，即送裕庵别。"[7](《养一斋词》卷一)

诗：《题画》("春夏接续闲")、同题("山腹空洞山为天")、同题("一角聚敛群景色")、《鹊巢》、《所作》二章、《啸歌》四首。(《养一斋集》卷二)

《啸歌》六首("遥望西京城"等)[8]。(《续钞》卷四)

【诗坛生态】

四月初一日，镶黄旗承龄生。七月初八日，宜黄黄秩林生。八月十七日，瑞安孙衣言生。十月十三日，临桂龙启瑞生。四月十七日，阳湖赵翼卒，年八十八。遂宁张问陶卒，年五十一。

【注释】

[1] 刘湘沄："字汇三。嘉庆己巳诸生。著有《环翠堂诗集》。"(《山阳诗征续编》卷十三)"有口才，广座遇之，使人失笑，口不能合。"(杨庆之《一草亭忆逝诗》卷一"刘汇三(湘

沄）茂才”尾注）

［2］鲁一同《念石子叙》：“《念石子》者，潘子穷理致用之书也。潘子尝六试礼部不第，一简县令不就，退而明天人之故，六经道德之本，体极人情，归于反身植节，以攘剔俗学，扶树世教。其书粹于荀卿，质于扬雄，切于王通，取类也远，而观物也微。辨而不繁，直而婉、笃而不迂者也。潘子既殁，其文章著述多有好者，此书独未出，余故论列之。世尽采花遗实，恶知所宝贵？要其始终本末之际，可谓有彬彬大儒之风矣。”（《鲁通甫类稿续编》卷上）

［3］《三十述怀》（《续钞》卷四）：“人之得为人，岂不在自立。一日忘其身，哀哉虚阅历。当时如梦寐，愧此追记忆。煌煌我祖谟，忠孝世乐迪。疏草列谏垣，奇功荡山贼。苦言戒子孙，恶者苗之螣。庙祭身不与，家乘名不入。自嘉靖以来，大书而深刻。照耀三百年，天岂未窥测。申以我父训，谆谆民之则。善恶蹙衾影，史册不可匿。千古此两人，敬身者不忒。小子识之哉？岂曰供诵习。予时年十二，耳目尚昏墨。所喜天未浇，有过鲜所溺。夫何天不吊，风木惨恻恻。窜身烟水间，始仗砚田食。是时年几冠，颇无成人德。游戏醉饱中，情欲斗歌泣。读书不成诵，便谓胸有得。见客不知礼，衣冠任欹侧。世情不相关，论交昧白黑。深求名场文，资此为钓弋。坐卧腐臭中，青紫希介拾。可怜七八年，精神付荆棘。随时作謷言，何拯战三北。穷极知迷津，文章悟阶级。一削繁芜词，冥心脱沿袭。当其孤吟时，万动为之寂。文章知有源，稍稍事搜辑。周秦以下书，短绠亦时汲。志勇气不沉，过量伤躁急。一卷未及终，前后互推激。喜厌中不宁，双瞳似鸣镝。糟粕未尽收，焉能漉其汁。总角便好书，以之恶酒色。篷窗驴子背，何尝久离逖。但恨浮动根，虽勤寡成绩。名场而文艺，文艺而学殖。性情虽三变，了无所得力。此过不在外，心为过之国。小者累文艺，词源患榛塞。大者丧厥身，后悔何嗟及。舍大营其小，所见殊未的。宜乎百体中，丛过如云幂。岂无规过人，良友忠且直。岂无省过言，箴铭列墙壁。岂无改过心，魂梦相警惕。识昏力不副，非刚业已愎。藉问近所为，习惯如程式。旁人诧我贱，干将遭屈抑。时或慰我穷，青云伫攀陟。或笑我文疏，光彩不莹拭。或狎我浮名，□□震乡邑。或贬我学荒，六籍未搜剔。岂知我一身，负疚以千亿。近者庭户中，养祭弗修

饬。年年读父书，守身尚回惑。远者学欲仕，何材足辅翊。礼乐兵农间，朝荣夕弹劾。棣华式好时，岂无虫蚁食。嘻嗃不中节，愆尤丛食息。丰悴太纷拏，久必分疏戚。寒盟古所嗟，知人患无识。何况姻娅中，樗蒲百愁集。加以族望替，栋榱危岌岌。自问何如人，犹敢自雕饰。遇乐情则流，嵇阮相拱揖。稍拂气则奋，贲忌勇难戢。佻佻无定仪，呶呶不肯嘿。当此掩视听，我尚矜瑰特。饔餐营旦暮，舌耕赖口给。田舍来交攻，云台日荒涩。大哉一寸心，冤之使偪仄。壮哉七尺身，缚之使伏枥。旁人使我然，我必怒容艴。我与我为仇，自作含沙蜮。名场亦何恋，于身为瓦砾。文章亦何事，沧溟水一滴。经史学无涯，不救中藏慝。我试问我身，谁克贷此职。祖德与父训，永永播无极。忍使堕我手，清辉一朝熄。往者付流水，来者方汩汩。请看羲和驾，过眼一飞翼。一年星易周，一日日易昃。清夜擢发数，而不增惨戚。借曰昏不知，年华已三十。”

［4］《西村收稻归赋》（《续钞》卷四）：“带酒出远村，远火透林赤。凉月照薄冰，溪寒路危窄。时或不辨路，路与冰一色。村人扶我归，持危赖其力。岂知倾跌余，诗情正洋溢。一字喜甫就，叱犊声中失。归挑暗灯写，戏为妻子述。聊将田父勤，导儿知稼穑。”

［5］《题取斯山房壁》：“春风开别院，忆我读书时。即此一区地，回头十载驰。梅花仍待客，童子忽为师。珍重青箱业，流光负阿谁。”

［按］取斯山房：车桥镇邵氏别业。供人弈棋、斗牌等。《车桥闻见记》：“车桥人家有别业者甚少，惟邵氏取斯山房稍称焉。前后轩榭不过十余间，而布置曲折，梅药梧竹，具有幽致。主人邵杏传文、震寰、羽吉两丈，每当春秋佳日，邀客宴集，赋诗其常也。先子尝处于其中者六年，后卢春池太舅亦三年。”

［6］诗题《友人赠菊索诗累月未应晤与蘧蘧宅走笔与之》。尾韵“笔债偿清酒力豪，一笑出门月当首”自注：“时十一月望。”“一”字疑衍。

［7］裕庵：名与事迹均待考。

［8］此六首与刻本四首均为五言古绝，又同题、同年作，故颇疑其原为组诗。

嘉庆二十年乙亥（1815） 三十一岁

【山阳要闻】

大兴监生王佐任山阳知县。

【行状】

仍在家塾授徒。

命外甥周炯（字子澈）来家塾就读，与长子偕门人陆梦月教之。（《行略》）

春，作《感兴》三首[1]、《微雨》、《村行》六首、《古意》、《偶然作》（“夜梦作画”）、《口占寄蘧蘧》、《与蘧蘧》四首、《寄常处士重谟》、《与张墨泉》、《送表弟卢念兹》[2]。（《续钞》）

春游，作《村行》二章[3]、《白云三章寄蘧蘧》、《春游感兴》。（《养一斋集》卷二）

暮春，曾进城。作《城北舟行》、《荻庄送琴沚》[4]。（《续钞》卷四）

《与养吾》[5]、《涧河舟中》三首。（《续钞》卷四）

《静坐》、《访蘧蘧途中口占》四首、《寄舅氏书毕写此》。（《续钞》卷四）

夏，作词《高阳台·题相巫新筑》。又，《临江仙·村行》、《菩萨蛮·溪上》、《水调歌头》“读太白集”、同调“读子美集”。（《养一斋词》卷一）

作诗《寄邱勤子》二首。（《养一斋集》卷二）

郭瑗学习绘画未久，兴致正浓，仲夏于野寺作画，四农当即题诗送之[6]。未几，复作《村途口占》、《野寺》二首、《绝居》（“槐柳披檐昼蔼清”）、《与蘧蘧立三北村游览》[7]、《招蘧蘧游南池》、《高阁》、《题画》（“大山遭回旋如螺”）、《雨后看云》、《杂诗》二首（“卓卓东坡翁”、“灵蛟失云雨”）、作《夏夜十友诗（并序）》[8]。（《续钞》卷四）

秋，作《秋夜怀竹坪琴沚与蘧蘧联句》、《秋夜谋饮与义安联句》、《看月》、《孤菊》、《九日祀稻田太君置酒赏菊》、《任君菊开招饮索诗》、《陆应中新居》[9]。（《续钞》卷四）

作《雨窗偶书》、《对月怀朗陵兄》二首。（《养一斋集》卷二）

十月十二日，次子亮彝生[10]，乳名杏子。(《续宗谱》)

十一月，门人苏浩离开车桥，四农缱绻难舍，连续作《第五桥口占送别苏生养吾》二章[11]（《续钞》卷四)、《卜算子·送苏生浩》(《养一斋词》卷一)、《送苏生序》((《养一斋集》卷十九)以赠之。

复填《水调歌头·冬月》、《桃园忆故人·寄舅氏》。(《养一斋词》卷一)

深冬，为亮弼兄弟选唐人万首绝句，题卷端三首[12]（《续钞》卷四)、填《江城子·寄邱勤子》。(《养一斋词》卷一)

腊月二十九，与友人饮于郊外，口占《江城子》，小序曰："乙亥小除夕与客野饮口占。"(《养一斋词》卷一)

【其他作品编年】

文：《驳元会运世》、《驳佛言因缘》、《驳佛言前后身》。(《行略》)

《赠张幼塘序》[13]。(《养一斋集》卷十九)

词：《水调歌头》"读陈其年《水调歌头》与景蘧联句"、同调"对客放歌"、同调"酒罢草书尾"、《青玉案·鹤意》、《西江月·雁意》。(《养一斋词》卷一)

诗：《题画·幽林读书小幅》、《题画》("山碑象德")、《题画》("秋木下叶江气高")、《题画》十四首、《酌酒》、《示从子开丽》[14]。(《续钞》卷四)

【诗坛生态】

三月初六日，定远方浚颐生。三月二十一日，桃源尹耕云生。六月十九日，徐沟乔松年生。杜文澜生。

九月十三日，桐城姚鼐卒，年八十五。十二月二十一日，杨芳灿卒，年六十三。十二月三十日，大兴舒位卒，年五十一。

【注释】

[1]《感兴》其二："学欲变气质，持志毋暴气。气强不能平，即是弱无志。落落千载人，岂止一山阳要闻。浩浩万里心，不为咫尺计。顽石固粗犷，投海了无恚。自扇一星火，昆山遂烧

薙。将求物吾与，于人何芥蒂。矧在戚属间，掩恶亦吾义。颜没孔学微，斯言客勿异。和风庆云中，何处著严厉。汪汪黄叔度，簟飘托末契。高名动群疑，谁能指瑕颣。猗欤吾所师，廓清方寸地。"

[2]《送表弟卢念兹》诗曰："别离感何长，中年感尤剧。春风折杨柳，临歧泪屡滴。矧君孤露身，与我同戚戚。世途畴相亲，泛梗作单客。贫到彻骨时，有志苦难立。古人不可到，于兹服大力。力之所贫依，志气为倡率。一念逐时流，颠倒迷南北。一念追古人，朗朗森血黑。君年少我年，精神正坚坚。譬如武库中，镞镞富刀戟。但在善用者，所向乃无敌。读书悔不早，早不尽通辟。内照观我生，载籍为我役。临渴问井泉，短绠那堪汲。绵绵求万年，浩浩纳一息。经明行以敦，此外都瓦石。热友近如蝇，翕翕聚呼吸。慎勿堕尘秽，羞玷尔白璧。别恨不足言，勗此加鞭策。君姿近淳古，聊尔施劝迪。秋风远相望，愿挂黄河席。"

[按] 卢大中：字念兹，山阳人。道光十年诸生。

[3] 此二章既与《续编》中六首同题，又同为七言古绝，且同作于初春，故疑其原为同一组诗。

[4]《荻庄送琴沚》："踏雪携樽兴若何（辛未冬荻庄荒废，予与琴沚诸友踏雪买酒，篝灯倚破壁而饮），颓垣新槛付渔歌（近又葺理一新）。不须惆怅此送别，阁外客帆来去多。"

[按] 李元庚《山阳河下园亭记》："荻庄：程镜斋先生别业也。先生名鉴，字我观，安东诸生，秋水刑部胞弟也。园在萧湖中，门在莲花街。有亭曰补烟，厅事五楹。……三面临水，芦荻萧萧，栖霞岭不是过也。"

《续纂山阳县志》卷十四《古迹》："荻庄，在河下。程晋斋鉴别业，诸程俱安东籍，世居山阳。园在萧湖中，三面临水，亭榭极多。道光初，盐务凋敝，诸园俱圮废。"

邱奂（邱广业长子）《梦游荻庄图题后》（《醒庐杂著》）："某髫龄嬉戏，弱冠栖迟，侍家大人与潘四农丈放棹来游，指不胜屈，则已蛛网当户，燕泥横琴，破壁风欹，断桥水沍，潘丈所以作《程氏废园记》耳（记作于嘉庆辛未、壬申间）。程太史蔼人乃复剪榛芜，施丹垩，榱崩栋折，焕然一新（重葺于嘉庆庚辰）。家大人与潘丈益得以补禊沽春（道光壬午暮春望前，大人邀盛学博子履、朱丈涧南、黄丈少霞与潘丈补禊于此，绘图纪事）。"

［5］苏浩：字养吾，山阳卞塘人。嘉庆十四年诸生。四农弟子。

［6］《野寺闲坐看蘧蘧作画即题画扇送之别》："热境不可居，来步野寺东。叩户拂尘几，西廊送清风。闲携数稚子，时遇一老翁。老翁九十人，行步追儿童。问其何能然，穷极心疏通。时复作小诗，健似霜天鸿。坐看殿阴转，微凉生碧丛。一翁对二客，默静疑痴聋。翁去客不归，尅期斜阳红。郭生亦不懒，奋笔神豪雄。已得静室妙，复作空山空。石树屡皴染，怕有凡尘蒙。放笔便起别，暇极翻匆匆。送之大溪头，画意铺冥濛。顷刻各何处，十里苍烟中。"

［7］邵建昌：字立山，亦作立三，山阳车桥人。嘉庆十一年诸生。

［按］《淮安邵氏族谱》："建昌：鸿逵之子，行二，字立三，号农薮，山阳廪贡生。配霍氏。"

又，《车桥闻见记》："邵翁惟清，杏传丈之犹子也。与弟立三同案入学籍，弟以文名，清健有古风，先集中有《赠游射陂》诗，又为之删补《淮阴竹枝词》。"

［8］序曰："闲庭乔木，清气满裾，寂坐良宵，鲜与晤语。忽自省曰：'吾友岂少哉？俯仰皆是，而吾不之契，吾之过也。'乃指儿子辈曰：'风吾之清友，月吾之阴友，云吾之淡友，露吾之洁友，星吾之文友，树吾之幽友，鸟吾之静友，蝉吾之高友，蛩吾之吟友，萤吾之读友，大都形神所契则无之，匪友云尔。'本无友，忽获十焉，是可贺矣，作十友诗自贺。"

［9］《陆应中新居》："造化弄人随所欲，拜而受之勿枨触。玉堂只许仙人宿，荒村岂少愚公谷。涧水之上朋好多，我已卅载安其俗（仆家来车桥卅余年）。君来安稳不须卜，诗狂酒病合成局。门前流水好钓鱼，斜日垂杨半桥绿。门后平田宜纵步，云树人家帆□簇。闭门养病亦长计，坐倚晴檐享清燠。飞鸟下庭客不来，细看山炉烟曲曲。霜风入夜撼老屋，有儿可教书可读。骑马豪门求食肉，不如破被酣朝旭。世态妖冶涂青红，未必多金况君朴。丈夫插脚尘海中，茅舍几间便奇福。稍胜南村寄笔砚，休忆城东旧花竹（应中旧宅城内颇有花竹之美，近售去）。蓬莱清浅亦细事，那有闲情为颦蹙。十年我亦数移家，乞人隙地栽葵蓿。连宵困顿落成酒（连饮商润泉新筑），聊喜题轩诗笔熟。诗成索

饮君勿饮应中肺疾止酒水，我自深杯君芋粥。”

［按］陆宝临（？—1818）：字应中。嘉庆中诸生。原居郡城，现移来车桥。（《车桥入学题名记》）

检《养一斋日册》，道光二年（1822）六月十七日，“闻陆怀生之母以呕泻暴亡。……予四年来哭陆大应中死，哭怀生死，兹又哭怀生之母，陆氏之衰替亦极矣。”故知应中之卒年。

［10］潘亮彝（1815—1883）：乳名杏子，初名庸信，后改名亮工，复改名亮彝，字符钦，号廉亭，别号六畦居士。廪贡生。著《六畦轩存稿》，见《山阳潘氏历代存稿》。另有独立誊清本，不分卷，楚州图书馆藏，题下署：“丙申冬月兰璘谨志。”

［11］《第五桥口占送别苏生养吾》：“岸自陂陀桥自斜，两行寒柳带人家。最怜薄暮寺钟起，一一惊飞村树鸦。”（其一）“一番雨过看云生，第五桥头几度经（旧与蘧蘧、养吾常游东溪，因立为“看云会”三五日则一往）。秋去冬来来送别，北风西日半池冰。”（其二）

［按］第五桥：见谱首引邵育云《车桥形势》。

［12］《冬夜为儿辈选唐人万首绝句题卷端》：“药味茶香送二更，尚摊诗卷傍灯明。儿童诵毕不忍卧，煮芋偎炉听雨声。”（其一）“当代词坛谁擅名，衡门记得古人清。日斜收拾残诗思，垂柳河桥访郭生（此卷多与郭三论诗）。”（其二）“作得词人亦可怜，垂髫风骨枉孤骞（予十二岁作《老树》绝句，颇自负）。如何秋月春莺里，抛掷闲心二十年。”（其三）

［按］《养一斋集》卷二有题《选唐人万首绝句题卷端》两绝句，与《续钞》此三首应属同时所作组诗，惟脱“冬夜为儿辈”数字耳。

又，该选本手稿民国初年尚存淮上。宋琨《静思轩藏书记甲编》之“《唐人万首绝句选》”条下曰：“此四农先生手稿，取王选而损益之。相传渔洋选万首绝句时，年已老矣，仅以手指掐痕，门人多误录者。二百年来，识者憾之，而未有正也。先生更张此选，历二十余年而始成，抑何惨淡经营若是耶！”顺及，据《静思轩藏书记甲编》，四农还编有《宋人千首绝句》、《历代词选》、《辛稼轩词选》，手稿亦传至宋琨斋中，今皆不知流落何处。

［13］序有云：“张君幼塘，吾从母夫也。德舆幼失母，然习闻母之与从母也，为从父姊妹，同岁而生，同室而居二十余年，

未尝一日离。既嫁，遂不相见。不相见二十年而吾母卒矣。又二十年，从母康宁如昔，时君精力弥健，而吾父之卒又已十有四年。窃自愍田之不吊，以独罹此厄也。”自宗睿殁后十四年，应即本年，惟具体时节未详。

[14]《示从子开丽》：“吾族渐式微，谁欤曳华裾。可恨处田野，不肯业樵渔。借闻尔痴叔，狂态可似初。俊骨日销铄，所恃尚残书。闻道悔不早，蹇劣旋磨驴。尔欲求丹梯，不出尔蓬庐。闻言或不信，炯鉴请眡予。”

[按] 潘开丽（1786.1.14—1857），四农族兄潘作朋之子，“行二，字舒民。邑庠生。生乾隆乙巳十二月十五日，卒咸丰丁巳闰五月廿八日，年七十三。”（《续宗谱》卷一）

嘉庆二十一年丙子（1816） 三十二岁

【山阳要闻】

夏秋，“民苦积潦，井灶生蛙。”（《山阳诗征》卷二十三“胡玉山传”）

宝应岁贡王若琨署淮安府学教授。

【行状】

仍在家塾授徒。

开春，作《琐窗寒》“腊雪不见，春始降”。春末，作《蝶恋花·春暮寄景蘧》、《水调歌头》咏聊乐邱[1]。（《养一斋词》卷一）

进城，作《入郭口占》七首（其六尾注：“自予家至城四十五里，村桥八。”）（《续钞》卷四）

季夏朔日，代郝步蟾作《分修支谱序》[2]。（《酬世集》）

选明清时文若干篇，逐篇评析，名《中声集》[3]。

作《盆荷赋》[4]。（《家书》附录）

七月初，微恙，作《醉春风》“将应秋试，病中偶题。”（《养一斋词》卷一）

八应乡试（荐卷）。七月初五左右带病启程，经镇江，作《舟中望金山》（“突处立孤峰”）（《续钞》）、《水龙吟》“七夕渡

江，泊金山，对酒作。”（《养一斋词》卷一）

经摄山，因小疾停留五日[5]，作《摄山病卧题僧卓群山房》[6]、《西江月·题摄山最高峰》、《临江仙·般若台晚步》[7]。渡江，作壮语以纪[8]。至宁作《金陵雨夜》、《清平乐·秣陵秋雨遣怀》。（《养一斋词》卷一）

旅宁期间，作《郝氏族谱序》[9]。（《淮山郝氏族谱》卷首）

九月十五日，祖母金氏殁[10]。奉殡宫至车桥，“凡小敛、大敛，以致送葬、反哭，必忖合礼仪而后行，世俗避忌及阴阳僧道概不用。三年处于别室，课徒之外，惟日读《礼经》。”（《行略》）

自此而后，为祖母守孝，行迹疏略。

【诗坛生态】

四月初五日，新建勒方锜生。五月十九日，宝应成孺生。九月初八日，江宁端木埰生。周腾虎生。二月初六日，大名崔述卒，年七十七。六月二十三日，武进庄述祖卒，年六十七。七月十六日，阳湖洪饴孙卒，年四十四。

【注释】

［1］词序曰：“景蘧词来夸其寓舍里余有三丘焉，回环陂陀，颇有山意，命曰‘聊乐邱’。仆十五六岁尝过此，未有歌咏。或者三邱埋没久之，今始彰彻欤！因和其词，订后约焉。”

［按］四农去年作《访蘧蘧途中口占》四首，其四前二句曰：“不须诗画撰云泉，真有林邱第一天”自注：“蘧蘧宅西里余，有三邱致奇。余尝游之，蘧蘧近亦嬉遨其间，命曰‘聊乐邱’。”道光八年（1828）作《夜登聊乐邱书感》，小序曰：“嘉庆丙子，郭景蘧馆于南村，刘氏村有三邱焉，景蘧登眺自怡，锡名‘聊乐’，寄言索和。”故知聊乐邱之命名始自嘉庆二十年，其址在南村。南村，在车桥南曹甸境内，详见道光二年注释［12］。

又，山阳周遭百里惟郡西北原有一座十数米高的钵池山，然至嘉庆间已名存实亡，详见嘉庆三年注释［2］，故淮人遇高丘即以为异。

［2］序尾署：“嘉庆二十有一年岁次丙子季夏月朔十世孙步

蟾谨识。”

［按］郝步蟾，详见道光八年注释［3］

［3］《中声集》自序曰：“有声皆乐也，况文尤心声之精者哉！乐由天作，作则以天感天，故闻乐可以知德与政。文然，时文亦然。合天下乡国之时文，而弱则淫靡，强则粗厉，此即寒暑不节、风雨不时之象也。即一人一时之时文，而刚柔得中，清明广大，此即耳目聪明、血气和平之效也。夫淫厉之滑和，郑卫之伊凉也。疾俗者必以朴塞奥邈为返古，希声不入里耳则土鼓蒉稃苇钥也，独无中焉者哉！中者，天也。天，阳也；声亦阳也。阳以赢为中，阴以亏为中。其人以阳明胜而阴晦屈，如雷之春、如日之午，则天常充。而发诸文者，其神融，其识崇，其理丰，其气雄奋，希声而逢逢，革淫厉而雍雍，虽小声亦隆隆中黄钟之宫。背者聋而即者聪，谓之声音之大宗。窃尝与朋好持此为声韵以辑时文，五百年来仅得三、四十首，非声之不易工，声之不易中也。诚采而诵之，审声以知天，知天以知乐，知乐以知德，知德以达政，其必请他乐也与！嘉庆丙子六月，四农潘德舆书于养一斋。”

［按］此序录自陈畏人《潘四农先生手迹杂钞》。《中声集》原稿，笔者未详。

［4］赋尾署：“丙子六月，艮庭居士草。”

［5］丙申年作《桃花桥》，自注云：“余丙子秋坐摄山五日。”

［6］卓群：栖霞寺住持，事迹待考。

［7］《摄山志》卷二：“般若台：沙门慧光建立。歙处士王寅求四十二章经善本、谒诸名士书各一章，勒石四面以封，故名。”嘉庆《新修江宁府志》卷十《古迹（下）》：“栖霞寺：在太平门外四十里摄山。齐永明间，明僧绍舍宅为寺，陈江总有碑，隋造舍利塔，唐改名栖霞寺。……其胜则有千佛岩、叠浪岩、天开岩、般若台、明月台、珍珠泉、白鹿泉、白云庵、紫峰阁。”

［8］《渡扬子江》（《续钞》卷四）：“高帆十幅影朝暾，云水苍茫拍海门。今古风雷鸣昼夜，东西吴蜀界乾坤。沙边潮长瓜洲小，林表山盘铁瓮尊。莫向南徐夸重镇，梯航万里达天阍。”

［9］《郝氏族谱序》尾署：“嘉庆二十有一年岁次丙子秋七月既望，乡后进潘德舆顿首拜撰。”

[10]"丁祖母金太孺人忧，袒括殡敛一遵礼法，世俗避忌及二氏等事概不用。三年之中，虽昼日未尝入内，忌日蔬食。不出门，不治事，流涕荐食。"(《潘公崇祀乡贤录》)

[按] 金氏生平状况，卢沆《金太孺人哀言》(《酬世集》附录) 述之较详，谨移录于下："沆髫龄失怙恃，即依潘母金太孺人家，并受业于姐夫抑隅夫子，凡潘氏之贫苦患难，沆则共之。兹太孺人歿，沆义不得默，既哀太孺人，亦以志沆之痛耳。太孺人为我姻翁云阶公继配，大节凛凛，虽例不得旌请，而其志愈苦，方其归我姻翁于涟水馆舍也。逮事其姑杨太君，羁栖薄俸，承欢最难，而能使其姑不知有庑下依人之苦。五年姑殁，呼抢不减云阶公。然此相夫尽孝，而责不专属也。又一年而云阶公殁，我抑隅夫子甫过十岁，太孺人所生玉渊先生甫六岁，督责稍过，则伤严噢咻，稍过则伤慈。老屋寒灯，往往朴责与涕泗并下也。至于德成名立，而太孺人之心力几竭矣。胡天不吊，我抑隅夫子，寿不及六十，玉渊先生，寿不及五十。数月之间，相继殂丧。而太孺人以耗其心力于孤儿者，又耗其心力于孤孙，非沆以异姓藐孤生受煦育，犹未悉太孺人之慈也。居家无疾言响笑，门庭肃然，而体恤臧获，上下莫不畏怀。先人遗薄田数十亩，苦黄水屡不获。太孺人母家虽中落，旧本素封，幼而罗绮，长而椎布，豆粥麦饭，先家人操作若素，习贫家况味者。夫生长丰厚之中，安享佚乐一处，淡泊即不免咨嗟叹恨，谓时命不可为其智虑，隳惰颠倒失据者十有八九。而太孺人精神四照，细及衣裙钗钏之属，椟者不得箧，匣者不得奁。殁后家人检遗物，少时瑱髢觿帨犹秩然，位置如故。呜呼！宜其困而益寿矣。潘氏累世砚食，居止随琴剑为转移，其间凶灾争讼，内忧外患，杈枒叠起，抑隅夫子兄弟既殁，沆或皇皇効奔走，不能设一谋。而太孺人且兼治丧婚嫁，而无仓皇怱遽之色，而事以办。造次颠沛之际，内安外御当之整且暇，此又士君子学问之事也，太孺人必有大过人者矣。盖太孺人出自名门，敦诗说礼。而潘氏自都宪公以下，代有闻人，其故家之法物典章，太孺人悉能诵说，使家人有所持循。即稗史盲词，亦必捧其节义可风者，为教家之一助，岂若寻常儿女子挥涕说兴亡哉。不然，其子若孙既两世早孤，而何以品谊卓卓，多为吾淮杰也？太孺人今年八十有七，沆今年五十有二，亦以授徒迁涟水，而太孺人适下世，回忆童稚依倚左右，与吾姐一门朝夕聚，兹土今惟

沆耳！骨肉凋丧，风景依旧，游子重来，已增衰病，安得三五闲坐，时听白头人谈旧事也。闻殡之日，有执爨旧，妪市楮帛，冒雨泥泞奔数十里，抚棺大痛，况沆也耶，况沆也耶！”

嘉庆二十二年丁丑（1817） 三十三岁

【山阳要闻】

婺源进士齐康任淮安府学教授。

【行状】

移居于鲍氏馆舍[1]。（《行略》）

正月，著成《传恭堂家祭仪》二卷[2]。

继著《丧礼正俗》一卷[3]。（《行略》）

丁晏来函，谓其天性宜于读史，不宜治经。十一月下旬，四农回书力辨[4]。（《养一斋集外编手稿》）

【其他作品编年】

文：《干祫及高祖说》、《十五图说》[5]。（《行略》）

【诗坛生态】

正月初六日，瑞安孙锵鸣生。八月二十三日，恽敬卒，年六十一。

黄以炳“大挑得知县。母戒曰：‘汝性亢直，恐不能事长官。’遂改职授金匮训导。”（《县志》卷十四《人物（四）》）

【注释】

［1］鲍氏：即鲍宗瑾家。宗瑾有关事迹，详见道光十八年注释［42］。

［2］《传恭堂家祭仪》自序曰：“古礼繁重难行，唐以来诸家祭仪，朱子曾辑之。予既不得见，然并所见《朱子通礼》，而亦贫不能行，如温公诸仪繁悉，更无论矣。夫祭各有分，啬于财、啬于位分一耳。郡城有家庙，立春、冬至祭。自始祖以下，盖先

都宪祖所定，礼当从古诸侯。今主祭者庶士、庶人伦也。予每与祭，心辄惕然疑之，然不敢擅更□创。家所祭，则自曾祖以下。盖予曾祖，小宗之嫡长也。比居丧，以承重主祭，虞祔既毕，憾往者祭仪甚荒略，每祭则数日心怦怦不宁。因稍加釐订，书之为上、下二卷。上卷述祭仪，下卷述鄙意所以裒益之故，较往者粗有序。然皆以贫士准，殊不备礼。不足定为一家法，昭示子孙，况他人哉！顾祭有大本，得其本则仪有所附，虽脱粟一献，神罔怨恫也。否则，牢醴盛矣，若之何，若之何？或问本，曰：祭思敬。嘉庆二十有二年正月棘人德舆题。”

［按］该书后于光绪三十四年由江苏编译馆排印出版。

［3］《丧礼正俗》，刻本《养一斋集》卷二十六是也。

［4］书中曰：“十一月廿六日，俭卿足下：……仆受书廿余年矣，百无所成就。……足下谓仆之才宜于读史，不宜于读经。此则仆之所大不解者。”

［按］四农八岁受《四书》，越廿余年，故系于本年。

［5］《十五图说》：即编入《养一斋札记》卷二的《责志图》、《恒心图》、《吉凶图》等。小序云：“嘉庆丁丑春，里居读书。时有所窥测，辄作图说以明之，凡十有五。缮以素纸，装池而县于壁。今渐破烂矣，因录于此。”

嘉庆二十三年戊寅（1818） 三十四岁

【行状】

秋，为再从弟德成娶妇雍氏（1802—1821）。（《行略》）

自前年冬迄今年秋，因丁祖母忧，故无诗。（《行略》）

从弟德端自幼随母远出[1]，本年自庐州归来。族人多不识，四农审其确，收养之。（《行略》）

冬至前夕，表弟苏宾南来，作诗志慰，兼送别[2]。

冬，迎从兄德星来车桥度岁。

作诗《冬夜绝句》。（《续钞》卷四）

作词《采桑子·偶兴》、《秦楼月》“冬夜梦作鸡声词，得七字，醒足成之。”（《养一斋词》卷一）

年底作《百字令·戊寅除夕题壁》。（《养一斋词》卷一）

【其他作品编年】

文：《论王仲衡人鬼说（一）》、《论王仲衡人鬼说（二）》、《论王仲衡人鬼说（三）》、《论王仲衡人鬼说（四）》。（《行略》）

【诗坛生态】

二月二十三日，仪征刘毓崧生。十月二十七日，全椒薛时雨生。江阴蒋春霖生。正月二十七日，大兴翁方纲卒，年八十六。五月十六日，武进庄炘卒，年八十四。

【注释】

［1］潘德端（1798—1840）：四农嫡叔潘宗文之子，“行五，字鉴渑，生嘉庆戊午五月四日，卒道光庚子六月四日，年四十三。配韩氏，生嘉庆辛酉五月四日，卒同治丁卯六月四日，年六十七。”（《续宗谱》卷一）

［按］《续宗谱》所言德端卒年误。检道光十七年六月十九日四农《家书》：“十七日接到汝五月廿八日信，知五弟于初四日化去，悲涕不禁。”若德端真的卒于道光二十年庚子（1840），德舆如何能知道？

［2］《初见苏宾南表弟作诗志慰兼送之别》（《续钞》卷四）：“男儿三十面四壁，咫尺黄河天汉隔。枝叶连缘骨肉亲，生长从来未相识。相识相惊问姓名，渡河初肯叩柴荆。两家患难少年事，泪痕惨落风纵横。饥驱各各悲莪蔚，膝下风光如梦寐。传闻小字试更呼，略辨仪容似先世。初询世业惭弓裘，次及随阳粱稻谋。君耕我读两失策，青毡板屋霜飞秋。日月双丸疾如矢，六十周还今半矣。一事不成须满颐，可怜画饼充名士。我才琐琐如窗蝇，君才挺挺如秋鹰。蠹鱼乾死亦何益，要取风骨盘崚嶒。眼前贫富无执着，才大那受鬼神缚。万斛舟停沙水中，只待长天风送却。朋好十年樽酒多，此间痛饮还当歌。更长话久君不醉，如此三十余年何。卒卒明朝日极短（次日冬至），一杯且藉儿童暖。入世原多磨蝎宫（予为推算八字），人生安得忘忧馆？须臾日上风萧萧，送君黄叶堆村桥。醉醒离合浮云耳，请君放眼黄河潮。”

［按］苏宾南：名与事迹均不详。

嘉庆二十四年己卯（1819） 三十五岁

【山阳要闻】

盛大士莅任山阳县学教谕[1]。

【行状】

二月，作《鲍姻嫂毛孺人哀言》[2]。（《酬世集》）

夏，作《仲夏书感》。（《养一斋集》卷二）

初秋，友人郭瑗卖所藏“蟹松”、“秋籁”二琴，醵乡试之资[3]。四农作《水调歌头》“景蘧卖琴南游，书此送之。”《送郭景蘧序》或亦作于此际[4]。（《养一斋集》卷十九）

另有《点绛唇·题画》、《金缕曲》（“题瘦影自临春水照扇子”）、《念奴娇·将应秋试感兴》。（《养一斋词》卷一）

九应乡试。临行经郡城北，作《将赴金陵荻庄别勤子》。经扬州，作《念奴娇·过扬州游平山堂》[5]。

于金陵作诗《雨中游鸡鸣寺隐仙庵》三首（《养一斋集》卷二）、词《念奴娇·周孝侯读书台》[6]。（《养一斋词》卷一）

返乡后，作《水调歌头·送景蘧北游》。入郡城，作《念奴娇·醉后登郡城三台阁》[7]。（《养一斋词》卷一）

中秋，作《寿刘丈治堂八十》四首[8]。（《酬世集》）

冬，作诗《送从子开丽》二首。

代薛乘时作《待赠钱节妇史孺人诔序》[9]。（《酬世集》）

《钱节妇传》（《养一斋集》卷二十三）亦作于此时。

腊月十九日，薛乘时姻翁刘和殁。四农为其代作《刘治堂先生哀言》[10]。

自作七古《刘丈治堂挽诗》。（《酬世集》）

年终，作《清平乐·己卯除夕题壁》。

【其他作品编年】

诗：《题画》（“峭壁孤崖半接天”）、《题梁馥庵蒹葭秋水图》。

【诗坛生态】

闰四月二十四日，归安杨岘生。十二月初一日，山阳丁寿昌生。

曾燠自编《赏雨茅屋诗集》成。

【注释】

[1] 杨庆之《一草堂忆逝诗·盛子履（大士）广文》注："广文五上春官不第，而京洛交游悉知名士。己卯，秉铎吾邑。"

[2] 毛孺人（1766—1819）：鲍宗儒（1762—1793）继室，鲍抡才继母。

[按]《淮安鲍氏族谱》卷一："鲍宗儒，字怀珍，号鹤龄，行一。生于乾隆二十七年五月二十四日寅时，卒于乾隆五十八年五月二十三日未时。配黄氏……继毛氏，钦旌节孝，生于乾隆三十一年五月二十一日寅时，卒于嘉庆二十四年二月初六日申时。子二：抡才、抡英，黄氏出。女三，毛氏出。"

[3] 郭瑗《水调歌头》（"时世合一调"）小序曰："己卯秋日，仆将卖琴为南游计，仓猝不得售。潘四农、黄少霞慨然作词，予亦和焉。"黄以炳《水调歌头》（"一片俗眼白"）小序曰："郭蘧蘧瑗卖琴乡试，购者以贱值要之。赋寄蘧蘧，用广其意。"（《山阳词征》）

[4] 序尾曰："吾于景蘧相蔽于其半以自弃，读书三十年，从事于口舌间，为巫为妾，悲哉悲哉！"自其读书至今，约三十年，又逢送郭瑗南游，故系于此。

[5]"平山堂：在州城西北五里大明寺侧。宋庆历八年二月，欧阳修来牧是邦，为堂于大明寺庭之坤隅，江南诸山拱列檐下，若可攀取，因目之曰'平山堂'。"（光绪《增修甘泉县志》卷之十《古迹（下）》）后历数百年，"屡废屡兴，登斯堂者，至低回留之不能去。岂不以其人哉！"至清乾隆皇帝数幸江南，于兹堂"宸翰龙章，极宠遇褒嘉之美"，于是游者日增，"溯前贤之芳躅，其欢欣踊跃，有不自知其然而然者。"（赵之壁《平山堂图志自序》，见《平山堂图志》卷首）

[6] 周孝侯读书台：即周处读书台。周处（？—299），字子隐，晋阳羡人。少年时横行乡里，后杀虎斩蛟，为民除害，并折节读书。谥孝。嘉庆《新修江宁府志》卷八《古迹（上）》："孝侯台：在南门饮虹桥东抵城处，接赤石矶。徐温筑城时犹全，明祖开拓城垣，遂劈其半于城外。今城内半阜有小庵，内有古柏，已槁，惟向上一枝独青，相传千年物也。吏或建台以存古迹，于

石观音庵后，接以崇垣，中构高台，立周侯像。”

［7］“三台阁：在仓河岸上，切近斗姥宫，阁上供文昌魁星像。乾隆己卯阮太史大修两岸，以其余力建此阁于巽方，拓东南秀气。嘉庆乙亥毁于火，邑人士醵金重建，规制峻整。”（《淮城信今录》卷九《香火志》）位于城中丁光桥北向东之文渠支流上，民国初圮。

［8］刘和（1740—1819）：字治堂，一作介堂，乾隆五十三年（1788）戊申诸生。（段注本《淮山肄雅录》卷下）

［按］《车桥闻见记》：“刘太翁治堂，性坦易，相传其家世多寿，从不作一皱眉事，年八十卒。子盈初丈，性警敏，少与乡中鲍、邵、严、商诸丈有‘七杰’之目。……亦年八十卒。孙湘沄，先君子弟子，勤于记述，先君子尝有诗赠之，载集中。……亦年八十卒。”

本年冬日代薛乘时所作《刘治堂先生哀言》中有言：“予涉世九十年，所历兴衰修短，纷如浮云过目。……治堂姻翁少吾几十岁，风采蔚润。……忆中秋佳夕，为其初度之辰。……曾几何时，而遽舍尘俗登蓬山耶？”前考薛乘时生于雍正八年（1730），历九十年，允当为嘉庆二十四年（1819）。

［9］序曰：“予阅世九十年。……孺人年越六十，神清健似四十许人。今秋忽病滞下，竟不起。”

［按］钱节妇（1756—1819）：钱珠妻，四农岳父史圣对妹。

［10］《养一斋日册》：道光元年（1821）腊月十九日，“刘丈治堂忌日三周，至其宅拜。”以是知刘和辞世之具体时间。

嘉庆二十五年庚辰（1820） 三十六岁

【行状】

在车桥家塾。

正月，作《人日遣兴》。（《养一斋集》卷二）

二月，作《信道不笃论》[1]。（《养一斋集外编手稿》）

三月，上巳作《浣溪纱·游兴》（《养一斋词》卷一）、《地狱轮回论》[2]（《养一斋集外编手稿》）。

继作《病余野步》。（《养一斋集》卷二）

清明节，与族人公祭杨尚书墓。作诗《清明日昭恤院祭杨仲

宁尚书墓》五首[3]。（《养一斋集》卷二）

车桥业医者组织成立药王会，四农受命代作《药王会小引》[4]。（《酬世集》）

四月，作《示儿长语》成，为之序[5]。

撮录古人格言为《震悔斋随笔》成，自序之[6]。

初夏，作《夜坐》（《养一斋集》卷二）、《金缕曲·呈卢蓉湖舅氏》[7]（《养一斋词》卷一）。

辑《毛诗序》、郑玄《毛诗笺》、朱熹《诗集传》为一书，名曰《诗三家合钞》，自序之[8]。

六月，复取平时与诸生讲论作文法之底稿，编为《桐窗小语》一卷，自序之[9]。

九月中旬，作七古《寿朱丈涧南七十》（《酬世集》）。

命族子开丽来家塾读书。（《行略》）

月杪，进郡城。

十月，作《与黄蔚雯书》[10]。（《养一斋集》卷二十一）

腊月初七，三子亮熙生，乳名松子[11]。

年终，作《酹江月》："庚辰除夕题壁，用戊寅年韵。"

【其他作品编年】

著作：《作诗本经纲领》[12]。

文：《作诗本经序》、《刘子辨》、《戒慎恐惧即慎独说》。（《行略》）

《震峰老人传》[13]。

诗：《邵丈静安八十寿》[14]。（《酬世集》）

【诗坛生态】

二月二十七日，侯官沈宝桢生。十一月二十三日，长乐谢章铤生。七月二十七日，江都焦循卒，年五十八。刘嗣绾卒，年五十九。

【注释】

[1] 附记尾署："四农为儿子庸敬作，并识文尾。庚辰二月十八日午后。"又跋曰："此连下篇《地狱轮回论》，皆为儿子庸敬课艺不佳，作此示之，奋笔疾挥，食顷而就，取涉显易晓

焉耳。”

［2］附记尾署：“庚辰上巳日四农自记。”

［3］昭恤院：在郡之新城东门外，明嘉靖间四农九世祖潘埙为纪念杨靖始建。《县志》卷十九《古迹·邱墓》：“杨靖墓，在柳淮乡。墓地久市于人，潘埙言于郡守薛鎏捐赀赎还，命其族孙华守墓。又率郡人陆骥、陆蕙捐建昭恤院奉祀，岁时不绝。”

［按］潘埙《创建昭恤院记》：“昭恤院者何？曰：为皇明刑部尚书、乡先生杨公靖作也。作者何？曰：所以昭其贤，恤其死也。……经始于嘉靖壬子秋八月，落成于明年之二月。为屋十有七，堂庑庖湢悉具，封树并举，而祀公木主于其中。”（《山阳艺文志》卷二）

又，杨靖（1360—1397）：“字仲宁，山阳人。洪武十八年进士，选吏科庶吉士。明年擢户部侍郎。……二十二年进尚书。明年五月，诏在京官三年皆迁调，著为令。乃以刑部尚书赵勉与靖换官。……二十六年兼太子宾客，并给二禄。已，坐事免。会征龙州赵宗寿，诏靖谕安南输粟饷师，以白衣往。安南相黎一元以陆运险艰，欲不奉诏。靖宣示反覆开谕，且许以水运。一元乃输粟二万至沲海江，别造浮桥以达龙州，帝大悦，拜靖左都御史。靖公忠有智略，善理繁剧，治狱明察而不事深文。宠遇最厚，同列无与比。三十年七月，坐为乡人代改诉冤状草，为御史所劾。帝怒，遂赐死，时年三十八。”（《明史》卷一三八本传）

［4］引文曰：“郡城旧有药王陶、许之祭，凡业医药者醵钱为之。车桥三、四十年前，有安惕若先生者，亦尝帅同志如郡城之祭，近不讲求之矣。庚辰之春，同人议复此事，又愍然于神像之剥落，而思有以整之也，因立簿醵钱。”

［5］序曰：“余年近服官而德业浅薄，问学疏陋，遭摈弃于有司者数矣。强颜为人师者，只以教人科举文字糊余口焉耳。于文字尚无所发明，矧敢进言道义哉？顾余既拓落无所成就，而儿子年届成童，亦殊无远志。朝夕对之，窃自愧教不先也。故三数年来，所以引掖督过之者，不敢不勤于古人立身、绩学之大纲。持以语他人，则笑其迂且诞，而于吾子则稍可言之，诚惧其苟且放浪，亦如余之壮而无成，而无以对先人于地下也。期望既深，言语频繁，因录为一帙，俾之朝夕观省而有得焉，是区区之志也。虽然，古人父子之间不责善，而皆以身教，故燕翼之谋立

焉。今恃此琐琐之言，其亦愈形其可愧，而为无益之举也决矣。录既竣，因名之曰‘长语’，既示儿且自警也。嘉庆庚辰四月既望，艮亭居士书于养一斋。”跋尾署：“嘉庆庚辰四月晦日德舆泣书。”七年后，亦即道光七年（1827）复加赘记，尾署：“丁亥十一月记，四农。”

［按］该书后由清河王锡祺刊入《小方壶斋丛书》。

［6］自序曰：“髫龀受书，壮也无成，德负庭训，学违圣经，愧怍山积，谤责云兴。亹亹大道，昏昏却行，姑泚败墨，爰代座铭，匪示来者，曰予其惩。披来报往，卤莽灭裂，兹编粗就，只腾口说。诚悔其心，奉兹为臬，奉兹为臬，勿悔兹拙。既言弗践，悔孽亦孽。瞑息而老，梦梦偷活。随笔者，自箴之言也。顾自甲戌冬至丙子秋，三载之中，凡古人格言及有触而警于心者，无十日不书于册。而后考之，未尝用一言焉。言果何益哉！虽然，此非言之过，而不践言之过也。己卯冬月疾病沓至，悔心萌芽，复拈笔续前说而自箴焉。至庚辰二月，已得八十余纸。将所谓多病道心生者与，抑仍多言无实，而聊为遣日之具与？姑识于此，以考后日之行云尔。此书须典雅而不俚、透彻而不肤、新颖而不陈、平正而不高、简练而不冗、深远而不浅，方能成书。每写一条，当以此六者对勘一过，方可落笔。”

［按］该笔记原稿未详，此据陈畏人《潘四农先生手迹杂钞》。

［7］卢涌（1772—1830）：字月江，号蓉湖，山阳人。乾隆五十年乙巳（1785）诸生，嘉庆间岁贡生。“家贫，旅食恒出数百里外。性好饮，嗜书，出入以瓶尊卷帙自随。所至游览，慷慨萧然高寄，时人莫之测也。平生篇咏甚众，乐府原本汉魏，简古有隽气。”（《县志》卷十四）著有《蓉湖诗稿》二卷。

［按］《车桥闻见记》：“卢蓉湖太舅始虽家于郡，而后来车桥，从学及假馆而居者几数十年。……年十四，入邑庠。好游，尝应试金陵，入深寺，几不得归。长工诗，风力遒俊。后屡困于场屋，一寄意于诗酒，性浑浑然，每日必饮，虽床头亦置一壶。淮上称诗人者，靳茶坡、张虞山，论者谓得公而三焉。中年一游越，归而授徒以老。有《蓉湖诗草》十余卷。”

［8］自序曰：“汉儒说诗四家，东汉以来惟毛传孤行，齐、鲁、韩悉散失。非年代之远、盛衰不齐，盖毛所得义理独多也。

郑笺推衍毛说亦时用己意，于经同异，皆足相辅。宋以前儒者皆宗毛、郑，非无见也。朱子集传出，而义、理、法远出毛、郑之上，立之学官已数百年。三峰云：'近世学者尊信朱子，必不取毛、郑之说，实失朱子讨论之本义，而考证之士笃好毛、郑，又直以朱子为敌，尤大谬矣。然则说诗者数百家，异议错出，不可胜举，而此三家之同异则大纲领也。'初学者习此三家，能即其纲领而折中之，则五、六百年以来群儒聚讼之案可以剖决。他多异议，第由此而推，不能先于此也。是故就数百家而取三家不为陋，毛、郑、朱子并列不为杂。因合而钞之，而序其意如此。庚辰四月，潘德舆彦辅氏序。"《诗三家合钞》原稿未详，此据陈畏人《潘四农先生手迹杂钞》。

［9］自序曰："文于道为末，时文又于文为末。仆近今以时文指授得失，以糊于口。时人事此者，率因当世有司取舍之意，奉为典常，谓但取粗适意耳，讨论精勤转败乃事。诸生亦惑之，故平日闻于切劘之言虽多，过辄置焉。夫近今之时文，其佳者虽于道理文章中为末之末，而天下万物既无二理，则此理可喻，不以害理而犹谓之佳文也，乌可无讨论？桐窗之暇取曩时与诸君言者，择其要而录直，凡百则。俾日夕观览，易于不忘，是或一助也。虽然，斯道极末，而精之者亦在读书而自得焉，岂有法则之可言哉？此帙姑以示夫初学惑于论者耳。命曰小语，本非大言也。嘉庆庚辰大暑日，山阳潘德舆彦辅自序。"

［10］《与黄蔚雯书》：《淮城信今录》卷七《艺文》引题作《与城内诸君书》。

［按］该书讨论裴烈妇神主是否应入节孝祠。考《县志》卷十四四农本传曰："嘉庆末，郡人以白役妻裴烈妇当入祠与不当入祠，分左右袒，倾城以争，争久不决。德舆为书数百言，开解款会，平其牙角，闻者帖然。"故知该文之作年。又，书首曰："蔚雯足下：九月晦入城访足下不值，邑邑以返。顷者裴烈妇神主入节祠一事，城中诸君子议者曲折百端。"因知该文允当作于十月。

又，此事在当时反响甚大，现存若干可视作互补的记述。谨录如下："裴烈妇周氏，山阳人裴广之妻。广故农家子，自幼为其伯父裴成所抚养。裴成者，曾为县差佣工。妻戴氏有淫行，与其妹婿周添顺通。成死，戴氏语周曰：'汝日夕至吾室，恐为吾侄妇所疑，盍并挑之。’周乃乘间出戏言，烈妇忿骂。周举手褰其裾，烈妇大骂声达邻舍。周惧而逃，戴氏入。烈妇骂且哭，戴大怒，去车楪短木击之，烈妇伤于胸及左右肩。裴广自外至，询其故，匿戴氏丑，不告人。烈妇伤重，阅七日，竟以死。广诉于官，周按律流三千里，戴氏瘐死狱中。烈妇奉旨旌表入祀节烈祠。广故贫乏，邑人士李君希夏代为领帑建坊，且捐资以助之，复议送栗主入祠。有节祠后裔程某告于众曰：‘裴广系裴成侄，成为差役佣工，分极下贱，而祠系缙绅清白之家，贵贱悬殊。故宜遵乾隆年间河南烈妇赵氏之例，凡捕役之妻与仆妇，同准其建坊，停止入祠。’程某素健讼，士论薄之，独于议烈妇事，有左袒者则曰：‘区别流品，其言是也。’程某遂具词呈府，府命学官查核成例以闻。……烈妇殉节于嘉庆二十一年十二月初十日，建坊于二十五年四月十五日，入祠于是年十一月二十四日。屡为浮议所遏，卒成义举，李君之力居多焉。”（盛大士《山阳裴烈妇入祠记》，《蕴愫阁文集》卷三）

“嘉庆二十一年，成死。……一日，广外出，周入氏房，以右手钳其两手，左手弛内衣。氏号呼闻邻舍，添顺逃。戴趋视，取木棍捶击，欲其俯从，愈击愈戾，身无完肤。越七日死，年二十四。”（《淮壖小记》卷四《淮郡节妇》）

“自嘉庆二十三年四月奉旨旌表裴周氏节烈，准其入祀节祠，因有程飞鸿造言拦阻，迁延顿挫，至二十五年七月构讼。其横阻之词则裴姓微贱，不可入。继而拈五毒备尝之对句，又兴一波。再则谓此节妇祠不入烈妇。其实祠门大书‘节孝贞烈祠’匾额，内现有烈妇某某神牌，种种谬妄。续有文生某某等进公呈，与为犄角。太守阎公勃然震怒，欲按律惩治，众乃敛。及十一月二十四日，学师奉府委用旗亭导从，送神牌入祠，而事始讫。其论事有潘贡生德舆书稿一篇，载艺文卷。”（《淮城信今录》卷六《纪事·裴烈妇入祀节祠》）

“嘉庆丙子，山阳民人裴广妻周氏以节旌表建坊。初，广为县役，宿于外，妻周氏不得于姑，有所逼迫，不从，遂以烈殉。事白，闻于朝，奉旨旌门。其姑既殁，广不知所终。或云剃发为僧，莫能详也。”（丁晏《颐志斋文集》卷十《僧慧朗传》）

四农该信在当时反响亦甚巨。陈师濂《与曹砺庵阮定甫书》曰：“承示潘子文，疏畅通达，气象亦光明磊落，吾未见潘子之面，即其文想其人，窃为神往焉。所论裴烈妇事，曲尽物情，淋漓痛快，意之所到，笔无不到，盖以为非此不足以解众人之惑也。”（《山阳艺文志》卷四）

［11］“亮熙，行三，字元纯，号瓶叔，晚号耐轩，小字松，郡优廪生，同治癸亥岁贡。生嘉庆庚辰十二月七日，卒同治丁卯三月一日，年四十八。”（《续宗谱》卷一）

［12］此书计两卷，存稿本，附于北京大学图书馆藏《说诗牙慧》后，即《李杜诗话》。

［13］《传》曰：“震翁者，里中薛翁字也。翁名乘时，武学生，年九十一矣。”前考薛乘时生于雍正八年（1730），九十一岁时当本年。

［14］邵应旂（1741—1824）：字秉衡，号静庵，或作静安，“以谨厚见称。兄殁，遗嗣裁数岁，应旂庀其家事，教诱责朴如其子。……虽以贾起，而轻财好施，不遗余力。……每寒夜风雪，率仆行村落中，寒予衣，饥与食，或以钱自门隙中掷之，不使知。乾隆丙午大疫，死道路者相望。应旂具棺席殓埋之，凡数千人。……其时田不过四百亩，多称贷以集事，事定，弃产偿之。……卒年八十四。性节俭，粝食褐衣，终身不易。”（《县志》卷十四）

道光元年辛巳（1821） 三十七岁

【山阳要闻】

本年恩科乡试，解元吴江张海珊，“淮郡捷者为陈爔、丁晏、高士魁。陈第十一名，丁第六十名，高第九十三名。”（《日册》九月十六日）

是年夏，淮扬一带瘟疫流行[1]。

夏、秋苦雨[2]，“圩田出水不及，多损伤者。米价三千八、九百钱一石。”（《日册》本年七月十五日）

【行状】

在车桥家塾授徒。

正月，门人陆梦月卒，为作《祭陆生文》[3]。（《养一斋集》

卷二十四）

三月初二日，山阳举行岁考。韦坦、邵守昌（字恪斋）、邵其昌（字东乡）、方其洪、鲍抡彦等人入学。（《淮山肄雅录》卷下）

作《独酌》（《养一斋集》卷二）、《题〈烬余零稿〉》[4]（《山阳诗征》卷二十六）。

辑《念兹录》成，自题眉端[5]。

晦日，与舅氏卢涌等雅集。卢涌有词纪其事[6]。

夏，作诗《杨露滋邱勤子招游湖心寺》[7]、《湖心寺》。

作诗《校卢蓉湖舅氏诗集》[8]。

作《西庵独坐》、《过陆生怀生墓》。

作词《浪淘沙》（“太平庵新筑水榭将成戏题其壁”）[9]、《水调歌头》（“荻庄与勤子、景蘧小集”）。（《养一斋词》卷二）

六月十四日，山阳举行科考。卢贞吉（字苞元）、徐潢（字汉槎）等人入学。（《淮山肄雅录》卷下）

闻门人陆梦月母亡，作《挽陆母郭孺人诗》三首[10]。（《酬世集》）

结识徐潢，作诗赠之[11]。（《养一斋集》卷二）

赴曹甸省妹。途中成《怀里人作》八首，分别怀念陈锡蕃、卢蓉湖、赵吉人、商相巫、郭景蘧、黄蔚雯、苏浩，及已故门人陆怀生。至曹甸后，作《省妹作》二首。

七月上旬，夫人、次子及长女相继遭受瘟疫感染。

自立秋日开始写日记[12]。

十三日，“周巨川来疹次儿病。次儿头热已退，脉亦静。月江舅氏来问家人病，妇泻渐止，长女亦解汗进食。”（《日册》）时卢涌与潘宅“所居止隔一堵墙，故得时时过叙，为遣闷计。”（明日日记）

十四日，“二更后，吾头风大发，呕至五更，乃稍得眠。”（《日册》）是知四农患眩晕症，无怪乎其每每于乡试或会试紧张时即头痛。

二十八日，十应乡试（荐卷）。“辰刻，舅氏、月江舅、鲍星阶、方周、邵其昌、全昌、守昌、刘盈初、任素存、李郁文、郭蘧蘧、艺辅弟、孙淳送予及任浦还登涧河舟。”（《日册》）

八月初一，经召伯，作《长相思·召伯埭怀景蘧》[13]；经扬州，于舟中作《眼儿媚》“和董苍水《眼儿媚·重过维扬》韵”[14]；晚宿三汊河，作《浣溪沙·三汊河晚泊》[15]。

初二日，早晨舟经瓜洲，于中流作《满江红·渡江》（《养一斋词》卷二）。早饭后入新河，舟中书绝句二十四首（刻本仅存四首，题《新河舟中》[16]）。

初三日，“早饭时到栖霞镇，雇驴并肩舆入城市。小驴稀，晨都行矣。不得已，留船中一日，成五律一首。”（《日册》）题曰《舟止栖霞寺》[17]。饭后与任浦还游般若台，住持卓群陪同。作《与卓群》、《再与卓群》。

初四日，黎明即起，过栖霞山，“一路峰峦迎送，草树高低，旧景依然，幽情倍长”（《日册》），于是作《虞美人》“由栖霞寺入白门途中口号四阕”。中午抵宁，寓东水关黄氏宅。

初五日，作《三圣庵述感》、《白门柳》。游莫愁湖、雨花冈等名胜[18]。

初八入闱，先熟悉情况。知今年正主考汤金钊[19]，浙江萧山人，时任吏部左侍郎；副主考熊遇泰[20]，江西新建人，时任翰林院编修；监临魏元煜，直隶昌黎人，时任江苏巡抚。初九日正式开考，十五日结束。本年试文题三：“君子之于天下也”一节；“郊祀之礼”一节；“无为其所不为”二句。诗题一：“所宝惟贤，得‘贤’字。”策题一：“治道、经学、史学、说文、盐法。”

十六日，送同来应试之里人任浦还先归，作《长相思·送浦还》二阕[21]。

十八日，出城返乡，作七绝《出金陵城》。

十九日，经瓜洲，遇恶风险浪，作《水调歌头》“舟下銮江，盐艘阻塞，复趋京口，风浪大作，几入海门。”[22]

夜宿扬州，作《浪淘沙·夜泊扬州》。（《养一斋词》卷二）

二十日，午后，过召伯埭，作七绝《召伯埭偶题》二首。二更，泊露筋寺，枕上作七律《露筋寺夜泊》[23]。

二十一日，晓过高邮，作五律《晓过高邮》[24]。

“与汇三、景洛分赋芦花曲，汇三五古，景洛七古，予则西洲体。”“汇三旋作《舟中即事》七绝四，予与景洛复和之。”（《日册》）诗分别题《芦花曲》、《舟中》。

二十二日，“丑末，船行，至早饭时，乃至泛水，水逆风亦逆故也。粮船满河，嵯峨相压，船户又不善于避就。早饭罢，一粮船横来，纤不及收，舱板挤欲碎矣。须臾乃过，予与汇三、景洛同作《粮艘行》七古一。”

二十三日抵乡，作《唐多令》、《朝中措》“留赠汇三、景洛”。

九月初三，“诸生课题：‘无为其所不为’二句，‘爱众视仁’论，‘满城风雨近重阳’得‘城’字，五言六韵。”自此后，每逢三、八日，即定例为诸生课题日。

上旬，府郡举孝廉方正士，学官及友朋咸劝其应，四农力辞。作《淡月》以明志[25]。

初十日，与卢涌、陈晋及门人鲍抡彦等至文昌宫小集，黄昏归经兜率院东深树中，同人议作七古，限八齐韵。乃成《涧东兜率院老槐歌》[26]。

二十一日，开始临摹《黄庭经》，计划每日坚持临摹一百字。晚作《募修文昌宫启》（见《酬世集》）。

二十七日夜，作自我反省[27]。

十月初八日，“检《国朝诗》、《春秋荟纂》。因思每日看两本书，便不得接续沉着，嗣后须立大戒。只看一本书，逐次接续将去，自然有益。从前大病，都是此书未完，又看彼书，心气杂而不一。故功夫断而不恒，只坐此病深痼。遂致年近四十，学问色之粗疏，为当世所贱恶，屡立箴铭，终不能改。今又立一重大戒矣，看后日之恒否也？若看一书，而查他书参证者，不在此戒例。”（《养一斋日册》）

初九，作《落叶》（原作二首，和郭瑗。刻本仅存其一）。

二十一日，代汪廷珍作《陶淡园先生诔序》[28]（见《酬世集》）。

二十四日，作《梦游庐山》七绝八首（刻本仅存二首）。

十一月“初九日，是科落卷至。房考阅荐评极奖，主司于八月廿八日三阅乃弃去。房考当涂知县，署全椒，王姓。”（《养一斋日册》）

十一日晚，作《与赵蓉垞书》（《养一斋集外编手稿》），论汉、宋学术之别[29]。

腊月十一日，作文《答盛子履书》[30]（《养一斋集外编手稿》）及诗《答盛子履学博》二首（《养一斋集》卷二）。

翌日，作七古《霜》[31]。

二十九日，大雪，与蓉湖舅氏、鲍生邦士集养一斋赏雪联

吟。(《养一斋日册》)

【其他作品编年】

诗:《挽邵鲁南》二首。(《酬世集》)

词:《南歌子·题画》。

【诗坛生态】

四月初八日，临桂王必达生。十月二十二日，永康应宝时生。十二月初二日，德清俞樾生。八月十九日，吴江张海珊卒，年四十。

邱心如开始编撰《笔生花》[32]。

北京宣南诗社（会）正式成立。它主要由中下层官僚和知识分子构成，是一个在公务之暇投壶雅歌式的文艺团体。因经常在潘曾沂的宣武坊南寓所集会吟诗，故称“宣南诗社”。诗会通常是九人，先后成为诗社正式成员者约有三十四人：陶澍（云汀）、朱珔（兰坡）、吴退旃、顾莼（南雅）、夏修恕（森圃）、洪介亭、周肖濂、董国华（琴涵）、胡承珙（墨庄）、钱仪吉（衎石）、谢阶树（芗亭）、陈用光（硕士）、周之琦（稚圭）、黄安涛（霁青）、吴嵩梁（兰雪）、李彦章（兰卿）、刘嗣绾（芙初）、梁章钜（茝林）、潘曾沂（功甫）、程恩泽（春海）、张祥河（诗舲）、汤储璠（茗孙）、林则徐（少穆）、鲍桂星（双湖）、朱为弼（椒堂）、徐宝善（廉峰）、汪全泰（大竹）、吴清皋（小谷）、吴清鹏（西谷）、查光（焦垞）、贺长龄（耦耕）、朱勋楣、屠倬（琴坞）、翁凤西[33]。其中不少人后来与四农有交往。

【注释】

[1] 盛大士《时疠行》(《蕴愫阁诗续集》卷一):“辛巳之岁五六月，夏行秋令天阴寒。疾风凄厉砭肌骨，凋㝩木叶青阑残。骤闻疾眚遍发作，倏见比户罹灾患。四肢麻木呕且泄，如有毒物潜胸肝。仓猝旦暮人鬼异，卢扁束手无由援。……吁嗟鬼伯太肆虐，枭狸什伯相为群。敦脢血拇恣攫㧓，十室九室无完全。初疑遍灾在淮北，遑知河洛哗相传。或云疫气所周历，始自越角来吴根。自南而北数千里，势若瓜蔓滋纠缠。”

四农记曰："时大疫流行，由江达淮，由春入秋，死者累累相望。""或时疫右胁痛，或羊毛疹，汗下亦皆死。一变而为麻症，曲手脚，麻至心即死；再变而为上吐下泻，手足俱冷即死。又闻摇头瘟、穿心瘟、烂肠瘟、猴子瘟、兔儿瘟，奇名怪症，种种不一。……以我所闻见，医者，卖药者，卖棺槥者，卖冥镪者，舁拔者，习阴阳者皆积有利息，奔走得意，而郡中死者殆以万计矣。"（《日册》"道光元年辛巳七月十一日"）

［2］盛大士《苦雨叹》（《蕴愫阁诗续集》卷一，编年辛巳）："重九之后十余日，日日淫雨愁滂沱。农田秔稻生两耳，沟水泛滥成洪河。"

［3］文曰："年四六而拜衮兮，邓仲华之彪彪。何汝寿之止此兮，在蛇年之孟陬？"考《后汉书》卷十六《邓禹传》，邓禹，字仲华，河南新野人。"年十三，能诵诗，受业长安。"后来长期追随光武帝刘秀，及建武元年，"光武即位于鄗，使使者持节拜禹为大司徒。……禹时年二十四。"祭文之"年四六"二句正用此典。后两句意谓陆孟月止享寿二十四岁，而且卒于逢巳（蛇年）之正月（孟陬）。又检祭文有云："吾将四十而无闻兮，孰谏吾俾无訧？"合而观之，是知怀生之卒允当在本年之正月。逆数二十四岁，亦可知其生年当为嘉庆三年戊午（1798）。

［4］郭莹，字石镜，陆宝临室，陆梦月之母。当梦月去世后，抑郁寡欢，自理诗稿，名之曰《烬余零稿》。四农题诗云："文章今古贮清贫，几见朱门笔有神。不信闺帏耽秀句，也教坎壈到终身。甑尘晓积诗情厚，灯影宵孤史论新。莫怅飞花兼短梦，百年风藻属斯人。"

［5］《念兹录题识》："余生有二好：一曰酒，一曰书。然酒能乱性戕生，何如读书能养气调息？拟将割酒之好以归于书，而又恐其偏枯无以自信也。因作联曰：良辰姑饮十杯酒，永日惟摊一卷书。如此则酒之佳处不掩，而又无其害，书则与之终身已也，岂不两得哉！道光辛巳三月，四农偶书。"（陈畏人《潘四农先生手迹杂钞》）

［6］卢湧《木兰花慢》："莺啼花落候，曾记得客归时。到十里长亭，骊歌一曲，泪洒将离。而今客愁惯了，向东风，只恋雨丝丝。苦恨阳春有脚，教人须到天涯。　幽情合付浅深卮，片石好倾攲。叹燕子清明，梨花寒食，赏者其谁？除非这宵梦里，

晓钟迟。子固也能诗。争似骑牛牧竖，夕阳短笛横吹。”《点绛唇》：“我问东皇，如何芳草池塘满。年光暗转，陡觉韶华短。雨雨风风，例付骚人管。诗肠乱。落花飞絮，赢得香车缓。”尾记曰：“辛巳春三月晦日，偶拈送春诗题，与同人分赋。潘甥四农先得五言截句四章矣，复作《木兰花慢》、《点绛唇》词两阕，其中颇有警秀之句，因更和之，不复问其妍媸也。蓉湖卢涌和稿。”词见《养一斋同人投赠诗词存》。

[按]《养一斋同人投赠诗词存》，潘亮彝辑。计收录四十九人一百三十五首酬答或奉教诗。无序跋。毛边线订。

[7] 湖心寺：在郡城西北五里运河西岸之西湖中，乃淮郡第一名刹。本名佑济禅寺，后改名湖心寺。见《山阳艺文志》卷七刘一照《湖心寺答刘洞初》题下编者注。《淮城信今录》卷九《香火志》：“佑济寺：即湖心寺，在运河西，居湖嘴之对岸。昔为名人游胜之地，康熙四十四年敕赐今额。”

[8] 《蓉湖诗稿》二卷（卷一《南游草》，卷二《读史杂咏》），卢涌著，咸丰八年（1858）信芳阁刻本（《友声集》亦有卢涌《蓉湖存稿》二卷，与单行本小有出入）。

[9]《车桥闻见记》：“车桥之太平庵，即城隍庙也。无城池而有其神，乡人疑之。先子曾历证经史，以为古逐厉之义，为书与鲍子镜山，载集中，迄今无疑者矣。”邵育云《故乡忆之二——车桥形势》：“距西圩门外约里许，有城隍庙，计有山门、大殿、后殿、两庑。大殿供城隍，后殿供八蜡神，所谓一屋两庙。”庙前原有楹联，乃四农所撰，曰：“神本依人，看万家生齿殷繁，何必城池才有威灵降鉴；天原在我，只片刻良心转动，不需报应已成祸福机关。”（见《酬世集》）

[10] 其三首联：“阿兄对客诵新诗（自注：谓郭蘧蘧），令子横经奉母仪（自注：怀生从予游）。”因知所挽为陆梦月之母。检《养一斋日册》，道光二年（1822）六月十七日，“闻陆怀生之母以呕泻暴亡。”

[11] 题曰《赠徐潢》。徐潢（1806—1827）：字汉槎，山阳人。“祖某迁安东，故又为安东人。……十五，试于郡太守阎公，奇其才。明年，补博士弟子。……为人恂谨，居常与人言，温温如处子，其胸中乃有不可一世之气。……道光七年六月二十一日卒，年二十有二。”（鲁一同《通甫类稿续编》卷下《徐汉槎小

传》）

［12］自序曰：“闻前辈多有日记册子，或自勘言之臧否、行之成败，或记文酒过从之人，或述山川游历之趣，常则晴雨节候，变则郡县灾祥，大则当时有关系之事，小则逐日所览诵之书，与夫友生之论辩，触兴之诗词，皆一一书之。所以防遗忘，警勤惰，备搜择，非无用物也。仆穷居无可表见，又壮而不学，闻见鄙陋，书之所存，大都琐琐，渺不逮前辈万一，诚何足记？然自揆性习之病，无恒为大，若用此册子当小儿子上学日程，验恒心与否，是或一助欤！眼前细碎事，虽不足录，然亦吾肖该志，虑之所接，不得而忽也。因为日册，断自辛巳年立秋日起。秋者，严肃之气；立者，耸特之意。仆之颓放久矣，不肃不耸，日之所记，其亦可知也。道光元年岁在辛巳立秋日，艮庭居士潘德舆书于养一斋之东轩。”日记至来年十月初八日止。这期间记日行迹及创作准此，避繁不再注。

［13］《日册》：“八月初一日戊寅……过召伯埭，埭上来鹤寺极幽。己卯秋游此，同游诸君惟郭蘧蘧未来。作《长相思》一阕寄怀。……过扬州钞关，小泊河岸，懒看旧游。船窗无聊中，偶读董苍水重过维扬《眼儿媚》词，爱其婉宕，依韵和之。舟行扬州南，群山来迎，水色弥碧，作《浣溪沙》一阕，并邀浦还同作。晚泊三叉河，复作《浣溪沙》一阕。”

［按］召伯埭：即召伯镇。“邵伯镇，在县北四十五里。洪武元年，巡检张仁开设邵伯埭，今为邵伯镇，置巡司于此。邵伯驿亦在焉。为水陆孔道。”（《增修甘泉县志》卷二《乡镇》引《方舆纪要》）

［14］董俞（1631—1688）：字苍水，号樗亭，别号莼乡钓客，江苏华亭人。顺治十七年（1660）举人，坐“奏销案”除名，遂弃帖括，专力诗词。“康熙十八年，举博学鸿儒，罢归。……其诗闳深涵演，非小乘所敢望。”（《清史列传》卷七十）有《南村渔舍诗草》、《玉凫词》。其《眼儿媚·重过维扬》曰：“乱蝉衰柳泣邗沟。舴艋是重游。青山不改，红蕖将吐，白了人头。　数声画角残阳里，羁客易悲秋。多应惹起，十年旧梦，一片闲愁。”

［15］《江南通志》卷十四《舆地志·山川·扬州府》：“三汊河，在府西南十五里。江都、仪征、瓜洲至此水分三支，故名。亦名茱萸湾。”

［16］《江南通志》卷十一《舆地志·山川·江宁府》："新河，在府西江东门外五里。通大江，曰中新河，又名直江口，设关防御。稍南出大江，曰上新河，以通市舶。"

［17］《金陵选胜》卷八《刹宇》："栖霞寺：在摄山。齐永明中明僧绍舍宅，法度师建寺。隋文帝琢白石为塔，置舍利。唐高祖改功德寺，高宗改隐君栖霞寺，宣宗改妙因寺……国朝定今名。寺在山麓。山有中峰，屹然卓立。迤俪南下，左右山环抱如拱。入山，繁荫覆路，若别一洞天然。……倚山为千佛岩。……此寺与山东灵岩、荆州玉泉、天台国清，并称四大丛林。"《摄山志》卷二："栖霞寺居山之阳，为南齐明僧绍舍宅所建。……由栖霞街东行数百武，经白莲池，始达山门。左右缭以石垣，南跨通津梁，以达飞来石佛殿。中为天王殿三楹，旁列僧舍五区。"

［18］《日册》："初五日，未起，铁山表弟来。作白门古柳诗一、三圣庵感旧七律一。……午饭罢，与卢铁山、邵立三、任浦还、苏养吾、王景洛、刘汇三、梁审之买舟携棋、酒游莫愁湖。舟中与立三围棋未终，至南门内桥，风色凄紧，衣绵者犹有凉色，遂舍舟登岸。出南门游报恩寺、雨花冈。同人畏风，惟汇三、审之登冈四望。已皆至永宁泉。先买新茗两壶，酦酒围坐，拇战甚豪。斜日在山，侍者告酒罄，各饮茶一碗而出。谒方希古祠。入城灯火满水榭，登舟，成《城南即事》五律一、《谒方公祠》五律一。"

［按］梁审之：字馥庵。

［19］汤金钊（1772—1856）：字敦甫，一字勖滋，浙江萧山人。"嘉庆四年成进士，改庶吉士，授编修。……（仁宗升遐）转吏部左侍郎，充经筵讲官。……道光元年，兼户部侍郎。……迁左都御史……拜吏部尚书，兼户部尚书……复拜工部尚书。……（咸丰）四年，重赴鹿鸣，加太子太保衔。……生于乾隆三十七年十一月二十三日，薨于咸丰六年四月十九日，享年八十有五岁。"（鲁一同《通甫类稿》卷四《诰授光禄大夫太子太保衔头品顶戴致仕光禄寺卿汤文端公神道碑》）

［20］"熊遇泰：字拱舒，号东岩，江西新建县人。嘉庆戊辰进士，由翰林院编修考选浙江道御史，掌浙江道。升任山东沂州府知府。"（黄叔璥《国朝御史题名》"道光二年"条）

［21］任廷珠（？—1831），字浦还，山阳车桥人。嘉庆十七

年（1812）诸生，补廪生，参加乡试时殁于扬州。

［按］浦还之卒年可考。道光七年（1827）秋，四农有词赠之，贺其移新居。道光十二年（1832）闰九月十九日四农修家书曰："闻任浦还、周生世锡皆殁于外乡，尤可悲叹！"而八年戊子逢乡试，时四农尚在家。如浦还殁于彼时，他当亲往凭吊，不仅"闻"而已。故知浦还只能卒于道光十一年（1831）秋试时。

［22］《日册》："午刻，果至真州城下。……盐船逼塞，舟不可通，复由运河折而南行，入江又东行，向瓜洲渡口。先是船未入真州时，南风甚利，大可直达瓜洲。而舟子黄姓者，贪近就便，遂率帅予舟并入真州渡口，雅非予意。既为盐船所阻，复趋瓜洲，南风转东北。出江风色弥厉，涛声大作。时日已西下，霞光竟天，江面景色如画。而风涛汹汹，船颠簸不宁。同坐者神色耸然，然各为诗词遣兴。既而阳侯之波肆起，船以逆风故，仍直冲中流，风与浪斗，船与风斗，浪花高人项丈余。船轻斜如弱燕，风浪如众虎啸林，如万马嘶沙场，如鲸鱼搏蒲牢，人与蛟龙，不隔一间。危疑间，方谓咫尺可达瓜洲。而江海会一，云雾喷涌，日光已尽。金山宝塔，不知掷向何处？船为风浪所激，不得自主，已越瓜洲而东四十里矣。船子楚人，故剽悍，先犹高歌摇桨，至是乃痛相谯呵。予悔早间不由新河之躁率也。七月望日揲蓍云：'不利涉大川。'予故力主栖霞陆行之议，格于群情，冒兹险境，耳目震撼，性命如鸿毛，益太息圣人言不可不畏也如此。舟误趋东，复逆而西，转值顺风，昏黑中觅得瓜洲渡口。……予赴省来去渡江凡二十度，以此行为极险。"

［按］銮江：仪征（真州）的别称。伪吴顺义四年，徐温始名此地为迎銮镇（前称白沙镇），因其临扬子江，故亦称銮江。详道光《重修仪征县志》卷一《建置志·沿革》。

京口：即镇江。当三国吴时，"孙权自吴徙治丹徒，号曰京城，又号为京地、京口。"隋唐时名润州，宋以后即名镇江。详见乾隆《镇江府志》卷一《建置沿革》。

［23］露筋寺：在高邮县东南三十里大运河东岸。关于其来历，异说纷纭：1."尝有人醉止其处一夕，白鸟姑嘬，血滴露筋而死。"（段成式《酉阳杂俎续集》卷四）2."有女子露处于野，义不寄宿田家，为蚊所嗜，露筋而死。"（米芾《露筋庙碑》）3."祠祀烈女萧。萧同嫂夏夜经湖滨，时蚊厉甚，嫂避去，萧为

蚊啮，露筋死。”（吴嘉纪《过露筋祠序》）4.“庙之所起，本以祀五代时将路金，以先有德于兹土，故为立庙。后乃讹路为露，讹金为筋。”（徐昂发《畏垒笔记》）

［24］“高邮封境广一百六十里，袤九十里。……南至扬州府城一百二十里，东至兴化县城、北至宝应县城、西至天长县城俱一百二十里。”（嘉庆《高邮州志》卷一《疆域》）

［25］小序曰：“道光元年，州县例举孝廉方正，学官将以予应。笑而谢绝之，戏书此章，示儿辈。”诗云：“淡月疏窗映短檠，年将四十尚无成。每论心事惭前辈，肯托头衔诳后生？入梦科名余味少（时省试将揭晓），寄身诗酒自知明。不如农亩蒸髦士，犹称郊都子之旌（窃谓此科不当专求学校中人）。”（《家书》附录）

［26］《续纂山阳县志》卷二《建置·补遗》：兜率院，“院外东南隅古槐大十围，数百年物。”

邵育云《故乡忆之二——车桥形势》：兜率院“庙外右侧有古槐一株，大十余围，为雷火所焚，树心中空，可置酒席一桌。树上层仍绿荫匝布。相传此树为数百年前物，潘四农先生有诗咏之。”

［27］“十数日已来，饮食征逐，游戏无度。樽俎之间，嫚狎斗辩，塞人心气，尤为可憎，盖闭门读书之乐至此尽净。嗣后若因仍而行，将为过恶丛集、怨怒交攻之身而不自知矣。夫一日之间，即不读书，而一时闭门，一时清净，岂不自适？顾乃纷纷然与人相往还，默则谓弱而媚，辩则谓强而争，私好私恶者，其心既不可转移，而我何必以有用之时日，有用之精神，斗无益之口舌哉？戒之戒之。‘闭门’二字，千金方也，慎毋忽视。”（《日册》）

［28］汪廷珍（1757—1827）：“字瑟庵，江苏山阳人。少孤，母程抚之成立。……力学，困诸生十年，始举于乡。成乾隆五十四年一甲二名进士，授编修。大考，擢侍读，未几，迁祭酒。……嘉庆元年，直上书房，大考，擢侍读学士，母忧归，服阕，补原官。七年，督安徽学政。任满，复督江西学政。累迁侍读学士、太仆寺卿、内阁学士，皆留任。……十六年，授礼部侍郎。复直上书房，侍宣宗学。十八年，典浙江乡试，留学政，任满回京。二十二年，署翰林院掌院学士，擢左都御史，充上书房总师傅。二十

三年，迁礼部尚书。……道光二年，典会试，教习庶吉士。车驾谒陵，命留京办事。……（四年）南河高堰溃决阻运，上以廷珍生长淮、扬，命偕尚书文孚往勘，劾河督张文浩、总督孙玉庭，谴黜有差。疏筹修浚事宜，交河督办理。五年，回京，协办大学士。七年，卒。……赠太子太师，入祀贤良祠，谥文端。”（《清史稿》卷三六四）“廷珍于书无所不窥，尤深于经术，十三经义疏，皆能暗诵。居平讲学，不袒汉宋，一本义理为折衷。其他民情、政治之大，下及舆地、名物、算数、方技，无不曲究其蕴。”（《县志》卷十四《人物（四）》）

[按] 陶铸（？—1821）：字淡园，山阳人。陶克让之父，候选县丞。

[29] 书始曰“十一月十一日，蓉坨足下：久与足下不相见，渴想甚剧。……感足下十五年之知。……今吾两人虽皆穷年破庐中，揽镜自照，齿发非英俊时，而当日之志气故在。”

[按]《日册》：本年十一月“十一日。……刘汇三来，留晚饮。醉中作书与赵容坨。”

[30] 盛大士（1771—1843）：字子履，号逸云，别号兰簃外史，江苏镇洋（今太仓）人，嘉庆五年（1800）举人。“少贫，好读书，声达衢巷，竟夜弗辍。追游京师，名噪甚。屡试不第，选山阳教谕，后归里卒。大士嗜古博览，为诗初尚才情，晚年益臻苍劲。画山水，仿宋元名家。平生重友谊。”（民国《镇洋县志》卷九《人物（一）》）前年始来山阳任县学教谕（《淮安府志》卷十三《职官》），“与郡人士暨寓公联吟不辍。……晚以爱子病没，郁郁不自得。丁酉，投劾归。”（《续纂山阳县志》卷五《职官（补遗）》）本年辑刻为《淮上酬唱集》一卷（签署“道光辛巳一枝巢刻”）。其人“夙好六法，壮岁始习皴染，以奉常、司农为宗而加脱略，落落有大家风格。”（《墨林今话》卷十三）能诗文，著有《蕴愫阁诗集》十二卷、《蕴愫阁诗续集》二卷、《蕴愫阁别集》四卷、《蕴愫阁文集》八卷。

[按] 谢堃《春草堂诗话》卷三：“盛大士……文法唐贤，诗兼各派。其七古多法源西昆，而音节凄婉，酷似吴祭酒。《海上》诗云：‘青磷榕树烽烟气，赤色蘋花战血痕。’一时称为绝唱。”

又，本年大士有《答寄潘彦甫明经（德舆）》五古三首（《蕴愫阁诗续集》卷一）称誉四农。其一：“十年溷尘海，一刺不苟谒。结交慕曩贤，古胆照明月。群居多面朋，嗤我口衔阙。忽闻海上琴，天风扫林樾。”其二：“著述遍海内，传者能有几？何况过情誉，一瞬涸沟水。惟君励洁修，我意惬觏止。古调君独弹，何处谐俗耳。”其三：“梦游玉真峰，琼英落无数。招手君引我，一笑忽相遇。迢迢碧云天，梅花三百树。何当泛香海，随君舣舟渡。”四农《答盛子履学博》其二所谓“萧条霜露多，微音愧倾耳”，正与之呼应。审《答盛子履书》，有曰：“仆少以八股文为生计……年近四十，于古人载籍曾不得其毫毛。吾乡之中志大而才拙，言夸而学陋，无之或先也。……先生过听传言，被以宏奖，捧函汗流，罔知所措。”谦逊意味亦与答诗同，且曰“年近四十”云云，故并系于此。

[31] 小序曰：“辛巳嘉平望前二日，酒罢，欲拈笔作诗，命儿子拈题限韵，遂作此诗。”（《家书》附录）

[32] 邱心如：山阳人。父官学博，诸兄沦落，妹早寡。见《笔生花》第十二回开场自述。丁志安先生据此与《养一斋集》卷二十三《邱君家传》一文相比勘，推断邱心如即四农友人邱广业长女。见其《〈笔生花〉作者邱心如家世考》一文，载《中华文史论丛》1982 年第 2 辑（总第二十二辑）。时贤多从之，而窃则久疑之。现存文献表明，广业仅有两女。《邱君家传》曰：“亮弼，君次女夫也。”而《山阳潘氏统宗谱续》卷一分明记载：亮弼卒于咸丰丙辰（1856）九月三日，配邱氏卒于道光己酉（1849）十二月十七日。也就是说，邱广业次女先于其婿七年已逝，何曾守寡？考《山阳邱氏族谱存略》，嘉、道间山阳邱姓任学博者，除了邱广业外，还有邱鼎元（字梅臣），嘉庆十八年癸酉（1813）中式顺天榜举人，亦曾任安徽庐江县学教谕，著有《半舫斋诗存》，未知即心如父否？

[33] 朱绶《宣南诗会图记》：“宣南，宣武坊南也。诗会图者，述交也。吴县潘君功甫官中书舍人，僦居其地，而一时贤士大夫偕之宴游，于是乎识之也。会以九人为率。记人则东乡吴舍人嵩梁、新城陈学士用光、泾县朱宫赞珔、长乐梁观察章钜、宜黄谢学士阶树、嘉兴钱侍御仪吉、吴县董太守国华、歙县程侍讲恩泽也。壬午，长乐梁观察守楚中。癸未，歙县程侍讲典黔试，泾县朱宫赞乞归养，益以华亭张舍人祥河、临川汤舍人储璠、侯官李侍读彦章，仍九人也。先是，与斯会者有安化陶中丞澍、泾

县胡廉访承珙、祥符周观察之琦、嘉善黄太守安涛、侯官林廉访则徐，而功甫以辛巳入都，中丞诸公皆官于外，不列九人之数也。”（潘曾沂《功甫小集》卷八自题诗后附）余详来新夏《林则徐年谱》“道光元年”条。

道光二年壬午（1822） 三十八岁

【山阳要闻】

宛平监生沈施棨任山阳知县。

夏，山阳一带大旱，“涧河断流，低田秧多枯者。”（四月初二日记）

秋，乡试，解元胡国梁，安徽泾县人。山阳徐登鳌中式，鲁一同中副榜。

【行状】

正月初四，作《与王生书》[1]，纵论“利害”二端。（《养一斋集》卷二十一）

十八日，率众弟子举行入学礼。（《日册》）

二十三日，作《再答盛子履书》[2]。（《养一斋集外编手稿》）

二月初四日，“补作《示儿长语》十数则”。（《日册》）

初十日，为乃父作去世二十周年祭，众亲友及“馆中诸生皆来拜”。（《日册》）

三月初十日，与卢涌、潘德成乘舟入郡城。十二日，至河下访邱广业等，午后同游荻庄，作《水调歌头》“春晚，与朱亦侨丈、杨露滋、邱勤子泛舟荻庄，用前岁韵。”[3]（《养一斋词》卷二）

十五日，与诸贤驾舟出城至荻庄补禊，成七古一首[4]。

二十八日，作《买陂塘》[5]，序曰：“与盛子履学博、亦侨丈、蓉湖舅、勤子、蔚雯荻庄补禊，子履、亦侨各为图，余诗后更缀以词。”（《养一斋词》卷二）

闰三月十一日午后，“与月江舅、李郁文、宋应珩南村散步，作五古一。”（《日册》）诗题《再游南村》。（《养一斋集》卷三）

望后，为蓉湖舅《蓉湖存稿》作序[6]。

四月初六、初七日，写作并改定《盘石》八章，以悼邳州丁烈女。（《养一斋集》卷三）

五月二十九日，作《晚坐》。（《养一斋集》卷三）

六月“十六日，至鲍掄彦宅午饭，生二十初度也。”（《日册》）

二十八日，作生日宴，“延舅氏、月江舅、郭蘧蘧、李郁文、苞元表弟、邵立三、刘汇三、鲍抡铨及馆中诸生午饭。”[7]

七月二十六日启程，十一应乡试。

二十七日，作《微雨过高邮》。（《养一斋集》卷三）

二十八日辰刻，过扬州钞关，作《眼儿媚》[8]。“未刻，至瓜洲。以南风大不渡江，拨小舟而北，游锦春园，园渐就颓圮，而林木蔚然，池塘暎澈，桂香满院，蕉叶蔽人，为徜徉者久之。”（《日册》）

二十九日晨，渡江。作《满江红·黎明渡江》。

八月初一入城。作《蒋王庙》[9]、《徐中山王墓》[10]、《金陵怀古》。（《养一斋集》卷三）

初八入闱。本年正考官穆彰阿，副考官徐士芬，监临孙尔准。试《四书》题三：“先有司”三句；“德为圣人”二句；“是集义所生者”四句。《五经》题：“君子以思，不出其位，克知三，有宅心”四句；“孑孑干旄”四句；“秦伯使术来聘，读书食则齐豆，去席尺”三句。诗题一：“清露被兰皋”得“兰”字。策题：“经学、临雍、说文、刑制、治河”。

十五日下午结束，晚作《水调歌头·中秋出试院作》（《养一斋词》卷二）。十六日中午，得疟疾，持续数日。十九日晚，病犹未愈，乃决计返乡，因作《水调歌头·留别金陵》（见《续钞》）。

十六日，“将午，予忽恶冷，引被而卧，冷弥甚。午后烦热，至二更后乃得汗，知是疟也。转自喜。盖头场之奇热，二场之暴凉，有病而扶出者，有死而舁出者，予之疟，幸也夫！”（《日册》）

二十一日，病尚未愈，启程返乡。“早至燕子矶，避江涛之险，肩舆往栖霞寺，同人亦策蹇行。途中秋禾半获黄云，弥望山水，田园幽趣满怀，弥觉劳人之多事矣。薄暮至栖霞寺，入般若台访卓公，剪烛啜茗，身心顿清。晚，遂宿般若台中。七年前旧榻犹在，流光迅速，一事无成，为怅悒久之。夜深无睡，山虫四答，缺月半窗，不知身在何境？”（《日册》）作《由燕子矶至栖霞寺途中作》、《栖霞寺》、《摄山道中》。（《养一斋集》卷三）

二十五日夜，抵宿扬州，作《浣溪沙·邗上舟次遣怀》。

二十七日，晓作七绝《舟晓》。“船下壁虎桥入芒稻河，水势迅悍可畏。午至仙女庙，水势渐阔，微雨低云，天水如一，田畴汩没，室庐廛市，漂泊奇零，不成村落矣。晚泊野村中，不知何名。水声瀌瀌，不能遽眠。”（《日册》）作《湖东悲》。（《养一斋集》卷三）

二十九日，“早饭过兴化县城。城四面皆水，今秋水溢至城脚矣。登岸入城茶肆小坐。风俗猥琐，殊无足观，匆匆归舟。”（《日册》）作《舟过兴化》。（《养一斋集》卷三）

三十日，作《沙家庄夜泊》[11]。（《养一斋集》卷三）

九月十七日，“午后，送大兄至任氏墓田侧，独步久之，幽情顿生，作五古一，自谓有陶公遗意。”（《日册》）题名《独游南村》[12]。（《养一斋集》卷三）

二十四日晚，作《满江红》“初冬与立三、汇三小饮斋中感兴”（见《续钞》）。

十月初八日，“诸生课题：‘牛山之木’章，‘人无远虑’章，‘问西汉三杰、蜀汉三杰孰优?’‘宵尔索陶诗’得‘宵’字。霍生象渐来。看《十二家时文》。勘商传易文。”（《日册》至此日终）

下旬，游放生庵，题诗[13]。（《养一斋集》卷三）

冬月，为便于料理患病之寡妹，辞去鲍氏馆，赁邵氏宅居之。（《行略》）

腊月，作《岁暮往南村省妹感赋》。

【其他作品编年】

文：《春秋纲领》。（《行略》）

诗：《黄少霞四十寿》。（《酬世集》）

【诗坛生态】

二月初五日，婺源江人镜生。十一月二十三日，仪征张丙炎生。二月十二日，甘泉焦廷琥卒。

【注释】

［1］王生：即指王步程。步程，“字景洛，嘉庆壬申诸生，道光甲午科举人。”（《山阳诗征续编》卷十四）《日册》：道光二年（1822）正月“初四日。晨起，读《易》二卦。作书与王步程。”

［2］《再答盛子履书》：“子履先生侍史：冬杪读手示，即欲奉报，尘事杂杂无暇。入春来，胃气不调，朝夕亲药饵，神识甚滞，未敢以数行上渎清览。”

［按］《日册》：本年正月“初六日……胸腹痞闷、胃脘痛。酒伤欤，受寒气欤，抑肝之积郁凌脾欤？殆皆有之矣。……十七日，连日皆服莲米粥，又服汤药，而胃气犹彻夜痛。”

［3］朱纻（1750—1831）：字亦侨，晚号南郭农，又号涧南叟。车桥人。“邑增生，精绘事，工橅印，尤以画牛着称。家贫，无生产，以卖画自给。”（《县志》卷十四）“工楷法，善画。尤精画牛，每作山水小幅，写乌犉一二头，芳草闲云，饶有幽致。世以边雁、张鸭、朱牛为淮绘画三绝云。”（段朝端《三洲画史·朱纻》）能诗，著有《什一诗存》，楚州图书馆藏钞本。《自叙》尾署：“嘉庆十二年仲夏月六日，涧南朱纻识。”

［按］盛大士《赠朱涧南序》（《蕴愫阁文集》卷二）：“朱君家于淮城涧河之南，故自号曰涧南。少以文名重于庠，然制义迥异庸俗，应省试不利，中年后弃去。胸有数万卷书，不轻谈一字，惟可与言者则津津汩汩，如飞岩瀑布，一线直下，随地喷涌。喜吟诗，精篆籀，工写山水。尤长于画牛，水村山郭，或寝或卧，有天然野趣。求者踵门，不肯滥作。其穷彻骨，不妄受人一钱，与人不言愁苦。年七十余，步履轻健如五十许人。不曳杖，不随童仆，葛巾布袜，鹤发飘萧，身近市廛而烟霞之气溢于面目。”

［4］盛大士《蕴愫阁诗续集》卷二，编年壬午，第一首即题曰：《三月十五日，丘勤子（广业）、黄少霞（以炳）、两孝廉招同朱涧南茂才（纻）、卢蓉湖（涌）、潘彦辅（德舆）两明经补禊于荻庄之绘声阁，夜陪涧南乘小舟而归，途中得诗二首》。

［按］黄钧宰《金壶浪墨》卷四：“先伯父少霞公……与潘四农、邱勤子两孝廉文酒往还，以道义相切劘。……尝以三月十三

日偕太仓盛子履广文、同邑朱亦侨、卢蓉湖及潘、邱四先生补禊于城北荻庄。时隔岸柳衣园有群少携妓喧饮，管弦嘈杂，而公等行吟水次，前喁后于，一咏一觞，雅俗迥别，见者以为神仙中人。广文首唱二律以纪其事，公与潘公和之。亦侨先生善画，作图以识之。当时一佳话也。……四农先生独成七古一篇，云……"

［5］《日册》：本年正月"二十八日……作狄庄修禊诗，并题狄庄修禊图《买陂塘》一阕。"

［6］《蓉湖存稿序》："诗立于天地间久矣，而自皇初以来，诗之存者几许哉？年代弥近，存者弥多，吾弥知其不足恃。诗必与天地相敝，乃可谓之存。吾耳目所逮，非存也。年来与蓉湖舅氏邻，日夕论诗，夙旨相契。一日，命勘诗册，取而细读之，择其尤者，书曰：'可存。可非。'盖以不朽之盛事待之矣。舅氏风味古淡，溯源汉魏，下沿阮、陶，一生精力，毕萃于此。得失自知，奚假后生喋喋为？顾自制文艺，都难割爱，拙眼在侧，亦胜局中。无它，有私与无私之分也。鄙人虽无识，然择别兹编，极不敢苟且，苦心索之，将欲与万世以下人心目相订正耳。噫！此事甚大，宁精勿多，乃能永久，即吾所云可存者。吾舅视之，必犹虑其多也。汉魏无论矣，阮、陶之诗多乎哉？道光二年壬午闰三月望后，愚甥潘德舆书于涧东之养一斋。"

［按］该序见王相辑《友声集》本，单刻本（名《蓉湖诗稿》）及《养一斋集》均未载。

［7］卢贞吉：字苞元，号竹楼，山阳人。道光辛巳诸生。（《山阳诗征续编》卷十八）著有《淮壖逸事杂著》。《山阳诗征续编》卷十八载其《题潘四农先生烟雨课耕图》。

［8］小序云："舟过扬州，忆客秋和董苍水词，今仍其调。"

［9］蒋王庙：亦名蒋忠烈庙。《金陵选胜》卷七《祠庙》："蒋忠烈庙：汉蒋子文，广陵人，为秣陵尉，逐盗中山下，死之。生时自谓骨清，死当为神。吴先主时，有吏见子文乘白马，挥白扇于道上，语人曰：'可为立祠，否者当有虫入人耳之灾。'吴王不信，果有虫毒人。久之，复有火厄。乃为加侯封，改钟山为蒋山，表其灵异。晋加号相国，刘宋封为王，齐进帝号，皆以数著灵异故。国朝易谥忠烈，建祠鸡鸣山。"

［10］嘉庆《新修江宁府志》卷十《古迹（下）》："明中山王

徐达墓：在钟山之阴（高帝亲为碑文）。”

[11]《日册》：本日，“夜泊沙家庄，二十年前寄砚地也。归思甚急，不及访旧居。停沽酒买鱼，鱼美而酒甚浊，饮不能畅。作七言律为感慨咏歌，聊与苇岸秋虫叙旧而已。”

[12] 南村：曹甸镇南郊小南湾。《曹甸镇志》八《艺文志》载四农《过曹甸南村》诗曰：“夜窗论前古，慨然怀友人。晨起命予驾，旷野舒心神。一雨助溪流，万亩苗色新。频岁因饥谨，苍昊苏吾民。桑下瓜亦熟，开花连绿蘋。露蝉吟树间，风鸟翔水滨。田父曳杖游，如见羲农春。欢然入村舍，把酒言笑真。饮食天地中，相对惭耕耘。”

[13]《车桥闻见记》：“车桥东南隅有刹曰放生庵，其地古名晾网墩，盖去射湖不远，渔舟聚集处也。湖徙后建庵，其地墩亦渐平。庵南有废井一甃，术家谓淘之当有助于文风。道光中，鲍镜山欲建阁于其侧而未果，而庵亦渐废。庵之名放生，就湖近也。或谓别有放生池，未详所在（庵开山僧曰宏公，有石碣）。”

道光三年癸未（1823） 三十九岁

【山阳要闻】

夏、秋，淮郡蝗灾[1]。河道总督黎世序主持兴挑城南之涧河，亲诣勘工。

【行状】

在车桥家塾。

三月，进城，作《荻庄看桃花过曲江楼旧址》[2]、《移舟过勤子斋》[3]、《舟晚》。

清明，作《满江红·村行》。

四月，携长子前往镇江看风疾，并邀挚友郭瑗同往医疾（《行略》）。于镇江作《酹江月·瓜州暮雨》。（《养一斋词》卷二）

五月中旬，友人郭瑗殁[4]，四农挈其遗子郭斗来养。

代舅氏卢餐仙作《郭蘧蘧哀文（并序）》。（《酬世集》）

六月二十三日，为郭瑗设祭，作《祭郭蘧蘧文》[5]。（《酬世集》）

秋，作《南村即目》。(《养一斋集》卷三)

蒙师张令彭殁，作诗《哭张篱东先生》以吊。(《养一斋集》卷三)

代舅氏卢餐仙作《张篱东先生哀序》(《酬世集》)。

入郡城，作《秋日入城》。(《养一斋集》卷三)

中秋，作《酹江月·中秋述感》。(《养一斋词》卷二)

九月初，新葺书屋，题名“养一斋”[6]，并作《茅屋初成述怀》。(《养一斋集》卷三)

完成陶渊明诗之批点，作题识志之[7]。

交友郝其犠，作《寄郝镜渠》[8]。

初编《养一斋札记》。(《行略》)

冬，作《夜坐诗和东坡》、《与子履》二首。(《养一斋集》卷三)

【其他作品编年】

诗：《鸡鸣歌》。

【诗坛生态】

四月二十四日，闽县林寿图生。六月十一日，贵筑黄彭年生。十一月二十二日，阜宁裴荫森生。番禺叶衍兰生。二月二十日，阳湖赵怀玉卒，年七十七。

【注释】

[1] 盛大士《捕蝗行》(《蕴愫阁诗续集》卷二)：“淮阴不雨数十日，一雨始活田中禾。村农额首有喜色，忽又驰报飞蝗过。纷如满山乱坠箨，疾若织布无停梭。草间蠢动作蝽蟓，野外蛮触驱蜚蛾。大者为蠜小者蝝，蠰溪螇蚸方言讹。此皆螿类损苗稼，愿畀灾火全消磨。”又，《黄茂才(景濂)寄诗述水灾事次韵却寄四首》(同前)其二：“飞蝗集淮郡，时维孟秋月。百里杂蠢扰，四野震兀鼿。老农吁呼天，蹙额怪咄咄。”

[2]《县志》卷十九：“曲江楼，在联城北门外，邑人张新标建。……后其地属于徽商程孝廉垲。即其旁益辟为园林，层轩曲榭，夹水相望，日延四方名士觞咏其中。王汝骧、沈德潜、王澍诸人皆主其家，时称胜集。其后业衰，不数传，荡为荒烟蔓

草矣。”

[3]《淮安河下志》卷五《第宅》：“邱晴沚学博卧云居宅，在杨天爵巷。……潘四农先生德舆邮寄题额，并系以跋。……安吴包慎伯先生世臣尝为芙白补书‘卧云居’，仍旧名也。”

[4]《酹江月·瓜州暮雨》下阕“潦倒良朋”句下自注：“时景蘧病卧扬州。”《酹江月·中秋述感》下阕“踏月吟朋成一梦，忍忆蒲觞消遣”句下自注：“景蘧去秋同客金陵。端午，维扬病中，犹为予强饮一杯，数日后殁。”

[5]文首曰：“维道光三年癸未六月戊戌朔，越廿有三日庚申，同学愚弟陈晋、卢沆、卢涌、张仁、潘德舆，愚晚韦佩铭、邵建昌、刘湘澐、王步程、鲍抡彦，谨以清酌庶馐之奠，致祭于蘧蘧先生之灵。”

[6]《行略》：本年，“春，于邵氏宅外起书屋数楹，自题曰：养一斋。楹语曰：孝悌耸廉耻，博洽精文章。”之所以取名“养一”，详见谱首引《养一斋记》。

附及，陈晋有《癸未九日四农三兄养一斋落成即席赋呈郢政》（见《养一斋同人投赠诗词存》）曰：“通汇黄淮水，输流涧有年。雄才争地产，雅室重人编。山斗从期仰，园亭不浪传。南阳西蜀后，江北海西边。”尾署：“世愚弟陈晋拜草。”

[7]批点陶诗题识：“陶公之诗，三达德具备：冲淡虚明，智也；温良和厚，仁也；坚贞刚介，勇也。夷、惠之间，曾晳、原思之流也。澹泊宁静，此陶诗之骨也。道光三年秋，四农识。”

[按]该批点现存钞本，已由笔者录入《潘德舆诗话》。

[8]郝其辖（？—1858后）：“字统和，一字镜渠，号晋衢。邑庠生。漕督吴勤惠公给品学端方额。”（《淮山郝氏族谱》卷四）“品行以厚重称，交游最广，友潘四农、陆小岩等，往来吟简鸿迹尤多。”（《曹甸镇志》第七章《人物志·列传》）。著《含真草阁诗钞》，存钞本，藏中国科学院图书馆。

[按]镜渠生活至咸丰八年（1858）后，《潘公崇祀乡贤录》之具呈名单中列其姓名是证。

《广曹甸镇志》：“《含真草阁诗词》三卷，镜渠郝其辖著。邻里潘四农称曰：镜渠、问渠（谓李允清），皆词坛飞将。其才技足了千人。”

《山阳诗征续编》卷十六收录其《奉怀潘四农》三首，首句分别是："天风吹层云，远雁下寒泽。""重阳久城市，风雨连朝昏。""相思屡有梦，记君乘高车。"又《奉答赠潘四农寄怀之作》，即回应四农本诗。

道光四年甲申（1824） 四十岁

【山阳要闻】

郑州举人李国瑞任山阳知县。上元举人吴纮署淮安府学教授。

十一月十三日，洪泽湖高家堰决堤，淹没周围数百里[1]。

【行状】

在车桥家塾教读。

正月，作《春眺》、《意难忘·送蔚雯任金匮训导》[2]。

二月，进城应岁考。江苏学政周系英至山阳主持科试[3]，闻应试人中有四农，乃降阶与语，且呼之先生。嘱其作杂体诗文以观，乃走笔成数首，今集中诗《读壮悔堂集》即其一[4]。（《行略》）

作《水调歌头·春日与勤子饮城北道观》。

夏，作《涧东三老咏》[5]，分咏三老年长且健朗也。

至县城，游荻庄，作《荻庄小憩》[6]。

六月二十八日，四十初度。前辈朱纻画扇赠诗祝颂[7]。

七月，携儿进城就医。作《满江红·秋日访问樵山房夜话》。（《养一斋词》卷二）

作《偶述》、《与邱勤子泛舟至爱莲亭》[8]。

八月，胡棠母亲袁氏殁，寄诗挽之[9]，并代萧观光作《胡母袁太孺人诔序》[10]。

有感于秋雨成灾，作《秋日感事》二章。（《养一斋集》卷三）

九月，连襟纪燕亭四十生日，四农作《千秋岁》祝贺[11]。

作《南村省舅》二首[12]、《送蓉湖舅氏之河北》[13]、《南村》。（《养一斋集》卷三）

约当十月，邵应旂殁。四农代薛乘时作《邵静安先生挽文》[14]。

十一月初，天降大雨，淮河堤毁，洪泽湖堤决，淮河及里下河地区受淹。朱纻有《淮决纪事寄宫保汪实庵》（《什一诗存》）详述其事。四农在车桥施衣放粥，领导乡人奋力自救[15]。

约在下旬，薛乘时殁。四农作挽诗[16]、并代学博盛大士作《薛震峰先生诔（并序）》[17]。（《酬世集》）

腊月，作《车桥八咏》（《养一斋集》卷三），即《涧曲归帆》、《五桥晴雪》、《桑堤夕照》、《柳园春雨》、《兜率古槐》、《郭墓寒松》、《东墅寻梅》、《南池晚步》[18]。

【其他作品编年】

文：《与鲍生抡彦书》[19]、《邱氏王氏杂著合订序》[20]。（《行略》）

【诗坛生态】

六月初五日，长沙徐树铭生。九月初七日，宝应刘恭冕生。十一月二十日，光泽何秋涛生。闰七月十四日，桐城刘开卒，年四十一。十二月十六日，震泽张士元卒，年七十。

【注释】

[1]《县志》卷二十一："道光四年冬十一月，湖水决十三堡，运河西大水漂没人民庐舍。"

[按] 丁晏《柘塘脞录》："道光四年冬，堰盱湖决，流民屯聚新城凡数万人，嗷嗷无食。"（《山阳诗征》卷二十三"胡玉山传"）

又，汪桂《洪湖决序》（《山阳诗征》卷二三）："自潘印川增筑高加堰，后遵循之。而泗陵被淹，印川旋为言者攻去。川壅而溃，至今为患者屡矣。且湖深始能潴水，乃遇湖水小时，漕舟不行，从徐睢放河注湖，催湖水下出济运，名曰黄淮交济。盖自靳文襄始，曾未虑湖之渐淤浅也。在明人治河，务浚清口，以淮刷黄。今因黄高于淮，筑拦黄坝，惟恐黄水灌淤运河，局势与前大异。甲申之夏，开坝过漕舟。司河惜费缓塞，旋致运河淤垫，遂多蓄湖水，备刷运河。然而湖浅易涨，宣泄为宜。仲冬十三日，暴风鼓荡，湖堤大决，百里之间，被淹者万家，其高、宝诸州县不具论。”

黄以炳《悯灾四首和及门丁俭卿韵》(《山阳诗征》卷二三):“阳愆阴伏乱云屯，蛟鳄凭陵水气昏。半壁东南资楗栅，万家村落宛鸡豚。徘徊竟日痈全溃，歌舞连宵酒自温。闻道宣防新札子，弥缝疮痏了无痕。”(其一)“国帑虚縻莫奏功，乱流齐入大堤东。楼台灯火三更后，风雨猖狂一刻中。少府有人腰白镪，滔天无路问青穹。可怜苍赤飘零尽，鸥鹭飞残夕照红。”(其二)

四农《赠谭大令雨香》:“吁嗟甲申冬，浩溔灭町畛。”

［2］金匮：县名。雍正二年(1724)析无锡县置，属常州府。民国初复归无锡县，即今无锡市区。

［3］周系英(1765—1824),“字孟才，号石芳，湖南湘潭县人。乾隆戊申乡试举人，庚戌进士，授翰林院编修，历官詹事府右春坊……光禄寺卿、内阁学士……嘉庆戊午、庚申顺天乡试、壬戌会试同考官，福建、江南、顺天乡试副考官，四川、山西、江西、江苏学政，卒道光四年七月三十日，生乾隆三十年二月二十五日，年六十岁。”(魏源《户部左侍郎提督江苏学政周公神道碑铭》,见《续碑传集》卷八)“今上登极十月，特召以四品京堂起用。……壬午正月，授工部左侍郎，充实录馆副总裁。二月，授江西学政，其秋，调江苏。甲申，改户部左侍郎，仍留任。是年七月三十日，卒于江苏学政官署，时公正六十也。”(包世臣《户部左侍郎提督江苏学政周公神道碑》,见《续碑传集》卷八)

［按］此次应岁考者尚有潘开丽、卢蔼吉(字晓梧)、郝其辂(字巾五)、朱玉汝(字厚吾)。

［4］《壮悔堂集》:清初侯方域著文集，计十卷。侯方域(1618—1655):字朝宗，河南商丘人。“世家子，幼从其父宦京师，习知中朝事，而于君子小人门户始终之故尤熟悉。喜接纳名士，与贵池吴应箕、宜兴陈贞慧最善。……南都拥立，(阮)大铖骤枋，用兴大狱，将尽杀党人。捕贞慧入狱，应箕亡命，方域夜出走，渡扬子，依镇帅高杰得免。……既负才名，以明经累举于乡，辄报罢，寻邑邑致疾卒，年三十有七。是岁顺治十一年也。明季古文辞自嘉、隆诸子，貌为秦、汉，稍不厌众望，后乃争矫之，而矫之者变愈下，明文极敝，以讫于亡。朝宗始倡韩、欧之学于举世不为之日，遂以古文雄视一世。……既没，而文章乃大著。……著有《壮悔堂文》十卷、《诗》六卷，又《遗稿》

一卷，板行。”（邵长蘅《侯方域传》，《碑传集》卷一三六）

［5］三老分别是：吴泰瞻（1731—?）；邵应旂，字静安；薛乘时，字震峰。俱车桥人。

［按］《三老咏》小序曰：“吴翁泰瞻，寿九十有四，邵翁静安寿八十有四，薛翁震峰今年九十有五，读书饮酒如少壮时。”以是知三老生年。

［6］《山阳艺文志》卷八选录此诗，题下有注：“程晴岚、蔼人两太史别业。”

［7］诗题《祝潘四农四十寿》，尾署：“俚句恭祝四农三兄先生寿，涧南弟朱纻拜草。”

［8］“爱莲亭，在治西北山子湖中。山子湖，一名君子湖，亦曰后湖，在板厂街西。国初时，笙歌画舫，游人骈集。由山子湖直达钵池山，中过邱家湖，今人尚称山、邱二湖。”（《续纂山阳县志》卷十四《古迹》）

［按］邱兢《游爱莲亭记》：“郡之北郭，有水潆然，曰‘萧湖’。湖之北，舍舟步行，不五、六里，曰‘后湖’。湖与运河止间一堤，南始伏龙洞，北抵钵池山，东绕盐河一带，周环约十数里，淮之胜境也。……云影波光，千顷一碧。……绿树红桥，蔼蔼宛宛，爱莲亭也。亭四面皆种莲花，故因以名。风景清绝，冠全湖之胜。”（《山阳艺文志》卷四）

又，邱广业《卧云居诗草》有七绝题《泛舟爱莲亭怀潘四农》，即其再度泛舟时忆此番同游而作。

［9］《挽胡母袁太孺人诗》（《酬世集》）：“嗟余父执凡有几，渔村先生首屈指。小子束发登华堂，识母容仪卅年矣。弱冠日日来母家，湘南兄弟如兄弟。煮酒论文三四更，母也闻之弗呵止。两家孤儿肯问学，不负前人或在此。湘南今年五十余，舍南五十欠一耳。嗟余四十已平头，行藏蹭蹬都相似。每当拜母愧母厚，少日壮心灰愿死。窃窥神采羡母健，私为渠家兄弟喜。舍南幼女予子妇，家法老人传未已。突来噩耗极悲侘，恨未床前一相视。童时侍侧今九泉，空堂回首悲风起。”

［按］观此诗知潘、胡两家世交情谊，非比寻常。

［10］诔序首曰：“道光四年八月七日，胡姻母袁太孺人告终，讣至予家。予衋然悲。”

［按］袁孺人（1738—1824）：即胡涛、胡棠兄弟之母。诔序

曰："长君炳南，年已过六十，精力敏赡，似四十许人。次湘南茂才、舍南明经，皆克成先人志，文采为郡县冠冕。"

又，萧观光（1748—?），字容若，号芗湖，山阳人。乾隆三十五年（1770）诸生，五十四年（1789）恩贡。

[11] 小序曰："燕亭与予同庚。予六月生日，燕亭九月生日。"词曰："论交少小，一霎惊都老。风云气，年年少，光阴随手过，四十平头了。垂髫事，挑灯重话伤怀抱。沦落人休笑，寂静从来好。流水畔，垂杨绕，采莲吾雪藕，种菊君瑶草。相逢处，一尊花下为蓬岛。"（《酬世集》）

[12] 其二："秋深夜苦长，人老睡难著。寸心六十年，万事记历落。"本年六十者，自应生于乾隆三十年（1765），因知此舅是指卢沆。

[13] 河北：此指废黄河之北。清初山阳"望社"诗人靳应升集名《渡河集》（今存钞本），即已用此意。

[14] 文曰："方思乡笙吹处，乞国老之高言；社酒浓时，仿耆英之小会。十年暮景，纵挥老泪于西河；一病秋深，终住长生于东岳。而乃蒲轮未召，梁木先颓。万善告成，百身莫赎。"是知静安卒于九月以后。因本年夏四农有诗赞其八十四高寿，而委托四农作本文者薛乘时卒于本年冬季，故知静安之卒或在十月。

[15] "故举人勇于为善。道光四年，湖溢十三堡，流民遍野。首导乡人赈粥，散给棉衣，全活甚多。"（《潘公崇祀乡贤录》）

[16]《挽薛丈震峰》有云："今秋笃疾留治命，谆谆及我系肝鬲。抚床一痛非为公，自悼赏音不可得。风惨惨，霜栗栗，先生不百岁，委化无悲戚。"

[17] 诔曰："百年曰期，公嗛其五。圆穹广广，有憾如此。"因知震峰先生享年九十五。考本年夏季四农尚有诗颂其九五高龄，而冬初他分明尚存，托四农为其代作挽邵应旂文，前引四农挽诗又有"风惨惨，霜栗栗"语，故知其卒大约亦在仲冬，或为下旬。

[18] 卢涌《车桥八景诗》（载《养一斋同人投赠诗词存》）序："甲申冬日，余将别车桥镇，潘子四农甥作五言诗送别矣，复虑余之忆其地而不能忘也，又制车桥八景诗以赠，且索和章。岁杪酒酣，濡笔为之，以博一笑。"据此，知《车桥八咏》之作时。

［19］鲍抡彦（1803—1860）：字邦士，号镜山，山阳人。宗奎子。道光元年（1821）山阳诸生。“读书日百余行。性好善……尤嗜书，建藏书楼，购求图籍凡数万卷。”（《续纂山阳县志》卷十《人物》）著《静虚斋全集》。

［按］《车桥闻见记》：“鲍子镜山，少受业于先子，读书日百余行，下笔千言立就，才气过人。年四十，犹困于诸生。乃广置书籍，科试再来，闻已丁忧，未入场，惜之。后府县试多前列，竟未入学，乃纳粟入乡闱，又九试亦不利，赍志以殁。”

又，《淮安鲍氏族谱》：“鲍抡彦，字邦士，号镜山，行一。附贡生，诰赠资政大夫，晋赠荣禄大夫。生于嘉庆八年六月十六日未时，卒于咸丰十年三月初一日辰时。”

［20］《合订序》：“邱先生，名逢年，岁贡生。王先生，名廷佐，邑诸生。”

［按］“邱逢年，字兰成，号湘亭。岁贡生。俊孙玄孙。性严冷，风采凝然。行于途，高冠岌岌，瞻视不苟，跅弛少年望之皆反走。……生平邃于经史，工古文。所作《天官律吕》、《尧典中星考》、《禹贡导山导水》……多发先儒所未发。着书甚众。晚益贫，困踣以殁。”（《县志》卷十四《人物（四）》）“年七十二，顿踣以殁。”（《淮城信今录》卷三《列传·儒学传》）“为学尚笃实，所著书湛深经术，卓然可传。”（《邱氏族谱存略·名望》）

王廷佐（1745—1775），“字仲衡，号莘民，廪生。巡按燮裔孙。少孤力学，以文获时誉。……穷研经史，博览书传，务为浩博无涯涘之学。久而敦崇践履，守道安命，以古人厚自期待，操持极严。方壮而卒。”（《县志》卷十四《人物（四）》）

又，是书即由四农编订，名《邱湘亭王莘民杂著合订》，底稿本现藏台北中央图书馆。

道光五年乙酉（1825） 四十一岁

【行状】

在车桥家塾授徒。

正月，作《元夕感事》，题下自注：“时洪泽湖决口未筑。”

三月，作《畏轩公家书跋》[1]。（《潘四农先生手迹杂钞》）

六月，著《淮语》一卷[2]。（《行略》）

七月底，十二应乡试。临行作《水调歌头·应乡试登舟却寄儿辈》。途中作《眼儿媚·过扬州》。（《养一斋词》卷二）

出闱后，闻舅氏卢春池殁（《行略》）。大恸，哭作《祭舅氏卢春池先生文》（《养一斋集》卷二十四）。归途作《百字令》“归舟系金陵城外雨中书感”。

经摄山，观漫山万松，赋诗以纪[3]。（《山阳诗征》卷二四）

归里，代邵鸿鸣作《卢餐仙先生哀言》[4]。（《酬世集》）

九月，作《酒边读宋四家诗漫拈二举足成一绝遣闷》[5]。（《家书》附录）

约十八日前后，作《书苏公和陶诗后》[6]。（《养一斋集》卷三）

十月，作《寄朱丈亦侨》二首。（《养一斋集》卷三）

岁末，嫁长女于同里鲍抡秀[7]。（《行略》）

除夕，作五古《乙酉除夕题壁》。（《家书》附录）

【其他作品编年】

诗：《题熊北溪山水册》[8]、《题画》三首[9]、《题百骥腾骧长卷》[10]。

文：《答杨露滋书》[11]。（《养一斋集》卷二十一）

【诗坛生态】

五月十二日，山阳丁寿祺生。九月初一日，天津王维珍生。山阳黄钧宰生、鲍桂生生。山阳诗人许汝衡（字莘农）成拔贡。

南昌尚镕撰《三家诗话》成。九月，姜曾序之。

【注释】

[1] 潘蔓（1538—1606）：字孟深，号畏轩，山阳人。四农七世伯祖。由监生任胶州同知，终鲁王府纪善。擅诗工书。（《统宗谱》卷一）

[2] 该文提出治黄之方有二：要么让黄、淮相交，通过增高淮水，挑浚黄水入海口，使“淮能刷黄”；要么让黄、淮相绝，“黄自东北注，淮自南注”，另外“或廓旧渠，或辟新渠”，使淮水通江。两相权衡，毋宁实施黄、淮分流，各走其道。而当下宜施七事：“一则黄河海口宜急挑也。……一则黄河大堤宜增筑也。……

一则沿河坝闸宜坚闭也。……一则放河入湖宜永禁也。……一则湖堤石工宜坚筑也。……一则沿湖五坝宜谨闭也。……一则运河挑工宜当施也。”

［按］该文现存传钞本。

[3]《摄山万松歌》：“三里不见寺，五里不见山。但闻松声谡谡起万壑，此身陡落波涛间。高者切汉应龙起，夭矫奇状鳞斑斑。下者依巘瘦鹤峙，腾摧逸翮神闲闲。烛龙照之不见底，空蒙庨窌一碧耳。冬春万古无衰颜，翠色蟠天停日晷。忽然幻作悬崖僧，长身峻骨头鬅鬙。忽然化成玉京女，婆娑绿发天魔舞。奇鬼搏人不可测，踞虎磨牙在咫尺。萧萧万马尾生风，如在沙场高处立。就中几树何瑰奇，枯干造天旁无枝。僧言六月雷霆火，往往黑夜搜蛟螭。我行到此神震竦，扑面凉飙兼雪涌。须臾直上登巃嵸，下视群山山欲动，万顷绿云飞滃滃。”

[4]《哀言》曰：“呜呼，噫嘻！自吾先大兄鲁南之殁十余岁来，凡与吾昆季少同砚席，长而相爱好，老而不替者，多先后即世。每一念及，忉怛不已。今又失吾卢餐仙二兄耶？兄年逾六十，长君苞元、次君晓梧，皆翩翩庠序。……予少兄五岁。……抑隅夫子为兄之姊夫，督兄极严，期兄极厚。”《祭文》曰：“舅之终也，吾应省试，不克视。……舅之幼而学也，吾父教之，舅终身无二师也。”两相印证，知餐仙即春池。

[5]诗曰：“世上功名何日是，樽前检点几人非（东坡律句）。菊花淡到无言处，才见先生杜德机。”“与世浮沉惟酒可，随时忧乐以诗鸣（山谷律句）。人生别有真怀抱，得句羞为落叶声。”“梦里江湖三叹息，醉中天地一凭栏（石湖律句）。百年攘攘作何事，余子纷纷谁耐看。”“一点不蒙稽古力，十分合作卧云身（放翁律句）。破书千卷业不朽，老屋三间吾自春。”尾署：“道光乙酉九月望前，四农草。”

[6]检《潘四农先生手迹杂钞》，此诗后原署：“道光乙酉九月望后，四农偶题。”

[7]鲍抡秀（1808—1898）：字升士，号菊溪，山阳人。道光间监生。

［按］《淮安鲍氏族谱》：“鲍抡秀，字升士，号菊溪，行一。太学生，候选布政司理问加一级，议叙加同知衔，诰授朝议大夫。生于嘉庆十三年十月二十三日寅时，卒于光绪二十四年六月

初十日丑时，寿九十有一。配潘氏，诰赠恭人，生于嘉庆十三年六月初一日申时，卒于道光九年七月十七日亥时。”

[8]“熊怡：字棣华，号北溪，世居平桥。工画，山水得倪、黄笔意，尤宗法米家，江南浦文璇称其为近日烘染第一手。乡里但知其画牛，非足尽其所长。”（《淮城信今录》卷四《列传》）

[按] 朱纻《什一诗存》有题《春分前三日风雨哭挽熊北溪表兄》。因知北溪卒于亦侨五十岁之前，为乾隆间人。

[9] 刻本未分行，合作一首，误。

[10] 该诗序曰：“河营赵守备仁以戆直罢官，年七十余矣。画马糊口，有盛名坎壈之感。”检《光绪丙子清河县志》卷十六《秩官（四）》，清代淮扬沿线之河营守备，计有里河下营守备、外河营守备、外北营守备及中河营守备四种。自嘉庆至道光间河营守备赵姓者，惟道光三年外河营守备赵天枢，桃源人。

[11] 书曰：“昨以所作文奉正，谓必得裁削。转辱奖誉过当，愧甚。……自兹以往，仆且闭门读圣人书十年，乃言文事。若手挟一编，求当代之贵人硕望，以扬其区区不足轻重之名，虽仆鄙贱，亦引为深耻而不屑为者，诚知其无益而且有害于仆者大也。”以此可知：1. 直到这时，四农尚未结识“当代之贵人硕望”。2. 四农发奋读圣人书已达十年。前文有考，四农于嘉庆十五年（1810）秋六应乡试不第后，遂遍读汉唐诸儒经说、宋五子书，尤好“三录”，拟自立新说。自嘉庆十五年迄今，凡十年，故系该文于本年也。

道光六年丙戌（1826） 四十二岁

【山阳要闻】

南丰谭霖任山阳知县。

夏秋，淫雨成灾[1]。

【行状】

在车桥家塾授徒。

春，闻黄以炳将归，作《木兰花慢》寄讯。（《养一斋词》卷二）

作《斋中偶书》二首、《朱烈妇诗》[2]。

入夏，作词《满江红》“暴雨尺余，归舟遣闷”（《养一斋词》卷二）。作《题画送邵立三游射陂》、《题吴揖堂先生集后》[3]。

五月，作《清和酒诗》。（《养一斋集》卷三）

十五日，书语自诫，订立诗文创作风格境界的追求方向[4]。

秋，作《村北晚步》、《晓坐》。（《养一斋集》卷三）

十月，题陶渊明集卷首，揭示自己读陶诗之感悟[5]。

仲冬，作词调寄《卜算子》，序曰：“冬夜检故书，得景蘧《冬日独坐》、《读史》二词，怆然书此。”[6]

作《过昭恤院》。（《养一斋集》卷三）

【其他作品编年】

文：《读大禹谟》、《周公居东二年东征三年解》。（《行略》）《与邵羽吉书》[7]。（《养一斋集》卷二十一）

诗：《题画册》七首。

【诗坛生态】

二月初十日，祥符周星誉生。十二月十八日，龙阳易佩绅生。十一月二十一日，归安姚学塽卒，年六十一。十二月十六日，钱塘陈裴之卒，年三十三。陈沆卒，年四十二。

【注释】

［1］丁晏《柘塘脞录》：“（道光）六年，大霪雨，复为灾，禾稼不登，流离遍野。”（《山阳诗征》卷二十三“胡玉山传”）

“本年雨水较多，洪湖开放期早，坝水逐渐下注，各州县田庐被淹。……淮安府属之山阳县被灾十之五六。……运河东岸之和乐、五乡等处，因坝水倒漾，又值风狂雨甚，堤身掣塌，圩舍被冲，一片汪洋，几无畔岸。现就涧河西岸稍高之处，给予席片，搭捆栖止。”（陶澍等八月二十五日奏，据《清代淮河流域洪涝档案史料》）

［2］朱烈妇，姓郭，事详见该诗序。《县志》之“列女传”未载。

［3］吴进（1714—1793）：字揖堂，晚号飐村先生。“（乾隆丁卯年）邑诸生。性枯寂，无所嗜好，惟刻意为诗。著有《一咏轩集》，远宗韦、孟，近仿吴野人。”（《县志》卷十四）“其五言诗真朴有余味，不易到也。”（《说诗牙慧》）“集中感物诸诗，尤

资掌故。”（范以煦《淮壖小记》卷四《吴揖堂》）

［4］语曰：“典而确，辨而洁，练而质，健而逸，传世诗文非此不立。文章马、班、韩、柳，诗学曹、陶、李、杜，此为正眼法藏。雄、深、雅、健四字，人品、诗文、书法，要皆如此。丙戌五月望日，四农偶笔。”（《潘四农先生手迹杂钞》）

［5］《题陶渊明集》：“秋水净无沙，秋云淡易霞。偶然眺空碧，此境即南华。世态自多梗，吾心安有涯。归来闲隐几，清梦对黄花。丙戌十月，四农偶题。”（《潘四农先生手迹杂钞》）

［6］郭瑗《水调歌头·冬夜独坐》：“斗室契万古，静夜耿寥寥。屋角大星几点，霜耸碧天高。脱却利名缰锁，便觉肝肠冰雪，一色印澄霄。冻饿是吾分，不复计来朝。　为谁迫，不得已，自煎熬。辛苦窃来腐鼠，只吓得鸱鸮。若道高牙大纛，才称丈夫事业，竹马看儿曹。世态不忍见，灯暗怕重挑。”

又，《水调歌头·冬夜读史》：“抛卷蹶然起，冻日半窗明。往事不禁懊恼，昂首望苍冥。剑匣酒杯无用，只有狂歌激烈，能怂不平人。霜雪谁畏尔，热血满腔春。　门以外，是何事，不堪论。全仗天公一怒，凛凛朔风鸣。扫尽人间拉杂，让出梅花地步，才是到头清。鸠雀为谁苦，扰扰竞喧腾。”

［7］书首曰：“羽吉足下：仆不才，不能顺时人意，齿越四十，无毫发成就，疾病侵犯，饥饱皆不慁怀。承示养生法，冲和平淡，一切置度外，情词恳恳，爱逾骨肉。”故系于本年。

［按］邵鸿仪：“应旂子，继配成氏生。字羽吉，号晓江，山阳附贡生，卒赠儒林郎。”（《淮安邵氏族谱》）

又，《车桥闻见记》：“邵丈羽吉，杏传丈之弟也。杏传丈既为先大父弟子，丈与其四兄震寰丈亦同受业，皆入学后遂分治家事。……丈明于农事，凡沟渠水道，靡不熟悉。尝乘一小车，遍历庄舍，勤者酬以匹布，否则令其父兄督责，故田无不治，而所获亦多。性恺直，与人交，言无不尽，有以事相托者，必尽力为计。晚年筑室曰话耕，吟啸其中。”

道光七年丁亥（1827）　　四十三岁

【山阳要闻】

夏秋大雨[1]。

【行状】

二月，著《黜邪家诫》成，自为序[2]。

同月，命族子开吉来家塾读书[3]。（《行略》）

夏，结交鲁一同[4]。

五月十八日，山阳举行岁考。潘开吉应试入学。同时入学者有郭星（字七南）、薛超曾（字冠伦）等。（《淮山肄雅录》卷下）

作《偶兴》二首。（《养一斋集》卷三）

入秋，作《风入松·题任浦还新居》。（《养一斋词》卷二）

仲秋，作《答鲁通甫书（一）》[5]。（《养一斋集》卷二十二）

为长子亮弼娶妇邱氏[6]。（《行略》）

季秋，作《村行》二首。（《养一斋集》卷三）

十一月，编订郭瑗《寓庸室遗草》成，且为之序[7]。

望日，完成《金壶浪墨》，题四绝句[8]。

腊月初二，应盛大士邀赴澹然居欢聚[9]。

未几，邱广业将赴任临淮训导，四农时正患病，勉力作《送邱勤子序》[10]。（《养一斋集》卷十九）

继邀广业至养一斋，殷勤为别，作《招勤子》[11]。（《养一斋集》卷三）

抱病送广业登程。临别时，广业唏嘘感慨曰：“数十年交一四农耳。”四农亦百感交集，作《岁杪与勤子别途中却寄》。（《养一斋集》卷三）

【其他作品编年】

文：《强恕斋记》[12]。（《养一斋集》卷二十）

诗：《仿遗山论诗绝句论遗山诗》二首。

【诗坛生态】

六月初三日，仪征陈彝生。九月二十日，江山刘履芬生。十二月二十一日，贵池刘瑞芬生。七月初八日，山阳汪廷珍卒，年七十一。

【注释】

［1］四农《赠谭大令雨香》：“丁亥淫雨深，哀鸿叫凄紧。”

［2］序曰："儒者于仙佛终身不信可也，孤行其意绝口不言亦可也。乡邻之斗，被发缨冠而救之则惑；同室之斗，被发结缨而救之，非惑矣。吾无理人之责，而以吾视吾之子若孙，其亲切之谊不百倍于同室乎？仙佛之教蔑天道，绝人类，立说儇巧，易于惑人，脱吾子若孙不能精研是非，而嗜蔑天道、绝人类者，其身心之患不又百倍于斗乎？吾曩作辟仙佛文数篇，皆不援成说，此帙乃多所征引者，作文恶钞说，垂诫嫌臆断。吾子孙既读吾辟仙佛之文，必更参此帙而敬绎之，毋目为日用不急之书。士庶人自致知至齐家，断断非黜邪不可也，若疑信参半，迟久不能决，第于《五经》、四子书及《御纂性理精义》日夕伏读之，则知此帙之所根据，而非吾之私言矣。道光七年二月，潘德舆书。"（《养一斋集外编手稿》）

［按］《养一斋集外编手稿》原题《养一斋集外编（潘四农先生手稿）》，下钤阳文"梅芝华藏书印"一方，右下钤阳文"方白捐赠"印。现藏楚州图书馆。《家诫》一书，见南京图书馆藏稿本《养一斋集》。

［3］潘开吉（1792—1871），四农族兄潘作朋之子，"行五，字惠征，邑庠生，生乾隆壬子九月廿三日，卒同治辛未八月十五日，年八十。配马氏，生嘉庆辛酉九月六日，卒道光丁亥七月二日，年廿七。"（《续宗谱》卷一）

［4］《鲁特山七十寿序》："道光丁亥见其子一同于郡。"

［按］鲁一同《与孔宥函》（《鲁通甫先生集外文》卷上）云："年二十二，见潘丈于本郡，时方备酒，与里中人士会于城西之道观。疏须飘然，剧谈大畅，顾谓余有长沙、敬舆之风。"

四农之结识一同，乃由丁晏中介。丁晏《颐志斋感旧诗·鲁通甫孝廉》："余以世交，识于幼年。天才颖敏，头角斩然。因余以识四农。三人者，深相契也。"

鲁一同（1805—1863）："字兰岑，一字通甫……世居安东，一同始迁清河……生而颖悟绝人，六岁通五音。少长，工为古文辞。年十七，补博士弟子。次年，举道光壬午科副贡生。年三十一，中道光十五年举人……尝就试礼部……既再试不第，益研精为文章，乃泛滥无涯涘……曾文正公国藩尤敬异。庚戌试礼部，居淮安馆舍，数屏驺从就问天下事。时当揭晓，文正为礼部侍郎，例钤榜，先言于众曰：'淮安鲁通甫若成进士，天下之幸也。’及见榜无名，为懊丧，如失左右手。……文字交游尽一时四海知名之士，而清修笃学，独重潘先生德舆，谊在师友之间，相契莫逆焉。”（吴昆田《鲁通甫传》，据《续碑传集》卷七十九）“其为文昌明洞达，切于事情，而以静俭为本……毛岳生谓：‘七百年文气柔靡，独此为刚美。’”（汤纪尚《鲁通甫先生传》，《续碑传集》卷七九）著有《通甫类稿》等。

鲁一同之生年，《清代人物生卒年表》谓为嘉庆九年，乃是依据方宗诚所作《鲁通甫传》（《柏堂集续编》卷十二）。无独有偶，汤纪尚《鲁通甫先生传》（《续碑传集》卷七九）称：“同治二年卒，年六十。”由同治二年（1863）逆数六十岁，亦是嘉庆九年。但该说断不可从。何者？考《安东县志》卷之十三《人物（四）》：“鲁一同……年十八为邑副贡生，年三十余始举于乡。……同治二年卒，年五十九。”又，《光绪丙子清河县志》卷：“鲁一同，字兰岑，一字通甫。……世居安东，一同始迁清河。……年十七，补博士弟子，次年举道光壬午科副贡生。年三十一，中道光十五年举人。……同治二年卒。”此二种志书皆为吴昆田、鲁蕡两人主纂，而吴昆田是通甫密友，鲁蕡乃通甫次子。他们的记录当然要比其他任何人所言都具有权威性，况且二书相互印证。所谓“同治二年卒”，与方、汤二传无异。由“年五十九”推之，则通甫应生于嘉庆十年（1805）。由嘉庆十年至道光二年壬午（1822）举副贡生时，通甫年十八；至道光十五年（1835）中举时，通甫适三十一岁。要之，鲁一同生于嘉庆十年可以定谳。

［5］开头曰：“八月二十一日，通甫足下：仲夏郡中晤言数日，非独畅积愫为乐，乐得纵观大集，慰仆数年相思之诚，与仆所以求当世文士之意，遂逢人称道之。”因知其作于二人结识之当年。

［6］邱氏（1807—1850.1.28）：即邱广业之次女（见《养一斋集》卷二三《邱君家传》）。“生嘉庆丁卯二月七日，卒道光己酉十二月十七日，年四十三。”（《续宗谱》卷一）

［7］序尾署：“道光丁亥十一月，同里潘德舆题”。

［按］该书后由王锡祺刊入《小方壶斋丛书》，但刊本无此尾署，并于“斗，吾婿也”下之“今年十有八”一句，亦同时刊落。此据《山阳潘氏历代存稿》本附录。

［8］见《金壶浪墨》卷末，尾署：“道光丁亥十一月既望，

四农书于养一斋。”

［9］丁晏诗题《季冬二日，盛子履大士广文招集黄少霞师以炳、潘四农德舆、李少白续香、芷江友香兄弟饮澹然居。是日晚，复邀曹介樵若端、周木斋寅至城南僧寮痛饮，醉归有作》。

李续香（1791.1.18—1836）：字少白，山阳人。家初在郡城，后移居车桥坐馆。道光十年前后，移馆徐州府宿迁县。“诸生，工诗，从学师盛大士游，醉心风雅。”和其弟友香“迭主坛坫，与张涵贞、许肇衭、陈长庚、王洵从子启昌结吟社。……前喁后于，极一时唱酬之盛。……续香诗笔高浑，其得力在船山、仲则间。目深碧，白昼能见鬼物。著《蛩窗冷语》，有东坡海上之风。”（《续纂山阳县志》卷十《人物》）另有《堞影轩存稿》六卷（钞本，中国社会科学院文学研所藏。四卷，咸丰八年信芳阁刻《友声集》本）。王槼之《跋》：“少白世丈及弟芷江俱以能诗闻，世所称‘山阳二李’也。平生瓣香髯苏，不惟诗格逼肖，而书法亦复近之。”

［按］少白《告哀》其二：“丙辰余七龄，床蓐时吟呻。医言几死数，累我堂上亲。戊辰年十九，茈瘯萎灵椿。”（《堞影轩存稿》卷三）其时丙辰、戊辰分别是嘉庆元年（1796）和嘉庆十三年（1808），由丙辰逆数七岁、戊辰逆数十九岁，因知少白当生于乾隆五十五年。然其另一诗题又曰《十二月十四日贱辰哭亡弟（友香）即题陈二（长庚）兰因絮果卷子》，因知其确切生于乾隆五十五年（1790）腊月十四。若以西历言，则已为 1791 年元月 18 日矣。四农丙申年有诗《哭少白》，故知少白卒于道光十六年（1836）。又，少白《题薛秀才（超曾）留删草》云：“薛夫子家涧北住，我亦移家南涧滨。”（《堞影轩存稿》卷三）故知其居处。

李友香（1800—1831）：“字芷江，山阳人。道光中诸生。有《芷江吟草》。”（《山阳诗征》卷二十五）

［按］考李续香《十二月十四日贱辰哭亡弟（友香）即题陈二（长庚）兰因絮果卷子》曰：“有弟后我十年生，七尺长躯委沟壑。一百七十五日中（弟殁于六月十九日），手臂失措足无著。……前年今日我四十，弟来向我就杯酌。”（《堞影轩存稿》卷三）前考续香生于乾隆五十五年庚戌，推后十年，因知友香应生于嘉庆五年庚申（1800）。当续香作此诗时，友香已卒数月。这年续香四十二岁，友香允为三十二岁，故应即道光十一年（1831）也。段

朝端《潘四农先生诗册跋》称友香病殁于太仓镇时，年“甫二十六岁”，未知何所据而云然？

《友声集》载李友香诗集一卷，题名《纸香书屋存稿》。王聚之《跋》：“芷江丈少孤，励志读书，与伯兄少白齐名。弱冠补明经。”

曹若端：字介樵，山阳人。著有《知新录》、《芸窗笔记》等。

澹然居：府学新建学舍。盛大士《蕴素阁诗续集》卷一有《学舍新筑澹然居即事》、李续香《堞影轩存稿》卷三有题《东坡生日偕万镛萧光裕叶纫兰小集盛子履师澹然居》，均可证。

[10]《招勤子》诗曰：“我欲升君堂，执手话不休。疾病来缠人，出门寒飕飕。草成送君文，覆读涕欲流。”故知《送邱勤子序》之作时。

[11]《招勤子》题下自注：“时勤子将之凤阳。”《未刻诗目》尚有题《勤子时任临淮校官信宿养一斋中对酒赋此》。

[按] 邱广业之接任在腊月中下旬。光绪《凤阳府志》卷六（下）《秩官表（三）》：“邱广业：淮安举人，道光七年任临淮训导。”

[12]《强恕斋记》：“吴兴陆生学于予，予名其读经之斋曰强恕，为记以勖之。”检现存四农所有著述，言及陆生者，除陆梦月之外，另外惟一陆安荣，见道光十四年（1834）甲午十二月初四日家书：“陆生安荣已家去否？明年从何人？”又道光十五年乙未三月廿一日家书：“陆生所欠馆金，可以遣人去要，伊家尚非不敬斯文也。”这陆生当亦应指陆安荣，断不可能指密友郭瑗之甥陆梦月。鉴于道光十五年（1835）时四农与陆安荣师生之间的关系因经济问题已有明显裂痕，故四农为陆生取斋名，并为之序肯定在此前。又鉴于序中无一语涉及京师事，故可断其必作于在车桥时。因此两条理由，姑订于本年。

道光八年戊子（1828） 四十四岁

【山阳要闻】

三月间，丁晏率众捐赀重浚淮城内文渠中段，凡二百余丈[1]。

【行状】

正月初七，会见邱奂[2]。

本月，代萧观光作《郝皓亭先生哀文》[3]。（《酬世集》）

作《赠谭大令雨香》[4]，称赞其两年以来在淮“哀多济单弱，扶危出颠陨”之赈灾业绩。

二月，辑《家集副诵》成，自序之[5]。

三月，作诗《送陶际华入都》[6]。（《养一斋集》卷三）

同月，作《与镜渠》、《赵贞女歌》[7]。（《养一斋集》卷三）

因省妹，夜过聊乐邱，感怀郭瑗之长逝，作《夜登聊乐邱书感》。（《养一斋集》卷三）

重经取斯山房，作五古《戊子岁复寓研取斯山房题壁》二首。（《家书》附录）

入城，有《春暮入城舟中怀琴沚》二首、《与曹介祺黄少霞周木斋倪渥生丁俭卿祇洹精舍小集》[8]。（《山阳诗征》二十四）

夏，作《阙题》二首（“甘瓜凉送秋”、“云阴散仍聚”）。

同时，为邱广业删订《卧云居诗草》[9]。

鲍宗奎配史氏去世，四农感念其善待，作《鲍世嫂史孺人诔（并序）》[10]。（《酬世集》）

河下程小迂为绘《莲塘晚棹图》，绘四农端居舟中，执书面窗，疏髯飘飘，神情萧散。四农因作《临江仙·自题莲塘晚棹图》[11]。（《养一斋词》卷二）

七月，作《昭君怨·秋意》。（《养一斋词》卷二）

望日，审订《卧云居诗钞》完毕，为之题辞[12]。（《卧云居诗钞》卷首）

二十二日启程，十三应乡试。二十五日，经扬州，作《眼儿媚》（“风回云卷入潮头”）。当晚宿瓜洲。及新河，作《新河舟中》。至宁，作诗《中山王胜棋楼歌》[13]、《静海寺歌》[14]、作《永济寺悬崖》（《养一斋集》卷四）、《水调歌头·永济寺小坐》（《养一斋词》卷二）。

是年江南乡试之正主考钟昌，副主考黄爵滋，监临陶澍。题“视其所以”三句，故天之生、培之、有友五人者也。赋得“雨洗秋山净”，得“山”字。（王家相《清秘述闻续》卷三）

本次应试成功，“举江南乡试第一”[15]。（《清史稿》本传）

乡人同榜中举者还有四农表弟卢麟珍、方其洪、祝融峰及丁暹。

八月下旬归里，亲友纷纷来贺[16]。因开示送报底册，分呈郡城及其他远方亲友。

九月下旬，往江阴学使署填“亲供”（亲笔填写世系、师承、籍贯、生年、履历等情况）。祝融峰、方其洪等同行[17]。

其行程是：廿一日动身，廿二日住平桥，廿四日经高邮湖，廿五日晚宿瓜洲，次日渡江，廿七日由栖霞抵金陵东水关寓所。十月初一离宁，次日宿扬州，初五达江阴。

沿途作《高邮湖口候风者众仆等舟到即得顺风戏为小诗》[18]、《瓜洲渡江》[19]（《家书（十月初七日）》）及《梅花岭吊史阁部》[20]、《高庙阻风》[21]、《丹徒吊宋武帝》[22]等。（《养一斋集》卷四）

至江阴，作《江阴怀古》[23]。至无锡，观东林书院，作诗志之[24]；览倪瓒祠堂，亦感慨赋诗以志[25]。（《养一斋集》卷四）

初六日，“午后，填亲供，见学台。”（《家书》本年“十月七日”）

初七日，复雇船往吴门拜谒房师熊传栗[26]。游虎邱，填《声声慢·虎邱夜舟闻笛》[27]。

回程沿途作诗《镇江至江宁山行杂述》十二首、《燕子矶晓渡》、《銮江舟中题子履江行诗卷》等。（《养一斋集》卷四）

在江宁，作《刘宣林八十寿序》[28]。并作《冬日复游莫愁湖》三首、《冬日游永济寺》。（《家书》附录）

腊月，作《关帝庙灵签序》[29]。（《酬世集》）

年终，作《戊子除夕题壁》。（《山阳诗征》卷二十四）

【其他作品编年】

诗：《题俭卿袖海集》三首（《养一斋集》卷三）。《寿黄母陈太夫人八十》（《酬世集》）。

【诗坛生态】

二月二十七日，无锡钱勖生。十二月初二日，武冈邓辅纶生。十月十六日，仁和钱林卒，年六十七。

【注释】

[1] 据丁晏《己酉春重浚罗柳河记》，见《淮郡文渠志》卷上。

[按] 丁晏坚信文运与风水相关，自诩此番疏浚文渠，乃正是山阳本年度数人中举，包括四农得解元的重要原因。

[2] 邱奂《人日谒四农丈涧河舟中感赋》其二（《醒庐诗钞》）："新姻怜小妹（舍妹适嗣君闳轩甫五月），高谊属知心。"

[按] 邱奂（1800—1866）：字芙白，亦作孚伯，山阳人。邱广业长子。诸生。著《醒庐杂著》。

或谓邱奂生于1803年（《清人别集总目》页332），误。检其《醒庐杂著自序》尾署："同治三年岁次甲子孟秋下浣芙白邱奂书，时年六十有五。"由同治三年甲子（1864）逆数六十五岁，允为嘉庆五年（1800）。

[3] 文有曰："道光丁亥岁除日，皓亭二兄弃世。"因知其作时。又曰："予与兄同岁生，差少数月，去年八十初度。"

[按] 郝步蟾（1747—1827），字御墀，号皓亭，江苏山阳曹甸人。乾隆三十五年（1770）诸生。"弱冠工文，独铸一境。……嘉庆水灾，初倡筑周公堤，结庐野处，三月堤成，人然后知丈廉能。"（郝庶《曹甸镇志》第七章《人物志·列传》）"精堪舆，秘而不说。"（同上，《人物志·艺林》）"晚年结茅樊圃，莳花药，自号桂香庭叟。可数月不出户，终日默坐，不闻謦欬声，然持公私事请质者，必侃侃训以正，罔不屏息敛容去。……神骨凝定，至死不苟，崭然师古人，卒为乡党宗师。……卒年八十一。……著《桂香庭叟文稿》六卷。"（四农《郝皓亭先生传》，见《淮山郝氏族谱》卷一）

[4] 谭霖：字湘渔，号雨香，江西南丰人。"由供事授江苏松江府经历……署崇明县。……升补山阳，调宝山。上宪称之曰'能'，事有难决，悉委鞠焉。以过劳，病卒。"（民国《南丰县志》卷二十一《宦业（三）》）

[按]《县志》卷六《职官（二）·知县》："谭霖，南丰人，议叙，（道光）六年任。七年回任。"

[5] 序尾署："道光八年戊子二月之吉，德舆谨序。"

[6] 陶克让服阕已久，当入翰林院续司庶吉士职。

[7] 赵贞女：即郡城赵斌之女，其事迹本诗小序已略述之。《续纂山阳县志》卷十一《列女（一）》记述稍异，谨录以广闻："贞女赵氏，父彬，郡隶。字营兵毛荣宗。荣宗倜傥有干略，彬伟之。未几，荣宗病笃。彬访知，踉跄归，痛饮，执女手，呜咽良久，仆地。以为醉也，扶就寝。晨视，则缢死矣。女廉得故，泣谓兄嫂：'父由我死，愿往事夫汤药，夫死事舅姑，以毕父志。'兄嫂力阻。荣宗殁，秘之。既葬，将议婚。女知，奋然请奔丧。或告毛贫，舅姑老且病。女痛哭曰：'冻馁何惧，吾办死久矣。'遂逾垣出，径诣毛。毛不闭门纳。号路侧，自辰至酉。毛感诺之。乃具衰绖，备酒脯，辞父柩，往拜荣宗木主，居焉。日夜操针黹，佐舅姑，终不赡。舅欲度为尼，不答，卒如其志。"

[8] 倪家骏：字渥生，山阳人。道光五年乙酉（1825）拔贡。

祇洹精舍：未详。据诗之颔联"故交多干济（时浚市河），此会为文章"看，此精舍当在城中。

[9]《阙题》其二尾联："高吟故人诗，湖天邈延伫。"自注："时订勤子诗。"

[10] 序曰："吾家旧居城中，车桥无亲故。乾隆庚子，先君子友教车桥鲍三兄西垣。幼执业门下。乙卯，吾年十一，先君子为缔姻车桥史氏。以西垣即史壻，孺人夙娴妇职故也。是岁先慈见背，嘉庆壬戌先君子又见背。孺人两问疾唁丧，皆为吾悲悒不自胜。盖吾四、五岁，即从先慈往来西垣家，孺人扶出入，调饮食，视吾如弱弟焉。乙丑吾成婚，外舅陈左先生殁，与外姑俞太夫人共居。孺人每省觐，则笑语相慰藉，朴如一家人。虽吾姨吾必以嫂呼之，从幼所称也。已而长女许字西垣犹子抡秀，季女又许字西垣次子抡粥。孺人喜谓吾曰，两姓之好洵无有积累密切于此者矣。呜呼！吾长女嫁甫三载，季女尚未嫁，讵料孺人弃之而长逝乎。"

[按] 史孺人（1770—1828）：鲍宗奎室，鲍抡粥母。《淮安鲍氏族谱》："鲍宗奎……配史氏，诰赠恭人，晋赠太叔人。生于乾隆三十五年二月十六日未时，卒于道光八年三月初四日午时。"

[11] 此图归藏香港《大公报》记者、潘氏裔人际坰处。

[12]《卧云居诗钞题辞》尾署："道光戊子七月既望，四农弟潘德舆拜草。"

［13］胜棋楼：在莫愁湖内，今犹存。相传中山王徐达与太祖朱元璋对弈围棋，布成“万岁”二字。太祖甚喜，乃赐楼及湖。嘉庆《新修江宁府志》卷九《古迹（中）》：“莫愁湖楼：在三山门外。相传明祖与魏国弈，戏以湖乞为魏国赐庄，而名其楼曰‘胜棋楼’。楼上今犹悬魏国像。国朝隶网户，交鱼租，其地盛，为游人觞咏之所。”

［按］《明史》卷一二五《徐达传》：洪武三年（1370），太祖“授达开国辅运推诚宣力武臣，特进光禄大夫……改封魏国公。”“（十八年）二月，病笃，遂卒。年五十四。……追封中山王，谥武宁。”

［14］《金陵梵刹志》卷十八《静海寺》：“在都城外，去仪凤门半里，所统天界寺二十里，西城卢龙山之麓。文皇命使海外，平服诸蕃，风波无警，因建寺，赐额静海。寺左有巨石，名真假山，从地矗起，下空洞。”

［按］本诗题下四农自注：“寺以沉香为柱，降香为梁。永乐时，太监马三保归自西洋所建。”

又，张慧剑编著《明清江苏文人年表》第1320页据《山阳诗征》卷二四而定《静海寺歌》作于嘉庆九年（1804），曰：“山阳潘德舆反对沟通海外交通，此际在金陵，作《龙江下关静海寺歌》横诋郑和。”系年实误。

［15］《本省乡试硃卷·道光戊子科》：“中式第一名举人潘德舆，江苏淮安府山阳县廪贡生，民籍。”钟昌批语：“沉深削露，激宕空明。”黄爵滋批语：“融经之精，得史之洁。”房师熊传栗总批：“精微穿溟涬，飞动摧霹雳。迁、固雄刚，孙、吴简切，兼而有之。诗笔超炼，经义古奥，三策援据赅洽，辨章明允，非读书破万卷者不能。荐日，两主试亟加咨赏，决为绩学通经之彦，拔冠之士。备录十四艺进呈。”又，“揭晓后，知生淮南老宿，江左名流。鸿文久重于群公，骏誉早腾于绮岁。无双国士，首攀蟾窟之香；第一仙人，再占鳌山之选。夫惟大雅，蔚为国华。”

［按］丙申年所作《仲秋之秣陵省止泉舅氏登舟述赋》，其中有云：“长江十二渡，秋鹗翼始刷。”即指自己十二次乡试失利后方得成功。

又，“举于乡时，座主侍郎钟公昌曰：‘吾得潘生，得一师

矣。'"（《潘公崇祀乡贤录》）

［16］舅氏卢泽贺对曰："讲席得奇才，廿七年宅相许成，折服到老夫，何止后生第一；元灯开正派，十四艺贤书拜献，品题定今日，可知国士无双。"友人黄以炳贺对曰："三十年文笔孤鸣，算几度江天，终到蓬山绝顶；四百载元灯继照，更相期云漢，莫忘杯水论心。"学博盛大士贺对曰："元灯天上无虚照，玉尺人间有定评。"（《酬世集》附录）邱广业贺诗曰："天上光芒耿璧星，寒窗辛苦卅年经。文章有价关风会，乡里从今识典型。绮席犹开人泛菊，清濠诗寄我飘萍。春明纵辔幽燕路，珍重陈书向帝廷。"（《奉和四农三兄发解录呈郢政》，见《养一斋同人投赠诗词存》）

［17］今存《养一斋家书》始作于此时。

［18］诗曰："偶然我辈思鸿遇，便有神风似马当。挂起湖帆疾于鸟，江天阁上看山光。"

［按］高邮湖：又名新开湖。"在州治西北三里。其水东、南俱通运河，北连氾光、白马，通洪泽湖，久雨则涨，旱亦不涸，凡天长以东诸水尽汇此湖。湖之长阔一百五十余里，洪涛汹涌，舟行者恒苦覆溺，盖境内之一险也。"（嘉庆《高邮州志》卷一《山川》）

［19］诗曰："鸡鸣残月淡朦朦，梦觉朝阳已射篷。山入海云含雨黑，江奔蜀水作霞红（江色红甚，土人云，川江水至）。村遥两岸依微树，浪阔千帆上下风。坐阅滔滔变今古，莫谈游兴卅年中。"

［按］《重修扬州府志》卷十六《都里》："瓜洲镇：在城南四十里江滨。昔为瓜洲村，扬子江之沙碛也，沙渐长如瓜字，接连扬子江口，民居其上。自唐开元以后，渐为南北襟喉之处。……今居民商贾骈集辐辏，谓之瓜洲镇。"

"瓜洲渡：在江都县南四十五里，渡口与镇江府相对。《寰宇记》：扬州南至大江三十里，渡口至润州七十里。《通鉴·地理通释》：真州东行五十里可至瓜洲。"（《嘉庆重修一统志》卷九十七《扬州府（二）》）

［20］光绪《增修甘泉县志》卷之二《山川》："梅花岭：在新城广储门外，一名土山。明万历二十年，秀水吴秀守扬州，浚河积土而成也，因树以梅，名梅花岭。"吴绮《扬州鼓吹词·梅

花岭》(《扬州丛刻》本):“岭前有史相国可法墓,乃郡人葬其衣冠处也。”徐鼒《小腆纪年》卷十:顺治二年(1645)四月丁丑,大清兵克扬州,督师史可法等死之。其时,“可法乃为书辞其母及妻与伯叔兄弟,呼部将史德威诀曰:‘我无子,汝为我嗣,以奉吾母。我不负国,汝毋负我。我死,当葬我于高皇帝侧。其或不能,梅花岭可也。’……乃就刑。豫王命释史德威,以保忠臣之后。德威觅尸不可辨,招魂葬之梅花岭下。”

史阁部:即史可法(1602—1645),“字宪之,道邻其号,河南祥符史氏,籍直隶大兴。……崇祯元年戊辰进士,授西安推官,迁户部主事,历员外郎、郎中。八年,迁右参议,分守池州、太平。……十四年,服阕,起户部右侍郎,兼右佥都御史,总督漕运,巡抚凤阳、淮安、扬州。……大清顺治之二年……二月,公还扬州。……(四月)二十日,大清兵大至,屯班竹园。……二十五日,大兵攻城急,多死者。(豫亲)王亲督攻,城陷。公自刎不殊。一参将拥出,公大呼曰:‘我,史督师也!’遂被执至城楼上。王雅重公,引坐劝降,以洪承畴为比。公曰:‘我此时只办一死,头可断,身不可屈,但扬城百万生灵幸勿杀戮!’王百方劝谕,不从,毅然就死,时乙酉四月二十五日也。……公死,觅遗骸不得。逾年,家人以袍笏招魂,葬扬州郭外梅花岭。”(王先谦《故明督师太傅武英殿大学士兵部尚书史忠正公传》,《虚受堂文集》卷八)详参史元庆著《史可法年谱》。

[按]关于史可法生年,通行辞书多据朱文长《史可法生卒考》,认定为万历二十九年(1601)。史谱据《左忠毅公年谱》及应廷吉《青磷屑》所记阁部生辰(“十一月四日为阁部悬弧之辰,舟抵崔镇,各官免参。”)、徐鼒《小腆纪年》卷八顺治元年(1644)十一月丙(十二)申下所记(“先是,初四日戊子,为可法诞辰。”),认定可法生于万历三十年。两相互证,可从。

[21]高庙:即高王庙,“在高家村。乾隆二十五年重修。”(光绪《丹徒县志》卷五《庙祠》)

[22]丹徒:“东西广一百二十里,南北袤七十五里。东至丹阳界七十里……北至江都界二十八里……自县达省城一百八十里。”(光绪《丹徒县志》卷一《疆域》引《康熙志》)

“(宋武帝)微时躬耕于丹徒,及受命,耨耜之具颇有存者,皆命藏之,以留于后。及文帝幸旧宫,见而问焉,左右以实对,文帝色惭。有近侍进曰：‘大舜躬耕历山，伯禹亲事土木，陛下不睹列圣之遗物，何以知稼穑之艰难？何以知先帝之至德乎？’”（《南史》卷一《宋本纪（上）》）

［23］所怀者，“党人李仲达”及“典史称大忠”者也。

［按］李仲达，名应升，“江阴人。万历四十四年进士。……天启二年征授御史，谒假归。明年秋还朝。时天子暗弱，庶政怠弛。应昇上疏谏。……四年正月，疏陈外番、内盗及小人三患，讥切近习，魏忠贤恶之。……明年三月，工部主事曹钦程劾应昇护法东林，遂削籍。忠贤恨未已。六年三月，假李实劾周起元疏，入应昇名。遂逮下诏狱，酷掠，坐赃三千。寻于闰六月二日毙之，年甫三十四。”（《明史》卷二四五）

阎应元，字丽亨，“通州人。起掾吏，官京仓大使。崇祯十四年，迁江阴县典史。”顺治二年（1645），清军攻江阴，应元率众抵抗，死守八十一日，“城中死者无虑五六万，尸骸枕藉，街巷皆满，然竟无一人降者。”应元自己亦被缚斫死。详见邵长蘅《阎典史传》（《青门剩稿》卷六）。

［24］诗题《东林书院》。按，东林书院：在无锡市。“东林书院：亦名龟山书院，在城东隅，宋杨文靖时讲学于此，后即其地为书院，而建道南祠以祀之。元至正间废。……万历三十二年，顾宪成及弟允成始构成之。宪成殁，高攀龙、叶茂才相继主其事，榜其门曰‘东林书院’。康熙中……学使许汝霖倡捐缮治，复重建。……嘉庆四年，邑人秦震钧增置学舍，院前隙地缭以周垣。”（光绪《无锡金匮县志》卷六《学校》）“书院在道南祠之右，门一楹，榜曰‘东林精舍’，内颜‘洛闽中枢’。门前本坊一，颜曰‘观海来游’。……院建大门二楹，榜曰‘东林书院’。院门联曰：‘此日今还再，当年道果南。’两旁翼房数间，仪门一楹。……入门为丽泽堂三楹……再进为讲堂，颜曰‘依庸’，皆三楹。……后庙门一楹，榜曰‘燕居庙’。……庙左右翼以楼，祭器、古乐器暨书籍俱贮焉。”（高萑《东林书院志》卷一）

［25］诗题《倪云林祠》。按，倪高士祠：“在绣幛街，祀元处士瓒，康熙三十年裔孙凤来等奉檄建。”（光绪《无锡金匮县志》卷十二《祠祀》）

倪瓒（1301—1374）：字元镇，号云林，别号净名居士等，江苏无锡人。元末著名画家。“居梅里之祗陀村。……所居清闷阁，藏古鼎彝书画甚富。至正初，天下无事，忽鬻其产，散与亲旧，人莫喻其意。未几，兵起，独扁舟往来震泽、三泖间。张士诚闻而欲礼致之，不可。其弟士信乞画，又不与。……洪武七年，始还乡里，卒于其姻邹惟高家。……其画简淡，世推为逸品第一，与黄公望、吴镇、王蒙齐名，有元四大家之目。”（光绪《无锡金匮县志》卷二十六《隐逸》）“性好洁，行亦如之。喜吟咏，善画枯木竹石及山水小幅，气韵萧远。识者谓云林胸次冰雪烟云，相为出没，笔端固自胜绝，良不虚也。明初被召，固辞不起，人称‘高士’，盖锡山之先哲也。”（《无声诗史》卷一）

关于倪云林生卒年，学界有异议，此据沈世良《倪高士年谱》。

［26］熊传栗（1787.1.17—?）：字民怀，号锡周，河南商城人。道光二年（1822）进士。道光十四年任川沙抚民同知，十七年、二十年、二十五年屡任崇明知县，二十七年任宝山知县。

［27］“虎丘山：一名海涌山，在元和县。《吴越春秋》：阖闾冢，在阊门外虎丘，专诸鱼肠之剑在焉。千万人筑治之，取土临湖口葬三日，而白虎踞其土，故曰虎丘。”（《嘉庆重修一统志》卷七十七《苏州府（一）》）

［28］文中曰：“戊子十月，以年家子礼见刘君宣林。”刘宣林，江宁人。子富春，官直隶知县。其余待考。

［29］序尾署：“道光八年岁次戊子十二月，山阳潘德舆沐手敬书。”

［按］邵育云《故乡忆之二——车桥形势》：“涧河北岸西桥之西，有关帝庙一座。山门三楹，大殿三楹，左右均有厢房。大殿供奉关圣帝君，旁祀周仓、关平。有僧人住持，香火鼎盛。如久旱不雨，常抬关帝出巡祈雨。”四农曾为其拟楹联两副：一曰“臣节植天常，兄弟私盟流俗论；侯封遵国宪，帝王加号复人心。”一曰“至大至刚以直；配天配地无疆。”（见《酬世集》）

道光九年己丑（1829）　　四十五岁

【山阳要闻】

李国瑞任淮安知府。

【行状】

正月二十二日起身入都，初应礼部会试。临行作《北行留示子弟》[1]、《河北旅舍留示亮弼用客秋将之秣陵诗韵》。（《家书（二月十六日）》）

途中作诗《沂州道中》三首[2]、《半城至青驼寺》二首[3]、《泰安道中》[4]、《望岳》[5]、《岱庙》[6]、《济南道中》[7]、《黄村》[8]。（《养一斋集》卷四）

另有《渔沟作》二首[9]、《顺河作》[10]、《蒙阴作》[11]。（《家书（二月十六日）》）

填词《浣溪沙·郯城道中》[12]、《虞美人·杜家庙题壁》[13]、《浪淘沙·阜城县作》[14]、《金缕曲·过任丘风沙大作赋此》[15]（均见《养一斋集》卷四）及《浪淘沙·商家林作》[16]（《家书（二月十六日）》）。

二月十三日晚至京，初寓前门外石头胡同恒升店内[17]，十日后移寓南横街陶克让宅。（《家书（三月十九日）》）

十五日，拜谒两座师钟昌与黄爵滋[18]，“皆推奖过度，以名下相许”。（《家书（二月十六日）》）

三月初八日至十五日，参与会试。“头场文字，我觉其浅，人觉其高。寸心衡之，似可获隽。……次艺尤觉自负。三场无不着力。……若万幸获隽，当在前五名耳。未知命何如也？”欣喜作诗题壁[19]。（《家书（三月十九日）》）

本科会试，“以大学士曹振镛为会试正考官，兵部尚书玉麟、右侍郎朱士彦、户部右侍郎李宗昉、光禄寺卿吴椿为副考官。”（《清宣宗实录》卷一五三）

是科文题《欲速则不达见小利则大事不成》[20]。于四农所作，黄树斋批：“语必透宗，风格直追嘉隆以上。”房考李春皋先生批：“用意精到，措辞修洁。”四农自记：“是科主司剧赏余二三场，亦列备卷中。以次篇或生而知之四句文，题承中双承道德被摈。”

于京师广识文朋诗友。要者有：歙县徐宝善（号廉峰）、永丰郭仪霄（号羽可）、钱塘龚自珍（号定庵）、益阳汤鹏（字海秋）、无锡顾翰（号兼塘）、吴县潘曾绶（号绂庭）、长洲吴嘉淦（字清如）等。

以《养一斋诗话》请徐宝善指正；以乃父《笥萧诗集》请黄爵滋为序。

三月二十八日，应徐宝善、黄爵滋邀，与龚自珍、张际亮等二十人饯春于陶然亭，作诗《树斋先生招集江亭饯春》（《山阳潘氏养一斋外未定稿》卷二）。时徐、黄组织诗社，名曰“寄巢吟社”。张际亮诗题记参与人员甚明：“三月二十八日徐廉峰黄树斋两太史招同永丰郭羽可（仪霄）顺德简梦岩（钧培）江宁管异之（同）马湘帆（沅）江都汪孟慈（喜孙）湖口周雪桥（仲墀）侯官李兰屏（彦彬）钱塘龚定庵（自珍）益阳汤海秋（鹏）无锡顾兼塘（翰）山阴杜尺庄（煦）稼轩（宝辰）父子南丰谭桐生（祖同）菊农（祖勋）兄弟吴县潘绂庭（曾绶）山阳潘砚甫（德舆）休宁徐洛生（卓）长洲吴清如（嘉淦）泸溪卢籁亭（韺）饯春陶然亭分赋得客字未至者绂庭之兄星斋（曾莹）鄱阳苏宾隅（孟旸）监利龚木民（润森）”[21]。

本年，嘉庆十五年（1810）江南解元、丹徒张深（字叔渊，号茶农）亦来应会试。张擅画，潘擅诗。京师因传语曰：“江左风流谁第一，茶农画笔四农诗。”[22]（丁晏《颐志斋感旧诗》“潘四农解元”）

作《奉题钟仰山先生浮青山馆图》[23]。（《养一斋集》卷四）

四月初十，会试放榜。四农报罢。

约月半左右归里。临行，作《满江红》（“出都，和丁俭卿作。”）

途中作诗《卢沟桥》[24]、《赵北口》[25]、《雨行遣兴》、《滹沱怀古》[26]、《项王墓》[27]、《兖州》[28]、《孟庙》[29]、《过滕县》[30]。（《养一斋集》卷四）

填词《江城子·过雄县》[31]。

在京时结识宝应词人乔守敬，返程与其结伴，曾投宿商家林[32]。同行者还有亦来应会试之方其洪、祝融峰。

至家，与子亮彝、婿郭斗作《养一斋晚坐联句》[33]。（《养一斋家书》附录）

自题诗稿，追踪杜诗[34]。

七月，作《南窗赋》[35]。（《养一斋集》卷十一）

同月，亲家邱广业之子邱奕殇[36]。

十七日，长女藻以暑病殁。

廿九日，作《寄朗陵大兄书》，痛诉家庭变故，“真不成境界”。（《养一斋家书》附录）

八月十七，衔哀茹痛作《告长女文》。（《养一斋集》卷二四）

八月杪，游吴（《行略》）。沿途作文《邱祥仲哀辞》（《养一斋集》卷二四）、诗《秋日舟往吴门途中感怀》四首[37]（《养一斋集》卷四）。经扬州，访旧友毛松龄，作《水调歌头·与毛子乔》[38]。经镇江，会同榜汪汝成，作《赠汪到渠》[39]；分袂之际，吟成《浪淘沙·京口别汪到渠》、《浪淘沙·瓜洲书感》。至苏州，作《齐天乐·吴门旅思》。

归途作《归舟遣兴和俭卿韵》[40]。

返里后，作《题霜灯课读图》[41]、《送际华之任金华》[42]。（《养一斋集》卷四）

十一月，钟昌与汤金钊奉使往福建审案，途经山阳，特约四农相会。钟昌并邀四农明春入都，课其两子（宗贻、宗佑）。“义深情切，无可他诿，虽明年长儿应试，小女出阁，不能顾也”[43]。

冬，漕运总督朱桂桢致书招饮[44]。敬谢未赴，以所著《淮语》奉答，极劝其放弃“借黄济运”的错误主张。

【诗坛生态】

五月十六日，山阳顾云臣生。十二月二十日，嘉兴张鸣珂生。十二月二十七日，会稽李慈铭生。二月初二日，昭文孙原湘卒，年七十。二月十四日，海宁吴衡照卒，年五十九。

冯登府自编《拜竹诗龛诗存》三卷成。朱琦自编《小万卷斋诗稿》三十二卷成。

【注释】

[1] 诗曰：“老大怯离别，天教事远游。溪桥折杨柳，春雪送行舟。浅浅篷窗酒，浓浓客路愁。风云与儿女，交错上心头。揽辔前贤志，题桥逸客才。鄙人何所挟，驱马上金台。古郡蚀偏简，荒祠虚卣罍。单寒思一振，勉矣策驽骀。”

[2] “沂州府：在山东省治东南六百六十里。东西距五百二十里，南北距五百十里。……南至江南徐州府宿迁县界一百四十

里，北至青州府临朐县界三百七十里。”（《嘉庆重修一统志》卷一百七十七《沂州府（一）》）

［3］半城：在沂州府城北。胡凤丹《退补斋诗存二编》卷五《伴城道中》，题下自注：“离沂州四十五里。一名半程。”明年三月十九日，四农复进京时仍留宿于此，见其《北行日录》。本诗其一曰：“半城亦非城，避风姑小留。”

青驼寺：市集名，属兰山县（乾隆《沂州府志》卷六《乡社》）。约在县北九十里。《嘉庆重修一统志》卷一百七十七《沂州府（一）·关隘》：“徐公店驿：在兰山县北七十里。本朝康熙二年始置于县北九十里青驼寺，十二年移此。”“青驼寺巡司：在兰山县北九十里。”胡凤丹《退补斋诗存二编》卷五《青驼寺》，题下自注：“离伴城十五里。”

［4］泰安：府县同名。据诗中“谷转半峰开”、“天清岳色来”云云，此当指泰安县。“泰安县（附郭）：东西距一百二十里，南北距一百四十里。……北至济南府历城县界八十里……西南至兖州府汶上县界一百里，西北至济南府长清县界四十里。”（《嘉庆重修一统志》卷一百四十二）

［5］岳：此指泰山。“在泰安县北五里，是为东岳，亦曰岱宗。……《唐六典·河南道·名山》曰：泰山周一百六十里，高四十余里。”（《嘉庆重修一统志》卷一百四十二）

［6］岱庙：“在府治西北隅泰山，有上中下三庙。……创于唐，恢拓于宋，重修于元明，在方祀为最著云。……庙城墙高三丈，周三里。南五门，中为岳庙门。……东一门曰青阳，又曰东华，西一门曰索景，又曰西华，北一门曰鲁瞻，又曰后宰。凡门各有楼。（内有）灵侯殿……炳灵殿……三茅殿……太尉殿……延禧殿……钟鼓楼……露台……仁安殿，其神即泰山，唐元宗所封为天齐王者也。宋真宗加封仁圣天齐帝，元世祖加封天齐大生仁圣帝。明兴，改称东乐泰山之神。今仍之。”（乾隆《泰安府志》卷七《祠祀》）

［7］济南：山东省会。“东西距三百六十里，南北距二百八十里。……南至泰安府泰安县界一百四十里。”（《嘉庆重修一统志》卷一百二十六）

［8］黄村：即今北京市大兴县城。“黄村：今定兴县治。《金史地理志》：涿州定兴县：大定六年，以范阳县黄村置，割涞水、

易县近民属之。”（《嘉庆重修一统志》卷十四《保定府（三）》）

［9］诗曰：“鞭影飞腾百尺波，此行那可怨奔波。文章志气坚于石，不与轮蹄一例磨。”（其一）“触眼尘沙四马骄，茅檐暂歇喜清寥。杯盘草草篝灯上，滋味初尝第一宵。”（其二）

［按］咸丰《清河县志》卷三《建置》：“过浪石西北十余里为渔沟镇，亦一大聚也。昔宋耿世安以三百骑迎北兵于此，其地始见于史。明万历中，分黄议起，河行予沟、浪石。或曰：县尝治于此。……县治既移，驿路所经过，商贩趋集，益饶裕。其后河流填淤，镇乃转贫……要其西北诸镇，犹为冠冕焉。”《光绪丙子清河县志》卷三：“渔沟镇：在王营镇西少北三十里。”

［10］诗曰：“鸡声角角客匆匆，霜洗晨暾分外红。冰结人须浑似雪，泥干马足欲生风。小池犹泛江南鸭，远岸全栖塞北鸿。休更回头望乡树，计程明日已山东。”

［按］顺河：即顺河集。《嘉庆重修一统志》卷一〇一《徐州府（二）·关隘》：“顺河集：在宿迁县东，中河东岸，南接仰化集，北达司吾镇，为往来孔道。本朝于此设有行殿。”民国《宿迁县志》卷四《营建志·乡镇》：“顺河集：在运河东，原名中河镇。”

［11］诗曰：“一山送我一山还，沙石高低不耐行。人以风尘还笔债，天将道路炼诗情。桥边下地分沂水，岭畔岩疆接费城。闻道汶阳田最美，轮蹄安得比躬耕。”

［按］“蒙阴县：在府西北二百里。东西距八十里，南北距一百八十里。……南至费县界四十里，北至青州府益都县界一百四十里，东南至沂水县界四十里。”（《嘉庆重修一统志》卷一百七十七《沂州府（一）》）

［12］郯城：县名。“在府东南一百二十里。东西距一百九十里，南北距五十里。……南至江苏徐州府宿迁县界四十里，北至兰山县界十里。”（《嘉庆重修一统志》卷一百七十七《沂州府（一）》）

［13］杜家庙：在长清县城南二十五里。道光《济南府志》卷十《桥梁·长清》：“雍盛桥，在城南二十五里杜家庙前。”胡凤丹《开山》序：“自泰山（北）至开山，计一百四十余里，山势蝉联，真壮观也。”《杜家庙》序：“离开山十八里。”（《退补斋诗存二编》卷五）

［14］阜城：县名。“在府南百四十里。东西距三十六里，南北距三十里。……南至景州界二十五里，北至交河县界八里，东南至景州界三十里。”（《嘉庆重修一统志》卷二十一《河间府（一）》）

［15］任丘：县名。“在府北七十里。东西距八十五里，南北距九十三里。……南至河间县界三十五里，北至保定府雄县界五十八里。”（《嘉庆重修一统志》卷二十一《河间府（一）》）

［16］词曰：“驴背觅芳菲，草瘦沙肥。枯桑风紧暮烟微。村落鸡豚都入户，马恋斜晖。山店拂征衣，灯火柴扉。胡卢河上（属河间府）梦还归。梦到淮南垂柳岸，雨过莺飞。”

［按］商家林：在河北献县，即今之商林镇。顾祖禹《读史方舆纪要》卷十三《河间府》“廉良镇”条：“商家林，在河间县南三十里，南去献县亦三十里，行旅必经之地。”民国《献县志》卷三（上）《舆地志》：“商家林，地方距城三十九里，凡五村。”

［17］石头胡同：在杨梅竹斜街南，马神庙北。

［18］钟昌（1785—1832）：“字汝毓，一字仰山，满洲正白旗人。……姿禀亮特，七岁能古诗歌，年二十五成进士。改庶吉士，散馆授刑部主事……复由郎官入翰林为侍讲、侍读，旋为侍读学士。道光四年大考二等，迁少詹事，擢内阁学士兼礼部侍郎。七年八月出为盛京礼部侍郎，未一月，入为刑部右侍郎。……治狱有重名，每直省疑狱，上必使公往鞫之，再使山西，一使福建，一使云南，首尾一岁余。舟车历天下大半，所过省会、郡县大狱，皆经公审，拟为定谳焉。……（十一年）二月，以吏部左侍郎兼右翼总兵。……十二年正月，迁仓场侍郎……逾月，竟中寒卒，年四十有八。……性好坟典，诗文雅健入古，以主持风会为己任，所得多知名士。……子三：长宗贻，工部笔帖式；次宗佑，举人；次宗康，出嗣伯父。”（《养一斋集》卷二三《拜都参赞公家传》）本年其任刑部侍郎，一见四农即曰：“闻淮上有三杰，子及李芝龄侍郎、毛子乔也。”（四农《水调歌头·与毛子乔》“上国标题三杰”句下自注）复谓人曰：“四农乃吾师也。”（《清史稿》本传）

黄爵滋（1793—1853）：“字德成，号树斋，江西宜黄人。……嘉庆己卯举人，道光癸未进士。改翰林院庶吉士，授编修，补福建道御史，转陕西道御史，历兵、工科给事中、鸿胪寺卿、大理寺少卿、通政使司通政使、礼部右侍郎、刑部右侍郎转左侍郎，以户部银库失察落职，候补六品员外郎。咸丰三年四月卒于京师，年六十有一。……自少以诗名，入翰林，为御史，诗益工。与歙徐编修宝善以诗提唱后进，而与建宁张际亮、山阳潘德舆论诗尤相得，一时言诗者争犊公。”（孙衣言《光禄大夫前刑部左侍郎黄公行状》，见《逊学斋文钞》卷五）。本年盖在翰林院编修补福建道御史任。

[19]《己丑礼闱题壁》：“南宫风月咏清华，题壁居然古作家。莫笑诗情太豪荡，帝城春满笔头花。”

[20] 见潘德舆《五科会试遗卷》。稿本，封面题下有阳文“养壹斋”、阴文“潘德舆”印各一方。淮安市楚州图书馆藏。以下所录会试题及诸批语均据此。

[21] 见张际亮《思伯子堂诗集》卷十。另外，黄爵滋《仙屏书屋初集·诗录》卷五“己丑”、徐宝善《壶园诗钞选》卷五“己丑”等均与张氏题近似。

徐宝善（1790—1838）：字廉峰，安徽歙县徐村人。“嘉庆戊寅举京兆试，又二年庚辰成进士。改庶吉士。丙戌散馆，授职编修。壬辰，进山西道监察御史。旋复原官。又六年而卒，故以编修终。君笃于天伦……当官以经世为务。尝谓州县于民为最亲，道府于州县为最近，二者得人，大吏特受其成耳。然非严禁请托，则不肖者得以优容；非明定陋规，即能事者亦多所顾虑。……于书无所不读，尤熟于诸史。……好吟咏，初学选体，兢兢守其绳墨，后乃肆力于少陵、昌黎两家，卓然有以自立。……以乾隆庚戌五月十五日子时生，以道光戊戌闰四月二十九日殁。”（彭邦畴《翰林院编修前山西道监察御史廉峰徐君墓志铭》，据《续碑传集》卷十八）“尝作《五代新乐府》，论者谓疏朴不及西涯，而峭炼过之，远在尤西堂《明史乐府》之上。”（《晚晴簃诗汇》卷一二八）四农曾评论《五代新乐府》，详见笔者整理校点之《养一斋诗话》。

郭仪霄（1775—1846），字羽可，江西永丰人。“嘉庆己卯举人，内阁中书，以母年九十告养归。喜为诗，尤爱画竹，笔法如铁，时称其工。”（丁晏《颐志斋感旧诗》“郭羽可中翰”）“工诗。出入汉魏唐人而能自抒词藻，卓然名家。新乐府尤深妙古浑，一时莫与抗手。”（《清史列传》卷七十三《文苑传（四）》）著《诵芬堂诗钞》三十卷、《诵芬堂文稿》三卷，道光二十六年刻本。

［按］同治《永丰县志》卷二十三本传：“历主琅琊、夷山、经训、梅江、鹭洲、恩水、求志诸书院讲席。年八十五，卒。”《清人诗集叙录》卷五十五：郭仪霄，“卒于道光二十六年，年七十二。”（页1932）樊克政《龚自珍年谱》称其卒于1855年。

简钧培（1781—?）：初名厥良，字进思，号梦岩，广东顺德人。嘉庆二十四年举人。著《觉不觉轩诗钞》十二卷，道光十六年刻本。道光《顺德龙江乡志》卷二《选举·举人》：“（嘉庆）己卯科：简厥良，改名钧培，字进思，号梦岩，厥修弟。三十九岁由县廪生中二十六名。”黄爵滋《觉不觉轩诗钞序》（刻本卷首）：“简子梦岩，余同年友也。……梦岩之诗，味腴而律细……与张南山司马、家香铁孝廉并驰声岭南，表异今日。”

管同（1780—1831）：“字异之，江宁上元人。父文郁，祖霈，官颍上教谕。君以乾隆庚子十月十六日生颍上教谕之署。年九岁，祖与父相继没。……嘉庆初，姚姬传先生主钟山书院，君与梅君伯言最受知。其后君苦力孤诣，学日以进，名日以大，四方贤士争欲识君矣。道光五年乙酉，新城陈侍郎用光典试江南，力拔君，得中举人。……同邑中丞邓公巡抚安徽，延君课其子。后六年，偕邓公子入都，道卒于宿迁旅次。年五十有二。”（方东树《考盘集文录》卷十《管异之墓志铭》）著《因寄轩文集》十七卷，道光十三年（1833）刻本。案：方宗诚《管异之先生传》（《柏堂集续》卷十二）：“道光十一年，先生卒，年四十七。”所云卒年与东树所言同，而称管同之享年则与东树异。揆诸其文，未交代管同之生年详情，故其所云管同之享年，似亦不足信。

马沅（1788—1850）：“字湘帆，一字韦伯，上元人。道光九年进士，选庶常，受知汪瑟庵尚书。……散馆后，改官户部主事。……洊升湖广道监察御史。奏开王营（原作“五营”，误）减坝，以解里下河之厄，宣宗下其奏于江督及南河督。旋卒，道光三十年之元旦也。”（同治《续纂江宁府志》卷十四之八《人物·文苑》）“工骈文，善诗，著有《驻帆阁文稿》、《尘定轩诗稿》。”（陈作霖《金陵琐志·运渎桥道小志》“马湘帆侍御宅”）

汪喜孙（1786—1847）：字孟慈，后改名喜荀，“扬州甘泉人。……父中，拔贡生。……（喜孙）中式嘉庆十二年举人，礼闱数困，入赀为内阁中书……道光元年，改官员外，签分户部，派山东司行走，寻兼河南司，充主稿。……八年，补户部山东司员外郎。九年，保送仓场。……十四年，（升为户部）井田科主稿。……十九年，经部保送河工，奉旨发往东河差遣。……二十四年，委掌拦黄大坝。……二十五年，补怀庆府知府。……二十七年……（八月）初三日，告终官署，年六十有二。”（王翼凤《河南怀庆府知府汪公墓表》，据《续碑传集》卷四十三）

周仲墀：字菊存，号雪桥，又号申之，江西湖口人。“道光癸未成进士，总裁汪公廷珍出语人曰：‘闱中四书文，湖南汤鹏三艺皆英气勃勃，二、三场则江西周某沉博典丽，为近来括帖家所无，二子海内隽才也。’由是名噪天下。……壬辰……授浙江绍兴知府。履任后……暇则提倡风雅，多士翕然从风，有‘风流太守’之目。”（同治《九江府志》卷三十六《人物·文苑》）

李彦彬（1792—1837）：字兰屏，一字则雅，号苏楼，福建侯官人。道光三年进士，官刑部山东司主事，总办秋审处。（民国《闽侯县志》卷六十九本传）著《榕亭诗文钞》十五卷（福建图书馆藏钞本）。其诗“隶事遣词，纡徐详尽，缘情体物，婉约清新，是能兼古人之长而自为机杼者。”（林昌彝《射鹰楼诗话》卷七）

龚自珍（1792—1841）：字瑟人，号定庵，浙江仁和人。“父丽正，进士，官苏松兵备道，为段玉裁婿，能传其学。巩祚十二岁，玉裁授以《说文》部目。巩祚才气横越，其举动不依恒格，时近俶诡，而说经必原本字训，由始教也。初由举人援例为中书。道光时成进士，归本班。洊擢宗人府主事，改礼部。谒告归，遂不出。官中书时，上书总裁论西北塞外部落源流、山川形势，订《一统志》之疏漏，凡五千言。后复上书论礼部四司政体宜沿革者，亦三千言。其文字骜桀，出入诸子百家，自成学派。所至必惊众，名声籍籍，顾仕宦不达。年五十，卒于丹阳书院。著有《尚书序大义》、《大誓答问》、《尚书马氏家法》、《左氏春秋服杜补义》、《左氏决疣》、《春秋决事比》、《定庵诗文集》。”（《清史稿》卷四八六《文苑传》）“当是时以奇才名天下者，一为魏源，一为自珍，尝著《西域置行省议》、《东南罢藩舶议》，时韪其言。尤精西北舆地之学。……所为文，独造深峻，论者谓桐城之文如泰山主峰，不可亵视，自珍文如徂徕、新甫，相与揖让、俯仰于百里之间，不自屈抑，盖一代文字之雄云。”（《清史列传》

卷七十三）余详见樊克政《龚自珍年谱考略》。

汤鹏（1801—1844）：“字海秋，湖南益阳人。……道光二年壬午举于乡，明年成进士。以主事分礼部。观政之余，益闭户为学，纵涉经史百氏之书。庚寅，充军机章京兼方略馆纂修。前太傅、大学士曹文正公以礼部方冗众需补，久恐抑君才，特奏调君户部，补浙江司主事，擢贵州司员外郎。……升郎中。一充陕甘乡试正考官。于路闻母丧，归。服阕，起复补江南司郎中、管理君需局。……郎中俸满，截取知府记名一年。一日，忽暴疾卒。道光二十四年七月初九日也。……君修髯伟貌，顾瞻雄骜，言词侃侃，乐交天下豪杰，中外名公巨卿，以至偏隅远方、薄技片能之士，咸闻声相倾倒，而人亦皆乐就之。顾性伉直，于所弗合，不宿中，必尽言质之，或相执忿争。以是人交君者，始莫不曰海秋贤，而或者不能终之。其读书求大义，不屑屑求章句，尤自雄于文词。……与建宁张际亮交。际亮时以诗名，莫与抗者。而君初未为诗。一岁，与张别数月，相见，出巨册示之，则已为诗歌数百篇，淋漓甚豪，一发其振迅不可一世之概。张抚卷大愕，以谓李梦阳今复世也。……君生嘉庆辛酉年三月十三日，卒年四十有四。”（王拯《户部江南司郎中汤君行状》，据《续碑传集》卷二十）著有《汤海秋全稿》。林昌彝《射鹰楼诗话》卷十九：“益阳汤海秋先生（鹏）……诗笔豪放，气欲笼罩宇宙。其于诗，凡《三百篇》、《离骚》、汉魏、六朝、三唐，无不形规而神絜之。”

顾翰（1782—1860）：字木天，号简堂，别作蒹塘、简塘，江苏无锡人。“少承家学，诗才清绝，人品狷洁如其诗。嘉庆十五年举人，知含山、泾等县。晚岁主讲东林书院。粤匪之乱，受伤而殁。”（光绪《无锡金匮县志》卷二十二）有《拜石山房诗钞》二十一卷，道光刻本；《拜石山房词》四卷，嘉庆十五年（1810）刻本。案：《锡金科第考》卷五曰：“顾翰，生壬寅，寿七十九。”是生于乾隆四十七年。或曰生于乾隆四十八年（《清名家词》、《清词年表（稿）》），殆误。

杜煦（1780—1850）：原名元鼎，字春晖，又字棣君，号尺庄，晚年自署苏甘居士，浙江山阴人。“嘉庆丁卯，与弟春生同登贤书……与计偕者再。读书教子二十年。博极经史，而志在辅翊圣贤，于阳明、蕺山之学融会洞彻，而务躬行实践。……生于乾隆四十五年六月廿五日，卒于道光三十年六月十六日，年七十有一。”（宗稷辰《躬耻斋文钞》卷十二《杜征君墓志铭》）著《苏甘廊诗文集》四十卷，咸丰刻本。

杜宝辰：字谷孙，号稼轩，浙江山阴人。杜煦之子。“中道光二年举人，十三年进士。以主事分刑部……改知府，分山西，以父老告归。……道光庚子，英人入明州，越中大震。以父命出三千缗，为防堵计。……工诗，著有《学稼轩诗钞》。”（《绍兴县志资料》第一辑《人物列传（第二编）》）

谭祖同：字桐舫，或作统方，江西南丰人。“道光壬午举人。乙未大挑一等，以知县分发南河。历任萧南、山盱同知，以办洪泽湖石堤功加知府衔，调山安同知，补海防。……咸丰十年，以疾去官。”（同治《建昌府志》卷八《人物（五）》）著《诒清堂诗稿》，同治十三年（1874）刻本。

谭祖勋：“南丰人。号菊农，祖同弟。官四川府经历。……署盐城县丞。复署高堰通判，宿北同知。……升江苏知州。”（同治《建昌府志》卷八《人物（六）》）著《且泊簃诗草》二卷，道光刻本。

潘曾绶（1810—1883）：本名曾鉴，字若甫，号绂庭，江苏吴县人。“道光二十年中顺天乡试举人，次年考取内阁中书。……咸丰元年擢内阁侍读，京察屡列一等，被诏首秩。……（二年）引疾乞养亲。……自是优游文史，宏奖后进，布衣萧然，无异寒素。卒以覃恩封光禄大夫太子少保，显荣光大，朝野企踵。”（李慈铭《诰封光禄大夫追赠三品卿衔前四品卿衔内阁侍读潘公墓志铭》，据《广清碑传集》卷十二）有《陔兰书屋诗词集》十六卷，同治七年（1868）刻本。

徐卓：字陶友，又字莘生，安徽休宁人。道光十三年（1833）进士。“孤贫服贾，佣书励学，通经术及地理、《星经》、数学。……主讲黟祁书院。著有《经义未详》、《说更漏》、《中星表》、《萝雪厄言》、《荒鹿遇谈》、《休宁碎事》、《白岳纪闻》。”（光绪《重修安徽通志》卷二二五《人物志·文苑》）

吴嘉洤（1790—1865）：字澄之，又字清如，江苏吴县人。“生而聪颖，自为诸生即以诗古文词知名于世，有‘吴中七子’之目。……举道光戊子科乡试，戊戌成进士，由内阁中书入直军机，升宗人府主事、户部河南司员外郎。……宣庙崩，先生遂解组归，掌教平江书院。……所为古今体诗，出入唐宋，不拘一格，而古文则专法庐陵，清真雅正，卓然可传。”（亢树滋《吴先生传》，据《续碑传集》卷二十）“雅负诗名，初学明七子，后学宋人，尤喜陆游。古文亦宗法宋人。”（同治《苏州府志》卷八十四《人物十一（吴县）》）著《仪宋堂诗词集》十五卷，民国十年刻本。

卢䜩：字籁亭，江西泸溪人。道光八年举人，官江西万载县学教谕。（同治《建昌府志》卷七《选举表》）著《红竹山房诗草》十卷，民国八年刻本。

江亭：即陶然亭，因始建于江藻，故名“江亭”。《宸垣识略》卷十：“陶然亭，康熙乙亥江郎中藻所建，取白居易诗‘更待菊黄家酿熟，与君一醉一陶然’。今士大夫恒于此宴集焉。”《道咸以来朝野杂记》：“陶然亭：在右安门，安踞高阜上，本为文昌阁。院中廊宇四周开窗，俯临郊原，万苇一碧，为夏日宴饮之地。当年诸文士尤喜流连于此。又名锦秋墩，南望南西门女墙，近在眉睫间。又名江亭。康熙间工部郎中江藻所建。”《顺天府志》：“陶然亭：康熙三十四年工部郎中监督厂事江藻建。亭坐对西山，莲花亭亭，阴晴万态。亭之下菰蒲十顷，新水浅绿，凉风拂之，坐卧皆爽，软红尘中清凉世界也。”

[22] 张深（？—1843）：“字叔渊，号茶农，又号退听居士。嘉庆庚午乡试第一，由考取教习选授山东博平县知县。改广东，补授大埔县及新宁县知县，署潮阳县事。以禁民械斗被害。”（光绪《丹徒县志》卷三十三）“画传家学，兼工山水花卉。初馆藩邸，遇名迹必数摹，得其神髓乃止，故笔意深厚入古。”（《清画家诗史·己（上）》）

[23] 自序曰：“道光九年，先生为奉天礼部侍郎，将出关宁远。州民遮道来迎，以太公尝为州刺史。故浮青山馆者，州之道观也。先生幼尝游观中，因为之图，传先世之慈惠，追童时之风景。睹斯图者，孝爱岂弟之思油然生矣。”

[按] 张际亮《思伯子堂诗集》卷十七（壬辰）《浮青山馆图为仰山先生题》，序曰：“先生先公尝任宁远州刺史，祷而生先生，寄名道院师。浮青，其道号也。道光七年，先生赴盛京宗伯之任，出山海关，州士民皆来迎。明年归，皆走送访旧道院，因绘此图。壬辰夏四月属题。”

[24] 卢沟桥：在宛平县“治南三十里，跨永定河。初架木，

金大定二十九年易石。……乾隆十七年重修券面、狮柱、石栏，五十年重修桥面，东西两陲加长石道。桥东西长六十六丈，南北宽二丈四尺，两栏宽二尺七寸。……桥空十有一，入深均长二丈六尺。”（光绪《顺天府志》卷四十七《河渠志·津梁》）《日下旧闻考》卷九十二：“卢沟桥：金昌明初建，正统间重修，长二百余步，左右石栏刻狮子数百枚，情态各异。”

［25］赵北口：在河北安新县东。“赵北口：在任丘县北五十里，即唐兴口，亦曰赵堡口，白洋诸淀之水所汇。旧有堤，长七里，有桥七，通南北孔道。”（《嘉庆重修一统志》卷二十一《河间府（一）》）

［26］滹沱河：“出山西繁峙县东北。滹沱，即《礼记》礼器所云恶池也。……源出繁峙县东北百三十里泰戏山品字泉，西南流经代州、崞县、忻州、五台县、盂县，入直隶境，又东经平山、灵寿、正定、稿城、晋束、鹿深、武强、献、河间十州县，入顺天府境……东北流过大城县，东又过静海县，至天津县入海。”（光绪《顺天府志》卷三十九）

［27］项王墓：位于东阿“县城南。汉高帝既灭楚，鲁犹为羽守，乃持项羽头示鲁，鲁乃降，遂以鲁公礼葬于榖。皇览曰：‘榖城县东十五里有项羽冢。’《水经注》曰：‘榖城西北三里，有项王羽之冢在焉，石碣具存。’皇览所云非也。《述征记》云：‘在榖城西北三里。’盖本之《水经注》。至《汉书注》，宋白以宋州榖熟县为项王葬所，非是。”（道光《东阿县志》卷四《古迹》）

［28］兖州：府名，“在山东省治南三百六十里。东西距五百十里，南北距二百六十里。自府治至京师一千二百三十里。”（《嘉庆重修一统志》卷一百六十五《兖州府（一）》）

［29］孟庙：在山东邹县“城南一里余。宋景祐四年，龙图阁学士孔道辅知兖州，访孟子墓，得于邹县东四基山，因于墓旁建庙。……康熙五十四年知县娄一均重修。正殿七间，孟子南面，以乐正子配。寝殿五间，祀亚圣夫人。东庑七间，以公孙丑……韩愈从祀。西庑七间，以万章、孟仲……钱唐从祀。殿前为承圣门三间。”（《邹县志》卷一下《庙祀》）

［30］滕县：属兖州府，在府治“东南一百四十里。南至江苏徐州府铜山县界一百十里，北至邹县界四十里。”（《嘉庆重修一统志》卷一百六十五《兖州府（一）》）

[31]“雄县：在府东北一百二十里。东西距六十五里，南北距四十二里。……南至河间府任丘县界十二里，北至新城县界三十里。”(《嘉庆重修一统志》卷十二《保定府（一)》)

[32] 乔守敬《金缕曲·题养一斋词》上片有云：“话雨旗亭外。数当年尘淄同染，几人犹在?”句下自注：“己丑初夏，先生偕祝、方诸君罢第南归，敬适以忧，并投商家林宿。”附跋始曰：“敬自己丑四月，始识山阳潘四农先生于寓邸。”(《燕山话雨图题识》)

[按] 乔守敬（1803—1858)，字靖卿，号醉笙，晚号笙巢，江苏宝应人。“道光八年优贡，十七年举人，博通经史百家，为诗古文辞，醰粹儒家之言，尤工倚声，精楷法，远近乞书无虚日。”(《宝应县志》卷十六）有《绿荫山馆吟稿》二卷、《红藤馆词》一卷行世。

[33] 联句尾署：“道光己丑仲夏下浣四农书。”

[34] 自题曰：“近四十岁稍就确实，以杜为宗，而精力不专，学问不广，子美门墙至今不能入，况堂室乎！使从一、二十岁时，常取趋庭所读者朝夕研习，何至费如许转折而不得达？悲痛悔恨莫甚于此。余诗逃不得一‘杂’字，盖命意甚妄，欲作无不有之大家，今则并名家亦不能也。此又可恨之一端也。道光九年己丑五月，四农书于养一斋。”(《潘四农先生手迹杂钞》)

[35] 赋曰：“有子有子，跄跄来往。长者既冠，次者舞象。幼垂十龄，蒙其可养。说经窗下，奉我几杖。”检《山阳潘氏统宗谱续》卷一：德舆子亮弼，行一，生嘉庆丙寅（1806）四月二十日，本年逾加冠四岁，是“既冠”；亮彝，行二，生嘉庆乙亥(1815）十月十二日，本年十五岁，正“舞象”之年(《礼记·内则》：人生“十有三年，学乐、诵诗、舞勺；成童，舞象、学射御。”郑玄注：“成童，十五以上。”)；亮熙，行三，生嘉庆庚辰(1820）十二月七日，本年恰“垂十龄”。是知赋必作于本年。又，赋曰：“煌煌京邑，千九百里。方春北行，霜犯骨髓。维夏南归，汗滴鞭箠。何似南窗，风日清美。”自叙本年由春及夏经历，与上述吻合，是知赋必作于归里后“风日清美”时也。

[36] 邱奕（1811—1829)：字祥仲，亦作蔷种，邱广业次子。著有《蔷种遗草》一卷，附于乃父《卧云居诗草》后。

[37] 其四有言：“一身为饥驱，迫若应征召。酸儒拙谋生，

岂不愿耕钓。”因知此行乃为营谋生计，非徒观光也。

[38] 毛松龄（1789—1859后）：字子乔，号补园，山阳人。淮上三杰之一。“举人。天性孝友，笃于交游，所至推长者。少负隽才，童试日，同人多纳卷去，松龄裁得首艺。莫学使晋取读之，击节叹赏，拔冠其曹。比壮，声誉藉甚。以家贫，恒旅居教授，束修所得，随手辄尽。数上公车不售，颇侘傺不自得。……后卒于扬州。”（《重修县志》卷十四）“年七十授国子监学正衔。”（丁晏《颐志斋感旧诗》“毛子乔学正”）

毛松龄：字子乔，一字补园，号芝侣，嘉庆丁卯举人，来安县教谕。（《山阳诗征续编》卷十一）

[按] 道光十六年四农作《扬州访毛子乔》，颔联下句“喜色乍生儿”后自注：“子乔今年五十八，乃得子。”由是逆数五十八岁，因知毛松龄生年。子乔卒年，暂未得确考。

[39] 汪汝成：字到渠，仪真人。道光八年（1828）举人，十九年官淮安府学教授。

[40]《山阳诗征》卷二十四题作《和丁俭卿韵吴门却寄》，文字亦微异。诗后附丁晏《柘塘脞录》云：“壬辰夏，余与四农下第南归，同行甚洽。余有《满江红》词云：‘作客只言归去好，抵家翻羡途中乐’。秋间，四农客游吴门，余送诗云：‘凄凉独向枫桥泊，不信垂杨眼尚青’，四农和韵寄余。落拓书生，饥驱乞米，展阅此诗，为之怃然。”

[按] 所谓“壬辰夏”云云，乃俭卿误记。壬辰（1832）夏秋，四农在京师钟昌府邸任教，无游吴事。

[41] 题诗序曰：“安东徐念劬，年六十许，六应礼部试被黜，犹不已于行。询之，则念劬父少以苦读，致咯血疾，仍手一编，血暴涌，淋漓满帙。疾笃，以帙付念劬母刘曰：‘异日示吾儿！’时念劬甫八月耳。稍长，入塾归，母课至夜分。念劬微倦，母出所藏，泣曰：‘此汝父心血也！’念劬大恸，益自励。及为博士弟子，母已不及见。十应乡试，乃获解。今须鬓皤如，蹀躞公车间。痛念先人，冀光大其德，不敢以老谢也。”

[按] 光绪《安东县志》卷十三《人物（四）》：“徐孝思，字念劬。父廷标，少读书攻苦，致咯血疾，仍手一编不置。死时以书付孝思母曰：‘留以示我儿！’时孝思生甫八月耳。稍长，母刘课之读。性开敏，数行俱下。或有倦怠色，母出所藏书示之曰：

'此汝父心血也！汝不读书成人，曷以对汝父！'则母子相持大哭。嘉庆中，举于乡。为人亢直憙事，凡邑中利病徭役，皆独任之。用是或为邑人所訾议，然终亦无有出其右者。八应礼部试不第，晚官颍上教谕以终。"

[42] 金华：府县同名，属浙江。此指县名。南邻武义，西邻兰溪。"东西广九十三里，南北袤六十八里。"（《浙江通志》卷三《金华县》）

[按] 陶克让去年返翰林院，今年始试得金华知县。

[43]《北行日录》卷首。按该书计一卷，稿本，详记应座主钟昌之邀，于明年三月赴京师任教其二子之途中事。

[44] 朱桂桢（1767—1839），"字干臣，号朴庵，江苏上元人也。忠介刚实，毅然以古人自勖。于外物无所动，虚己爱物，闻人一善，或用心民事者，虽所嫌怨，辄翻然师事之。……乾隆戊申举顺天乡试……己未，成进士，由吏部稽勋司主事累转至文选司郎中，迁监察御史，为贵州镇远府知府。……壬午，擢浙江按察使，又迁甘肃布政使，旋调山东，明年，巡抚山西。……己丑，总督漕运。……庚寅，巡抚广东，旋兼总督。"（潘谘《故广东巡抚权两广总督朱庄恪公墓志铭》，见《续碑传集》卷二十三）

[按] 己丑，即道光九年（1829）。《县志》卷六《职官（二）·总漕部院》亦载，"朱桂桢……（道光）九年任。有干略，为时所称。"《行略》原订四农以《淮语》呈朱桂桢一事于道光五年（1825）乙酉，误。

道光十年庚寅（1830）　四十六岁

【山阳要闻】

山阴举人王沄任山阳知县。

【行状】

二月十七日，送长子亮弼入郡城参与府学岁试。同时入学者有卢大中（字念兹）等。

同月，作《山阳诗征序》[1]。

二十二日，钟昌与汤金钊由福建审案归来，复经山阳。四农

携长子亮弼晋谒之，并请求带次子亮彝入都读书。钟昌承允，且渡黄河先行。（《北行日录》）

代汤金钊作《诰授奉政大夫广州府同知丁君墓表》[2]。（《酬世集》）

三月初三日，与诸友集于胡棠宅。作《即席留别》。舅氏卢涌亦在场，有和诗[3]。

三月初七日，对家人作临行告诫，要求“毋赴博局；毋夜宴，二更必归；毋引客来家闲谈；毋出门与人闲谈；毋好借人什物；毋借与人珍藏书文；毋论人优劣；毋论人文字优劣；毋为小事与人争辩生事”等。（《家书（庚寅三月）》附录）

初九日，“冒雨至亲故家为别”。作《留别元敬侄、子澈甥、相廷婿》[4]。（《北行日录》）

初十日晓启程，“驾舟赴城，门前送者：胡问樵、舍南昆弟、鲍方周、衡士叔侄、刘盈初、汇三父子也。邵震寰、惟清叔侄则在第一桥西侧相候。”傍晚入郡城，寓居海会庵。（《北行日录》）

十一日，携次儿及仆夫一行“出西门登舟。送者：周大木斋、丁三俭卿、郝三镜渠、方四云壑、李六少白、卢大苞元、邵佩阶、立三、王岳天、邱孚伯、朗陵兄及诸侄孙也。”（《北行日录》）尔后迤逦西北行。有词留别邱奂[5]。

沿途几乎日日作诗或填词，计得三十余首，《养一斋集》仅存诗三首：十九日“午饭前后于沂州府城登车，成五古三章”，集存一章，题作《过沂州作》；廿二日，中饭罢，“登车，望泰山遥立于正北矣，作《望岳示次儿》五古一章”；三十日，“四更起行，北风未息，引被而眠。任邱早饭，饭罢复眠。至十二连桥，起而慨其风景：红桥碧水，柳色蔚然，渔舟三五，映带远近，北来第一佳处。是日为五古一章。”题作《任邱道中》。（卷四）

《北行日录》尚记其余行程与诗作。

十三日于王营作五律《王营旅舍留示大儿亮弼兼示鉴渑弟》二首[6]。

十四日，弟德端、长子亮弼、侄亮凝送至王营北二里许始返。

十六日于顺河作《遣兴》六章（俱为五绝）。

十八日，经郯城，有七律《过郯城作》[7]。

十九日《过沂州作》另一章（首韵为“窗明天未明，满地是凉月”)；二十日入沂州蒙山中，作七古《车行入山戏作遣闷》及五律《沂水道中》。

二十一日，经蒙阴，作《蒙阴道中》三章[8]。

二十三日晚，宿泰安城，作《泰山下作》[9]。

次日上午，作七律《泰山下晓行》，午后经长清，作七古《长清道中坐小车戏占》[10]。

二十五日，经齐河，作五古《长清县出山过齐河县观杏花作》[11]。

二十六日，夜宿平原二十里铺，作《平原主人歌》一章[12]。

二十七日，过德州，有五律《德州作》[13]。

二十九日，晚歇河间西二十里铺，作七律《河间献王墓》[14]。

复作七绝《河间郭外偶见岩耕羡其闲适因自号南溪耕者为诗三章识之》[15]。

三十日，晚宿雄县，作《雄县十二联桥歌》[16]。

四月初一，经新城[17]，作《望西山》二章[18]。

初二日，经涿州，作《涿州良乡道中偶成》[19]。

初三日整天在长兴店，由仆从准备明日进城事宜，作《长兴店竟日兀坐偶吟》[20]。

初四日早晨，经卢沟桥，有七律《过卢沟桥作》[21]。

词集则存有二十八日于富庄驿所作《满江红·富庄驿偶题》[22]。

四月初一于新城南高淀旅店所作《金缕曲》“南高淀店壁有沈梦塘者，题《金缕曲》甚工，爱而和之。”[23]初二再和一阕。

四月初四，“午，入彰义门，复入崇文门，至仰山夫子宅”[24]。(《北行日录》)

初九，徐宝善、黄爵滋即邀其前往花之寺看海棠，作续江亭饯春之集，作诗“都会足春色”。同集者除旧识龚自珍、汤鹏外，尚有新交平湖朱为弼(号椒堂)、邵阳魏源(字默深)等一行计十四人[25]。

作《题须芥庵桐华庵诗集》[26]、《次韵题司马文正公深衣小像》二首[27]。(《养一斋集》卷四)

二十九日，寄家书与长子亮弼，告知离乡背井，来老师家坐馆之种种不快[28]，附词《满江红·京邸题家书尾》(《养一斋词》卷二收录)。

闰四月初，钟昌离京赴云贵办案。四农作《送仰山先生滇南治狱》二首。

二十日，作家书备陈当下父子二人面临的表面光彩、内里困窘的痛苦[29]。

乡人徐开业出任陕西潼关协镇，四农因作《送徐健安之潼关》[30]、《健安招集即席再赋》二首。

感念鲁一同，作《寄怀鲁通甫》二首。又因忧郁成疾，乃作《病中集陶》。（《养一斋集》卷四）

端午寄家书，附词《金缕曲·五日饮丁容圃寓》[31]。

六月，选两汉、魏、晋、南北朝诗若干，名之《清气集》[32]，以供亮彝作学诗之楷模。

作词《高阳台·赠周守迂农部》[33]、《木兰花慢》"岳兼山以《金缕曲》题余词集[34]，书此答之。"《湘月》"题黄仲则《悔存词》后[35]，并柬须芥庵。"

同月，第三女嫁同里鲍抡弼[36]。

作《夏夜与芥庵论诗》、《寓斋观射柬岳兼山须芥庵》。

七月，于钟氏塾馆作《水龙吟·寄和李少白》、《霜天晓角·再寄少白》、《江城子·寄刘生湘沄》等词。

作《寄露滋》二首、《寄寿亦侨丈》、《奉怀仰山先生》[37]。

八月初十，寄家书。其中有自我检讨[38]。末附词两阕：《沁园春·寄示大儿》、《买陂塘》"秋日京寓倩人作《烟雨课耕图》[39]，题词其后，寄示儿辈。"

本月，作词《南乡子·秋思》、《桂枝香》"芥庵惠蟹佐饮，偶吟宋人赋蟹词，聊复效颦。"《望海潮》"中秋无月，作此遣闷。"《潇湘夜雨》"容圃姬人逝于京邸，作此唁之。"

九月，作"秋夜十声词"，亦即《齐天乐·风声》、《绮罗香·雨声》、《摸鱼儿·落叶声》、《疏影·虫声》、《望海潮·鸡声》、《南浦·雁声》、《金缕曲·鸦声》、《念奴娇·柝声》、《水龙吟·笛声》、《春从天上来·钟声》。

十月二十二日，与慧成等雅集于钟氏园。作《卜算子》"饮钟子致水部园，即席作。"慧成亦有诗记之[40]。

十一月十八日，寄家书，极道当时经济困难[41]。书末附近作《都门旅次》一首[42]。

为阮钟瑗作《修凝斋文集序》[43]。（《养一斋集外编手稿》）

腊月，作《冬夜醉中与芥庵》、《听芥庵夜诵〈孟子〉》、《冬夜读书效后山体》二首、《酷相思·冬夜偶书》、《岁暮酬方云壑兼寄祝炎洲》[44]、《读钱仲文〈题玉山村叟壁〉诗爱而和之》[45]、《除夕和韵》三首[46]。（《养一斋集》卷四）

闻卢涌殁，作诗《哭蓉湖舅氏》。（《养一斋集》卷四）

感念胡棠，作《寄蔗坪》二首[47]。（《山阳诗征》卷二十四）

【其他作品编年】

诗：《题周倬云诗集》[48]、《题春猎图》、《奉题仰山先生听松图》、《题承玉庵大令诗册》[49]。（《养一斋集》卷四）

【诗坛生态】

四月二十七日，常熟翁同龢生。十月初六日，吴县潘祖荫生。十二月初六日，长乐林天龄生。

张琦重刻乃兄张惠言《词选》。

【注释】

[1] 序文曰："明嘉靖乙卯春，先九世祖中丞公《淮郡文献志》成，郡守蔡公世金序之曰：'上下数千载，表里三百余人；采先代之绝言，集诸家之佚旨；钩极元深，搜穷广远；世代盛衰之明鉴，人事得失之法程，继此兴起者，予犹有望。'德舆生乎二百六十余年之后，不肖无状，不能继先世之德业。妄拟采嘉靖以来此郡文献附先中丞纂辑末，而梼昧谫劣，未敢施手。忆二十三四岁与亡友赵子吉人议同辑山阳先辈诗，为诗以要之曰：河岳英灵休摭拾，襄阳耆旧惧沉沦。极知香聚谈何易，略付艰难后死身。然竟卒卒无余日，未践厥言而吉人已不可作矣。丁子俭卿，亦予之至交也。志气坚决过于予，甫成童即覃思著述，六籍皆有考订，复订《山阳诗征》。上溯汉魏，下迄近时，已物故者访其全集，详其出处，录其行谊，缀其轶事，凡撮拾十余年始成编。示予，使商确焉。予志既不就，惭悚不暇，其又奚言！虽然，天下当为之事在人与在己，一也。俭卿好学深思，与予疑难相质几二十年，则尤不可以无言也。夫近时辑郡邑诗者率题诗征，然皆繁冗无纪，未足系文献。俭卿之所征者，文也，而献实之，故足

贵。然用诗存人，一二篇足矣；一二篇外必至精者乃录之，弗以多贵也。俭卿然予言，予亦与删择役。要之，俭卿搜罗出处、行谊、轶事之功为大，后之览者，由诗以知人，得其行己之大方，则受范于先辈者，深远矣。且以罔罗掌故，庶几盛衰得失之明鉴法程。鄙拙如予，不克续采文献竟先世未竟志者，而亦深幸是编之成，藉以偿吾愿也。抑先中丞经济德望衣被乡人，《文献志》特其一也。今俭卿年力甚富，方且浚水道，振荒灾，扩而充之，匪直一方之幸也。俭卿勉乎哉！道光庚寅二月同邑潘德舆谨序。"

是序见《山阳诗征》卷首，与《养一斋集》卷十八所刻略异，故录以备参考。

［2］墓主丁如玉，字在衡，清河人。光绪《清河县志》卷二十一有传。

［3］诗见《北行日录》，曰："淮南雪压春溪柳，河北雪花当似手。北风甚厉催远行，小梅半开姑饮酒。主人酿酒休治聋后一日社，时蔗坪耳患重听，世事过眼如飘风。行客轮蹄走俗状，此累波及五尺童予携次儿往京。酒边怅触别怀起，酒外关山二千里。不及溪头种菜翁，日日开门对春水。春水方生我去乡，都亭两度绿垂杨。燕山风雪想思夜，梦绕春溪旧草堂。"

卢涌和诗题《庚寅三月三日，四农贤甥将入都，蔗坪复邀同人小集，率和留别元韵，以当骊歌，幸是正焉》(《养一斋同人投赠诗词存》)。

［4］诗曰："积雨走溪声，茅堂别夜情。关河愁骨肉，文字累平生。远道头真白，残径眼未明。惟思偕尔辈，百亩学躬耕。"

［按］《潘氏宗谱续》卷一：潘亮凝，德舆族兄德馨（字香谷，号治堂）子，"行一，原名开府，字元敬，号融斋，小字五九，从九品。生嘉庆戊午正月五日，卒光绪甲申十月九日，八十六。"

又，门人刘湘沄作《长歌饯四农夫子入都》（《山阳诗征续编》卷十三）

［5］《采桑子·赠孚伯》："离情惘惘如中酒，昨日东溪。今日城西，挥手袁江日又低。　　雨丝烟柳清明到，芳草平堤。绿树莺啼，得句旗亭笔懒题。"

［6］诗曰："蒲酒迎归骑（原注：去年出都，五月抵家），杨花送去旌。荒村积雨色，孤馆大河声。祖帐悽朋辈，连床蔼弟兄。相携望乡树，烟火近清明。"（其一）"莽莽千山去，匆匆三

日留。离堂小团聚，剪烛话弓裘。身世守先矩，文章非好修。余闲多莳菊，归或在深秋。”（其二）

［按］王营：即王家营镇。“在清河县西北黄河北岸，为陆路入京孔道。本朝康熙六年，居民以河决分为东、西营。又西北十五里至浪石镇，三十里至渔沟镇，十五里至包家河，接桃源县界。”（《嘉庆重修一统志》卷九十四《淮安府（二）》）“与北平、西安、开封、樊城称北道五都会，南船北马，众庶走集，财赂大赡。直至咸丰兰仪大决，斯地并以冲要显当时。”（《王家营志》卷一《建置》）道光间，王营旅店除蒋三义、姜顺兴两大家外，其他集中于东、西两市，东市“有旅店三家：曰鲍、汤、纪，咸丰时尚存”，西市“则馋劳巷，有回、汉酒寮八家”（《王家营志》卷六《杂记》）。据《北行日录》，四农父子十一至十三几天皆住在“于姓店”，或即属西市。

［7］诗曰：“双轮侧侧记曾经（去年春过郯城词“侧侧双轮日未斜”），乐府留题旧驿亭。沂水近通诸派白，峄山遥路半痕青。人才珍重麒麟降，官制空传凤鸟灵。不见风流何水部，新诗歌与阿谁听？”

［8］诗曰：“清明风雨送征轮，除却垂杨未见春；行过青山三百里，小桃一笑乍迎人。”（其一）“马蹄欲脱下崇冈，山顶人家说路长；还过几条烟外岭，蒙阴官驿到敖阳。”（其二）“脚下轮迟枉北行，肠中轮速自南征；鲁山行尽齐山到，日向淮山转一程。”（其三）

［9］诗曰：“欲跨群峰直到巅，凭高饱看海东天。一千里外不停马，十八盘中空所烟。汉碣秦碑迎处处，鞭丝帽影过年年。（原注：去年二月过此）山灵定解予心事，生计惟求二顷田。”

［10］“长清县：在府西南七十里。东西距一百里，南北距一百五里。……北至齐河县界三十五里，东南至泰安府泰安县界一百十里。”（《嘉庆重修一统志》卷一百六十二《济南府（一）》）

［11］“齐河县：在府西四十里。东西距七十一里，南北距八十一里。……南至长清县界一里，北至临邑县界八十里。东南至长清县界半里。”（《嘉庆重修一统志》卷一百六十二《济南府（一）》）

［12］诗曰：“我行不见平原君，平原主人雅好文。捧觞致辞来戏宾，人生当为吾郡东方生。高步天子殿廷，直言谏争，平视

群公卿。不尔便为管公明，胸罗阴阳粹精。列侯郊迎，一谈四座惊。宾挟此才气，可以嬉敖长安城。长安达者多，车马轩轩，足迹遍天下，亦知吾平原？平原名士足讨论。宾独不闻刘讦挂檄树上坚辞官，又不闻僧绍高卧摄山冠。犨冠宾若乏才气，何为踆踆频往还？何不亦入密林深山间，清风朗月长盘桓。主人喋喋宾不语，齿逼无闻良自苦（今年四十有六）。出不能名姓铭鼎彝，处不能风雨守环堵。有酒胆不豪，羞浇赵州土。揽镜镊白须，白须不胜数。门前驺子半醉问余年，长者容颜今当六十余。”

［按］平原：县名，清属济南府，在济南府治西北一百八十里。其地“地势砥平，原陇棋列；西襟马颊，北枕钩盘。”（乾隆《平原县志》卷之一《疆域》）

［13］“德州：在府西北二百六十里。东西距一百三里，南北距六十里。……南至东昌府恩县界四十里，北至河间府景州界二十里，东南至平原县界四十里。”（《嘉庆重修一统志》卷一百六十二《济南府（一）》）

［14］诗曰：“献王雅有硕儒风，六籍分纶倡始功。太学频繁谁论列（阎潜邱谓，王宜从祀）?”（其一）“故都祠墓合尊崇。间平未许休声匹，毛董犹居掾属中。齐羡才猷天策府，可知渊录日华官。”（其二）

［按］“河间献王墓：在献县东北八里。《金史·地理志》：乐寿有汉献王陵。本朝乾隆二十一年，高宗纯皇帝东巡，有御制《寄题河间献王墓》诗。”（《嘉庆重修一统志》卷二十二《河间府（二）》）“汉河间献王墓：在献县东十里，墓左有庙，有司春秋祀。明隆庆中唐世隆有修庙碑，今乾隆二十年，知县吴龙见复修。前世诗石多存。”（《河间府志》卷之四《古迹》）

刘德（？—前130）：汉景帝刘启之子，武帝刘彻之弟，封河间献王。“以孝景前二年立，修学好古，实事求是。从民得善书，必为好写与之，留其真，金帛赐以招之。繇是四方道术之人不远千里，或有先祖旧书，多奉以奏献王者，故得书多，与汉朝等。是时，淮南王安亦好书，所招致率多浮辩。献王所得书皆古文先秦旧书，《周官》、《尚书》、《礼》、《礼记》、《孟子》、《老子》之属，皆经传说记，七十子之徒所论。其学举六艺，立《毛氏诗》、《左氏春秋》博士。修礼乐，被服儒术，造次必于儒者。山东诸儒多从而游。……立二十六年薨。中尉常丽以闻，曰：

‘王身端行治，温仁恭俭，笃敬爱下，明知深察，惠于鳏寡。’大行令奏：‘谥法曰：聪明睿知曰献，宜谥曰献王。’”（《汉书》卷五十三《景十三王传》）

［15］“河间府：在直隶省治南一百四十里。……府城周十六里，门四，濠广五丈。宋熙宁中筑，明万历十年甃砖，本朝乾隆九年修。河间县附郭。”（《嘉庆重修一统志》卷二十一《河间府（一）》）

［16］歌曰：“彩虹一一云边起，碧柳朱栏映春水。行人错认到江南，忘却江南二千里。”（其一）“桥上隆隆车马多，桥下有人披绿蓑。我欲沧江逐渔父，无心易水吊荆轲（桥下即易水）”（其二）

［按］十二联桥：亦作十二连桥，在赵北口。“凡由王家营入都，一路尘沙扑面，饮食粗恶，风霜途路之苦，不特无物可口，兼且无物可目。惟赵北口之十二联桥，垂杨拂水，渔艇参差，颇觉眼界一清。而鲜鲫肥美，价又极廉，行人到此，莫不饱啖此馔，更宜于南人。”（沈善宝《名媛诗话》卷二）

又，“赵堡口，即宋之唐兴口（原注：一作赵北，取《公孙瓒传》“燕南垂赵北际”之意也），在任丘东北五十里，居西淀之中。旧有桥八，白洋淀诸水皆出桥下，桥卑碍流。雍正初，怡贤亲王易之以木，恢其制，增三桥，俗称十二连桥，燕齐驿足所必经。”（陶保廉《辛卯侍行记》卷二“八月初五日”）

［17］新城县：“位于河北省中部稍北，东北去北京二百二十里。……南至雄县界三十五里。”（民国《新城县志》卷一《地图篇·疆域》）

［18］《望西山》：“天涯南浦牵人梦，云外西山知我心（去年出都诗“别绪迷离绕南浦，尘容拂拭对西山”）。一自去年驱马过，尘容未洗到如今。”（其一）“江亭两度饯春杯，杯底西山岚翠开。料得京华狂酒伴，残春饯罢盼予来（今日四月朔）。”（其二）

［按］“新城土地平旷，有水无山。”（《新城县志》卷二《地图篇·河道》）故此西山乃当指京都之西山，详见道光十八年注释［16］。

［19］《涿州良乡道中》：“柝静铃喧野色昏，四更人出驿亭门。关开涿鹿鸡初唱，桥滑琉璃马不奔。”（其一）“赵北山河控

王辅，畿南烟雨护千村。晚晴行客添归思，故国随来月一痕。”（其二）

［按］顺天府“涿州：在府西南一百四十里。东西距六十五里，南北距五十五里。……南至保定府新城县界三十里，北至良乡县界二十五里。”“良乡县：在府西南七十里。东西距三十二里，南北距六十里。……南至涿州界四十五里，北至房山县界十五里。”（《嘉庆重修一统志》卷六《顺天府（一）》）

［20］《长兴店竟日兀坐》：“借梦还家已是痴，恹恹兀坐更难支；一时直当两时过，一日思家廿四时。”

［按］长兴店：在宛平县西南，接房山县界，为近畿往来冲要。或作长新店，今作长辛店。《日下旧闻考》卷九十二：“长新店，在卢沟桥西五里。”

［21］《过卢沟桥作》：“都亭杨柳送南征（去年四月出京），柳絮重飞入凤城。蓟馆树添新雨色，桑乾水急大河声。山回云抱孤虹卧，日上风连万马鸣。一自桥头题晓月，乡心谁不斗然生。”

［22］“富庄驿：在交河县西二十五里。明建文四年置，旧有驿丞，今裁。”（《嘉庆重修一统志》卷二十二《河间府（二）》）

［23］沈学渊（1788—1833）：字梦塘，号兰卿，江苏宝山人。嘉庆十五年（1810）举人。诗文词俱擅，其“散体文脱胎于唐刘蜕、孙樵两家；骈体文汪洋恣肆，不屑规橅六朝；诗则断以唐人为宗，兼览眉山、中州、遗山、道园、青田、海叟、西涯、梅村之作，百宝惶惑，不名一家，近今才俊，莫之与京，其邈然追古人于千载之上者乎！间为词令，情韵兼胜。其时桐城姚硕甫、锡山顾简塘、浙西冯柳东、大兴方彦闻，并以诗古文辞著名于时，其才望亦各不相下，及交梦塘，而皆服膺也。”（李兆洛《沈梦塘传》，《桂留山房诗集》卷首）有《桂留山房诗词集》，道光二十四年甲辰刻本。

［24］《宸垣识略》卷十：“广宁门，在外城之西，原名彰义门。”

［25］徐宝善《壶园诗外集》卷六《四月九日，偕树斋编修约同人花之寺看海棠，盖续江亭饯春之集也。至则落红委地，簌簌如积，着树者亦无复晕雪融霞之态矣。同人拈韵，予与树斋分得“肉”字。会者朱椒堂京兆（为弼）、彭荆田太守（邦畯）、潘研甫解元（德舆）、周雪桥检讨（仲墀）、汪大竹比部（全泰）、

简梦岩孝廉（钧培）、龚定庵舍人（自珍）、魏默深舍人（源）、汤海秋仪部（鹏）、陈登之通守（延恩）、潘星斋待诏（曾莹）、绂庭典簿（曾绶），未到者李方赤比部璋煜也》。起首曰：“去年饯春城南亭，旌帜骚坛尽名宿。今年三度访花之，十日海棠红过屋。”又“松门桃岭怀郭震（谓羽可），镜水稽山思杜牧（谓尺庄）。虎头迩复绾半通，踪迹天涯块然独（谓简塘。三君皆与去岁饯春之集）”。

黄爵滋《仙屏书屋初集》卷十五亦诗题纪此事，曰《四月初九日，同黄树斋招集朱椒堂副尹，彭荆田太守，李方赤、汪大竹两比部，龚定庵、魏默深两中翰，汤海秋仪部，陈登之通守，周雪桥检讨，简梦岩、潘四农两孝廉，潘星斋、绂庭两明经，花之寺看海棠，分韵得“肉”字作》，编年“道光庚寅”。

朱为弼（1771—1840）：字右甫，号蕉堂，或作椒堂，浙江平湖人。“举嘉庆五年庚申科乡试，十年乙丑科成进士。以主事用，签会典馆协修官。二十二年授职方司主事，二十四年迁员外郎。……道光建元，授河南道监察御史……四年，擢顺天府府丞，又擢府尹。……六年，御门左转府丞派稽查右翼宗学。……十一年，授通政司副使，转太常寺卿。……十三年，转兵部左侍郎。……十四年转漕运总督。……二十年二月初六日卒，年七十岁。”（杨岘《迟鸿轩文弃》卷二《漕运总督朱公墓表》）著《蕉声馆诗文集》三十三卷，咸丰二年（1852）重刻本，《蕉声馆词》一卷，民国五年刻本。

彭邦畯（1780—?）字喜塍，一字荆田，江西南昌人。嘉庆十九年（1814）进士，选翰林院庶吉士，散馆以知县用。曾“知凌云县，历庆阳、延平知府，署延建邵道。”（光绪《南昌县志》卷二十一《选举（二）》）

汪全泰（1770？—1846后）：字竹海，一字子纯，号大竹，别号铁盂居士，江苏仪征人。“嘉庆九年，与弟全德同中顺天举人。援例为内阁中书，亲老告养。……丁忧，服阕，加员外郎，分刑部江西司。截取以知府用，选授浙江台州府。引见，回本衙门，投效东河。……因劳成疾，不起。”（同治十三年刻本《续纂扬州府志》卷九《人物志（一）》）著《铁盂居士诗稿》五卷，光绪二十一年石印本。

王翇之《铁盂居士存稿跋》（《友声集》本）：“大竹太守，剑潭先生嗣君也。以名进士官比部，曾一出守闽中，卒于东河。孔君宥函称其诗奇秀天成，光气夺人神魄，嘉、道之间，殆罕其匹。”

［按］陈三立《散原精舍文集》卷四《汪全泰传》：“咸丰、同治间官直隶同知，有惠政。后自投劾去。……年六十余卒。”

又，大竹的生卒年，尚待确考。《清代人物生卒年表》称大竹卒于道光二十二年（1842），显然是错误的。检《友声集》本《铁盂居士存稿》卷下，最末一题曰《丙午春初，卧病大梁，蔚卿过慰……》。其时之丙午只能是道光二十六年（1846）。不过，大竹是否真的如陈三立所言活到了同治年间，也颇值得怀疑，因为《续纂扬州府志》已为其立传。况且，若同治初其六十余，则其当生于嘉庆五年（1800）左右。然则其又如何能于嘉庆九年（1804）中举？

魏源（1794—1857）：“字默深，邵阳人。道光二年，举顺天乡试。……会试落第，房考刘逢禄赋《两生行》惜之。两生者，谓源及龚巩祚。两人皆负才自喜，名亦相埒。源入赀为中书，至二十四年成进士。以知州发江苏、权兴化。二十八年，大水，河帅将启闸。源力争不能得，则新击鼓制府，总督陆建瀛驰勘得免，士民德之。补高邮，坐迟误驿递免。副都御史袁甲三奏复其官。……源以我朝幅员广，武功实迈前古，因借观史馆官书，参以士大夫私著，排比经纬，成《圣武记》四十余万言。晚遭夷变，谓筹夷事必知夷情，复据史志及林则徐所译西夷《四州志》等，成《海国图志》一百卷。他所著有《书古微》、《诗古微》、《元史新编》、《古微堂诗文集》。”（《清史稿》卷四八六）“默深经术湛深，读书渊博，精于国朝掌故，海内利病，了如指掌。著……《圣武记》及《海国图志》，尤为有用之书。……所编《经世文编》，已家有其书。……所为诗文，皆有裨益经济……视世之章绘句藻者，相去远矣！诗笔雄浩奔轶，而复坚苍遒劲，直入唐贤之室，近代与顾亭林为近。”（林昌彝《射鹰楼诗话》卷二）

［按］魏源卒年，《清史稿》本传谓：“咸丰六年，卒。”而魏源之子魏耆所作《邵阳魏府君事略》（《广清碑传集》卷十一）却明谓是咸丰七年（1857）丁巳，曰：“丁巳三月，偶感微疾。……三月朔，金廉访安清过候，剧谈愈晷。……至酉刻嗒然而逝，时年六十有四。”兹从魏耆说。

陈延恩（1803—1853）：字登之，后改字云乃，江西新城人。“少习举业，应京兆试不售。援例通判，分发江苏，补柘林通判，署江阴知县。……升川沙同知，署淮南监掣同知，兼护两淮盐运使。……以知府用，署扬州、常州知府。奏补徐州府，兼护淮徐道。未履任卒，年五十一。”（同治《新城县志》卷十《人物（二）》）

［按］考包世臣有诗《画松寿陈登之别驾三十》（《小倦游阁集》卷二十一）。张际亮《思伯子堂诗集》卷十八《赠陈登之》，题下自注：“君秋闱荐而不售，今将以通判分发出都，索诗为别，慨然有赠。”编年壬辰。别驾即通判。由道光十二年（1932）壬辰逆数三十岁，故知登之生于嘉庆八年（1803）。

潘曾莹（1808—1878）：字申甫，号辛斋，亦作星斋、惺斋，江苏吴县人。“道光十四年应顺天乡试，中式举人。……二十一年中式进士，改翰林院庶吉士，散馆授编修……累迁翰林院侍讲学士、侍读学士、光禄寺卿、内阁学士、吏部左侍郎……工部左侍郎。……著有《赐锦堂经进文稿》一卷、《小鸥波馆文钞》四卷、《诗钞》十二卷、《补钞》二卷、《词钞》一卷、《题画诗》四卷、《画识》三卷。”（俞樾《吏部左侍郎潘公墓志铭》，据《续碑传集》卷十一）

花之寺：原名三官庙，在右安门西（《燕都丛考》第三编第五章《外四区各街市》），以盛植海棠称，曾燠（1759—1830）始名之“花之寺”。曾燠《花之寺看海棠歌》（《赏雨茅屋诗集》卷二十一）：“法源崇效花已稀，我为此寺题花之（自注：寺本名三官庙，花之寺盖余所题）。”震钧《天咫偶闻》卷九《郊垧》：“花之寺，自曾宾谷先生修后，尚无恙。俗呼三官庙……花木盈庭。”杨懋建《京尘杂录》卷四《梦华琐簿》：“二三月间，南西门（德慈案，《顺天府志》卷一：‘右安门，俗称南西门’）外三官庙海棠开时，来赏者车马极盛。”李慈铭《桃花圣解庵日记》：“京师花事：悯忠丁香，崇效牡丹，花之、极乐海棠，天宁芍药，丰台芍药，十刹海荷花而已。”

附记：四农诗见黄爵滋《仙屏书屋初集》卷十五，刻本删削。

［26］须弥保（1897？—？）：字芥庵，别号桐花庵侍者，江苏阳湖人。能诗，著《尘不到斋诗稿》一卷。

［按］本年夏，芥庵作《俚词奉呈四农仁兄大人惠览》（《养一斋同人投赠诗词存》），其中有云：“我年十八九，发愤观群书。……荏苒十余年，此景良不如。……君今四十六，齿更长于余。”以是约略知其生年。

［27］司马光（1019—1086）：“字君实，陕州夏县（今山西夏县）人。宝元元年（1038）中进士甲科。神宗时因反对新法退居洛阳十五年，撰成《资治通鉴》。哲宗即位，拜尚书左仆射兼门下侍郎。次年卒，赠太师、温国公，谥文正。后追贬并入元祐党籍。宋代著名史学家。平生著述甚富。”（祝尚书《宋人别集叙录》卷七）有《温国文正司马公文集》、《涑水纪闻》等。

题下四农自注：“公自题云：‘黄面霜须细瘦身，平生未识漫相亲。居然不肯市朝住，骨相天生林野人。’”二诗皆即次其韵。检《温国文正司马公文集》卷十四及四库本《传家集》卷十一，诗题均作《自题写真》，次句作“从来未识漫相亲”。

［28］四月廿九日家书：“现在一切光景，一言难尽。总由身体不健，故此地饮食起居都难合适。若在他人家，可以旋至旋归。老师家如何可行，只得勉强支持。逐日原无大病，还要应酬谈笑，然十分豪气消磨八、九。饮、读、吟‘三乐’，无兴趣及此也。”

［29］闰四月廿日家书：“现在汝又逢科考，又将嫁妹，又无多钱，百事千难，汝之心神亦惫甚矣。每一念及，清泪如绠。吾不解吾之境遇，何一窘至此？身如春蚕，家如悬磬，而家中及京中诸友犹有说我是好境遇者，人之不相知至此。”

［30］徐开业（1788—1831），字健庵，一作健安，阜宁县人。“嘉庆二十五年庚辰以武科第一人及第。由侍卫任潼关协镇，抚绥训练，兵民协和。开业虽武人，喜文学，有儒将风。善诗，与山阳潘德舆为诗友，所著多可传者。”（《阜宁县新志》卷十七《人物志·列传（二）》）鲁一同《通甫诗存》卷一有题《送徐健安之官潼关》二首，编年己丑。庚寅则有《酬潘四农自都枉赠之作》。辛卯年有《哭健安参戎》四首。

［按］“潼关厅：在府东少南一百九十五里。东西距十里，南北距四十一里。”“潼关：即今潼关厅治。东薄山东，南接河南阌乡，北渡河接山西蒲州府，历代皆为要地。今设副将都司驻守。”（《嘉庆重修一统志》卷二百四十三《同州府（一）》）

［31］丁暹（1792—1854）：字荣普，号容圃，亦作蓉圃，山阳人。嘉庆二十年（1815）乙亥诸生，道光八年（1828）中顺天副榜，即居京为官，终至礼部员外郎。（段注本《淮山肄雅录》卷下）

［按］丁晏《祭从兄蓉圃文》（《颐志斋文集》卷十二）："维咸丰四年阏逢摄提格孟秋月戊午日，降功服弟晏敬具清酌庶羞之奠，谨以心香一瓣，老泪一掬，致祭于诰授奉直大夫蓉圃从兄之灵曰：兄幼同砚，长余二年。居则宇对，卧则床联。长游日下，文酒流连。策名仪部，裘马翩翩。"

［32］《清气集自序》："声律对偶之体，凡学诗者不能不为，而初问途则断不可以从事。欲速之心胜而急从事焉，必将以填砌字句为诗，而诗之本失。诗之本失而胸腹之清气塞矣。儿子亮工初学诗，予虑其砌字而梗气也，溯汉迄隋，择诗之滚滚一气，见即了然者，录而汇之，使知清气流转，古大手之能事，百变而不离乎此。彼专以襞积追逐逞其能，乃徒自走荆榛者耳。若汉人宏奥之作，必俟辞义既清而后学之，况声律对偶之为人巧者乎！录既竣，题曰《清气集》。清气内充，即宏奥工巧者亦有元胎矣。甘受和，白受采，是亦知本之义云尔。道光庚寅六月，三录居士书于京师寓斋。"

［33］周守迂：未详。

［34］岳昌：字兼山，别号云麓山人。钟昌弟。

［35］黄景仁（1749—1783）："字仲则，又字汉镛，武进人。……少孤，事母屠孝。性颖悟，工诗歌，能文章。为人倜傥有奇气，试童子，辄冠其曹，补博士弟子员。……学使朱公筠夙闻其名，礼致之，相得甚欢……名益噪。及游京师，名公巨卿争与纳交，持金购诗文者踵相接。会以召试二等，入四库馆，议叙得县丞，迎其母养于京师。数年复奉母归，游西安，病卒于山西运使沈公业富署，年三十五。诗天才超逸似太白，而灵气幽光，窈渺无极；词精心结撰，其至处古大家殆罕其匹也。所著有《两当轩集》二十卷、《竹眠词》四卷。"（左辅《黄县丞状》）许隽超博士著有《黄仲则年谱考略》（上海古籍出版社 2008 年版），详考其生平行实与著述等。

《悔存词钞》二卷，仲则词集，嘉庆四年（1799）岭南赵希璜刻本。

［36］鲍抡弼（1813—1879）：字辅士，山阳人。德舆入室弟子。道光监生，候选光禄寺署正。著有《立经堂集》。（《山阳诗征续编》卷三十一）

［按］《淮安鲍氏族谱》："鲍抡弼，字辅士，号容斋，行二。城工议叙国子监典簿加二级，筹饷议叙光禄寺署正，候选同知加一级，赏给从四品，诰授朝议大夫，晋授通议大夫。生于嘉庆十八年十月十二日卯时，卒于光绪五年七月二十一日巳时。配潘氏，诰赠恭人，晋赠淑人。生于嘉庆十八年二月二十二日子时，卒于咸丰四年八月十四日丑时。"

［37］尾联"辇下群才翘足望，归来启事有山公"下注："新佐吏部。"检《清代职官年表·部院满侍郎年表》：道光十年七月丙子，钟昌由刑部左侍郎改任吏部右侍郎。

［38］八月初十家书："我终身为人心慈气降，不敢放胆，不敢害物，似于'仁'字有点相似。而其实聪明泛用，做事不得到底，'智、勇'二字全无，以致昏迷散杂、侮辱困屯相因而至。此似仁而实大不仁也。"

［39］汤鹏《海秋诗集》卷二十一《潘四农〈烟雨课耕图〉》："劳劳行路鬓毛苍，望望江关故宅长。处士乾坤宜稼穑，长歌烟水是文章。碧鸠暮雨呼朝雨，黄犊前冈趁后冈。余亦有田湘渚上，急抽手版老耕桑。"黄钊《读白华草堂诗二集》卷八（编年壬辰）《潘四农（德舆）〈烟雨课耕图〉》；夏宝善《壶园诗外集》卷六《潘四农解元（德舆）〈烟雨课耕图〉》；孔继鑅《心向往斋诗集》卷二亦有《题潘四农师〈烟雨课耕图〉》。

［40］钟子致：未详。慧成《庚寅十月廿二日小集颇洽再叠前韵录呈四农先生郢正》（《养一斋同人投赠诗词存》）："为避长安十丈尘，寻来幽赏最清真。久无烟火侵诗笔，转幸陶韦有替身。几日风霜催暮岁，连宵觞咏付闲人。兰膏已是销如许，尚说高楼钟鼓频。"

［41］十一月十八日家书："今年共收馆金二百两。除在家用去七十外，携来三十余，并此地暂借邵银二十余，及馆金百金，共享可五十余金，此事亏空已极矣。明年算至九月初，约馆金再二百，还丁及寄家外，邵项及我之食用何着？若不寄家用，我又将若何？大约此事算至归家时首尾两年，要拖欠百五十金债了。远行离别之苦、饮食起居之艰不算外，尚要拉债如许，真可叹

耳!”“或者老师归来可以接济,然京官十有九穷,伊家一切都不甚充足,恐亦未必有大济也。只索守候时命,吃苦待之耳。”

[42]《都门旅次》:“华发百痴拙,今知行路难。别来愁已熟,书到岁将残。儿女勿相忆,与居粗自安。不过三百日,燕蓟上归鞍。”

[43] 序尾署:“道光庚寅十一月,同邑潘德舆书。”

[44] 方其洪:字云壑,道光八年(1828)戊子举人,官常熟县学教谕、苏州府学教授(《山阳艺文志》卷八“小传”)。著《环山居士小稿》(《续纂山阳县志》卷十三《艺文》)、《啸云斋诗钞》。(《山阳诗征续编》卷十八)

祝融峰:祝蟠子,字炎洲,号榴轩,山阳人。嘉庆十一年(1806)丙寅科考。(段注本《淮山肄雅录》卷下)

[45] 钱起(715? —780?):“字仲文,吴兴人。天宝十年李巨卿榜及第。……释褐授校书郎……除考功郎中。大历中为太清宫使、翰林学士。”(《唐才子传校正》卷四)著有《钱考功集》。

[按] 傅璇琮《唐代诗人丛考·钱起考》:“他的生年比起杜甫(712年生)来,晚不了几年。”“钱起登进士第的时间,应当改正旧说,为天宝九载(750),而不是十载。”“闻一多先生《唐诗大系》系钱起的卒年为780(?)……这一记载还是较为审慎的。”

钱起《题玉山村叟壁》(《钱考功集》卷三)云:“谷口好泉石,居人能陆沉。牛羊上山小,烟火隔云深。一径入溪色,数家连竹阴。藏虹辞晚雨,惊隼落残禽。涉趣皆留目,将归羡在林。却思黄绶事,辜负紫芝心。”

[46] 自序云:“王西樵先生有《除夕三咏》,一和杜公《杜位宅守岁》韵,一和戴叔伦《除夜宿石头驿》韵,一和罗隐《除夕》韵。道光庚寅,寓少宰先生宅度岁,亦和三律,以遣旅怀。”

[按] 王士禄(1626—1673):字子底,号西樵,山东新城人。“顺治九年进士。清介有守,笃于友爱。自少能文章,工吟咏……(历任)吏部主事……吏部员外郎。母殁,归,饮食不入口者数日。竟以毁卒,年四十八,时康熙十二年也。其为文条鬯芊蔚,绝去雕饰,诗则幽闲淡肆,极乎性情之所之,而一归于正。”(《清史列传》卷七十)

杜甫《杜位宅守岁》:“守岁阿戎家,椒盘已颂花。盍簪喧枥马，列炬散林鸦。四十明朝过，飞腾暮景斜。谁能更拘束，烂醉是生涯。”

戴叔伦《除夜宿石头驿》：“旅馆谁相问，寒灯独可亲。一年将尽夜，万里未归人。寥落悲前事，支离笑此身。愁颜与衰鬓，明日又逢春。”

罗隐《岁除夜》：“官历行将尽，村醪强自倾。厌寒思暖律，畏老惜残更。岁月已如此，寇戎犹未平。儿童不谙事，歌吹待天明。”

［47］其一颔联“敦盘联少小，药石到儿曹”自注：“时命长男从学。”

［按］道光十年（1830）七月初二日《家书》嘱咐亮弼：“胡三伯仍馆车桥，汝必拜从为是，郭生亦然。”胡棠，行三。

［48］周为汉（1774—1814）：“字嶓东，亦曰倬云，先世家浙之浦江。父能珂，官甘肃山丹知县。甘肃，边省，少文学。无锡杨农部芳灿知灵州，奇君诗文，亟称之，君由是受学焉。游于京师，所交益广，诗文日益奇，然竟无所遇。返甘肃而能珂卒。兄心如官粤西，独力任丧事，卒以此病。君先是尝援例为县主簿，非其所好，终身未尝谒选。……君既葬父于长安塔坡里，会心如题补粤西，君往省示，行至武昌病甚，卒于旅舍，年四十。……著有《枕善斋集》十六卷。于诗尤致力，刻峭雄肆，幽奥酸涩，读之使人不怡，大约出入退之、长吉，兼采晚唐诸人之美。”（姚椿《晚学斋文集》卷六《周倬云家传》）

［49］承玉庵，未详。

道光十一年辛卯（1831）　　四十七岁

【山阳要闻】

本年恩科乡试，山阳徐璧中副榜。

夏，水灾[1]。车桥水漫至文昌宫东。

【行状】

仍在京馆仰山家塾。

正月十三日，独坐遣兴，作诗三首[2]。（《家书（辛卯正月十

七日）》）

填词《凤凰台上忆吹箫·题秀楚翘侍郎悼梅图》[3]。（《养一斋词》卷三）

三月廿九日，寄家书与长子亮弼，曰：“余在此眠食如昔，但心气不免怔忡，白须亦多。”

时乡人吴锡光（字寿泉）亦客京师，与四农经常过从，相交甚欢[4]。

四月初，钟昌出为马兰镇总兵[5]，“捐资建兰阳书院，并建义学三，文教蔚然”（《拜都参赞公家传》）。四农因作诗《夏夜独坐奉怀仰山先生》。

作《寄到渠》、《寄张咏仙》[6]、《送芥庵之兰阳》。（《养一斋集》卷五）

孟夏，为庆祝钟昌夫人四十寿辰，作《钟老师母宗室氏夫人四十寿序》[7]。（《酬世集》）

作《寄和镜渠》、《慧裕亭仪部席上赋赠文小湘大令用昌黎山石韵》[8]、《奉怀仰山先生兰阳》三首、《题汤海秋仪部浮邱阁诗集》[9]、《醉歌》、《赠徐镜溪水部》二首[10]、《赠张亨甫》二首[11]、《题亨甫博陵秋眺卷子》、《题孔生继镤诗后》[12]。（《养一斋集》卷五）

汤鹏作《山阳诗叟行（并序）》赠四农[13]，四农因作《答海秋》酬之。（《养一斋集》卷五）

四月十八日，修家书极道目前窘迫之状[14]。

仲夏，作诗《赠徐廉峰太史即题其壶园诗册》二首[15]。（《养一斋集》卷五）

京师奇热，夜不能寐[16]，因作《夏日尘定轩中取近人诗集纵观之戏为绝句》十二首、《夏晚独坐奉怀仰山先生》二首、《月下对酒怀芥庵》、《月下饮双槐轩同孔生作》二首。（《养一斋集》卷五）

六月十三日，作《与张亨甫书》（《养一斋集》卷二十二），批评“今之才人所造，至足以悦人而止，不能究古人沉郁顿挫之妙”，惟亨甫之作能“挺万人之禀，多历名山广川，缔交硕士，招纳广言，光其蕴愫。”[17]

二十八日，作《水调歌头》“慧裕亭、丁容圃、孔生继镤以余生日集饮酒肆，即席赋此。”

七月，作《送姚石甫大令之江苏》二首[18]。

作《一斛珠·为伊猗君题梨花白燕扇》[19]、《水调歌头·游海淀和相废园》[20]、《水龙吟·与王琴仙驾部尘定轩夜坐》[21]、《一剪梅·旅思》。

仲秋，与久居京师的邑人医家吴瑭聚会。作诗《秋夜就吴丈菊通饮》二首[22]。

作词《江城梅花引·寄勤子濠梁》、《浣溪沙·中秋作》。

廿六日，作家书，告知拟回乡，已“拟荐镇江张君（名培寿，乙酉江南解元）续此席事”。

二十八日专程至马兰镇拜别钟昌。临行，作《将之兰阳出朝阳门作》二首[23]。

途中作《通州》二首[24]、《蓟州道中》三首[25]、《蓟州》等。（《养一斋集》卷五）

至兰阳，作《赴兰阳谒仰山先生告别》四首[26]。其间还代钟昌作《新建兰阳书院记》[27]。（《酬世集》）

返回后，于重九至黑窑厂揽胜。作《九日登黑窑厂》[28]。

九月十三日，移居淮安会馆，作《十三夜与沈小庚孔生继鑅置酒联句题淮安邸舍》[29]。

隔日夜，复与沈、孔二人饮酒联句，作《九月十五夜与小庚宥函联句拟张曲江望月怀远一首》[30]。（《山阳诗征》卷二十四）

代钟昌作《包圭山墓志铭》[31]、《陶慧寿哀词（并序）》[32]。（《酬世集》）

作别诸友，有词《百字令·长安酒肆与沈小庚痛饮作》；有诗《留别宗贻宗佑兄弟》、《奉别黄树斋先生》二首、《廉峰席上留别亨甫》等（《养一斋集》卷五）。黄爵滋、徐宝善各有酬答[33]。

九月下旬，与门人孔继鑅、王与沂结伴出都。十月上旬抵家[34]。

沿途行迹及诗作有《出彰仪门作》[35]、《琉璃河》[36]、《涿州吊汉昭烈》[37]、《白沟河》[38]、《大风过雄县》、《夜过赵北口》、《河间怀刘文房》[39]、《河间夜发》二首、《景州吊周亚夫》[40]、《恩县道中》三首[41]、《途次赠孔生》、《茌平怀马宾王》[42]、《茌平夜发》、《九月晦日途中即目迭前韵》、《是日东阿大桥待渡再迭前韵》[43]、《东阿吊曹子建》[44]、《过三归台》[45]、《汶上待渡三迭夜发韵》[46]、《途次赠王寿梅》（自注：“时寿梅将归吴门。”）[47]、

《兖州听雨四迭夜发韵》、《邹县道中雨雪赋诗述怀》[48]、《野宿》、《雨夜与孔生联句六十四韵》、《官桥夜坐》[49]、《过二疏故里》[50]、《微山湖晚眺》[51]、《小顺河题壁》[52]、《过圯上作》[53]、《次皂河饮孔生斋中感赋》[54]、《渡河作》。（《养一斋集》卷五）

作词《金缕曲》“南高淀题壁用去年和梦塘韵”、《百字令》“兖州旅店与孔生坐雨达旦”。

孔继镂送至清江，作《清江浦与四农师别即送归车桥》（《心向往斋诗集》卷二），四农因亦作《袁浦别孔生》[55]。

冬，邵应旂之子邵鸿鸣殁，四农痛作《祭邵震寰文》、《邵震寰哀序》[56]。（《酬世集》）

嫁次女于郭斗[57]。

【其他作品编年】

诗：《题潘漱泉中翰长风万里图》[58]。（《养一斋集》卷五）

【诗坛生态】

正月二十日，义宁陈宝箴生。十月十二日，中江李鸿裔生。六月十八日，阳湖方履篯卒，年四十二。七月初六日，吴江郭麐卒，年六十五。

【注释】

[1] “今年共八省大水（贵州、四川、湖北、湖南、江西、安徽、江苏、浙江），民生嗷嗷，流亡满道。此变为数百年所未有，不独吾一乡一邑已也。”（本年八月二十六日四农家书）

《县志》卷二十一《杂记（二）》：道光“十一年，夏六月，运河决马棚湾。”周寅有诗题《辛卯水灾闻星使至淮抚恤》（《耳鸣山人剩稿》）。

李续香《道旁行》：“春风吹寒寒有力，春雨欲行行不得。道旁叠卧陈死人，头发如蓬面黧黑。就中生者余残喘，皮骨焦枯胁露肋。云是去年六月间，一线河堤势逼仄。马棚湾头湾复湾，土不敌水土被克。河流直下膏腴田，河伯占之作水国。斯时人命若蝼蚁，穷奔急走任颠匐。父子夫妻不相见，生死茫茫断消息。出门无家安所归，苦寒尖雪骤见逼。枯肠雷转空腹鸣，十日五日一再食。不如早付洪涛流，犹胜他乡化鬼蜮。诉言未尽声气微，对此使我心凄恻。君不见鹑衣百结难蔽身，腰肢屈曲不敢直。又不见夫鬻妻分父溺子，掉头不顾无悲色。噫嘻乎悲哉，谁为为之至此极!”(《山阳诗征》卷二十五)

张恂《纪灾新乐府序》(《知鱼乐斋存稿》)：“道光辛卯、壬辰之间，淮扬马棚湾决口，米谷涌贵，民苦食坚。自冬徂春，藜藿亦倍直，且奇寒，于是淮扬之民死于水者半，死于工者半，非水非工而冻馁死者，更踵相接也。况鹾政久敝，淮北仰食于鹾者不下数千人，复有开行改道之说。小民无识，寤寐心惊。良者坐以待毙，猾者迫而为奸。耳目所经，不胜凋瘵。”

[2]《正月十三日独坐遣兴》：“离家近一岁，客绪积千重。人事逐春日，余心犹大冬。风中入云竹，雪后倚山松。萍迹适人海，漫疑桃李客。”(其一)“懒将中酒夜，试看上元灯。心迹枉千古，行藏无一能。豪情忽壮士，寂境又枯僧。颇怪当筵烛，灰深泪点凝。”(其二)“吾思葛稚川，愤然乃求仙。守礼药衰俗，博文宗古贤。毋将黄白术，竟作老庄传。余亦淮南隐，安贫手一编。”(其三)

[3] 秀堃(1775—?)：字楚翘，原名秀宁，字琪原，号松枰，他塔喇氏，满洲正黄旗人。嘉庆三年(1798)举人，六年(1801)中进士，官礼部右侍郎、吏部左侍郎、喀什噶尔参赞大臣、和阗办事大臣等。

[4] 潘亮熙《浑斋小稿》有题《吴寿泉先生昔与先君子同客京邸极相得恨未及见也兹晤韵臣世兄于郡寓获观所遗二图怆感曷已用韩韵即次高伯翁诗后》。

[按] 孔继鑅《心向往斋诗集》卷二《留别吴寿泉上舍(锡光)》，编年辛卯，时在京师，颈联“官道客千里，乡关客四围”句下自注：“寿泉家淮东，时湖流下注。”

[5] 《清代职官年表·部院满侍郎年表》：道光十一年(1831)三月十五丁卯，钟昌由吏部左侍郎改马兰镇。

[按]“马兰镇总兵官：驻遵化州马兰关，左右两营。”(《嘉庆重修一统志》卷四十六《遵化直隶州(二)》)“遵化州在省治东北六百三十里，至京师三百二十里。”(光绪《畿辅通志》卷五十四《舆地(九)》)“马兰峪关：在州西北七十里，为守御要地。……雍正五年，以陵寝重地，设总兵官，驻兵防护。有城在关南十

里。”（光绪《畿辅通志》卷七十《舆地（二十五）·关隘（四）》）

［6］张咏仙，曾任交州府学教授。冯桂芬《显志堂稿·梦耐诗稿》有《怀人诗二十首》，其十六曰：“早年词赋动公卿，偏靳江东榜上名。莫道冷官兼僻壤，交州士燮有贤声。”（张咏仙广文）四农诗首联云：“小窗寄高枕，忽到沧浪亭。”是知张咏仙乃苏州人，因疑即四农同榜举人张肇辰。肇辰事迹详见道光十五年注释［1］。

［7］序曰：“我师仰山少宰，入长部曹，出镇边圉，所至风采凛然。……今岁孟夏，夫人四十览揆之辰，嗣君宗贻等称觞于家。”所述钟昌行迹既止于“出镇边圉”，则必为马兰总兵时，故允当系于本年。

［8］慧成（？—1864）：字裕亭。“戴佳氏，满洲镶黄旗人。道光十六年进士，改翰林院庶吉士。十八年散馆，授检讨。”其后历官通政使司通政使、河东道总督、四川总督等，“同治三年卒”。（《清史列传》卷四十八）

文惇：字小湘，正黄旗人。钱泳《履园丛话》卷二四《杂记（下）》：“小湘公子，名文惇，内府正黄旗人。以玉牒馆议叙得知县，未补缺。道光己丑岁始出京师，省其尊甫监督公于淮上。时余在袁浦节署，遇之，尝以所著《艳雪山房稿》见示。”

［9］汤鹏自号浮邱子，曾著文“《浮邱子》八十一篇，篇数千言，通论治道。”（姚莹《汤海秋传》，《续碑传集》卷二十）故《浮邱阁诗集》，殆其早期未刻之诗集名，或即示张际亮之数百首诗也。

［10］徐启山（1791—1853）：字镜溪，安徽六安人。“年十八，补诸生。……二十三，中嘉庆癸酉科举人。道光己丑成进士，殿试置二甲入选，授主事，分工部。……凡二年，乃去。派虞衡司主稿。……越十年，应召赴东河，旋补泇河同知。……补通判。又一年，引疾归。……（著）《香草阁文存》、《诗存》、《何思室词选》。”（同治《六安州志》卷二十七《人物志（二）·宦绩》）

［11］张际亮（1799—1843），字亨甫，号松寥山人、华胥大夫，福建建宁人。“幼颖异，里中老儒李古山才之，其家乃使之读。……（道光四年）沈鼎甫侍郎视学闽中，试拔贡第一。乙酉入京师，朝考报罢，京师贵人及名士言诗者，无不知亨甫

矣。……都中交深者，歙徐莲峰（宝善）、龙溪郑云麓（开禧）、宜黄黄树斋（爵滋）、益阳汤海秋（鹏）、山阳潘四农（德舆），唱和尤密。六年，余至京师，从游者久之。亨甫既为朝贵所忌，试辄不利。自是历游天下山川，穷探奇胜，所交名贤几遍。以其穷愁慷慨、牢落古今之意，发为诗歌，益沉雄悲壮，至天才艳逸，情致绵邈，则其本色，而亨甫之诗乃大成矣。十八年乡试，易名亨甫中式……会试复报罢。二十年，余在台湾，召之，亨甫喜，将渡海，及厦门畏险，使人写其貌，题诗寄余而返。……（以病）卒，年四十五。”（姚莹《张亨甫传》，《东溟文集后集》卷十一）著有《张亨甫全集》。详可参见李云诰《张亨甫先生年谱》（同治六年刻本《张亨甫全集》附录）或曾宪辉《张际亮简谱》（《中国韵文学刊》2000 年第 1 期）。

博陵：汉县名，因桓帝追尊乃父刘翼为孝崇皇、陵曰博陵而得名。即今之河北蠡县。

［12］孔继镕（？—1858）：字宥函，号廓甫，曲阜孔圣人六十九世裔孙，迁为南清河人。道光十六年（1836）进士，“用刑部主事。性至孝，无兄弟。居京师年余，思亲心切，急归。以家在河上，改官南河同知，为养亲计。时督河使者以旧契相与，极款密，人疑有苞苴之行，因愤而去官，避居于宝应，将以养亲终老。会粤寇入江，扬州陷……继镕死之，旌于朝。……能文章，好为古歌诗，师事山阳潘德舆。与同郡鲁一同、宜黄黄爵滋、歙徐宝善、益阳汤鹏、建宁张际亮、汉阳叶名沣以气节相尚，赋诗酬唱，一时京师坛坫称极盛焉。知天下将乱，每语人曰：‘吾当死国。’际亮号为善相人，熟视曰：‘君殆不免。’声音高亮，尝于旷野长啸，如鸾凤鸣天际，樵夫牧竖惊而聚观。躯干短而丰有力，取一方食案，盂鼎满列其上，以两手举之，走数十步不变色。读道书，能炼气，虽盛寒，衣单衣走风雪中，无所畏。”（吴昆田《孔宥函太仆传》，见《漱六山房全集》卷七）“于诗宗汉魏，其五言之善者，凌越凡近。既丁时艰，一取则于子美，所造益深，时运之夷塞，身世之荣郁，尤三致意焉。”（冯煦《孔宥函先生传》，见《广清碑传集》卷十一）著有《心向往斋集》。本年在京师刑部主事任，正思亲念归。时乃父孔传坤任江苏宿迁巡检，居住皂河。

［13］汤鹏《海秋诗集》卷十二《山阳诗叟行（并序）》。序

曰："余习声律，不求人誉，人遂不之誉也。山阳潘四农学富且老，能剖别古近高下，以余诗合于性天，出入于风骚而不苟作。既又曰：诗，余事也，慎勿以此耗其用世之志。非百年一知己，安得此言？作《山阳诗叟行》以酬之。时重光单阏之夏季（此句据钞本补）。"诗曰："山阳诗叟须眉长，掎摘百代记忆强。江河韬蓄不可见，酒酣论快如飞航。欲比管葛防哂笑，姑逐甫愈参翱翔。独弦哀歌为我起，相视大笑非今狂。仁经义纬足根本，龙雕虎绣森光芒。昌明屈宋补风雅，变化汉魏驱齐梁。今以吟哦为儿戏，虽欲告语其谁详。腐儒南北一书剑，百年涕泗忧文章。叟之用心若日月，惜哉不上白玉堂。东方诵读饥无粟，季子衣裳秋满霜。古来盛名皆坎坷，叟不自挫弥轩昂。乾坤双鬓自黑白，鸡虫万态徒炎凉。纡青拖紫半年少，气浮识暗疏老苍。问之不肯道所以，貌若惭汗中难量。我能为叟倒杯杓，醉枕其股醒若忘。雨声飕飕暑快人，烛华艳艳歌绕梁。叟亦因之删忌讳，以我诗句推蜩螗。苍蛟腾波走魑魅，朱凤振羽离鹙鸧。嗟我摇毫苦猛挚，独扛百斛摆雷硠。闭门惨淡战虚焰，入梦吐吞纷古香。世有好者亦耳食，寸心得失何茫茫。四海一叟感且怪，兀若黑豹蹲严冈。人生几何骨已朽，吾道可倚天所昌。铭钟勒鼎看古往，雕章缉藻亦寻常。叟之乡人我之师（汪文端公），汉经宋理襄庙廊。吁嗟山阳要闻有今昔，故以吾辈为弛张。眼中疮痍满吴楚，世上缥缈怀虞唐。熟思民物剧含梗，岂可楮墨徒穿杨。山中有田耕有田，暂缓归鞍观行藏（时四农屡困公车，欲结庐终老山阳）。"

[14] 四月十八日家书："连日以当衣过日，专候午节束修拂拭一切。去偿丁五十外，其余又需二、三十金以还零债，即午节送百金，亦一散而几罄耳。不知此用度用何法遣开也?"

[15]《中华博物》网曾发布此二诗之手书，题作"廉峰先生惠赠新刊大集，述怀奉酬，即求教正。"尾署："道光辛卯中夏，四农潘德舆拜稿。"钤阴文"德舆"印一方。经比勘，刻本较之原稿，第一首于"甘逐时世妍"下脱"发愤起追古，卑极犹唐贤"二句，第二首于"名心实荆棘"下脱"太史洞此义，灵府有广宅"二句。

[16] 六月二十六日家书："此地今年奇热不可当，予往往彻夜不能寐，已有月余不雨矣。"

[17]（一）该书尾曰："己丑春，见足下诗帙，辄喜悦，欲

订交，迫于遄旋，睽阻天末。今兹合并得畅发积抱，交攻文艺，殆有天意哉!”因知其必作于道光九年（1829）己丑之后，二人初订交谊不久，宜在今年。（二）书又叙说自已经历曰：“居长安岁余，授经之外，闭关养疴。”四农自去年四月入京，至今亦正岁余。故将该文系时于此。

[18] 姚莹（1785—1853.1.24)：字石甫，一字明叔，安徽桐城人。“中嘉庆戊辰进士，试数县皆最。旋由高邮知州转两淮监掣同知，权两淮盐运使，最如前。（道光）十八年，擢台湾兵备道，官至福建台湾兵备道。……咸丰初……以广西按察使参大学士赛尚阿。……生于乾隆乙巳十月，卒于咸丰壬子十二月十六日。”（徐子苓《诰授通议大夫桐城姚先生墓志铭》，据《续碑传集》卷三十五）“少以文章名，年三十以进士外用，知福建平和县，调龙溪、台湾二县，署海防同知、噶玛兰通判。寻丁艰罢归，服阕，改江苏金坛县知县，历元和、武进，擢高邮州知州，寻转两淮盐务监察同知，遂护理盐运使。事未几，超擢福建台湾道，加按察使衔。”（徐宗亮《姚公墓表》，同前）为桐城文派健将之一，“诗笔纵放，七言律为前明七子之遗”（林昌彝《射鹰楼诗话》卷二十一）。著有《中复堂全集》

张际亮《思伯子堂诗集》卷十五（辛卯）《送石甫明府之江苏》题下自注：“江苏水灾，请员，奉旨发往。”该题紧次于《七月一日雨中奉怀焕奎比部》后。

《姚石甫先生年谱》：道光十一年（1831）辛卯，“七月，江南水灾。总督陶公（澍）巡抚程公（祖洛）奏请拣发知县六人。初十日引见，奉旨发往江苏。八月朔出京，二十八日至江宁。”

[19] 伊湄：字猗君。满洲人。孝廉。著《怀人诗》一卷，道光二十五年刻本。

[20] 和相废园：在十刹海西三座桥稍北。和珅败后为庆王永璘府所有，再后属恭亲王之子贝勒载滢。《天咫偶闻》卷四：“恭忠亲王邸，在银定桥。旧为和珅第，从李公桥引水环之，故其邸西墙外小溪清驶，水声霅然。其邸中山池亦引溪水。都城诸邸，惟此独矣。珅败，以赐庆亲王。”

又，杨钟羲《雪桥诗话》卷十一：“和相废园，在海淀园中。有楼，向贮一自鸣钟，极巨，晨鸣则群姬理妆。花神庙、绿野亭尚存，园池为渔人利。四农过焉，适有荡舟理笛者，为赋《水调歌头》。”

[21] 王本梧（1803—1853）：“字凤栖，号琴仙，鄞人。道光乙酉拔贡，官江西吉安知府。殉难，恤赠太仆寺卿。”（潘衍桐《两浙辅轩续录》卷三十一）

[按]《清代官员履历档案全编》第三册第268页有自填王本梧履历牒曰：“王本梧，现年四十九岁，系浙江鄞县人。由道光五年乙酉科拔贡朝考一等，以七品小京官用，签分兵部武库司行走。三年期满，授为七品小京官，派充马患监督。六年期满，作为额外主事，总办武库司事。道光十四年五月，充则例馆提调。……二十一年九月，充辛丑科武会试提调官。……咸丰元年十月初二日，奉旨补授江西吉安府知府。”以是知其生于1803年。

又，据谢山居士《粤氛纪事》卷六《西江反噬》之附记“吉安乐平土匪事”，太守王本梧殉难于咸丰三年（1853）七月。

[22] 吴瑭（1758—1836），“字配珩，号鞠通，江苏淮安府山阳县人。父守让，郡庠生，以学教授里中弟子，从者甚众。君年十九而孤，家贫，弃举业，走京师，时四库馆开，佣书以自给。既于医有得，见宋元以来诸书，皆疑其未尽。……为《温病条辨》……得衄血疾，道光十六年二月卒。”（朱士彦《吴鞠通传》，载吴瑭著《医医病书》卷首）详参刘怀玉《吴瑭年谱简编》（载淮安市历史文化研究会编《吴鞠通研究文集》）。

[按] 吴瑭《温病条辨》六卷，为中医四大经典之一。又，潘诗“感怆民疮痍，血泪相和倾”下自注：“鞠通闻东南数省大水，民死无算，为之痛哭咯血。”可知吴氏亦仁爱士也。

[23] 朝阳门：《燕都丛考》第一编第二章《城池》：“有清建国，内外城仍其旧，内城周四十里。为门九：南为正阳门，南之东为崇文门，南之西为宣武门；东之南为朝阳门，东之北为东直门；西之南为阜城门，西之北为西直门；北之东为安定门，北之西为德胜门。”

[24]“通州：在府东四十里。东西距四十六里，南北距八十里。”（《嘉庆重修一统志》卷六《顺天府（一）》）即今之北京东之通县。

[25]“蓟州：在府东一百八十里。东西距一百十里，南北距一百十五里。东至遵化州界六十里，西至三河县界五十里，南至宝坻县界六十五里，北至密云县黄崖关五十里，东南至遵化州玉

田县治八十里。”(《嘉庆重修一统志》卷六《顺天府(一)》)

[26] 告别诗其二首联自注:“晋谒次日,驾车行十余里,游福泉寺,浴于汤泉。流觞曲水,沉醉乃归。”

[按]《嘉庆重修一统志·遵化直隶州(二)》:“福泉寺:在州西北四十里,即汤泉寺。唐贞观二年建,明万历五年戚继光修。”光绪《畿辅通志》卷六十六《舆地(二十一)·山川(十)》:“汤泉:在州西北四十里福泉寺山下,宽平约半亩。其水常沸如汤,可浴。旁引为浴池,康熙年间圣祖临幸焉。”

[27] 记文曰:“学校辅政教,兴人才,厚风俗,非以科目文艺诱天下,以明道也。道无往不在,讲明者愈多愈不厌,书院又所以羽翼学校者也。宋元之间,耆儒硕学善主书院,讲即大书之史册,其弟子授受具有本末。上者济当代用,次者亦足为乡人矜式。故书院者,骤观之若闲散不急,其实系于政教、人才、风俗甚深且切也。诟病之者,徒见近世主讲之士,专明科目文艺,不切究儒者读书行己之道,使人心日陷于卑陋小巧,无济于斯世久之。并文艺亦无复讲习,但靦然猎取修脯为馈贫助学者。目其师如传舍中客然,且尤而效之。觊侥幸厕名其中,月获膏火之资,佐朝夕食而止。甚则群居讲堂,饮饫谑浪,或语以道义,则相向而笑,视未尝入书院者。学业气习且愈不古,岂不可病哉。虽然,此书院师、弟子过,非书院过也,用此谓书院不足设。则凡今州县郡学校师若弟子皆明古道著成效者,辄愿废学校可乎?不可也。且书院造士易于学校者三焉:学校之师,吏部选之,大藩委之,按资格为除目,不必知其人;书院之师,则官兹土者所择而延也,明师可求士,习当易振,一矣。学校所司者,地数百里,师不必周悉;书院士少,师弟常相见,易于程督,二矣。学师不数数更,士有小过,不忍遽除;书院师岁月无常,贤则留,否则谢之去,士一不谨,除其在院之名,以示惩儆,法易整肃,三矣。夫书院著效较速如此,盖大吏尤宜究心者。兰阳在京师东北群山中,满、汉子弟,虽用文艺入学校,平居无肄业地,道义不尽明,未足辅政教,兴人才,书院之设,乌可缓也。道光辛卯夏,予奉命来诘戎,慨然议及此,非粉饰文具以自立名,盖造士亦守土者责哉。且兹土于古为边塞,于今则畿辅也。昔卢龙、郭琼者,用边功为宋将军,犹尊礼儒士,称彬彬焉。矧予以文学起家,忝列天子侍从,顾不能风厉畿甸人士以进于道,其曷以报

国？莅兰数月，既设义学三，以诲蒙士，遂并立书院，捐奉为之倡。吏于兹者，各踊跃成之。复详述书院利病，及兴起多士之意，勒石院中，俾后之教学者，咸惕然求道，以彰成效，毋为并始者诟病焉。”

[按] 光绪《畿辅通志》卷一一七《学校（四）·遵化州》：“兰阳书院：在州城西马兰峪城西门外，道光十一年马兰镇总兵钟昌倡捐创建。有地一百三十一顷二十三亩一分八厘，房一百一十八间半。”

[28] 黑窑厂：在正阳门外，潘家胡同南，陶然亭稍北（《燕都丛考》第三编第六章《外五区各街市》）。“黑窑厂为明代制造砖瓦之地。本朝均交窑户备办，此厂遂废。其地坡陇高下，蒲渚参差，都人士登眺者往往而集焉。……今废窑上建真武殿三楹，翼以小屋，道人居之。路口有灵官阁，坡径迂回，盘折而上，可以眺远，名曰‘窑台’。夏间搭凉棚，设茶具，重阳后苇花摇白，一望弥漫，可称秋雪，亦城南一胜地也。”（《宸垣识略》卷十）

[29] 沈照：字小庚，或作筱雨，江苏盐城人。“（道光五年）举人。工书，善诗，与山阳潘德舆、歙徐宝善、建宁张际亮、曲阜孔继鑅友善，并有声坛坫间。官汤溪知县，善于抚字，有惠政。以亲老致仕。亲既没，两江总督陆建瀛悯其贫，劝出山，不听。与德舆友善者，又有商咸，字相巫，庠生，迁山阳之车桥。其渡射陂诗，有‘荒村近水风来阔，海国无山日落迟’之句，大为前辈称赏（见《养一斋诗集·怀人诗注》）。孝子刘希向寓居车桥，疾革，咸为之谋棺衾甚力（见《养一斋文集·刘孝子传》）。德舆高弟有李允清，字六桥；梁法，字小廉，皆恩贡。允清，博览载籍，尤深于马、班二史。法工诗书法，善效率更体。”（光绪《盐城县志》卷十二《人物》）

淮安会馆：在南横街，详丁晏《京都新建淮安会馆记》（《山阳艺文志》卷四）。《顺天府志》卷十四：“南横街旧有礼部所属会同馆，今废。……有祥符、嘉兴、全浙、淮安、孟县、泾县、粤东诸会馆。”

[按] 1. 起句“倦鸟更移树”下自注：“是日，予由内城移此。”2.《山阳诗征》卷二十四选录此题时，于“十三夜”前有“九月”二字。3.《山阳诗征》选录此题时，计三首，刻本仅存其一。

孔继鑅《心向往斋诗集》卷二有《九月十四夜与四农师小庚酒畔联句题淮安馆壁》。

[30] 张九龄（678—740）：字子寿，广东曲江人。神龙二年（706）进士，历官秘书省校书郎、左拾遗、中书舍人、工部侍郎、中书侍郎同中书门下平章事、中书令、荆州长史等，是唐开元年间著名的政治家、思想家和文学家，著有《曲江集》（详见顾建国《张九龄年谱》，中国社会科学出版社 2005 年版）。其《望月怀远》云："海上生明月，天涯共此时。情人怨遥夜，竟夕起相思。灭烛怜光满，披衣觉露滋。不堪盈手赠，还寝梦佳期。"

[31] 包国璋（1801—1831），字体醇，号圭山，江苏镇江丹徒人。道光八年（1828）举人。能诗文，著有《圭山文稿》若干卷。黄爵滋《仙屏书屋初集·诗录卷一一》有题《哭旧诗二十四首·丹徒包圭山孝廉国璋》。

[32] 陶慧寿（1822—1831），湖南安化人。陶澍子。检王焕镳《陶文毅公年谱》，道光十一年（1831）九月："是月，子慧寿殇。"并引邓显鹤《陶子慧寿哀词》曰："公子以喉痹殇，年甫十龄。"

[33] 黄爵滋《绝句二首酬别四农贤友，即求是正》（见《养一斋同人投赠诗词存》）曰："秋风随雁入南天，别绪依依菊酒前。想到清江寒夜月，诗声遍彻孝廉船。"（其一）"桃李花时盼尔来，莫教迟暮独徘徊。小山未必无招隐，大厦如今要异才。"（其二）尾署："时道光辛卯重阳后十日，友生黄爵滋未定草。"张际亮《送四农解元归山阳》（《思伯子堂诗集》卷十五，编年辛卯）曰："莫向江淮望，天长浩白波。言寻齐鲁去，家近逼黄河。盐漕仍多故，相逢使者过。田园倘高隐，愁汝岁寒何？"

[34] 其返程过茌平时，作诗题《九月晦日途中即目迭前韵》，因知其出发当在下旬。而该题前一首作《茌平夜发》，颈联"风霜旅鬓三年里，南北程期十日间"下自注："由茌平至淮上，凡十日程。"孔继鑅《十月十四夜作》："游子日望家，到门转惭沮。行李似去时，但增衣上土。"紧继即题《宿迁》，故知其抵宿迁为十月十五日。约当十七、八日，抵家。

[35]《燕都丛考》第一编第二章《城池》："（金）天德三年……三月，命张弃浩等增广燕城。城门十三：东曰施仁、曰宣曜、曰阳春；南曰景风、曰丰宜、曰端礼；西曰丽泽、曰颢华、

曰彰义；北曰会城、曰通玄、曰崇智、曰光泰。”

《日下旧闻考》卷九十一：“今广宁门俗称彰义，特沿金源以来旧名耳。其实金之彰义当在今广宁门外之西南，距右安门外地稍远，于方位始合。”

［36］琉璃河：又名芦村河。源出北京房山区西北，东流至河北霸州市入拒马河。《嘉庆重修一统志》卷七《顺天府（二）》：“琉璃河：源出房山县西北，东南经良乡县西南，又东南经涿州东，又南入保定府新城县界，即古圣水也。”光绪《顺天府志》卷三十九：“琉璃河：又东里许经宝兴礼庄，又里许经大河口……经南拜村……良乡界，入涿州境。在治东北二十里有奇，南流经马家庄……卢村……郎家庄……塔西廊，西与拒马河汇。”

［37］刘备（161—223）：“字玄德，涿郡涿县人。汉景帝子中山靖王胜之后也。”东汉末，募兵参加镇压黄巾起义，历任安喜尉、高唐令等，后为徐州牧。得诸葛亮辅佐，联合孙权，大败曹操于赤壁，因取荆州，并得益州与汉中，与魏、吴成鼎足之势。延康元年（220）曹丕废汉献帝，玄德乃在成都称帝，国号汉，史称蜀汉，改元章武。章武二年（222），与吴决战于猇亭，大败，退守永安。三年夏四月二十四日病逝，“时年六十三。……五月，梓宫自永安还成都。谥曰‘昭烈’。”（《三国志·蜀志卷二·先主刘备》）

［按］涿县城西南十五里楼桑村有汉昭烈庙。

［38］白沟河：古名拒马河，在新城县南二十里，源出山西涞源县，亦称大清河。详见民国《新城县志》卷二《地图篇·河道》。

［39］刘长卿：“字文房，河间人。少居嵩山读书，后移家来鄱阳最久。开元二十一年徐征榜及第。至德中，历监察御史，以检校祠部员外郎出为转运使判官，知淮西岳鄂转运留后观察使。吴仲孺诬奏非罪，系姑苏狱，久之，贬潘州南巴尉。会有为辩之者，量移睦州司马。终随州刺史。长卿清才冠世，颇凌浮俗。性刚，多忤权门，故两逢迁斥，人悉冤之。诗调雅畅，甚能炼饰。其自赋伤而不怨，足以发挥风雅，权德舆称为‘五言长城’。”（《唐才子传校正》卷二）

［按］据傅璇琮先生考证，文房籍贯当是长安，河间仅属其郡望。又，其进士及第亦非开元二十一年（733），而是在天宝六

载（747）以后。（《唐才子传校笺》卷二）

[40]“景州：在府东南一百九十里。东西距八十八里，南北距六十五里。……南至山东济南府德州界三十五里，北至阜城县界三十里。”（《嘉庆重修一统志》卷二十一《河间府（一）》）

周亚夫（？—前143）：汉沛人，绛侯周勃之子，封条侯。初为河内守，“文帝之后六年，匈奴大入边。乃以宗正刘礼为将军，军霸上；祝兹侯徐厉为将军，军棘门；以河内守亚夫为将军，军细柳，以备胡。上自劳军。至霸上及棘门军，直驰入，将以下骑送迎。已而之细柳军，军士吏被甲，锐兵刃，彀弓弩，持满。天子先驱至，不得入。先驱曰：‘天子且至！’军门都尉曰：‘将军令曰：军中闻将军令，不闻天子之诏。’居无何，上至，又不得入。于是上乃使使持节诏将军：‘吾欲入劳军。’亚夫乃传言开壁门。壁门士吏谓从属车骑曰：‘将军约，军中不得驱驰。’于是天子乃按辔徐行。至营，将军亚夫持兵揖曰：‘介胄之士不拜，请以军礼见。’天子为动，改容式车。使人称谢：‘皇帝敬劳将军。’成礼而去。既出军门，群臣皆惊。文帝曰：‘嗟乎，此真将军矣！曩者霸上、棘门军，若儿戏耳，其将固可袭而虏也。至于亚夫，可得而犯邪！’称善者久之。月余，三军皆罢。乃拜亚夫为中尉。……孝景三年，吴楚反。亚夫以中尉为太尉，东击吴楚。……凡相攻守三月，而吴楚破平。于是诸将乃以太尉计谋为是。由此梁孝王与太尉有郤。归，复置太尉官。五岁，迁为丞相，景帝甚重之。景帝废栗太子，丞相固争之，不得。景帝由此疏之。……中元三年，以病免相。……居无何，（其子买工官尚方甲盾五百被可以葬者，人诬其欲反，坐连条侯），遂入廷尉。因不食五日，呕血而死。国除。”（《史记》卷五十七《绛侯周勃世家》）

[41]“恩县：在府东北一百八十里。东西距七十二里，南北距六十五里。东至济南府平原县界十二里，西至临清州武城县界六十里，南至高唐州界三十五里，北至济南府德州界三十里。”（《嘉庆重修一统志》卷一百六十八《东昌府（一）》）

[按] 出县治“东南隅八里为靳官屯，又十二里为许家桥，又东南为平原县界”（《重修恩县志》卷二《舆地志·道路》）。四农由恩县东南往茌平，所行当即此道。

[42]“茌平县：在府东少北六十里。东西距四十二里，南北

距七十里。东至济南府长清县界三十里……南至泰安府东阿县界四十里。”(《嘉庆重修一统志》卷一六八《东昌府(一)》)

马周(601—648):“唐初人也,字宾王。少孤贫,嗜学,精诗书,尤善春秋。性旷逸,乡人以无细谨薄之。客密州,赵人本高其才,资给使入关。至长安,舍中郎将常何家。贞观五年,诏百官言得失。何,武人,不涉学,周为条二十余事,皆当事所切。太宗怪问何,何曰:‘此非臣所能,家客马周为之。’帝召见,与语,大悦,诏直门下省。明年,拜监察御史。……迁中书侍郎,兼太子右庶子。十八年,迁中书令。……摄吏部尚书,进银青光禄大夫。……卒年四十八,赠幽州都督。”(民国《茌平县志》卷三《人物志·乡贤》)

[43] 东阿大桥:应即永济桥。道光《东阿县志》卷五《建置·桥梁》:“永济桥:原名狼溪桥。《泰安府志》:在城中,跨狼溪上。明弘治十三年知县秦昂修建。叠石为三空,因水坏。嘉靖三十三年,知县董锦改建以木,一空,高四丈,更名永济。万历四十年又坏,知县李石馥仍叠石为一空,平坦如地。国朝道光三年,邑人阎庭槐、孟尚泰、刘万鳌、陈礼、于万英等募修。”

[44] 曹植(192—232):字子建,曹操之子,曹丕之弟。善诗文,曹操喜之,欲立为嗣。丕深忌之。丕废汉称帝后,即对其百般拘限,(黄初)“三年,徙封东阿。”(《三国志》卷十九本传)

[45] “三归台:《兖州府志》:在县南三里,有土邱云。按《韩非子》,管仲相齐,曰:‘臣贵矣,然而臣贫。’桓公曰:‘使子有三归之家。’曰:‘臣富矣,然而臣卑。’桓公使立于高国之上。曰:‘臣尊矣,然而臣疏。’乃立为仲父。孔子闻而非之曰:‘太侈逼上。’刘向《说苑》:齐桓公立仲父,致大夫曰:‘善吾者入门而右,不善吾者入门而左。’有中门而立者,桓公问焉,对曰:‘管子之智可与谋天下,其强可与取天下,君恃其信乎?内政委焉,外事断焉,民而归之,是不可夺也。’桓公曰:‘善!’乃谓管仲曰:‘政则卒归于子矣。政之所不及,惟子是匡!’管仲故筑三归之台,以自伤于民。”(道光《东阿县志》卷四《古迹》)

[46] “汶上县:在府西北九十里。东西距一百五里,南北距六十五里。南至济宁州界四十五里,北至泰安府东平州界二十里。”(《嘉庆重修一统志》卷一百六十五《兖州府(一)》)

[47] 王与沂:字寿梅,吴江人。孔继鑅有《赠王寿梅明经

(与沂)》。(《心向往斋诗集》卷二)

[48] 邹县：属兖州府，“西北至兖州府城五十里”，“广一百里，袤八十里。东至滕县卞庄迤东黄家庄七十五里……南至滕县界河界五十里……北至曲阜县迤北苗家庄界二十五里。”(《邹县志》卷一上《沿革》)

[49]“官桥：在城南四十里，建自隋时。”(道光《滕县志》卷五《建置·桥》)

[50] 二疏故里：在山东峄县。光绪《峄县志》卷二十四《古迹》：“二疏城：城东南四十里，地名罗滕，汉疏广、疏受归老于此。城周二三里，土人指以为宅。按《齐乘》谓二疏归乡里，顾有旧田庐，娱乐终身，不为子孙增益产业，宁有如是之宅？询之耆旧，谓乡人感其散金之惠，共筑此城，即城内古寺，其故宅基也。”《嘉庆重修一统志》卷一百六十六《兖州府(二)》“疏广墓：在峄县东二疏城南。《寰宇记》：在峄县东四十里。又，疏受墓：在县东四十二里。”

[51]“微山湖：乾隆旧志：在县东南漕河。考县境有赤山、微山、吕孟诸湖，与昭阳湖并为潴水济漕之处。按今诸湖皆并为一，不复可分，世俱以微山湖名之，而山已属滕。微湖中有三界湾，为铜、沛、滕三县分界处。”(民国《沛县志》卷四《河防志·湖泽》)

[52] 诗云：“睢水落沙岸，铜山出野塍。”则小顺河在徐州铜山境内。

[53] 圯上：原谓桥上，此指邳州。

[54]“皂河：在宿迁县西北四十里。源出港头社，南流入河。以土色黑，故名。本朝康熙十九年，骆马湖淤，尝开此以通漕。乾隆二十九年浚。”(《嘉庆重修一统志》卷一百《徐州府(一)》)“皂河镇：在治西北四十里。”(民国《宿迁县志》卷四《营建志》)

[55] 袁浦：即公路浦，传说因汉末袁术(字公路)而得名。《嘉庆重修一统志》卷九十三《淮安府(一)》：“公路浦，在清河县西南，久堙。《水经注》：淮阴城西二里有公路浦，昔袁术向九江，将东奔袁谭，路出斯浦，因以为名焉。”后即混指清江浦。清江浦：在今淮安市清河区承德南路与漕运东路交界处。旧亦泛指整个清河市区。

[按] 王与沂亦同行至山阳。见孔继鑅诗题《淮阴城下送别寿梅》(《心向往斋诗集》卷二)。

[56] 序曰:"予家与邵氏缔交五、六十年,予未生之前,邵丈静安先生,延先子坐家塾,静安丈五子,从先子游者四。震寰兄逾十龄,即执业于先子之门,亲见予幼而长,长而将老,而震寰兄今年亦六十有四矣,顾体质凝固不少衰。去年春,予将入都,兄走送河干,壮健如少年。今年归,兄过予斋,告予以肝胃疾。予相其貌,亦不料其疾不可救也。……予归不月余,兄之疾已革。予走视之,属予以直言教其子及群从子。既属毕,不能言,犹拱手为别也。呜呼!"

[按] 邵鸿鸣(1768—1831),"应旂之子,行四,字震寰,号秋泉。山阳附贡生,候补山东县丞。卒赠修职郎。"(《淮安邵氏族谱》)

[57] 郭斗(1810—?):字相廷,山阳人。郭瑗子。道光二十二年(1842)诸生,后成廪贡生。著有《二东草堂诗集》。学绍寓庸,派宗养一。

[按] 四农《寓庸室遗草序》:"斗,吾婿也。今年十有八。道光丁亥十一月同里潘德舆题。"(此据潘名扬抄本《山阳潘氏历代存稿》附录之《寓庸室遗草》卷首,刻本《养一斋集》于"今年"二句皆删)因知其生年。

[58] 潘漱泉:未详。检该诗颔联曰:"吾家印川亦浙产,巍然治绩垂江淮。"则漱泉亦浙江人。考潘標(1796—?),字印洙,号西泉,浙江会稽人。嘉庆十四年进士,"改翰林院庶吉士,散馆,以主事用签分户部行走。道光元年十二月内,补授本部主事。……四年四月内,补授本部郎中。六年四月内俸满,以知府用。七年八月内,发往江苏候补知府。"(《清代官员履历档案全编》第2册第671页"潘標履历牒")疑潘漱泉或即潘標。

道光十二年壬辰(1832) 四十八岁

【时事】

夏,京畿大旱。秋,江南大水。扬州以北,宝应以南亦一片汪洋。

【山阳要闻】

桐城举人张用熙始任山阳知县。后复于十五年、二十一年回任。

本年乡试，任维垣中式第十七名，张彦卿中式第三十四名，万应新中式第四十六名，韦坦中式第一〇二名。（段注本《淮山肄雅录》卷下）

【行状】

仲春，入都，二应会试。初二启程，十九日抵京，寓南城杨梅竹斜街永恒店。《家书（壬辰二月廿三日）》

表弟方其洪、卢麟珍亦结伴来应试，四农因作《京邸置酒饯丁俭卿方云壑卢铁珊作歌》[1]。（《养一斋集》卷六）

二月初八，黄爵滋四十寿诞。四农补呈寿诗《树斋师四十初度献五十韵为寿用亨甫韵》[2]。

三月初九日开考，十五日出场。试毕，适钟昌自兰阳归，乃亲自来慰问。

本科会试，“以吏部尚书潘世恩为会试正考官，刑部尚书戴敦元、工部尚书穆彰阿、朱士彦为副考官。”（《宣宗成皇帝实录》卷二〇七）

是科文题《君使臣以礼》（据《五科会试遗卷》）。于四农所作，钟仰山批：“树义精深，炼辞坚卓。”徐廉峰批：“真不作三代以后语，元气浑沦，包扫一切。”须介庵批：“首二比声满天地，中幅有大士先生所不到处。”四农自记：“是文房考龚霞城先生亦列卷中，主司批云实义尚少发挥。然是科场中场外，喧传余得会元，盖以黄树斋师时亦与分校，力荐苏州曹同年楙坚作。曹本拟元，主司四人皆疑黄厚于余，故以曹之得元为余无疑耳。曹至填榜时，降居第四。”

三月十六日，修家书与亮弼，曰：“我场中文字，不甚惬心，亦无大谬论。望之处三场妥帖可许，无操券处也。……今年不中，明年断断不来，惟俟乙未大挑来耳。题似平正，实难出色。寓中人文字，亦鲜得意者。然中不中，亦未必凭文也。”

四月十二日，修家书与亮弼，曰：“本拟不中即归，而仰山夫子面谕课读者三次。我以疾辞，旋又为长书一函，力言多病不能留京之故，托须芥庵转呈，仍不能辞绝。昨日告辞时，复再四攀留，我仍不允。复谕以只留至秋闱前，教两世弟数月，亦胜他人数年。情辞谆笃，万难再却，遂定至八月方归。夫子为之长揖而谢，真属可感之至。”

作《独坐和亨甫月夜见访次日雨中口号二首》[3]。（《养一斋集》卷六）

仲夏，作《与吴旭峰》二首[4]。（《养一斋集》卷六）

五月二十九日，应夏宝善、黄爵滋邀赴陶然亭参与消夏集会，作《树斋先生廉峰太史招集江亭销夏》二首[5]。（《养一斋集》卷六）

作《再与张亨甫书》[6]。（《养一斋集》卷二十二）

孔继镣亦返京。四农作诗《京邸喜孔生至即题其辛卯诗册后》（《养一斋集》卷六）。孔继镣有《即席呈四农师二首》（《心向往斋诗集》卷二）。

七月初，钟昌被简放为科布多参赞大臣。望日，为《养一斋诗话》作序[7]。

作《七月二十四日与亨甫夜话联句》。（《养一斋集》卷六）

二十八日，四农修家书与亮弼，曰：“我本拟八月下旬与高紫峰同归，缘老师于本月初忽给头等侍卫衔，放科布多参赞大臣。科布多乃西北蒙古地方，距京师六千二百里，地极寒苦。老师殊不得意，此番一人远行，为两世弟功课，极不放心，特以此再三相嘱，务留至明年会榜后。我感其厚意，怅其远行，若定然拒绝而归，殊非师弟相爱之谊，遂慨然应允。”

又曰：“孔宥函忽受业称弟子，时常往还论诗文。其诗甚佳，其文特可中耳。”

又嘱诸子务必自我鞭策，用功应考，曰：“应考不可稍存怠玩，贫家出头日子全仗科名。我已半生落拓，全靠汝等奋兴。当深体此志，方为孝子。”

作《二十九夜》。（《养一斋集》卷六）

八月初，钟昌赴任，四农作送别诗二首[8]。

是月，作词《百字令》（“题李云生《明月满船闻雁声》册子”）[9]、《浣溪沙》（“秋日城南酒家题壁”）。

邑人高士魁分发四川任县令，四农往别，赠诗《送高紫峰大

令之四川》二首[10]。（《养一斋集》卷六）

是春，清河吴昆田同试京兆，谒四农于钟昌府邸。秋，将归，四农赋诗《与吴生大田即送之归淮上》二首[11]。《与吴生大田书》（《养一斋集》卷二十二）或亦作于此时[12]。

徐宝善倩人绘《四子论诗图》，四农为之作记[13]。

作《铁耕楼诗》（《养一斋集》卷六）。小序曰："镇平黄香铁村居多水，修脯所获，构楼数楹，颜曰'铁耕'。长安过从，话此乞诗。"[14]

闰九月十九日修家书曰："闻胡三嫂辞世，殊深感悼。又闻任浦还、周生世锡皆殁于外乡，尤可悲叹！"

十月初，作《秋杪寄怀勤子》三首[15]、《答黄子干》[16]、《题亨甫天台听瀑图即送之南归》。（《养一斋集》卷六）

十月十四日，钟昌以中寒殁于参赞任上。

二十六日，修家书与亮弼，备陈拮据窘况[17]。

十一月初三日，闻钟昌丧，哭哀致疾。二十一日，修家书，告知钟昌病故消息及感戴之情。同时快论自家诗[18]。

腊月初，因病移寓城南宣武门外孔继镤邸。成《杂诗》四首、《冬日移寓养疾述怀》二首。（《养一斋集》卷六）

作《与徐廉峰书》[19]。（《养一斋集》卷二十二）

未几，闻从兄朗陵殁，病复加剧。岁末始愈。

《镜渠三弟大人寄诗见怀率成二章为答即希定正》（《潘四农先生诗册》）殆作于此际[20]。

又《复作一律用来韵》（《潘四农先生诗册》），记述当时诗坛状态与自己的诗学观，或亦作于此前后[21]。

岁终，作《除夕题壁》五首。（《养一斋集》卷六）

【其他作品编年】

文：《与汤海秋书》[22]。（《养一斋集》卷二十二）

代钟昌作《尘定轩诗钞跋》[23]。（《酬世集》）

词：《台城路·题张亨父洪桥送别图》。

诗：《奉题仰山先生京江晓渡图》[24]、《题亨甫石画留人图》、《题亨甫翠微山寓诗册后》[25]、《奉题仰山先生游焦山卷子》、《再题亨甫博陵秋眺卷子》、《题画》（"云木森沉沉"）、《题李云生所藏画》（题下自注："云生，宣城人。"）、《题眠琴图》、《题廉峰忆壶园图》[26]、《题边颐公画册后》[27]。（《养一斋集》卷六）

【诗坛生态】

二月初八日，山阴平步青生。十一月二十九日，湘潭王闿运生。仁和谭献生。

【注释】

[1] 卢麟珍：字墨宾，号铁珊。山阳人。四农表弟。道光八年（1828）举人，官江浦、宝应教谕，署泰兴县学教谕。晚寓金陵。

[按] 段朝端《跰躃余话》卷二："卢止泉先生（泽）晚侨居金陵城北。长子（麟珍）字墨宾，号铁珊，有隽才。由俊秀中道光乙酉副车，旋于戊子得乙榜。四十外以疾卒，卒后复苏，自言命该甲榜，官至五品。寿逾六十，以某年权高要学篆（介清言系泰兴，未知孰是）。"

[2]《思伯子堂诗集》卷十五有诗题《赠树斋太史》，自注："君二月八日四十生朝，余在山中未置杯酒，期勉之诚，寄以韵语。时初四日。"四农即用该诗韵。

[3]《思伯子堂诗集》卷十七（壬辰）《四月十三夜过四农寓庐次日雨中口号奉柬》（七律二首）。

[按] 自去年始，张际亮即滞留京师备应会试。

[4] 吴旭峰：未详。考赠诗其一有云："嗟君三吴士，文雅善沉默。"因知旭峰为吴中文士。

[5] 黄钊《读白华草堂诗二集》卷八，编年壬辰，有题《五月廿九日，徐廉峰编修（宝善）、家树斋先生招同端木鹤田（国瑚）、李禾叔（孚忠）两中翰、温明叔检讨（葆深）、季仙九编修（芝昌）、严问樵（保庸）、曹艮甫（楙坚）、李石梧（星沅）三庶常、苏宾嵎（孟旸）、王慈雨（钦霖）两吏部、温翰初（肇江）、马湘帆（沅）两户部、戴云帆（絅孙）工部、陈登之（延恩）别驾、潘四农（德舆）解元、林纫秋（滋秀）、艾至堂（畅）、许珊林（梿）、杜稼轩（宝辰）四孝廉、苗仙露（学植）、张亨甫（际亮）两明经江亭消夏即事》，记述此次集会参与人数较详明。

端木国瑚（1773—1837）：字子彝，一字鹤田，又字井伯，晚号太鹤山人，浙江青田人。“年二十六，中戊午科举人。……戊辰，大挑知县，改教职。乙亥，选授归安教谕。……道光十年……特授内阁中书。……年六十一，登癸巳进士，仍以知县复请改归中书。……（丁酉）以秩满告归，侨居瑞安。九月，遂昌吴进士世涵迎致其家，以疾卒，年六十有五。所著有《周易指》四十五卷、《太鹤山人诗集》十三卷及《周易葬说》、《地理元文注》，皆行于世。”（光绪《处州府志》卷十九《人物志·理学》）另详见《太鹤山人年谱》（端木百禄、陈谧著），民国二十三年刊行。

李孚忠：原名葆忠，字桐生，号禾叔，江西新建人。道光二年（1822）乡试第十七名举人，官内阁中书。（同治《新建县志》卷三十三《科第》）

温葆深（1800—1888）：原名肇洋，字明叔，号彦荀，或作研荪，江苏上元人。温肇江弟。道光元年举人，二年进士。授编修，累官至户部侍郎，加太子少保衔。见《续纂江宁府志》卷十二《科贡表》、《江苏艺文志·南京卷》。

季芝昌（1791—1861），字云书，号仙九，江苏江阴人。“道光元年举顺天乡试，三年，考取国子监学正、学录……十二年成一甲三名进士……改翰林院编修，明年散馆……授山东学政……浙江学政，累迁至内阁学士，兼礼部侍郎。……擢礼部、吏部侍郎，督学安徽。……（二十九年）召为军机大臣。三十年，宣宗升遐，与诸王大臣受遗辅政……遂命公总督闽浙。……咸丰二年，病益剧。……十一月，诏许回籍调理。……咸丰六年而得偏痹之症。十年，苏常失陷，挈家北渡。又闻九月淀园之变，益忧愤内伤，不复可支矣。是岁十一月三十日，薨于通州，春秋七十。”（曾国藩《曾文正公文集》卷三《闽浙总督季公墓志铭》）详可参见仙九《丹魁堂自订年谱》，同治三年刊本。

严保庸（1796—1854）：字伯常，号问樵，江苏丹徒人。“嘉庆己卯举江南乡试第一，己丑成进士，改庶吉士，散馆发山东，任栖霞县知县。天才高旷，于书画诗词，声曲弦管，靡不工细。久客京师，好作狭邪游，视金钱如土芥。既之山东，以官署为词场歌榭，坐是罢官。……晚年客袁浦，咸丰间卒。”（光绪《丹徒县志》卷三三《文苑》）“授山东知县，以忤大府归……年五十八殁于袁浦。于湘山司马厚殓之。”（丁晏《颐志斋感旧诗》“严问樵明府”）

［按］严问樵之生卒年，严敦易《元明清戏曲论集·严保庸》据《丹徒严氏宗谱》查明如此。

曹楙坚（1786—1853）：字树蕃，号艮甫，江苏吴县人。道光八年（1828）举人，“十二年进士，改庶吉士，散馆授主事”，官至湖北按察使（《清史稿》卷四九〇）。“豪于诗……咸丰五年四月，粤贼复大股窜楚。藩司鄂兴阿病笃，楙坚兼权藩篆，守御事悉归之。五月杪，城垂破矣，楙坚竭力堵御，昼夜在城，夜即露宿城上，不复归署。六月二日城陷，楙坚不知所终。”（同治《苏州府志》卷八十四《人物（十一）》）有《昙云阁诗词集》（同治十二年增修本）。

李星沅（1797—1851）：“字子湘，号石梧，湘阴人。道光十二年进士，选庶吉士，授编修……十五年，分校礼部试，命督学广东。……秩满，授汉中府知府，迁河南粮道，历陕西、四川、江苏按察使，除江西布政使。……擢陕西巡抚……调两江总督。……谥文恭。”（李元度《李文恭公别传》，见《续碑传集》卷二十四）

苏孟旸（？—1839）：“原名庭春，字震伯，号宾嵎，江西鄱阳人。”（《国朝馆选爵里谥法考》卷六）道光元年（1821）恩科举人（同治《饶州府志》卷十五《选举志（二）》），“道光八年由举人到阁，己丑成进士，改庶吉士。后官吏部主事。”（孔宪彝、鲍康辑《内阁汉票签中书舍人题名》）

温肇江（1783—1843）：字翰初，江苏上元人。道光八年举人，十二年成进士，官户部郎中、福建学政。详见《金陵通传》卷三八。有《钟山草堂遗稿》，光绪元年刻本；《钟山草堂诗余》一卷，稿本，南京大学图书馆藏。

“温肇江，字导甫，号翰初，江宁人。道光壬辰进士，官户部主事。山水师石田，得苍古之致，兼善隶书。”（《清画家诗史·庚（下）》）

［按］翰初卒年，据黄钊《闻温翰初农部之讣恸成二首》，见《读白华草堂诗》之《苜蓿集》卷七，编年癸卯。

戴䌹孙（1796—1857）：字袭孟，号筠帆，或作云帆，云南昆明人。“道光九年进士，由工部主事官至给事中。……专力于诗古文词。性耿直，遇当世气焰熏灼者，必睥睨之。若志行投合，则倾输肝胆。……其诗苍深雄健，得力于太白及韩、苏诸家。滇之为诗者，自钱沣后，必曰絅孙。”（《清史列传》卷七三）著《味雪斋集》，道光二十九年刻本。林昌彝《射鹰楼诗话》卷十七：“昆明戴袭孟侍御（絅孙）深于诗，为滇南风雅之冠。诗境苍深雄健，如老将临敌，纵横挥霍，而纪律森然。”

林滋秀（1780—1833），字兰友，号纫秋，福建福鼎人。乾隆六十年乙卯举人。（民国《福建通志·文苑传·清（二）》）

［按］《读白华草堂诗二集》卷九（编年癸巳）《挽林纫秋别驾（滋秀）》第二首首联“早达僧迟宦，其如注选何”下注：“纫秋以截选知县，因亲老改近，后部掣得湖北荆门州州同，以曾告近，不能赴任别选。”

林昌彝《射鹰楼诗话》卷十一：“闽中近代诗家足以雄视海内者，闽县则龚海峰（景翰）……福鼎则林纫秋（滋秀）也。”卷十二：“福鼎家纫秋孝廉（滋秀）著有《快轩诗集》。孝廉幼颖敏，记诵该博，诗多雅健，七言古、七言律尤气势雄阔。”《清人别集总目》第1378页曰：“林□秀《快轩诗存》四卷《诗余》四卷嘉庆二十二年刻本（温州）。”既不晓作者即林滋秀，更未知其字号籍里与事迹。据此可补其阙。

许梿（1787—1862），字叔夏，号珊林，浙江海宁人。“嘉庆二十四年举优行贡生，遂举乡试，中道光十三年进士。直隶知县，未赴官。……改知州，选山东平度。……道光二十九年，署镇江知府。……年七十六，卒于如皋。”（谭献《许府君家传》，《续碑传集》卷七十九）“研精小学……工铁笔缪篆……又善为印泥书函图记。”（丁晏《颐志斋感旧诗》“许珊林太守”）著《古均阁遗著》。

苗学植（1783—1857）：更名夔，字先麓，或作先簏，亦作仙麓、先路。直隶（今河北）肃宁人。“自幼读书，即异常童，不好为科举文艺，而窃嗜六书形声之学。读许氏《说文》，若有夙悟。精研而力索，滞解而趣昭。……道光十年，县令王君闻而敬异，聘君主讲翼经书院。明年，为学使沈侍郎维鐈所知，举辛卯科优贡生。……督学使者争欲致之幕下，与共衡校。初随编修汪君振基衡文山西，继随祁文端公寯藻衡文江苏。……又数年，侍读冯君誉骥视学山东，国藩荐君偕往，役未毕而先归。于是君亦齿衰而倦游矣。……以咸丰七年五月初七日逝矣，春秋七十有五。”（曾国藩《苗君先簏墓志铭》，《曾文正公文集》卷四）

［6］该书始曰："前日独诣足下寓庐，罄胸中欲吐者，遂佐以杯酌。才数行，议论益飙举。迩时两人意气遒上，虽京师文宴甲天下，此席殊僻寂，然雅不易遘也。"此与本年十一月家书所言两人交谊笃深，相互以当代一流诗人期许正契合（详见后文注［18］）。又，书尾曰："暑气尚未净，懒驾车，何时更对坐一言？"是知夏日皆在京师，故宜系于本年。

又，该书纵论当下诗人，称道亨甫诗作。张际亮《答潘彦辅书》，或即回复四农此书也。亨甫提出"汉以下诗可得而区别之者约有三焉，曰：志士之诗也，学人之诗也，才人之诗也"，而乾嘉以来诗人"类多以诗干显贵"，有伤风俗人心（《思伯子堂文集》卷三）。《张际亮简谱》订此书作于道光八年，殆误。其时亨甫尚不识四农，无由论诗。

［7］序尾署："道光壬辰秋七月望，长白钟昌。"

［8］诗题《送仰山先生之科布多参赞大臣任》。

［按］"科布多：东至乌里雅苏台界，西至伊犁塔尔巴哈台巴里坤界，南至瀚海界，北至俄罗斯，距京师八千余里。"（《嘉庆重修一统志》卷五百三十三《库伦·科布多》）

又，曹楙坚《昙云阁诗集》卷五有题《八月三日送仰山师赴科布多办事大臣之任》。四农诗当与其作于同时。

［9］李文瀚（1805—1856）：字莲舫，号云生，别署讯镜词人，安徽宣城人。"道光八年举于乡，充觉罗正黄旗教习。期满，以知县分发陕西，补岐山，调长安。"（冯桂芬《显志堂稿》卷七《四川候补道嘉定府知府李君墓志铭》）曾至淮入漕帅幕，与丁晏比邻而居，二人"过从谂谈无虚日"（丁晏《颐志斋感旧诗·李云生太守》）。后历官鄜州知州、四川夔州知府、浙江嘉定知府等。"少以诗古文词雄于时，余事知音律，工画，尤善写兰，朝鲜人有以百金购之者。君卒以咸丰六年二月八日，年五十有二。"（冯桂芬《四川候补道嘉定府知府李君墓志铭》）

［按］云生以擅作戏曲名世，有《味尘轩四种曲》（《胭脂舄》、《紫荆花》、《银汉槎》、《凤飞楼》）。另有《味尘轩诗余》二卷，与同名诗集十三卷合刊，道光二十三年（1843）刻本。

［10］高士魁（1792—1866）："字映斗，号紫峰。少力学，举进士，分发四川……授丹棱。……道光十七年，淫雨害稼。平粜有法，民忘其苦。凡治丹棱九年而去，权知简州……又六年，

迁蓬州知州。……年六十余，引疾归。……晚主讲奎文书院，教授生徒，谆谆以治经植品为重。年七十六，卒。”（《县志》卷十四）著《虚静斋诗稿》一卷，光绪十九年（1893）排印本。

［按］《明清江苏文人年表》第1334页称：嘉庆十一年，“山阳高士魁死，年七十五（据《山阳诗征续编》卷十）。”此说误甚。检《山阳诗征续编》卷十三：“《遁庵丛笔》云：高紫峰师自蓬州告归，咸丰乙卯主讲奎文书院。……以丙寅八月卒，年七十五。”时丙寅只能是指同治五年（1866）。

［11］吴昆田（1808—1882）：“原讳大田，改昆田，字云圃，号稼轩，世为南清河人。举道光甲午顺天乡试，历官中书舍人、刑部河南司员外郎。”（高延第《刑部员外郎吴君稼轩墓志铭》，《漱六山房集》卷首）“性敦厚，不妄言笑。读书为文好深沉之思，不斤斤于文词章句。比壮，从同郡潘德舆游，同试礼部，出处必偕，尽交当时贤豪长者。试毕，即归省。清浦陷于捻，昆田挈家走，间关入郡城，依高延第以居。……所为诗文多关当世之故。”（《续纂山阳县志》卷十《人物·流寓》）“生嘉庆十三年四月二十一日，卒光绪八年十月初一日，年七十有五。”“师事潘养一先生，能传其业”（冯煦《吴稼轩先生传》，《漱六山房集》卷首）。著有《漱六山房全集》十一卷，光绪十一年（1885）刻本。

［按］稼轩自述：“壬辰，应京兆试，谒先生于长白钟侍郎邸第。先生奖之以诗《少年》二章。”（《养一斋集跋尾》）所谓《少年》二章，即《与吴生大田即送之归淮上》二首，因其每首起句皆作“少年游帝都”，故云。

［12］该书乃应吴昆田之请，向其传授作文之法，故与《与吴生大田》当作于同一时期。又，起首谦曰：“昨问为文似先论结构及初学之法如何？仆于诗学之三十年，稍稍涉门墙。若文，则门墙未之入也，况堂奥哉？”而《再与张亨甫书》则曰：“仆学诗三十年，颇辨中声，而言不能称意。”叙述语气显然属于同一时间段。

［13］黄爵滋《有酒八章》（《仙屏书屋初集·诗录》卷八）小序曰：“徐廉峰前辈属山阴劳君作《四子论诗图》，潘四农记之。予方为《有酒》八章，因录之以质知言者。图中席地执卷者为廉峰，倚石立者为张亨甫，握管如欲吟者为四农，抱膝相对者，余也。附志于此，补记中所不及。”

[按] 孔继鑅《哭亨甫八首》其六(《心向往斋诗集》卷六,编于道光二十六年丙午):“四杰论诗社,宜黄老泪流(谓黄树斋少司寇)。徐君先挂剑(谓廉峰编修),潘老亦荒邱(谓四农师)。之子复何往,遗编还自留。伤心袁浦棹,不比茂陵求(树斋求遗稿于清江浦)。”

[14] 黄钊(1787—1853),字谷生,号香铁,广东镇平人。嘉庆二十四年(1813)举人,官广东潮州府学教授、翰林待诏。见《皇清书史》卷十七。著有《读白华草堂诗》初集九卷(道光刻本)、二集十一卷(道光十九年刻本)、苜蓿集八卷(道光二十七年刻本)。又纂《石窟一征》(一名《镇平县志》)九卷,光绪六年刻本。

叶名沣《铁耕楼诗为黄香铁作序》:“香铁旧居镇平县西。道光丙戌五月,异涨骤发,居室倾圮,举家旅食潮阳。越三年归,筑室兼营小楼,颜曰‘铁耕’,绘图索诗。”(《敦夙好斋诗全集初编》卷一)

[15] 刻本题作《秋初寄怀勤子》。检其一曰:“群鸟夜来鸣,庭树知有霜。”其二曰:“淮水潴为湖,堤下居人愁。何况长湖底,灌以黄河流。决溢近足患,淤垫远可忧。”自注:“九月间,桃源奸民盗决黄河,灌入洪湖,淤数十里。”既然庭树生霜,又诗纪九月间事,且称之曰“近”,自不得为“秋初”,宜为“秋杪”。

[16] 黄秩林(1814—1860):字子干,湖北宜黄人,黄爵滋之子。“中道光癸卯顺天乡试,充右翼宗学教习。以知县拣发湖北,摄襄阳。又以捕贼功,得升用同知直隶州,奏补襄阳,格于例,改松滋。未上,以母忧去襄。凡在官十有八月,服未除,而以咸丰十年五月卒。”道光戊戌、己亥间,“师山阳潘德舆、东乡艾畅,友建宁张际亮、汉阳叶名沣、高要苏廷魁、曲阜孔宪彝辈六、七人,考古论学,为唐人诗,寂寥旷绝。”(孙衣言《湖北松滋县知县黄君墓表》,见《逊学斋文钞》卷五)

[17] 十月二十六日家书:“客囊窘不可言:小皮袍面及小马褂面不能换,带破穿着;灰鼠皮套,难于御寒,更无钱买新套也。明知家中窘迫,而无银可寄,心中愧赧伤叹,连年境遇,何一窘至此!天耶,人耶?”

[18] 十一月初三家书:“我亦悲不自胜,平生知己,此为第

一人，而竟已矣！写至此便流涕，真痛绝也。更伤其远在绝域，旁无亲人，年未五十，中途顿折，尤足断人肠耳。自此日以后，无日不泪，无夜不忧思展转，旅居恶境，无以复加。”

“方今诗教日敝，皆由人心日薄。诗虽文艺，而有激顽起懦之功。吾来京师，所见诗人皆妄得名耳，唯一福建张君际亮（字亨甫）的系名手，可以共肩复古之任。惜其福命蹇薄，今年竟不中乡试，闰九月初三日出京而归矣。予与张君之落拓，皆世俗之所笑，然后世欲求嘉庆、道光以来之诗人，余二人当首称矣（此黄老师语而余述之耳）。此虽似狂谈而非狂谈，盖诗乃天地间自然之理，不容争，不必谦者，特不肯与外人言，只可与儿子辈说也。然外人来与吾谈，吾必告之以正道古法，而不肯诓骗，不肯吝惜。此之所以为吾也，此吾之所以救世也，何为豪兴哉？铁珊不识吾，不识吾诗，见吾于诗高谈雄辩，遇亨甫则尤无不尽，乃以为狂，以为怪。此未见唐时高适、李白、杜甫醉吟吹台时故事，故大讶耳。凡读书人不可小，不可俗。汝曹慎毋沾沾嗫嚅，处但知米盐，出但知青紫，以了一生。此等虽活于世，犹行尸也。今日世态多故，名事废弛，皆由此辈多多，以阴默为高静，以圆融为老练，酿成多患端害耳。言及此，可为长叹痛哭也，吾犹效之邪？虽不醉亦不能不狂也，不能不谈也。不谈政事是也，不谈诗不能也。此吾之所以为吾，此吾之所以救世也，何为豪兴哉？”

[19] 书曰：“今日熟寐间，闻同舍生诵邸钞，知足下蒙恩复还词垣，跃然而起，喜满颜色。”考彭邦畴作《廉峰墓志铭》曰：“丙戌散馆，授职编修。壬辰，进山西道监察御史。旋复原官。又六年而卒，故以编修终。……君以道光戊戌闰四月二十九日殁。”自道光十二年壬辰（1832）至道光十八年戊戌，中间相隔六年，故知《墓志》所谓“旋复原官”，亦即“复还词垣”，就在壬辰当年。又，该书始曰：“廉峰足下，月朔以来，以齿病未相见。”而本年十一月二十一日家书亦曰：“十三日以后忽患牙痛，每日服药无效。”故知该书应作于本年腊月。

[20] 其一有云：“京华窟英彦，古之猎誉场。……我未曳组绶，人海奚徜徉。……突然命大白，高论惊满堂。否或闲曲室，倦病日在床。此岂仕宦客，可与登岩廊？……盛年炫容华，摧眉作时妆。岂有两鬓白，学舞拖红裳。寄语素心人，此语非疏狂。”

揆其所述心情、境遇，均应在此时。

[21] 诗曰：“九衢走马问何事，白首论诗求匠门。袁赵黄张盛衣钵（近都以简斋、云松、仲则、船山为诗正宗），风骚汉魏空篱樊。故人肯泫少陵叟，大地独寻昆仑源。安得高歌尽君辈，词河不使狂澜奔。”

[22] 书始云：“十日前饮友生所，与足下极论诗不足明道要。”中云：“仆居京师二年余，见近世士大夫文章无虑数十家。”四农自前年春进京，至今年方可谓“二年余”。

[23] 跋始曰：“于虖！此吾先兄莲龛方伯遗诗也。……余之吊影拊心已无终穷。客岁，承命作镇兰阳，又兄之旧职守也。”已知钟昌去年三月杪出任马兰总兵，则跋必作于本年，且当十月钟昌殁前。

[按] 继昌（？—1829），字述亭，号莲龛，拜都氏，满洲正白旗人。嘉庆五年（1800）举人，官至浙江布政使。详见杨钟羲《八旗文经作者考》卷三。

顺及，尘定轩乃钟昌、继昌家书斋，《清人室名别称字号索引》（下）谓为潘德舆室名，误。

[24] 京江：即镇江。镇江，旧称京口。“秦属会稽郡……东汉属吴郡。三国吴初都于此，及迁都秣陵，乃置京口镇。晋属毗陵郡。东晋侨置徐、兖二州号为北府。刘宋以南徐州治京口。”（《明一统志》卷十一《镇江府》）故后即以京口指称镇江。

[25] 翠微山：本名平坡山，在宛平县西三十里，属西山之一支。光绪《顺天府志》卷二十《山川》：“宛平县山，城西三十里曰西山，总名也。析言之……曰平坡山，一名翠微山。”康熙《宛平县志》卷之一《山川》：“平坡山，城西三十里。自香山析而东开两股，陟其上，平原百亩，草树在目。春夏间，晴雨初歇，烟云变幻，金碧万状。”

[26] 张际亮《思伯子堂诗集》卷十八（壬辰）《徐廉峰太史忆壶园图》，题下自注：“图为黄左田宫傅所作。”叶名沣《敦夙好斋诗全集初编》卷六《徐孟卿少峰出其尊人廉峰丈忆壶园图感赋》，自序：“图为芜湖黄左田尚书辛卯祝厘入都时所作。”宝善自己亦有《自题忆壶园图》，见《壶园诗外集》卷六。

[按] 黄钺（1750—1841）：字左田，号左君，亦作左军，别号井西居士，安徽当涂人。“乾隆五十五年进士，以部属用，签

分户部。……（嘉庆）七年，补主事。……十七年，升翰林院侍讲学士。……二十三年三月，调户部左侍郎。……二十四年，授礼部尚书。二十五年三月，充会试副考官。八月，赏加太子少保衔。九月，命在军机大臣上行走。……（道光十六年）九月，因病陈请开缺，上允所请。……二十一年卒，年九十二。”（《清史列传》卷三十七）“工书画，人争宝之。”（梁九图《十二石山庄诗话》）擅诗文，著《壹斋集》。

[27] 边维祺（1684—1752）：字颐公，号寿民，晚号苇间居士，山阳人。著名画家，或目为扬州八怪之一。“性疏放，不以俗事为怀。书法钟太傅，画入逸品，尤以芦雁著称。所题诗皆超逸有理趣。结屋城东北隅，擅水木之胜。程嗣立、华岩争为绘图，一时名流题咏殆遍。”（《县志》卷十四《人物（四）》）“工诗词，精书法。善泼墨芦雁，创前古所未有。笔意苍浑，飞鸣游泳之趣，一一融会毫端，极朴古奇逸之致。”（窦镇《清朝书画录》卷二）

道光十三年癸巳（1833） 四十九岁

【山阳要闻】

山阳一带“禾稼不登，道殣相望。”（《县志》卷二十一《杂记（二）》）

【行状】

正月初七，饮于李文瀚寓所，作《初春饮云生寓斋》（《养一斋集》卷六）、《东风第一枝·京都人日饮云生寓斋》。李文瀚有和作《东风第一枝·人日小叙》，题下注：“四农仁兄同年大人以《东风第一枝》调见赠，即和原韵奉答。愚弟文瀚甫稿。”（《养一斋同人投赠诗词存》）

作《雪窗书事》。（《养一斋集》卷六）

十一日，修家书与三子，告知已身无分文，惟期一第以改变现状[1]。

稍后，作《浣溪沙》“题云生《味尘轩乐府》”、《木兰花慢》“小庾作乐府绝工，制此赠之。”（《养一斋词》卷三）

春，编订钟昌遗集，作《拜都参赞公家传》。（《行略》）

作诗《题张渊甫静观斋四图》（《却扫读书》、《停琴伫友》、《春郊放牧》、《山居种树》）[2]、《题渊甫静观斋诗集》、《题叶生名沣风雨怀人图》[3]、《题廉峰看剑图》。（《养一斋集》卷六）

朝鲜承文院制述官徐士敬、承德郎徐眉淳兄弟闻名来谒，四农作《送徐士敬归朝鲜》、《送徐竹坨归朝鲜》及《有丽者鹭三章再送士敬》赠之。（《养一斋集》卷六）

作《与孔生继鑅书》[4]。（《养一斋集》卷二十二）

三月初九日始，三应会试，十五日结束。本年会试，"以大学士曹振镛为会试正考官，协办大学士云贵总督阮元、兵部尚书那清安、工部左侍郎恩铭为副考官。"

是科文题《古之愚也直今之愚也诈而已矣》（据《五科会试遗卷》）。自记："以大气鼓之，刻画处尚不失先辈意度。……余此卷在御史蔡君赓扬房中，批'语多牵强'四字。"

十七日，修家书致亮弼，曰："完毕三场，文字虽不逮古人，较之时人，尚有一二出色之处。或可有望，然命运大率平常，恐未必称意也，听之而已。"

四月，报罢南归。途中作诗《过卢沟桥作》、《过匡衡故里作》[5]。（《养一斋集》卷六）

填词：《金缕曲》（"癸巳夏过南高淀，别用韵制一阕"）、《齐天乐·道旁老树》、《浣溪沙·偶兴三阕题旅店壁》、《水调歌头·平原题壁寄孔生都下》、《南乡子·茌平闻歌感赋二阕》、《望海潮·途中观云》、《百字令·述感》。（《养一斋词》卷三）

五月，抵家，卜居于车桥第四桥侧。（《行略》）

作《题俭卿萱阶课儿图》。（《养一斋集》卷六）

吴昆田来车桥请业，"始列弟子籍，见勖以根柢之学"。（吴昆田《养一斋集跋尾》）

秋，有诗《赠丁郎寿昌》[6]。（《养一斋集》卷六）

作《裕亭寄示伊猗君见怀诗赋酬四首》、《秋雨》、《秋晚野步》、《闻勤子将归喜而有寄》。（《养一斋集》卷六）

七月二十五日，朝鲜使臣徐士淳来函致谢（《抑抑堂集》卷十三《札记》）。

八月，完成《岁寒堂诗话》（南宋张戒著）的批点。卷首题云："道光癸巳八月，四农再观，加墨圈并评。"[7]

张际亮南下经山阳，作《泊淮安城下寄怀潘四农（德舆）解元》[8]

九月，作《木果轩记》[9]。（《行略》）

杨皋兰七十初度，四农为之作七绝《寿杨香谷七十》（《酬世集》）[10]。

十月，门人吴昆田为刊《养一斋试帖》。

冬，与李续香唱和，作《漫兴和李少白》、《少白雪中即事诗用全仄体以全平体答之》（《养一斋集》卷六）；作词《伤春怨》“题少白《蛩窗冷雨》卷端”（《养一斋词》卷三）。

代卢泽作《黄母陈太孺人诔（并序）》[11]。

授清河吴以諴诗法或即在此前后[12]。

除夕，作《庆清朝·癸巳除夕题壁》。（《养一斋词》卷三）

【其他作品编年】

文：《祭纪燕亭文》[13]、《祭吴木堂文》（代高士魁作）[14]。（《酬世集》）

《阮君家传》[15]（《养一斋集》卷二十三）、《马生哀辞》[16]（《养一斋集》卷二十四）、《诵芬堂诗序》[17]（《养一斋集》卷十八）。

诗：《题子履烟浔云峤图》。（《养一斋集》卷六）

词：《临江仙·题子履人日题诗图》。（《养一斋词》卷三）

【诗坛生态】

四月二十六日，洪洞董文涣生。三月十二日，武进张琦卒，年七十。

【注释】

[1] 正月十一日家书：“去年自仰山师大去后，渠家所送馆金仅足以岁底之用，现已一文无有。惟恃孔生暂挪，及李芝龄侍郎处青云会项耳。熊老师处未知能有所寄否？旅况萧条，至此而极！今年若不中，身家皆万万不可支也，奈何，奈何？古人云：穷极则通。天或不忍吾之疲老困厄，而予以一第乎？”

[2] 张履（1792—1851）：“初名生洲，渊甫其字，江苏震泽人。……嘉庆丙子乡举，久之以教习注知县，投牒改教谕，选句

容。……在官十八载，陶文毅、林文忠亟钦礼，两膺卓荐，均固却。年六十卒。”（汤纪尚《张学博传》）“少从张海珊游，讲程朱之学。于诸经尤精三礼，善古文辞。其议礼之文，往往以今之情酌古之礼，犁然有当于人心，非训诂名物之学也。诗刻意洗濯，不为理语而理趣自深，同时顾莼、曾燠、鲁一同、潘德舆俱极赏之。”（《清史列传》卷七十二）著有《积石文稿》十八卷、《积石诗存》四卷。

［3］叶名沣（1811—1859）：“字翰源，一字润臣，其先世自江南溧水迁汉阳。……仅一登丁酉乡荐，为中书舍人。居恒嗜诗……当时诸子如梅伯言、何子贞、汪仲穆、王少鹤、刘炯甫之闻君，皆与交。然君自谓所学得山阳潘先生为多，遂执弟子礼，故于山阳之卒痛惋，屡见于诗。君官内阁久，历史馆、玉牒馆纂修，转侍读，京察优等。……咸丰八年，夷事复炽，君兄落职，浮海至印度，赠公年老矣，远在岭南万里外。君亟思侍亲，以赀出为浙江试用道。中途闻兄丧，邑邑抵浙，病痁遽卒，是为咸丰九年八月朔日也。年四十九。”（朱琦《叶中宪君传》，《敦夙好斋诗全集》之《续编》卷首）著有《敦夙好斋诗全集》三十三卷，光绪十六年（1890）叶非纲重刻本。

［按］《敦夙好斋诗全集》卷首自识：“名沣幼侍先大父授经史，余事学为诗，私箧积稿凡数百纸，未敢处以示人。洎与邵武张君亨甫订交都下，亨甫劝肆力为之。因亨甫得识山阳潘四农先生，先生于诗根底深厚，质疑问难，获益良多。别后邮筒商榷，终岁靡间。修书执弟子礼，师事之。数年而还，人事迭更，学业日就荒废，东涂西抹，卷轴填委，弃之又复可惜，爰取丛草，芟汰大半，存诗八百余首，凡十有二卷。”

林昌彝《射鹰楼诗话》卷六：“汉阳叶润臣内翰（名沣）诗，溯源《三百篇》及屈子《离骚》，以及陶、韦、王、柳、李、杜、岑、高，无不并笔而出，妙在下笔时都有作诗之人在，至性充周，潜心内转，又能善状奇境，森然动魄。”

［4］书始曰：“孔生足下：别数旬耳，胸鬲郁郁，若有无数欲言不能言者。盖文艺晤语数月矣，乍相违，自不适也。仆来京师三、四年，非以规科名也。”自道光十年（1830）春来京师，迄今三年余，可称三四年。

［5］匡衡故里：在山东峄县（汉、唐、宋时名承县）。“匡

衡，字稚圭，东海承人也。父世农夫，至衡好学。家贫，庸作以供资用，尤精力过绝人。……射策甲科……官郎中，迁博士、给事中……光禄大夫、太子少傅……建昭三年，代韦玄成为丞相，封乐安侯，食邑六百户。”（光绪《峄县志》卷二十一《乡贤》）

［按］“匡衡墓：在峄县西南十三里。墓左有祠，宋宣和间建。”（《嘉庆重修一统志》卷一百六十六《兖州府（二）》）

［6］丁寿昌（1818—1865）：丁晏长子，“字颐伯，号菊泉。进士。幼敏慧，嗜学。八岁作《咏雪》诗，词意警拔。十四作《怪石歌》，用韩昌黎《石鼓诗》韵，潘德舆奇其才，赋长歌以赠之。既长，益肆力于经学……时咸服其精核。授户部贵州司主事，兼管榷税。……同治十二年，擢福建道监察御史……明年，授知严州府事……寻卒官，年四十八。寿昌于书无所不窥，所居官署如客舍，惟日手书不辍。”（《县志》卷十四）著作有《睦州存稿》、《说文谐声略例》等多种。

［7］该批本见宋琨《静思轩藏书记甲编》著录。宋氏且加按语曰：“盖先生曾以朱笔加批，前后持论有绝异处，学力与年俱进，不诚然与？”因知此批本民国初尚存淮上，乃笔者遍访未得，惜乎！

［8］亨甫诗曰：“闻君失意独南归，应望梁园秋雁飞。却渡长淮不相见，可知遥夜此沾衣？”

［9］木果轩：即养一斋外之轩。记文述取名木果之由曰：“与客步于庭，庭有果焉，累累于木。客指而笑曰：‘木之为物，春夏华叶而秋则果，子之年秋矣，果之时也。’……客去，遂以木果名其轩。”又，记文尾署：“时癸巳九月。”

［10］杨皋兰生于九月间，见李长发《春酒介寿歌寿杨香谷（皋兰）兼寿阮定甫（钟瑗）》（《无住吟》卷下）：“转瞬流光阅夏秋，计月先后刚八九（定甫八月，香谷九月）。”

［11］序曰：“太孺人陈姓，候选州同纬三公女，岁贡生守愚先生配也。母家素封，太孺人幼饫礼教，斥奢严习。既归守愚先生，侍姑疾，数月不弛带。姑丧，粥已舂，襄大事。守愚先生端悫好古，学使者校士，恒冠其曹，顾乡试辄不利。居贫杜门，一生无妄求，学徒修脯不赡。太孺人针黹佐之，成其廉介操守。守愚先生没，责负数百金。太孺人痛僔节食用，数岁毕偿之。长君昭雯，次蔚雯，次星雯，未冠而孤。太孺人教极严，读书必至夜

分，己亦纺绩弗缀。三子皆补博士弟子。嘉庆戊辰，蔚雯登贤书，太孺人色不喜，督之益勤。……以今岁十月二十五日卒，得年八十有五。”而《县志》又称蔚雯母卒，服未阕，歿。姑订于本年。

［12］吴以诚（1801—1855）：“字古音，岁贡生。幼敏慧，读书而外，琴弈书画，下及医卜之属，无不试习之，亦不欲精熟也。独好为诗，豪于饮，酒酣即歌，曼声如度曲。诗摹唐人，有所作辄自矜许。及见同郡潘德舆，更博览载籍，诗大进。有《淮阴鹳鹤楼题壁》二十首，为时所传诵，识者以为明七子不是过也。……有《古藤书屋诗存》。”（光绪《清河县志》卷二十一）

［按］《清河吴氏宗谱》卷三：“吴以诚，行二，字古音，号醉侯，岁贡生，州判衔。……生嘉庆六年七月十六日未时，卒咸丰五年六月二十二日亥时。”

《古藤书屋诗存》，不分卷，鲁一同序，吴昆田跋。吴跋曰：“从祖叔父古饮先生……好为歌诗。……每一篇成，吟咏往复，意甚得也。嗣闻山阳潘四农先生精于诗，属昆田以其诗质之。四农先生曰：此集一扫袁、赵之习，诚近今作者。惜学之不博，资之不深，以云古人堂奥，尚未逮也。又曰：作诗之道，不当求之于诗，工夫自在诗外也。昆田具以告，且信且疑之。然从此颇读书，尤爱诸史。”是知古音受知于四农，乃通过稼轩为中介，故系于此。

又，《清人别集总目》（上卷）记《古藤书屋诗存》，称作者“吴以诚”，误。

［13］文中有曰：“齿未五秩，乃摧折邪？小愈复危，天已定邪？弥留呼母，人忍听邪？”前考纪燕亭与四农同庚，既“齿未五秩”，姑系于本年。

［14］吴以志（1784—1833），字咫闻，号木堂，江苏清河人。吴昆田《漱六山房全集》卷八《叔父太学生议叙主簿木堂府君行状》：“府君讳以志，字咫闻，号木堂，姓吴氏，先王父封中宪公第三子也。……病剧，中宪公临视，犹强起曰：‘愿无以儿为虑。’次日遂歿，道光十三年四月十二日也，年五十岁。”

［按］《淮阴吴氏宗谱》卷三：“以志：行三，字咫闻，号木堂。太学生，议叙主簿职衔。……生乾隆四十九年五月二十六日卯时，卒道光十三年四月十二日巳时。”

［15］文首曰："阮君钟瑗，字次玉，山阳岁贡生，年七十，卒。邑之学者交叹息其贤，属同邑潘德舆为之传。"是知该传必作于次玉卒之当年。检《酬世集》，有联语《寿阮定甫七十》，曰："老于文事能述古，静其天怀以永年。"因知次玉之卒必当其八月生日之后，或在冬季。

［16］马生，即马盛年（字永清）。《哀辞》曰："追思予主生家时，迄今甫逾三十年。"四农始授业盛年，住其家，时在嘉庆七年（1802），迄今三十一年。

［17］该文后被郭仪霄采用在《诵芬堂诗钞二集》卷首。两相比较，《养一斋集》删去开始两句："虞廷之论诗也，曰'言志'；孔门之论诗也，曰'可以兴'。"中间略有更异。考《诵芬堂诗钞二集》诸序，前乎潘序之周作楫序，尾署作时曰："道光癸巳秋八月。"后乎潘序之蒋湘南序，尾署作时亦曰："道光癸巳仲秋。"潘序虽未署明时日，度去此应不远，故系于本年。

道光十四年甲午（1834） 五十岁

【山阳要闻】

九月，关天培（1780—1841）出任广东水师提督。"至则亲涉重洋，审形势，以虎门为最，而于沙角、大角立两炮台为第一重门户，复于南山、镇远、横档立三炮台为第二重门户，而大虎炮台为第三重门户。"（方濬颐《关忠节公传》，见《广清碑传集》卷十）积极筹备抵抗英军之侵略。继与林则徐合作，于虎门焚销"鸦片烟土二万二百八十三箱"，英勇抗击英军，"为飞炮所中"（同前），壮烈殉国。

"捻众扰袁浦，焚凤里，蹂躏河下。"（杨庆之《春宵窥剩》卷四）

平湖朱为弼接任漕运总督。（《山阳县志》卷六《职官（二）》）

本年乡试，王步程中式第六名，陶昀中式第二十名，任惟基中式第二十一名，徐璧中式第七十三名。（段注本《淮山肄雅录》卷下）

泰兴廪贡朱点署淮安府学教授。

【行状】

家居课徒。

正月，作《扫花游·自题木果轩》、《百字令·吴生大田过余木果轩》。（《养一斋词》卷三）

著《九经人表序》。（《行略》）

二月初六日，书题《小安乐窝文集》[1]。

二十七日，赴南村，途中作《踏莎行》以纪舅氏卢沆七十冥寿[2]。（《养一斋词》卷三）

三月，作《答孔生》三首、《偶然作》、《野意》。（《养一斋集》卷七）

代汤金钊作《丁母刘太安人诔（并序）》[3]。（《酬世集》）

夏，作《与通甫》二首。（《养一斋集》卷七）

作《晚坐迟通甫不至》、《寄廉峰》二首、《过镜渠南村》。（《养一斋集》卷七）

七月初，鲁一同之父鲁长泰绘《牡丹雄鸡图》赠送四农[4]。

二十六日，江苏巡抚林则徐五十寿辰。四农代淮安知府周焘作《林中丞五旬寿诗五言长律一百韵》[5]。（《酬世集》）

八月朔，作《南清河县学文峰塔记》[6]。（《酬世集》）

鲁一同应乡试不售，王步程中式。四农作联《贺王生步程举贤书》。（《酬世集》）

作《寄芥庵宿迁》二首。（《养一斋集》卷七）

十月，为次子亮彝纳妇胡氏，即胡棠幼女。

代人作七律《曹相国八旬寿诗》八章[7]。（《酬世集》）

“漕督朱椒堂为弼耳其名，致书招之。谢不往，见答以《淮民》一编，文数千言，悉陈地方利弊，朱公纳之，多所采用。”（徐嘉《味静斋文存续选》卷二《潘四农先生逸事》）

门人吴昆田举顺天乡试，喜邀乃师入都。四农作联《贺吴殿翁（子景伊六十寿孙大田举贤书）》[8]。（《酬世集》）

十一月中旬，四农应邀赴京，二十七日抵达，“寓南横街圆通寺观中，与稼轩同住。”[9]（十二月初四日《家书》）

赴京途中作《汶上作》、《车中读〈春秋〉感赋》。（《养一斋集》卷七）

马寿龄幸会四农，有诗赠之[10]。

十二月初四日，修家书与亮弼，透露科第失望、日增衰疲之意[11]。

初六日，作《初抵京寓与小庾稼轩对雪饮酒酒边述兴》三章[12]。(《养一斋诗石刻》)

继作《晤郭羽可艾至堂江龙门各赠以诗并述近状》四首[13]、《题至堂〈北度雁关图〉》、《题马鹤船〈老渔图〉》、《廉峰招饮》、《览〈梦溪笔谈〉偶作》。(《养一斋集》卷七)

二十四日，复修家书与亮弼，告知近患耳疾，并忙于整理诗话，准备付梓[14]。

【其他作品编年】

文：《九经人表序》。(《行略》)

词：《忆秦娥·南郭即事》、《买陂塘》“题毛秋伯《春风绛帐图》”[15]。(《养一斋词》卷三)

【诗坛生态】

五月二十七日，上元宗元翰生。六月二十三日，阳湖陆继辂卒，年六十三。

顾翰自编《拜石山房词》四卷成。

【注释】

[1] 题记：“道光癸巳(1833)正月吴江张履(渊甫)赠于京邸。动静相养，身心相依，言行相顾，一片真机。四农观《小安乐窝文集》偶书。时甲午(1834)二月六日。”

[按]《小安乐窝文集》：张海珊著，道光十一年(1831)刻本。张海珊(1782—1821)：字铁甫，一字越来，江苏震泽人。“中道光元年恩科乡试第一，榜发已前卒。天资高明，论学以程、朱为归而不废陆、王……尝谓‘儒之诟病于世，乃迂疏无用之过’，故凡经世之务，罔不究心。……论文则谓最难在实，如食之必可饱，衣之必可暖，药之必可去病。慕邵子为人，颜其居曰小安乐窝。卒年四十。”(同治《苏州府志》卷一〇八《人物(三十五)·震泽》)

[2] 词序曰：“二月二十七日，过卢苞元表弟南村。是日为

先舅氏七十寿辰，途中怆然赋此。”

[3] 序曰：“今年春，晏缄其母太安人讣及状乞予诔。……（太安人）以去年季冬殁，寿七十有九。予素敬其贤，遂不辞而诔之。”检丁晏《先妣刘太夫人行述》（《颐志斋文集》卷十）：“先妣刘太夫人世家山阳。乾隆二十年五月初二日生，寿七十有九，以道光十三年十二月初三日弃养里庐。卜以次年十月甲辰日葬于淮安府山阳县境东卢家滩之原，暨前母郝太夫人同祔于先府君之域。”

[4]《牡丹雄鸡图》款署：“道光甲午初秋写，为四农三兄雅正。特山鲁长泰。”

鲁长泰（1767—1843），字特山，别号小鱼头道人。安东东佃湖鲁家庄（今江苏淮安市涟水县方渡乡）人，乾隆辛亥年（1791）淮郡庠生，“工书善画，闭门养素，以道自贞”（光绪《安东县志》卷十三《人物四・鲁一同传》），尤善绘花鸟虫鱼，世人重其画鸡，有“鲁鸡”之誉。《续纂山阳县志》卷十《人物》：“淮人多工六法。……嘉道间以鸡著者鲁长泰（字特山，诸生，一同父。有学行）。”《三洲画史》引《半人琐记》曰：“特山先生为兰岑孝廉之父，善画鸡。余曾于戚弗戴氏见数小幅，昂来竦待，神气如生。”

[按]《通甫类稿续编》卷下《太学丁君墓志铭》：“道光二十一年，清河文学丁枢从游于吴城。明年，黄河决崔镇，枢奉其尊甫太学君以来，而先君子适自安东就养馆舍。……一同见太学之明年，而先君弃养。”以此可知特山当卒于道光二十三年（1843）。同文：“君少先君一岁。……一同见太学之明年，而先君弃养。又六年，而太学君老病以殁。……君名淑问，卒年八十有二。”以此知特山享年当为七十七岁。

[5] 周焘（1786—1857）：字听松，贵州都匀郡城人。由附贡生报捐，补江苏盱眙县县丞。道光元年，补桃源县知县。五年，升补通州知州。十一年，升补淮安府知府。十六年，兼护淮扬道篆，调补徐州府知府，复补常州府知府署淮海道，致仕。（民国《都匀县志稿》卷十六《人物志・义烈人氏表》、卷十八《艺文志・内篇（上）》，引周焘自作《谢升道员折（道光二十六年）》）

《县志》卷六《职官（二）・知府》：“周焘，都匀人。附贡生，十年署，十二年再任。”

［按］范以煦《淮壖小记》卷四《淮郡流寓》：“周郡伯师焘，字听松，贵州都匀人。由通判升任，所至除强梗、恤民隐，颂声交作。郡有奎文书院，公至，每周扃试，每试必与士偕，竟日乃去，爱士出于天性。……字法米元章、董香光，得者如拱璧。又善作擘窠书，尤不易得也。”

袁翼《原任陕西布政使司子俊陶公》小序：“讳廷杰，都匀人。咸丰六年八月十三日，粤逆数万围都匀，署守鹿丕宗约公及前淮海道周焘筹策防御。公与周誓以家产给兵民口粮，一面飞章告急，且求发兵速援，而省垣漠然也。七年……九月初二夜三鼓，城门忽大开，贼潮涌而入。……鹿公投池死，方伯亦自缢。周先于三月病没。”（《邃怀堂全集》之《哀忠续集三编》）

林则徐（1785—1850）：字少穆，福建侯官人。“嘉庆十六年成进士，改翰林院庶吉士……十九年散馆授编修……二十五年，授江南道监察御史。……道光三年，授江苏按察使。……七年五月，授陕西按察使。……十二年二月，调江苏巡抚。……十五年十一月，署两江总督。……十九年三月，入粤，会同广督邓廷桢（严厉禁焚鸦片）。……二十一年五月，遣戍伊犁。……二十五年九月，命回京。……二十六年三月，授陕西巡抚。……二十七年，升云贵总督。”（民国《闽侯县志》卷六十九）其生日为七月二十六日，详见来新夏《林则徐年谱》。

［6］《文峰塔记》尾署：“山阳潘德舆为之记云。时道光十有四年秋八月朔日也。”

［7］曹振镛（1755—1835），字怿嘉，号俪笙，安徽歙县人。乾隆四十六年进士，由庶常授编修。“嘉庆初，累迁侍读学士……擢为工部尚书、太子太保，转掌吏部事，拜体仁阁大学士。……道光初，进拜武英殿大学士、军机大臣，兼上书房总师傅，赐第内城。以平喀什噶尔功，位太傅，图形紫光阁，列次功臣之首。十五年，卒于官。年八十一。”（民国《歙县志》卷六《人物志·宦绩》）“振镛以文学侍从结主知，虽专宠任，而廉谨敦行谊，始终无有过失，称为长者。”（金天翮《曹振镛传》，见《广清碑传集》卷九）

［按］振镛生日为十月十四日。

［8］《淮阴吴氏宗谱》卷三：吴朝观子“以训：行一，字景

伊。太学生，候选州同。……生乾隆四十年十二月初四日未时，卒道光三十年四月二十六日辰时。”

［9］“二十七岁，举顺天乡试。寓京师，与师潘先生德舆、友鲁先生一同共游处，一时四方贤豪长者，莫不过从，以文诗相赠答。”（吴涑《先府君行状》，《淮阴吴氏宗谱》卷一）

圆通观：在宣武门外之南横街。《顺天府志》卷十四：“南横街……有千佛庵、圆通观。”四农诗题之所谓“宣南道院”，即指此观。

［10］马寿龄《甲午仲冬喜晤四农先生有作》（《养一斋同人投赠诗词存》）：“东望长安道路长，梅花香逼杏花香。黄河晓涨帆迎雪，白草秋枯马踏霜。千里舟车怀短刺，一天风月载空囊。蒲团且伴枯僧宿，暮鼓晨钟为底忙？”

马寿龄：字鹤船，安徽当涂采石人。“廪贡，试用训导。……侨居江宁。朴茂渊雅，四方从游甚众。工诗古文辞，直窥汉魏六朝之奥。……咸丰癸丑，值洪、杨乱，出佐江南大营，治文书，为主帅向荣所倚重，积功保知县。……主讲金陵钟山、镇平县淯阳、东台县西溪三书院，尽心训迪，士论翕然。同治间与唐莹纂修通志，援古证今，尤称淹博。……生平矻矻著述，尤精小学，著有《说文段注撰要》、《怀青山馆诗文集》行世。”（民国《当涂县志·人物志·文学》）著《金陵癸甲新乐府（附《城外新乐府》）》，台北文海版《近代中国史料丛刊》本。

［按］鹤船尝为山阳范以煦《淮壖小记》作序，尾署：“咸丰乙卯十月既望题于淮安石版桥南，当涂鹤船马寿龄。”段朝端《椿花阁续笔》卷上载其逸诗《题冯太师母枫桥墓祭图》。

［11］十二月初四日家书：“予年已半百，须发皤然，进取之事，大致可想。惟望汝等用心本业，振兴门户。现在家运甚衰，予又老而无用，汝等若不勤读，以求出头，一家人口，将来靠谁支撑耶？”

［12］《述兴》：“一雪慰家望，羁人眼亦新。楼头朗霄汉，草木醖冬春。华发转增色，征衣信浣尘。垂帘呼促膝，酒伴最相亲。”（其一）“况我素心友，关山离思多。同看一庭雪，不饮更如何？久客余肝胆，长才忘轗轲。旗亭新乐府，拍手劝高歌（小庚诗、诗余皆绝工）。”（其二）“漏尽炉存火，窗虚送雪花。长途初下马，孤客似还家（余入都居稼轩寓舍）。身世青衫旧，勋名

白日斜。举杯属吾党，努力爱年华。”（其三）

［按］此据《养一斋诗石刻》。《养一斋诗石刻》，计十八首，皆四农录示或书赠吴昆田之作品。吴氏宝藏之，并勒诸石。捻军入淮后，诗石被毁，淮上仅传拓本。此据吴昆田之孙吴其稑1935年乙亥过录本（陈慎侗藏）。

附沈照《久不作诗嘉平六日喜四农兄至都连夕与稼轩弟饮酒言怀即用对雪原韵》（《养一斋同人投赠诗词存》）：“相见岁云晚，相看态转新。每怀离别意，都变雪霜春。百感消爇酒，三年负洛尘。剪灯至深夕，无语亦情亲（余以辛卯八月入都未归，兄往来几度矣）。”（其一）“一樽联师友，心清梦不多。高怀仍我辈，匿笑任谁何！穷海耽风雅，修途尚坎坷（感鲁兰岑也）。惊人待文举，一醉一狂歌（得知孔二宥函北来有日矣）。”（其二）“白发近来少，何嫌对雪花。江南共度岁，淮左是吾家。良夜客中短，征鸿天际斜。野夫同一笑，何事踏东华。”（其三）

［13］艾畅（1787—1864），字至堂，江西东乡人。明末名士艾南英（字千子，别号天傭子）后裔。道光二年（1822）举人，“以大挑官临江教授，截取补广东博罗县知县。在官一年，慨然曰：‘不可以行吾学也。’遂乞归。道光二十年成进士。”（《清史列传》卷七十三《文苑传（四）》）著《至堂诗钞》六卷，道光三十年刻本。

江开（1804—1860）：字龙门，安徽庐江人。道光十五年（1835）乙未恩科举人，“挑陕西知县。任紫阳县时，创建东来书院，振兴文教。咸阳渭河久淤，开捐廉为倡疏浚，河复故道，民赖其利，立去思碑。是时回匪煽乱，开奉委办西安、同州、凤阳三府团练，战守得宜，人咸赖之。以功擢知府。”（光绪《庐江县志》卷八《人物·宦绩》）有《浩然堂诗集》六卷《浩然堂词稿》（一名《双忠砚斋诗余》）一卷，道光二十九年合刻本。

“江开……性卓荦，善技击，诗文书画，靡弗精绝。”（《清画家诗史·庚（下）》）

［按］《庐江县志》未明确江开生年。考《浩然堂诗集》大致以年代先后为序，始自庚寅（1830），开篇组诗《励志》其七云：“诸葛出隆中，行年二十七。今我及其时，风尘变颜色。”因知其生于嘉庆九年（1804）。

［14］十二月廿四日家书：“我在此精神甚佳，惟耳疾时时举

发，右耳常流黄水，闭塞内鸣，颇惧其聋。月半后连服郭羽可、程镇北药数剂，此刻黄水已止，亦不大鸣，渐有痊意，可以无虑。现在每日静坐核理《诗话》，廉峰欲为我付梓，已催二次，不得不赶紧办此。”

［15］毛梦兰（1782—1856?）：字缄斋，号秋伯，江苏甘泉人。“嘉庆九年举人，十四年进士，历任湖南邵阳、沅江、武陵、湘乡、湘潭知县。……嗣因案被遣戍。道光元年奉诏释回，时年四十。主讲淮安奎文书院者三十五年，因材而教。殁后门人请祀书院，并于学廨附建专祠。著有《荆花书屋诗文集》十六卷、《杂著》四卷、《豳风全诗》一卷。”（《续纂扬州府志》卷九《人物志（一）》）“嘉庆己巳进士，湖南湘潭知县，以诖误归。主讲淮安奎文书院几三十年。……后卒于淮。有《秋伯诗草》。”（丁晏《颐志斋感旧诗》“毛秋伯大令”）其人于主讲奎文书院期间，“热心爱士，评骘课艺，挥洒不倦。善草书。（故）没后门弟子于院中立主祀之。”（《续纂山阳县志》卷十《人物·流寓》）

道光十五年乙未（1835）　　五十一岁

【山阳要闻】

“淮、徐、海各属，夏间得雨本已过多，低洼之区骤难宣泄，今复连得大雨，积水愈深，一时不及疏消，禾苗无不淹浸。”（林则徐七月十八日奏）

本年秋恩科乡试，山阳胡锡祺中式第五名，阎潢中式第九名，鲁一同中式第二十名，杨启惭（杨皋兰子）中式第六十七名。（段注本《淮山肄雅录》卷下）

【行状】

正月，倩同年温肇江绘《岱峰晴雪图》，自作序文[1]。

初九日，作七绝《与稼轩贤友倚青堂夜话》二首[2]。（《养一斋诗石刻》）

十二日，作《与宥函夜话兼柬羽可小庾龙门咏仙稼轩诸子》。（《养一斋诗石刻》）

闻陈晋殁。作《寄挽陈竹轩》二章。（《酬世集》）

作诗《友说》赠沈照[3]。

二月二十三日修家书，教导诸子宜“俭用安贫”、刻苦读书[4]。

三月中旬，四应会试。“时有名公忧当代文章衰弱不振，语于众中曰：‘制义虽小道，然运会所关，安得拔士如潘君者，以挽一时之风气乎？’场前来就先生谈，出一纸裹留于几案而去。先生曰：‘此何物也！’焚之。”（吴昆田《漱六山房全集》卷八《养一斋集跋尾》）

本年三月乙丑，“以协办大学士、吏部尚书穆彰阿为会试正考官，工部尚书何凌汉、吏部右侍郎文庆、张鳞为副考官。”（《宣宗成皇帝实录》卷二六四）

是科文题《大德不逾闲》（据《五科会试遗卷》）。自记：“题无掉弄虚机之理，然谓做足本题下文自到者，亦不甚的。……此文看题颇得真切处，行文亦浩落自喜，一扫场屋得失之见，然以求遇合则难矣。”又记：“此卷在编修单君懋谦房中，批‘尚欠修洁’四字。单甫出闱，语人云：‘潘四农文不知落何房中，渠座师黄树斋先生分校，渠当无不荐者。’及遗卷出，即单房所黜也，单闻之大惭。”郭羽可批：“论题精确，行文则理实气空，大含细入，此狮子搏兔用全力者，可谓神勇。以此抡文，真斯文之福也。”潘绂庭批：“精深透辟，可谓心细如发，力大于身。”

二十一日修家书，曰：“三场完毕无误，文章颇觉得意。究恐高不入时，若天理不差，吾文自当入彀。”

榜发，复不售。赋诗《述意示孔吴二生》两首，聊以自慰[5]。（《养一斋集》卷七）

初识缪钤于宣南道院。始结识姚燮。

作《奉题礼烈亲王克勒马图》[6]、《题廉峰问诗图》、《孤鸾篇》三首[7]。（《养一斋集》卷七）

三月二十六日，由肃亲王、长龄、奕纪、吴杰、宝善、赵盛奎六位王大臣负责大挑。吴杰一见即称之曰：“此江南宿儒也。”次日，四农获大挑一等。二十九日，得以知县用分发安徽。同时淮郡与挑者六人，余五人皆获二等：查瑞清、徐登鳌、邱鼎元、祝融峰、卢麟珍[8]。

四月初，与包世臣、黄钊等小集江亭[9]。

感念盛大士，作《寄怀子履》二首[10]。（《山阳诗征》卷二

十四）

四月中旬，作《送吴生南归》。自己亦拟归，故与众人辞别，作《留别宗贻宗佑》（《山阳诗征》题作“留别子翼子启”）、《别小庾》二首、《别廉峰》、《别缪星潭》[11]、《饮羽可斋话别》。（《养一斋集》卷七）

郭仪霄招饮慰藉，作《春闱报罢招潘四农解元（德舆）小集寓斋赋诗为别即送其归山阳》绝句四首。（《诵芬堂诗钞三集》卷二）

五月，作《长亭怨慢》，序曰：“乙未五月，余将出都，以仆病暂留宣南道观。得沈小庾、缪星潭过从甚乐，赋此为赠。”《高阳台·暑窗即事柬星潭》、《齐天乐》，序曰：“连日不见梅伯，制词代笺，兼柬小庾。”（《养一斋词》卷三）

作诗《与姚梅伯》[12]（《养一斋集》卷七）、词《点绛唇·题姚梅伯探梅图》（《养一斋词》卷三）。

望日，诸密友围炉夜话。四农作《五月十五夜羽可小庾龙门星潭小集寓庐，即席二十八字为别》（《养一斋集》卷七）。江开作《道光乙未五月四农仁兄将归山阳招同郭羽可王云岩沈小庾缪星潭饮于寓斋作此留之》（《养一斋同人投赠诗词存》），郭仪霄亦作《同沈小雨（照）、江龙门（开）、王云岩（家弼）、缪星潭（钤）诸孝廉小集潘四农寓，时四农将出都，诸君行止复殊，各赋二十八字为别》（《诵芬堂诗钞三集》卷二）纪其事。

二十三日，修家书与长子亮弼，告知本拟四月底返家，奈四月廿五日领得文照之日，仆人李三忽患斑疹，故不得行；待李三病愈，复与江宁刘富春商定于五月廿二日起身，奈昨日忽闻山东亢旱，灾民蜂起，中途拦车抢劫者甚众，故不敢行。拟“俟七月初稍凉时再走”。

姚燮喜其续留，作《喜潘丈迟归二章》（《复庄诗问》卷九）。四农和作[13]。郭仪霄则有诗题《四农已定期南归，为诸友慰留，未果行，有寄》（《诵芬堂诗钞三集》卷二）。

六月，作《题吴梅梁侍郎世德清芬砚图》[14]、《山亭坐雨与小庾联句》、《与猗君》、《答羽可》、《道院坐雨》、《观羽可画竹》、《柬星潭》、《寄通甫》、《杂诗》三首、《道院书兴柬小庾星潭》二首、《送陈芗伯还杭州即之官甘肃》[15]、《送陈蕴山还江宁即之官山右》二首[16]、《题张自新荷湾清夏图》二首、《题庐陵王氏两

世孝行录》[17]、《拟古四首》。(《养一斋集》卷七)

再度自我总结诗作得失，颇呈精益求精之精神[18]。郭仪霄作《病余柬潘四农(德舆)》，颇显四农近时状态及二人交谊之深笃[19]。

闰六月底出都，沿水道南归。临行作《与黄香铁论诗即以留别》二首、《奉别树斋先生即次赠行元韵》、《留别小庾四十韵》[20](《养一斋集》卷七)、《金缕曲·将出都门饯席赋此》(《养一斋词》卷三)。时饯席上还有叶琚、周恩绶等[21]。

诸友依依惜别。姚燮作《赠潘孝廉丈(德舆)即送其还淮安四章》[22](《复庄诗问》卷九)。四农因题《梅伯闻余将归叙怀凄咽作歌解之》(《养一斋集》卷七)。姚燮复酬以《潘丈(德舆)以诗留别长歌答之》(《复庄诗问》卷九)。缪钤、江开、黄钊、艾畅、徐宝善、黄爵滋亦皆有赠别之什[23]。

此行与缪钤同舟，至天津后又盘桓数日，于七月中旬方继续走水路南下。沿途作诗甚夥，计有《闰六月与星潭出都至天津舟中作》、《七夕泊杨柳青》[24]、《今我行》、《钓鱼滩舟次》[25]、《沧州述感》[26]、《寓感五十首》[27]、《挂剑台歌》[28]、《南旺湖采莲歌》二首[29]、《登太白楼放歌》[30]、《太白楼有万历间家印川司空诗碣书感次韵》[31]、《济宁城上眺杜工部南池作》[32]、《雨夜闻笛》、《雨行看山》、《四女寺》[33]、《夹马营》[34]、《巢父墓(在东昌)》[35](《养一斋集》卷八)。作词则仅有《金缕曲》(“出都门感怀，兼柬星潭”)。(《养一斋词》卷三)

八月十七日，书孔继镤《心向往斋诗集》后[36]。

月杪抵里，作《秋日初归里门题书斋壁用杜〈到村〉诗韵》。(《养一斋集》卷八)

应陶克让之嗣子陶联甲请，作《陶君家传》[37]。(《养一斋集》卷二十三)

九月二十六日，吴昆田祖父吴朝观去世。四农作《挽吴殿翁》两联[38]。(《酬世集》)

复作《祭吴殿升先生文》[39]。(《淮阴吴氏宗谱》卷一)

十月，题《有正味斋试帖诗》[40]。

仲冬，邵源洙室鲍孺人殁，为作《邵母鲍太孺人诔(并序)》[41]。(《酬世集》)

闻黄以炳殁。作《哭黄蔚雯》(《养一斋集》卷八)、《祭黄蔚雯文》（《养一斋集》卷二十四）及《黄君家传》[42]（《养一斋集》卷二十三）。

入淮城，会晤鲁一同，作《郡城晤通甫临别作诗》二首[43]。（《养一斋集》卷八）

【其他作品编年】

文：《邱君家传》、《祭邱勤子》。（《行略》）

《兴挑涧河议》[44]。（《养一斋集》卷十七）

《答鲁通甫书（二）》[45]。（《养一斋集》卷二十二）

词：《菩萨蛮·题红绿梅画》。（《养一斋词》卷三）

诗：《题汪太傅信民赠文信国砚图》二首[46]、《题叶云素给谏孝行录后》（自注：名继雯）[47]、《题画》（"人家尽处市声息"）。（《养一斋集》卷七）

【诗坛生态】

正月二十六日，乌程施补华生。三月初八日，秀水沈景修生。九月十四日，吴江柳以蕃生。十一月二十四日，宣化钟德祥生。泰兴陈潮卒，年三十五。钱塘项廷纪卒，年三十八。

【注释】

[1]《岱峰晴雪图·自序》："余三过岱，恨未登其巅，尽天海之广大。壬辰二月，北行至泰安，新晴气和，岱麓雪已尽，诸峰余雪了了霄汉间，明照数十里，景色高华，生平伟观也。明年四月南归，又明年十一月复北行，皆不经岱麓，然念此不能忘。何者？天下之物，莫高于岱，莫明于雪，而造天之峰、耀日之雪，又高且明之极也。是境也，信足以涤吾数十年卑陋幽滞之胸，而其进为无穷矣。夫境过则情变，进与否吾终无以自信也。既入都，属同年生温翰初肇江为之图，俾作几案间物。盖取天下至高极明之境，朝夕炯然于吾之目前，为吾心之卑陋而幽滞者，信乎其可以荡涤与！虽然，使吾终不登泰之巅，尽天海之广大，即曰为高明之观，吾虑局于一物而量不足也，其进也几何哉？故为文于图之左方，记图之所由起，且以鼓他日登岱之勇焉。道光乙未正月，四农潘德舆书。"

其后为之题词者有：江开（《四农仁兄属题》）、郭仪霄（《四农先生仁弟属题》，后收入《诵芬堂诗钞三集》卷二，题作《题潘四农解元（德舆）〈岱峰晴雪图〉》）、沈照（《四农三哥大人海正》）、徐宝善（《四农老兄大人属题》）、李宗昉（《四农三兄大人正题》）、艾畅（《四农三兄先生属题》）、黄爵滋（《四农贤友正题》）、姚燮（《题潘丈岱峰晴雪图》，《复庄诗问》卷九）、黄钊（《为潘彦辅题岱峰晴雪图即送其归淮上》，《读白华草堂诗二集》卷十一）、缪钤、王钦霖（《四农仁兄先生大人登岱图》）、鲁一同（《奉题四农先生岱峰晴雪图》）、朱绶（《四农仁兄大人正题》）、张际亮（《道光丙申礼闱揭晓日走访四农老兄出此属题遂涂四十字》）、张肇辰（《四农仁兄同年大人属题》）、汤鹏（《四农仁兄大人命题》）、孔继镛《题四农师岱峰晴雪图》（《心向往斋诗集》卷三）等。兹录数首未见他集载录者：

“真境冲愁眼，尘劳亦快哉。高云归嶂寂，浩气逼天开。黍稌此乡岁，神仙何处台。古多舒啸者，策杖小徂徕。疲马仍东首，骄阳掩大风。张图心郁郁，循麓梦匆匆。安得为霖雨，崇朝满太空。烟波投老计，迟我话渔篷。”（沈照）

“古岳奠东维，浩气回海表。高寒逼天阙，云翠郁常绕。孤客过其麓，古路天风袅。陡遇积烟开，快觌残云晓。空光发心眼，逸兴满萝茑。何当造绝顶，凌虚蹑飞鸟。”（艾畅）

“岱峰高处望淮干，千里云山尚渺漫。况是津门途更远，孤舟秋雨不胜寒（与兄舟至津门即分手）。闲云作雨尚无期，寥落行藏两地知。只盼燕山雪晴日，是君马首北来时。”（缪钤）

“望岱生崇情，驱车坐辽旷。况复积雪余，诸天垂滉瀁。短睫瓮牖子，野马惊殊状。不知九州小，焉破万重障。置身突兀巅，放眼光明藏。岱宗非自高，众山绝依傍。地回天愈寒，晶莹鉴腑脏。要知洗涤勤，未许纤尘让。因境自见心，展图获神贶。徂徕多高隐，策杖期同访。”（张肇辰）

民国元年季冬，冯煦应潘兰隽请题《岱峰晴雪图》以七古长篇，开头云：“我昔学诗宗孔融（谓宥函先生），诗派上溯养一翁。一编私淑五十载，廉立顽懦闻清风。”

［按］张肇辰（1801—1851）：“字子同，世代业贾，至肇辰始与兄肇荣砺志读书，为制义操笔立就，精奥自成一家。道光戊子举于乡，大挑二等，选安徽怀远县训导，以母老不赴。历署宝

山县、镇江府训导，改桃源县训导。喜奖借后学，于宝山识陆生豫，于桃源识尹生耕云，后二人一为循吏，殉节，一为御史，皆卓卓有表见。道光三十年，大水，大吏檄调回苏襄办，事竣，保升知县，任直隶隆平知县，甫三月卒，年五十一。”（同治《苏州府志》卷九十《人物（十七）·元和县》）

检《赵州属邑志》卷二《官师表》，隆平县知县咸丰三年九月由山东临清李辉增任，咸丰五年四月由四川垫江拔贡程光滢接任，以下依次至光绪二十一年皆非张肇辰。依知县三年一任之惯例，则张肇辰之任隆平知县，必在道光三十年后之咸丰元年(1851)。其卒即当是年。

[2]《倚青堂夜话》：“山林钟鼎信难料，剪烛论心忘夜眠。一笑纷纷云过眼，开门明月自当天。”（其一）“九衢尘涨入云去，寂历山亭对一峰。清况与君他日忆，半床诗梦五更钟。”（其二）

[3] 本年闰六月离京时作《留别小庾四十韵》，其中“人海论朋友”句下自注：“正月，作《友说》一首与小庾。”该诗在当时颇有影响，叶名沣即曾作《书潘四农丈友说后》（《敦夙好斋诗全集初编》卷一）。

[4] 二月廿三日家书：“正月底、二月中旬连接汝三次信，知家中人均安好，欣慰之至。……但生计不足，今年毫无进入之钱，大是可虑。……然无恒产而有恒心者，惟士为能。此际更须痛下工夫，把捉‘俭用安贫’四字。此自古儒先以此谆谆教人，除此更无别径。趋别径而妄为，贫不能救而品已先颓，岂复成诗书世家门望耶？……‘俭用安贫’四字，非吃苦不可。世间岂有安乐而能立品者？俭用安贫之外，只有‘读书’二字，可以求困里之亨。汝弟兄三人，若不加紧读书，则书味不深，何以安贫？每日所见之人，无非势利机戒之徒，愈趋愈下，愈滚愈圆，而本心日薄，人品日卑，究竟贫穷不能免得，何为也哉！”又曰：“吾今年科场亦未必有得，报罢即归。归而谋薄田数亩，移家就之，为野老以没世。多盖草房数间，为开门收徒之计，终岁可不峨冠着靴，课徒之余，治畦种树，皆可行乐。三餐不足，则两餐、一餐，断不可告人也。此是吾归根立命之计。”

[5] 吴昆田《养一斋集跋尾》：“榜发，先生复不售。时从游于都下者，有曲阜孔宥函。先生属吾两人曰：‘科目为我辈进身之阶，不可苟如女子，然奔则为妾矣。’既而又曰：‘天下不久当

有事，我辈宜自勉！’赋《述意》二章以示。”

［6］代善（1583—1648），努尔哈赤第二子，封亲王，谥礼烈。平生屡立奇功，曾于万历三十五年丁未（1607），“与舒尔哈齐、褚英徙东海瓦尔喀部斐悠城新附之众，乌拉贝勒布占泰遣其将博克多将万人要于路。代善见乌喇兵营山上，分兵缘山奋击，乌喇兵败窜，代善驰逐博克多，自马上左手攫其胄斩之。方雪甚寒，督战益力，乌喇败兵僵卧相属，复得其将常柱瑚哩布。师还，太祖嘉代善勇敢克敌，赐号古英巴图鲁。”（《清史稿》卷二一六本传）

四农自序诗题曰：“礼烈亲王，太祖高皇帝之第二子，世祖章皇帝之伯父也。从太祖、太宗、世祖定天下，战功独多。所乘马名克勒，汉言枣骝也。高七尺，长丈有咫，耳际耸肉角，腹旋毛如龙鳞，蹄患金创，自跑土得泉洗之而愈，军中惊为圣水。顺治五年，王薨，马不食死。汪琬为之传，嘉庆间张问陶补作图。道光十五年春，王裔孙属德舆咏之。”

［7］自序曰：“为钦旌贞孝德州卢相国女作。贞女幼许字故城贾君，年十二，闻贾君死，矢志不再聘，养亲以老。年五十，贾君嗣子迎归，都人士征诗美之。”

［8］三月卅日家书曰：“廿六日大挑，江苏改期次日。余在第九牌第十八名（共二十人一牌）。挑时吴梅梁（名杰）先生云：‘此系江南解元，必中进士者。’肃王云：‘甚好，甚好！’先挑十二人，予在其列。复从十二人中挑三人为一等，予名在第十。肃王云：‘谁为解元？’予应名，即挑一等，又挑二人毕。余九人为二等。廿九日挑取河员，共一等者六百人，挑取六十人：三十人南河，廿人东河（山东），十人北河（直隶）。予未得与其列，深以为幸。盖分发河工，今年即往，此后不能会试，又兼先补县丞、州判等，殊非余之所乐也。予不挑得河工，亦不愿改教。教官本非余之所乐，苜蓿一职，万不足以糊口，何苦为之？……知县原不易为，然舍却知县不做，则是全以无为自弃，亦非中正之道。予平生颇以济人为念，今有知县而不做，天下尚有济人之事乎？况此次挑得，出去尚有三、四年，进退由我，无人牵之必行，相度精神，未为晚也。预先改教，亦四、五年方选到，同一坐候，不如候知县之稍有用矣！”

［按］《清史稿》卷二一九《诸王传（五）·太宗诸子·肃武

亲王豪格传》，主持此次挑选的肃亲王应是豪格玄孙永锡（?—1821）之子敬敏（?—1852）。

“乙未挑选，吴侍郎杰一见称曰：‘此江南宿儒也!’”(《潘公崇祀乡贤录》)

［9］黄钊《读白华草堂诗二集》卷十一（编年乙未）有题《江亭小集同包慎伯（世臣）潘彦辅（德舆）凌仲讷（堃）刘孝长（淳）陈东之（潮）》，记述此次聚会较详。

包世臣（1775—1855）：字慎伯，安徽泾县人。“泾本汉县，而三国时尝置安吴县，以故学者称安吴先生。”嘉庆十三年（1808）举人。以游幕、著述为事。晚年曾大挑知县，亦曾一度任江西新喻县知县。旋即“弃官而归，寓居江宁，布衣翛然。每作书，自署曰‘白门倦游阁外史’。”(谢应芝《书安吴包君》，据《续碑传集》卷七十九）详可参见胡韫玉编《包慎伯先生年谱》，民国十二年铅印《朴学斋丛刊》本。

凌堃（1795—1861）：字仲讷，浙江乌程县人。少年时离家之太原，“隐姓名，自号铁箫子，遍习壬遁、轨革、阴阳诸家言，为人揲蓍、相宅，多奇验，远近争趋之，以为神。……（后）应顺天乡试，得中式，时道光十一年也。……晚年选授金华教谕。”(戴望《谪麐堂遗集》卷二《凌教谕墓志铭》)

刘淳（1792—1850)：初名天民，字孝长，号莘农，湖北天门人。嘉庆“丙子，举于乡。至都，名大起。……诸公贵人及四方才俊之流见者，叹以为贾谊、苏轼复生。久之不得第……伤时无知己者，遂放浪燕赵、吴越、两河南北间，竟无所遇。以大挑二等授远安学博。不数月，弃官去。浮湛闾里，意气稍稍摧颓矣。……卒年五十有九。”(王柏心《刘孝长传》，据《续碑传集》卷七十八）。著《云中集》，道光十二年（1832）刻本。

［按］王柏心《云中集序》(《云中集》卷首)：“孝长英豪命世，魁颖绝伦。年弱冠，仁宗皇帝西巡五台，诣行在，献诗五千言，由是名动长安。”唐树义《云中词序》：“孝长弱冠献赋，名动公卿。”考《清史稿》卷十六《仁宗纪》：“（嘉庆）十六年辛未……三月丙寅，上谒西陵。壬午，谒陵礼成，西巡五台山。……闰三月庚辰，上驻跸五台山。”由嘉庆十六年（1811）逆数二十岁，因知孝长生于乾隆五十七年（1792）。

陈潮（1801—1835)：字东之，江苏泰兴人。“生而颖异，立志果锐。学必精研而后止，弗至弗辍也。游于京师，大兴徐星伯先生见而重之，延课其子。巨公争识其面，由此显名。当是时，都下有十二才子之目，而君实居其一。因得遍识瑰奇伟杰之士，所学益进。……道光辛卯，中顺天举人。会试不第。乙未，卒于星伯先生家。年三十五。”（杨亮《陈东之家传》，《续碑传集》卷七十九）

[10] 其一云：“狂名盛孝章，官冷水云乡。天意怜同调，诗人聚一方。别离相问讯，须鬓各清苍。”充分表明：1. 子履尚在淮安；2. 二人距离较远；3. 四农自己亦已年岁较老。其二云：“落日上江亭（京师南城陶然亭，一称江亭），青山天外明。壁间君旧句，独罢远愁生。燕市酒徒散，淮干钓艇轻。”则明谓自己当下身在京师。故系于本年。

[11] 缪钤（1811？—1836）：字星潭，安徽芜湖人。寄家津门。道光十四年（1834）顺天榜举人。详见四农《缪星潭哀辞》（《养一斋集》卷二四）

[12] 姚燮（1805—1864）：字梅伯，号野樵，晚号复庄，别号大梅山民，浙江镇海人。“生具异禀，五岁能赋《灯花诗》。稍长，读书十行并下，自经史百家以逮道藏释典，靡不周览。道光甲午举于乡，公车北上，都中士大夫及海内名辈争相延纳，交日益广，才日益肆，著述日益多。……生平足迹遍于江南北，而寓鄞之日最久。……同治三年四月二十三日卒，年六十。”（董沛《姚复庄先生墓表》，据《续碑传集》卷八十一）著有《复庄诗问》三十四卷、《疏影楼词》十三卷等。“姚燮……工墨梅，兼善白描人物、写意花卉。”（《清画家诗史·庚（下）》）

[13] 四农和姚燮《喜迟归》：“明月倚沧海，混茫元气间。高城独立处，倘见三神山。白日照金阙，天风吹佩环。琪花不可采，尘土上愁颜。挥麈论诗句，盱衡二百年。古人日云远，余子尽堪怜。银汉自高朗，浊河空变迁。眼中望吾子，离思满云天。”

[按] 该诗附于《复庄诗问》卷九《喜潘丈迟归二章》后，刻本《养一斋集》未载。

[14] 吴杰（1783—1836）：字卓士，号梅梁，浙江会稽人。“（嘉庆）甲戌成进士，改庶常。丁丑授编修。……道光壬午擢御史……是年充陕甘正考官，留四川学政。……任满还京……擢刑科给事中。……授湖南岳常澧道。……迁广东盐运使，升贵州按

察使。旋授顺天府尹……转内阁学士，授工部侍郎……寻卒于任。”（道光《会稽县志稿》卷十八《人物（二）》）

［15］陈墉（1896—1866）：字芗伯，一字作甫，号卓庐，钱塘人。“道光十五年进士，累官肃州知州。官不出陇右，历任剧邑皆有声。……性豪迈，不屑事家人生产。”（民国《杭州府志》卷一百三十七《仕绩（六）》）“墉倜傥精敏，初试令，即有治声。屡换剧邑，擘纷肩巨无难色。其令武威，甫下车，讼牒纷集。墉坐堂皇理事，日昃不休舍人仆隶更番侍，童子奉盂立，盥沐饮啖皆在堂，如是者数月乃已。……久之，升肃州直隶州知州，时同治二三年也，墉年垂七十，老矣。……四年二月，逆回马文禄陷嘉峪关……羁墉他所……不二年，墉死矣。”（李于锴《二陈传》，见《广清碑传集》卷十一）“作甫以古文名海内，出宰陇西垂三十年，肃州之变极意绥辑。为上官诬陷，遂郁郁死。著作亦毁。”（潘衍桐《两浙轩辅续录》卷三十五引钟骏声语）著有《卓庐文稿》。

［按］姚燮《春日都门怀人诗十七章》其十三：“金城开酒泉，天险玉门嶂。近闻出匣刀，脔割与时当（自注：陈芗伯大令作宰肃州）。”（《复庄诗问》卷二十）

［16］陈昆玉：字蕴山，江苏上元人。少善属文，与同邑王世培（字心畴）齐名。“道光八年举人，十五年进士，官山西知县，有政声。”（《续纂江宁府志》卷十四之三《人物》“周国祥传”附）

［17］《题庐陵王氏两世孝行录》之“滇南观察能泽民”句下自注：“观察名赠芳，两世孝子，其祖、父也。”

王赠芳（1782—1849）：字霞九，号伦堂，江西庐陵人。“嘉庆十六年进士，改翰林院庶吉士，散馆授编修。二十一年充广西乡试副考官。……道光五年充湖北乡试副考官，随奉命提督湖北学政。历官福建、河南、陕西、山东、江南、贵州各道御史，擢户科给事中，转兵科。出知山东曹州府，调济南。擢盐法道。以疾归，二十九年卒，年六十八。”（《清史列传》卷七十三《文苑传（四）》本传）

［按］王赠芳兄名韵芳，字龢员，号纶堂。其“祖光升、父殿墀，以笃孝旌于朝，事载一统志。”（鲁一同《通甫类稿续编》卷下《王纶堂家传》）《嘉庆重修一统志》卷三百二十九《吉安府

（三）·人物》："王光升：庐陵人，举鄉饮宾。四岁丧母，见母衣履，辄号泣。十三丧父，继母以苦节闻，负米力养。母怒即长跪，涕泣请杖。弟甫四岁，有小过辄与同跪，引为已责。母病，祷于神，乞减己算，益母寿。母卒，数日不食，三年不入内室。乡人称孝其子。殿墀：吉安府学优廪生。母疾疽。吮之而愈。父病不食，亦不食。露祷，乞以身代医者。梦神语曰：有子如此，已益其父算三年矣。父母殁，庐于墓次。一夕，有虎来，睨若驯扰者，久之，去。桐杖倚殡所，秋冬忽萌枿。庐墓处向无井，遇旱，山麓忽涌水泉，土人呼曰'孝子泉'。生平践履笃实，精研经史，诲人必尽其诚。嘉庆八年旌。以子官，赠编修。"

［18］小结："作诗三十余年，仍有浅薄之病，专求浑、求实，方有长进处。乙未六月，四农再书。"（《潘四农先生手迹杂钞》）

［19］郭仪霄《病余柬潘四农（德舆）》（《诵芬堂诗钞三集》卷二）："潘子吾畏友，气苍节不枉。铜行夙所敦，木鸡德弥养。广抱涵古今，孤心发慨慷。与我砺石交，瑕攻善所奖。浮夸耻末俗，直亮属吾党。论文难字过，指摘中痛痒。一日不相见，眷眷结幽想。虚怀贮远思，春叶振疏响。道心平旦觉，清福卧病享。恒风客思警，麦秋农正仰。洗眼望灵雨，关怀切丰穰。天涯几知己，所志共诚说。入世术若拙，白发各萧爽。君终完太璞，善价有真赏。"

［20］《留别小庾四十韵》之"文字托盱衡"句下自注："廉峰刊余诗话，小庾参校最勤。"可知《养一斋诗话》之问世，不惟徐宝善功莫大焉，沈照亦功臣之一。

［21］叶琚有和《金缕曲》（《养一斋同人投赠诗词存》），曰："把酒问苍昊。叹离情，能和风雨，损人怀抱。吾辈酸丁千里客，握手便成倾倒。任世上、天荒地老，落落心到。双影去，况重来，未识何人早（星潭同舟归津门）。凭绛蜡，片时照。　艳羡蓬莱今许到，笑吾侪、雕云镂月，几人差巧。如此似乎偏落拓，世事只应长啸。有千首压装诗稿。毕竟天公真爱士，盼来年、一破浮云笑。君此去，首应掉。"尾记曰："四农三兄同年南归计决，邀同小庾、梅伯、艾衫一樽话别。艾衫按阕，四农倚声。情词慷慨，合座抚掌。琚素不工此事，金石之气郁而自鸣，强颜学步，赠方家笑所不计也。乙未闰六月廿三日漏下三十，伯

华弟琚未定草。”周恩绶和作（《养一斋同人投赠诗词存》），题称：“倚《金缕曲》，送四农先生归淮安，即请指误。”尾署：“艾衫周恩绶学填。”

［按］叶琚（1798—?）：字伯华，安徽桐城人。道光十五年（1835）进士，官翰林院编修。

周恩绶（1810—1841）：字佩仙，一字艾衫，号小沙，江苏丹徒人。道光十五年（1835）进士，官翰林院编修。

［22］姚燮赠诗其四曰：“人生各道路，离别事亦常。况共六合中，把手非茫茫。送君出西郭，颠倒车中装。南风动禾黍，路砥沙不飏。毋为孟浪游，良刀善自藏。所嗟未罄意，恻恻萦我肠。恐我明日梦，先至淮水旁。淮水日夜流，上有君子堂。堂虚抱寒碧，漾以明月光。此月如我心，相见毋相忘。”

［23］缪钤赠诗题《乙未闰月四农仁兄将归淮上属题岱峰晴雪图行色匆匆率成二绝以当赠行》（《岱峰晴雪图题识》），黄钊题作《过潘彦辅圆通观寓舍小饮各成二诗》（《读白华草堂诗二集》卷十一。其二尾联注：“彦辅将出都。”）艾畅题作《奉送四农仁兄先生归淮安，去岁曾蒙惠佳什，并以奉答，即祈教正》（《养一斋同人投赠诗词存》），徐宝善题作《乙未孟夏奉和四农仁兄大人即送东归》（《养一斋同人投赠诗词存》）。

黄爵滋《乙未初秋闰夏十九日灯下书此送四农贤友南归》（《养一斋同人投赠诗词存》）云：“暮雨潇潇逼早秋，无因得使故人留。黄河崄落归应喜，白岳云深到尚愁。寡过已征蘧氏学，多文讵羡弇州流。绝怜风雅相亲意，一卷琳琅在案头。”江开《送潘四农解元（德舆）不第归山阳》（《养一斋同人投赠诗词存》）云：“重城未忍出，征马亦悲鸣。耿耿丹心结，萧萧白发生。岱云卷归云，淮水误春耕。知尔原无损，当时自不平。”

［24］杨柳青：镇名，位于天津西，“至天津三十五里”（光绪《重修天津府志》卷二十《舆地（二）》），“杨柳青：地近丁字沽，四面多植杨柳，故名。”（《日下旧闻考》卷一百十二）

［25］钓鱼滩：即钓鱼台一带。“钓鱼台：在城县西十里，周太公望困棘津时钓此。”（民国《南皮县志》卷十三《故实志（中）·古迹》）

［26］“沧州：在府南少西一百八十里。东西距一百三十里，南北距七十五里。东至海一百三十里，西至青县界一百步，南至

南皮县三十五里，北至青县界四十里。”（《嘉庆重修一统志》卷二十四《天津府（一）》）

[27] 其三曰：“方舟发海隅，南行指吴楚。”谓其从天津沿水路南下。组诗分别言及途经涿鹿、南皮、武城、东昌等地。

[按]“南皮县：在府西南二百五十里。东西距七十里，南北距八十五里。东至沧州界五十里，西至河间府交河县界二十里，南至河间府宁津县界五十里，北至沧州界三十五里。”（《嘉庆重修一统志》卷二十四《天津府（一）》）

武城县：在山东临清州“东北七十里。南至夏津县界二十里。北至直隶河间府故城县界五十里。”（《嘉庆重修一统志》卷一百八十四《临清州》）

[28] 《嘉庆重修一统志》卷一百七十九《泰安府（一）》：“挂剑台，在东阿县西南六十里安平镇南。旧志河纪云：张秋城南台，台左右生草，即挂剑草。元都水监丞满慈记云：古碑刻有‘季札挂剑徐君墓树’八字。”道光《东阿县志》卷四《古迹》：“挂剑台：《兖州府志》：在县南六十里漕河东岸，相传即徐君墓。墓前有祠，并祀徐君、季子。台在祠下，左右生草，曰挂剑草，能已心疾。《史记》：季札过徐，徐君好札剑而不敢言。札心许之，以使故未献。还则徐君没，札解剑挂其墓树而去。徐人歌之曰：延陵季子兮不忘故，脱千金之剑兮挂邱墓。”

[29] 万历《汶上县志》卷之一《方域》：“邑之湖为南旺，即古之大野泽也。中为长堤，漕渠贯之，画而为三。……炬有菱芡、鱼鳖、茭荻、蔬蒲之利，居人顿焉。秋夏之间，茭荷锦张，灿若晓霞，游者拟诸江南之胜矣。”

乾隆《兖州府志》卷十八《河渠志》：“南旺湖：在运河西岸，周廻九十三里，圈堤一万五千六百余丈。湖之东堤当分水口有斗门八座，减水入湖。以时放水，南北济运。”“南旺湖，本钜野泽北济之所维也。明永乐中宋礼引汶绝济，区湖为三：一南旺，一蜀山，一马踏。马踏、蜀山为东湖，南旺为西湖。漕河贯于南北，汶水从东来注之。东、西湖各为长堤。”

[30] 道光《济宁直隶州志》卷五之三《名胜志》：“太白酒楼：在南城上。唐李白客游任城，时县令贺知章觞白于此，后人因建楼焉。……明刘楚《登太白酒楼记》，略云：‘太白酒楼，在故济州，今济宁府南城门上。壮丽雄伟，四望夷旷。有汶、泗二

水经其前，开河、安山、山湖诸水汇其西，凫绎、龟蒙、徂徕、岱宗诸山，复左顾联络于东北，皆纡青浮白，以舒敛出没于云烟缥缈之际，而齐鲁方千里之胜，可指顾而见之者矣。’”

［31］潘季驯（1521—1595），“字时良，号印川，乌程人。嘉靖二十九年进士。……进大理丞。四十四年由左少卿进右佥都御史。……（万历八年）春，加太子太保，进工部尚书，兼右副都御史。……（后因庇佑张居正而落职），十六年，给事中梅国楼复荐，遂起季驯右都御史，总督河道。……十九年冬，加太子太保，工部尚书，兼右都御史。……二十年，泗州大水，城中水三尺，患及祖陵。（议者纷呶），季驯谓祖陵王气，不宜轻泄。而巡抚周寀、陈于陛、巡按高举谓周家桥在祖陵后百里，可疏浚。议不合，都给事中杨其休请允季驯去。归三年卒，年七十五。”（光绪《乌程县志》卷十四《人物（三）》）

［32］“济宁直隶州：在山东省治西南一百八十里。……济宁州城：周九里，门四，池广四丈五尺。明洪武三年改筑，本朝康熙年间修……嘉庆十六年重修。”（《嘉庆重修一统志》卷一百八十四）

《济宁直隶州志》卷五之三《名胜志》：“南池：在城南运河岸侧。上有观澜亭。杜诗：‘晚凉看洗马，森木乱鸣蝉。’即此地也。明志云：‘南池：唐杜子美与许主簿泛舟于此。’国朝顺治六年，总河杨方兴重建。州人刘淇记云：‘……其地可数十亩，夹池皆古柳。东西各一亭，东曰濯缨，西曰君子。西亭前后列树梧楸，皆百年外物。芙蕖弥望，静香袭人。池北距城足二丈，东西相去二百武。城上重屋为太白楼，与东亭相直。每及残秋，菱熟蒲荒、蝉鸣森木之句，居然在眼。于以凭吊往踪，流连时物，是亦宴赏之区，风雅所托也。’”

［33］四女寺：在今山东平原县西北运河南岸四女寺镇。“四柳树镇，一名四女寺镇，在（阜城）县东南十八里，接山东恩县界。”（《嘉庆重修一统志》卷二十二《河间府（二）·关隘》“郑家口巡司”条）

［34］诗序：“按《宋史·太祖本纪》，唐天成二年生于洛阳夹马营。此在武城北三十里，不足据。姑即事咏之。”检沈学渊《夹马营怀古二首》（《桂留山房诗集》卷七）自注亦曰：“按宋太祖生洛阳夹马营，今武城亦有夹马营，土人指为香孩儿降生处。

舟过其地，作诗吊之，不暇辨地志也。”

［按］考道光《武城县志续编》卷二《疆域城池》，无地名夹马营，惟大田里有村镇曰“甲马营”，乃一较大集市，“在城东北二十五里，以一、六日为市。”故疑四农等人或因音近误听而滋事了。

［35］“巢父墓：在府城东南十五里。旧聊城治十字街东南。”（嘉庆《东昌府志》卷之四十五《冢墓》）

［36］《题〈心向往斋集〉》：“《过太白楼题诗》云：‘任城城外通古今，建安文章今几人？’如此册诗可云‘建安文章矣’。骨性怀抱，嵯峨萧瑟，逼真古人。又加以风雅陶炼，故落笔不堕齐、梁以后。至今抗首者，亨甫而外其谁乎？抑吾邑兰岑五、七言，有到人不到处，五言古尚未似足下峻奥，加以工力，不患其不至也。吾既落拓不遇，不足以表扬天下士，如足下及亨甫、兰岑，亦将厄塞一老乎？书至此，为之掷笔长叹！乙未八月十七日，四农书于《杂诗》后。”（《潘四农先生手迹钞存》）

［37］传云：“道光甲午冬，余入都，道逢浙客谈金华令陶君不去口，不知与余至交也。明年正月京邸间闻君丧，哭之。八月归，君嗣子来见，涕泣乞为家传，余其忍辞？”

［38］挽联曰：“宝俭复宝慈，推怵惕恻隐之心，积而能散；享名斯享寿，立敦庞纯固之德，死而不亡。”（其一）“大德播枌榆，鸠杖典型尊洛社；高名达槐棘，龙章辉采照泷阡。”（其二）

吴以训、吴以诏《诰封奉直大夫貤封中宪大夫显考殿升府君行述》（《淮阴吴氏宗谱》卷一）：“府君六龄就傅，即知向学。出嗣（伯父焯俊）后，仅瘠田十六亩，孤子当室，不得已，弃读力耕，营生计以自给。……年二十一，先妣刘恭人于归。是时，家稍裕。然府君性好施与，急人之难甚于为己。……府君生于乾隆壬申年二月二十二日亥时，卒于道光乙未年九月二十六日寅时，享年八十有四。诰封奉直大夫候选州同，加二级钦加道员职衔，貤封中宪大夫，议叙加三级。配先妣刘氏，诰封太宜人，嘉庆十八年殁。”其文孙大田“娶安东庠生朱公慕郇长女”。

［39］该文刻本及酬世文皆未载。首句曰：“於虖！人之死生有常数，而不泯者仁贤。”

［按］“吴朝观，字殿升。性严厉，乡人不衣冠不敢见其面。尝力耕经营，得数百金，尽以代偿族人之逋，坐是复困。去而为

贾，利倍称，少裕即施与振贫不倦。每岁祲，对案不能食，至向饥民流涕。嘉庆末，出二千金助振。道光四年湖决，振如故。十一年，大饥，率弟昌基为四厂振粥，日铺万人。十二年复振，明年又振，前后费巨万。”（光绪《清河县志》卷二十一）

［40］文曰：“余十五、六岁喜观《有正味斋试帖》，稍长谓其运法不密，置之。比自都下归，见两稚儿试帖，大率情文不足。谓之曰：‘有正味斋诗未熟观耶？’因抄百首与之。虽然，诗以情采、义法兼具为上，是帙也，熟观而防其流弊可也。道光乙未十月，四农书于养一斋。”（陈畏人《潘四农先生手迹杂钞》）

［按］《有正味斋试帖诗》，吴锡麒著，有嘉庆八年刻本、道光六年（1826）重刻本。吴锡麒（1746—1818）：字圣征，号谷人，浙江钱塘人。乾隆四十年进士，官至国子监祭酒。

［41］序首曰：“道光乙未仲冬，予居里门，闻邵母鲍孺人疾，往问之。亲诣榻前，视其气体，絮语移时，知其疾不可为，归而泣言曰，孺人之夫家、母家皆与予世好。孺人长于予二十余岁，予一、二岁时，孺人即提抱之，视予犹弱小弟，今予年五十余，亲故半凋丧，孺人又将长逝，乌得无悲怅耶？……孺人年逾七十，神明弗衰，子孙奉养，务极丰腆，今虽告终，要之德福兼备，殁而无憾者也。顾予因孺人之殁，追忆鲁南兄为予先君子入室弟子，与予为忘年至交，而先孺人而殁已十有四年，墓草累累，思之陨涕。”

［42］传末自记：“是传成于乙未冬。明年，郡邑之士大夫百五十人举君孝子，学官牒上诸大吏以闻，被恩旌其门。附志传末，明余之非私言焉。”

［43］其一起始曰：“岁余不相见，愁思难具陈。寒冬一握手，眉宇回阳春。”故知其作时。

［44］议文曰：“道光三年，请帑兴挑。……溯自请帑兴挑一役后，涧河之不兴挑十二年矣。”是知其作于本年。又，《潘公崇祀乡贤录》亦曰：“道光十五年，郡东涧河壅塞，建议兴挑。”

［按］丁晏《潘君传》：“归之时，东城涧河岁久置淤，每春旸，田皆龟坼，涓流枯涸，农民至不得饮，汲土井疗渴，民甚苦之。乡之民相与语曰：‘吾侪一线生路，惟有潘解元救我，否则无生望矣。’君感其言，遂请于当事，鸠夫兴工，力任浚河之役。”

［45］书云："仆今年五十有一，须发白之十六。"

［46］汪立信（？—1275）：字诚甫，号紫源，江西饶州人。"淳祐……六年，登进士第。……辟刑湖制司干办、通判建康府。……擢京西提举常平，改知昭信军……浙西提点刑狱。……升江西安抚使。……权兵部尚书、荆湖安抚制置、知江陵府。……咸淳十年，大元兵大举伐宋，似道督诸军出次江上，以立信为端明殿学士、沿江制置使、江淮招讨使，俾就建康府库募兵以援江上诸郡。立信受诏不辞，即日上道……与似道遇芜湖……似道问立信何向？曰：'今江南无一寸干净地，某去寻一片赵家地上死，第要死得分明尔。'既至，则建康守兵悉溃，而四面皆北军。立信知事不可成，叹曰：'吾生为宋臣，死为宋鬼，终为国一死，但徒死无益耳，以此负国。'率所部数千人至高邮，欲控引淮汉以为后图。已而闻似道师溃芜湖，江汉守臣皆望风降遁。立信叹曰：'吾今日犹得死于宋土也。'乃置酒召宾佐与诀，手为表起居三宫，与从子书，属以家事。夜分起步庭中，慷慨悲歌，握拳抚案者三，以是失声，三日扼吭而卒。以光禄大夫致仕，遗表闻，赠太傅。"（《宋史》卷四一六本传）

文天祥（1236—1282）："字宋瑞，又字履善，吉水人也。……年二十举进士……（官至）右丞相兼枢密使……至元十四年正月，大元兵入汀州，天祥遂移漳州。……至元十五年三月，进屯丽江浦。六月，入船澳。益王殂，卫王继立。天祥上表自劾，乞入朝，不许。八月，加天祥少保、信国公。"（《宋史》卷四一八本传）后为元兵俘获，慷慨就义于大都柴市。

宋末汪姓官赠太傅者惟汪立信一人，且其确曾赠文天祥砚。黄钊有诗题《汪端明（立信）赠文信国砚》，自注曰："砚侧有信国自题字：'京湖制置使汪立信赠，天祥。咸淳十年甲戌，文氏家藏。'砚背镌信国像，下方有明杨文忠廷和刻信国衣带，中赞语并跋。砚今藏汉阳叶东卿家。"见《读白华草堂诗二集》卷八（道光十九年刻本）。四农题诗其二尾注："砚后归明相国杨介夫先生。"考杨廷和（1460—1529），字介夫，新都人。成化十四年（1478）进士，正德间官至首辅，见《明史》卷一百九十本传。又，黄钊、叶志诜（字东卿）皆四农友人，四农所述既与黄钊自注完全吻合，则知其所咏应是叶氏藏砚。且知其诗题之"汪太傅信民"应为"汪太傅立信"，所谓"信民"，或为误刻。

［47］叶继雯（1755—1832）：字云素，号桐封，湖北汉阳人。“乾隆五十五年进士，官内阁中书……转宗人府主事，存升户部郎中，掌山东道监察御史，擢刑科给事中。以事左迁员外郎，寻卒。”（《清史列传》卷七十二）著《铋林馆诗集》（稿本，上海图书馆藏）

道光十六年丙申（1836） 五十二岁

【山阳要闻】

孔继镤、韦坦会试中式。吴瑭卒于京师，葬大兴柿子坡。

【行状】

正月下旬，北上入都，五应会试。乡人因其对兴挑涧河献策良多，欲以河工余额资助其北行，乃坚辞不受[1]。

临行，作《赴都述怀》、《与镜渠话别联句》。途中作诗《雨后北行途次柬徐海峰韦竹坪》二首[2]。（《养一斋集》卷八）

二月十三日至京，住吴昆田宣南寓舍。晤张际亮、鲁一同。

闻缪钤殁，作《缪星潭哀辞》[3]（《养一斋集》卷二十四）、《元通观步月追悼星潭泫然成句》（《养一斋集》卷八）。

会晤叶名沣，作《题叶生江亭看山图》（《养一斋集》卷八），并《与叶生名沣书》[4]（《养一斋集》卷二十二），畅论阳湖张惠言《词选》选词偏执，“抗志希古，标高扬己。”力主“词之有北宋，犹诗之有盛唐，至南宋则稍衰矣。”

三月初九日入闱应试，十六日考毕。

本年“以大学士潘世恩为会试正考官，协办大学士户部尚书王鼎、工部侍郎吴杰、内阁学士王植为副考官。”（《宣宗成皇帝实录》卷二八〇）

是科文题《小人闲居为不善无所不至见君子而后厌然掩其不善而著其善》（据《五科会试遗卷》）。自记：“余此卷在吏部员外郎王君藩房中，批云：‘极能用意，笔亦曲隽，字句间更加洗炼则得矣。’”徐廉峰批：“题中无一字不咬出汁浆，此真实力量也。以此得元，犹足挽回风气。”

临结束时作《三月十六日将出礼闱口占》二首[5]。

徐宝善为其刊行《养一斋诗话》十卷并作序[6]，《李杜诗话》三卷附于其后。

四月四日，参加黄树斋（爵滋）先生、叶筠潭少卿、汪孟慈、陈颂南两户部、徐廉峰、黄榘卿两太史等人主办的陶然亭展禊，作《江亭展禊诗》二首[7]。（《养一斋集》卷八）

继得观龚开两幅作品，作《为王慈雨吏部题龚翠岩金陵六桂图》[8]、《为李芝龄少宰龚翠岩大德驯象图》[9]。（《养一斋集》卷八）

不日，会试报罢[10]。

将归，作《廉峰为刊养一斋诗话赋此志谢兼以留别》二首（《养一斋集》卷八），廉峰酬之[11]；作《奉别树斋先生》二首（《养一斋集》卷八），树斋酬之[12]。复作《与通甫》及《赠王云岩》二首[13]（《山阳诗征》卷二十四）。

十三日，与鲁一同、吴昆田同行南归。作《出京口号》、《黄村晚步》[14]、《伤别》，《与鲁二通甫吴生大田南归途次戏为三君咏》、《苦水堡》二首[15]、《旅店和壁上诗》、《茌平述感》、《放歌行》、《东平旅亭》三首[16]、《兖州道中》。（《养一斋集》卷八）

经滋阳，作《吊柳下惠文》[17]。（《养一斋集》卷二十四）

端午，至界河，作《界河驿题壁》[18]（《养一斋集》卷八），继作《桃花桥》二绝[19]（《山阳诗征》卷二十四）、《官湖》二首[20]。

至郡城，作《别通甫》四首、《初归宿露滋宅》[21]。（《养一斋集》卷八）

返里，至曹甸探妹，作《南村省妹兼示从子》二首[22]。

鲁一同父亲鲁长泰七十寿诞，四农因作《鲁特山七十寿序》[23]。（《养一斋集》卷十九）

六月初十日，作《度人经帖跋》[24]。

同月，作《五贤赞》[25]。（《养一斋集》卷十七）

著《佩言》九卷告终，自序之[26]。

惊悉李续香殁，作《哭少白》[27]。（《养一斋集》卷八）

七月，作《木果轩独坐》三首。（《养一斋集》卷八）

八月上旬，选录唐人七绝百余首，名之《湘瑟集》[28]。

十一日，携吴昆田往金陵探省舅氏卢止泉。临行作《仲秋之秣陵省止泉舅氏登舟述感》二首。（《养一斋集》卷九）

途中作《八月十三夜宝应对月》，尾自注：“故鸿博侍讲乔公莱为吾潘氏甥，今其宅归朱尚书。”[29]（《养一斋集》卷九）

继作《十四夜高邮对月》、《十五夜扬州对月》[30]、《金山舟次感兴》、《新河舟中》二首。（《养一斋集》卷九）

至宁，作《谒方正学祠遂至寿池山房》二首（《养一斋集》卷九），作词《蝶恋花·白下秋夜醉歌》[31]、《浣溪沙·秦淮归舟》[32]、《水调歌头》“陈芝堂、李济卿、刘符阶招集席上作”。（《养一斋词》卷三）

作七绝五首，题曰《丙申八月秦淮荡舟遂游莫愁湖口占数章录示稼轩贤友一粲》[33]。（《养一斋诗石刻》）

九月，回里。临行，作《奉别止泉舅氏》、《江舟赠别卢斌夫》（《养一斋集》卷九）。沿途作词《满江红·渡江》、《水龙吟·高邮湖上感兴与吴生》、《相见欢·郡西舟次别吴生》。（《养一斋词》卷三）

作诗《寄陆艺林太常》[34]、《京江舟次杂书》三首、《扬州访毛子乔》[35]、《湾头夜泊》[36]、《过湖》、《野雁》、《野航》。（《养一斋集》卷九）

十月，始作《养一斋杂稿》[37]。

江苏巡抚林则徐巡查灾情，经过淮阴，慕四农才名，殷殷垂询[38]。

十二日，作《与郝镜渠札》，附《寄镜渠》诗二首[39]。（《养一斋杂稿》）

友人胡涛（字问樵）疑即卒于本年冬初[40]。

或当下旬，作《家祠司事与族人启》[41]。（《养一斋杂稿》）

作《示生徒语》论人立志与文立意之关系[42]、《答徐廉峰札》[43]，附五古《寄廉峰》二首。（《养一斋杂稿》）

作《答叶润臣札》，附七古《寄润臣》[44]。（《养一斋杂稿》）

作《题郑少谷诗集》[45]、作《上黄老师禀帖》，汇报别后处境。（《养一斋杂稿》）

作《与黄斗南札》[46]，讯托转王静山书是否有回音。（《养一斋杂稿》）

《题盛子履山水册四首》[47]。（《养一斋杂稿》）

十一月初，作《示生徒语》论作文之法[48]。（《养一斋杂稿》）

黄秩林过淮，四农特意入城相见，作《闻江右黄子干归过吾郡买舟入城见之喜而作诗即以赠别》志之[49]。(《养一斋杂稿》)

作《与羽可札》及七古《寄羽可》、《与沈小庚札》并五古《寄小庚》三首、《与汪到渠札》及五古《寄到渠》、《与孔宥函札》及五古《寄宥函》五首[50]。(《养一斋杂稿》)

腊月，作《答姚石甫司马札》，告知已收到其寄来的聘书及舟资。(《养一斋杂稿》)

十五日，作《邱勤耔卧云居律赋帖体诗序》[51]。(《养一斋杂稿》)

闻盛大士即将离淮，而自己却因痔疾大作，不能赴郡城送别，乃书《与盛子履札》致以歉意。(《养一斋杂稿》)

作《养一斋词稿自序》[52]。(《养一斋杂稿》)

作《与阜邑令张黼堂书》[53]，感谢其邀请出任观海书院山长，并承诺“拟于元夕后买舟诣阜，奉谒光仪”。(《养一斋杂稿》)

作《〈竹南蕉北之间偶存诗赋〉题识》[54]。(《潘四农先生手迹杂钞》)

除夕，作《丙申除夕题壁》二首[55]。(《家书》附录)

【其他作品编年】

文:《养一斋记》(《养一斋集》卷二十)。(《行略》)

【诗坛生态】

十二月初九日，长沙杨恩寿生。五月初八日，钱塘汪远孙卒，年四十三。五月二十二日，吴杰卒，年五十一。

【注释】

[1] “道光十五年，郡东涧河壅塞，建议兴挑，利益甚溥。时应礼部试，将行，乡人以余金为烬赆，答曰：‘吾岂以此市利哉！’卒辞不受。”(《潘公崇祀乡贤录》)

[2] 徐登鳌(1791—1866)：字策六，一字墨南，号海峰，山阳人。嘉庆十七年诸生，道光二年壬午举人，官江浦教谕。“以耳疾归，主讲阜宁表海书院。”“道光间以授徒称大师者，推登鳌居首。风范方严，门弟子多魁春秋榜。”“士林敬畏，年七十

六卒。”（《续纂山阳县志》卷十《人物》）著《海峰诗钞》（《县志》卷十八《艺文》）、《水竹居诗草》（见段朝端《水竹居诗草跋》，载《椿花阁文集》卷一）。

［按］海峰《赴阜邑观海书院道经苏家嘴》（《山阳诗征续编》卷十四）之首句“一别山庄四十年”下注：“嘉庆戊辰、己巳，伯兄馆于韩氏，予随兄读书。”末句“华发重来倍黯然”下注：“曩馆韩氏，予年十八。”由嘉庆十三年戊辰（1808）逆数十八岁，因知其当生于乾隆五十六年（1791）。关于其卒时，潘亮彝《徐海峰先生诔文》（代作，见《六畦轩存稿》）记之甚明：“同治五年岁次丙寅七月二十五日，前江浦教谕徐君海峰以疾卒于家。……道光十五年乙未大挑二等，授校官，遂之江浦，任处江浦者六年。”

韦坦（1801—1850）：字竹坪，山阳人。“少沉静，读书寒暑不倦。道光十六年成进士，授兵部武库司主事，调职方司。母忧，服阕，加员外郎衔，仍管职方司事。锐意任职，补主事。一年，擢员外郎，总办职方司事，充则例馆提调。……殁于道光三十年三月十四日，得年五十。”（鲁一同《兵部职方员外郎韦君墓表》，据《通甫类稿》卷四）有《恬斋存稿》，同治十三年刻本。

［3］哀辞曰：“道光十五年夏，余下礼部第，暂留宣南道观中。芜湖缪钤星潭，年二十许，初相识，数来慰余。……今年二月，余至都，则津门人云，数日前，星潭殁矣。”故当系于本年。

［4］该书始曰：“昨论诗，偶及词，承以阳湖张氏《词选》见示。”表明书作于二人相会之次日。终曰：“仆于词夙未致精，酒余枕上，信心成篇，近录之得三、四卷，不敢示人。”表明作书时其自作词已大致编辑成帙。考《养一斋词》三卷编成于本年，自序尾署：“道光十六年嘉平月，潘德舆书。”同时具备上述两项条件之时间，只能是本年春参加会试期间，因为这年春叶名沣也正在京师，详下“四月四日”记。

［5］其二曰：“槐影疏疏试院门，白头别去转销魂。南宫风月春如画，此味还教付子孙。”（《养一斋家书》附录）

［6］序尾署：“道光丙申三月既望，歙徐宝善。”

［7］陈庆镛《丙申四月四日江亭展禊后序》（《籀经堂类稿》卷十二）：“祓除，古典也。……皆以三月行之，然事迄湮没无传。晋永和九年，王右军集四十二人，会兰亭，称最久。……今

仿其意，展为四月四日，禊于江亭，窃亦以希古所云焉。……时为主者六人：归安叶绍本筠潭、宜黄黄爵滋树斋、昆明黄琮榘卿、歙徐宝善廉峰、晋江陈庆镛颂南、甘泉汪喜孙孟慈。为客者四十二人：永丰郭仪霄羽可、宝应刘宝树鹤汀、汉阳叶志诜东卿、顺德简钧培梦岩、仪征汪全泰竹海、南康张鹏飞补山、山阳潘德舆四农、宝应朱士端铨甫、吴县曹楙坚艮甫、东乡艾畅至堂、镇平黄钊香铁、上元温肇江翰初、上元梅曾亮伯言、顺德马福安止斋、全椒金望欣秋士、元和朱绶酉生、含山晏宗望秋水、沭阳王钦霖慈雨、宝应刘宝楠楚桢、汉军徐荣铁孙、泾县包孟开慎言、天门刘淳孝长、固始蒋湘南子潇、六安徐启山镜溪、山阳丁晏俭卿、昆明戴絅孙筠帆、宿迁臧纡青牧庵、日照许瀚印林、新建李孚忠禾叔、建宁张际亮亨甫、江西新城陈瀛桐孙、宜黄符兆纶雪樵、庐江江开龙门、大兴孔继鑅宥函、南丰吴嘉宾子序、汉军姚斌桐秋士、镇海姚燮梅伯、山阳鲁一同通甫、兴文朱基树卿、句容陈立卓人、金溪杨士达希临、侯官林廷禧孝源。”

其他参与者亦记此盛事者有：丁晏《友声集序》：“犹忆丙申入都……是年四月之三日，慈雨与黄树斋鸿胪、徐廉峰太史、汤海秋郎中、汪孟慈户部，邀余及潘四农解元暨海内之有学者四十有二人，为江亭展禊之会，余为叙以纪之，四农为诗歌。文酒之宴，洵一时之盛也。”其《江亭展禊图序》，载《颐志斋文集》卷十二。所谓《江亭展禊图》，乃由温肇江绘。

梅曾亮《江亭展禊序》(《柏枧山房骈体文》卷下)：“道光十六年四月，叶筠潭先生暨黄树斋两鸿胪、徐廉峰、黄榘卿两编修、陈颂南、汪孟慈两户部，凡是六主，各延七宾，四十八人，符群贤之数。四月三日，为展禊之举，遂登江亭以会，而书志逸兴也。”

曹楙坚《昙云阁诗集》卷五题《四月四日树斋师叶筠潭徐廉峰黄榘卿前辈汪孟慈陈颂南招集江亭仿兰亭四十二人孟慈出所藏宋刻禊帖装池成卷将送之枣花寺中温翰初绘江亭展禊图于其次纪事同作》。

黄钊《读白华草堂诗二集》卷十二题《丙申四月四日家树斋先生叶筠翁两鸿胪徐廉峰家榘卿（琮）两编修汪孟慈（喜孙）陈颂南（庆镛）两农部招同人宴集江亭仿兰亭四十二人之数孟慈出所藏宋刻右军禊帖装潢成卷将送之古枣花寺中温翰初绘江亭展禊

图于其次为赋二绝》。

［按］刘宝树（1777—1839）："字幼度，号鹤汀，（江苏）宝应人。……嘉庆十二年举于乡，计偕入都……大挑授教职。久之，试赣榆训导，补五河教谕。……生于乾隆四十二年十月十六日子时，卒于道光十九年六月二十三日巳时，年六十有三。"（刘宝楠《念楼集》卷八《皇清修职郎安徽五河县学教谕刘先生行状》）著《娱景堂集》三卷，道光刻本。

叶志诜（1779—1863）：字东卿，号遂翁，湖北汉阳人。"贡生，官内阁典籍、兵部郎中。擅书印，精医术。"（《晚晴簃诗汇》卷一百三十四）"博学好古……于金石篆隶考证精详……分书尤臻神妙，得之者如获拱璧。"（吴绍烈《蕴奇录序》）著《平安馆诗文集》，辑《平安馆金石文》、《蕴奇录》等。

黄琮（1799—1864）：字象坤，号椝卿，云南昆明人。"道光六年进士，选庶吉士，授编修。累擢兵部侍郎，以亲老乞养回籍。咸丰七年，云南回乱方炽，命琮偕在籍御史窦垿治团练。……同治二年，逆回马荣诈降，入城戕总督潘铎，肆杀掠，琮遇害，赠右都御史。"（《清史稿》卷三九九）其人"身材短小，弱不胜衣，而器量宏深，风骨严峻。……诗笔苍深古秀，直迫少陵。"（林昌彝《射鹰楼诗话》卷十二）

叶绍本（1768—1841）：字立人，一字仁甫，号筠潭，浙江归安人。与吴嵩梁同岁举于乡，"嘉庆辛酉进士，改庶吉士，授编修，历官山西布政使，降鸿胪寺卿。"（《晚晴簃诗汇》卷一百十六）著《白鹤山房诗词钞》二十六卷，道光七年桂林使廨刻增修本。

姚斌桐：见道光十八年注［18］。

许瀚（1797—1866）："字印林，山东日照人。幼博综经史及金石文字。年逾冠，补博士弟子员。道光乙酉，道州何文安公视学山左，奇先生诗古文，拔贡成均。次年入都……仁和龚定庵推为北方学者第一，其见重于时如此。……乙未北闱中式举人，五试春官。庚子，主讲渔山书院。……后选授峄县学教谕，旋以忧去官。丙午，河帅潘芸阁侍郎延校订史籍考。时山阳丁柘唐年丈、鲁通甫孝廉、海宁许珊林太守、秀水高伯平明经，皆与订文字交。"（杨铎《许印林先生传》，据《续碑传集》卷七十九）

蒋湘南（1796—1854）："字子潇，先世本回部，居河南固始县，故为固始人。幼孤家贫。……道光十五年乙酉拔贡。明年，入都应朝考，蒋砺堂、阮芸台两相国奇赏之。与陈硕士、顾南雅、吴兰雪、魏默深、龚定庵、齐梅麓、俞理初诸人游，上下其议论，考稽商榷，学识大进。……乙未中式举人，数试礼部不第。大挑二等，选虞城县教谕，不就。……（入关中）主关中书院讲席、修《全陕通志》，著《西征赋》，足备关中掌故。”（夏寅官《蒋湘南传》，据《碑传集补》卷五十）

陈庆镛（1795—1858）：字乾翔，别字颂南，福建晋江人。“道光壬午举于乡，壬辰成进士，改翰林院庶吉士，派修国书。散馆，以主事用。己亥，补户部云南司主事。越二载，擢江西司员外郎。其明年，授江南道监察御史。……（道光三十年）补江西道监察御史，复调掌陕西道。……（咸丰三年）诏回籍办理本省团练。……咸丰八年八月三日，卒于泉州团练公所，春秋六十有四。朝廷以公功为多，特赠光禄寺卿衔赐祭葬。”（陈棨仁《中议大夫掌陕西道监察御史候选道特赠光禄寺卿衔崇祀乡贤陈公墓志铭》，据《续碑传集》卷十九）著《籀金堂类稿》二十四卷，光绪九年（1883）刻本。

臧纡青（1796—1854）：“字牧庵，江苏宿迁人。中道光辛卯举人。自少倜傥，好谈兵，所结交多不羁之士。当英夷入寇时，公见武备废弛久，人不知兵，寇至多受残害，因立法团练乡兵，凡万人，备守御。……（咸丰四年冬，奉侍郎周天爵命）统兵来桐城（征剿捻军）……十一月……十七日……战死。……死时年五十九。”（方宗诚《宿迁臧公传》，据《续碑传集》卷六十一）

陈立（1809—1869）：“字卓人，又字默斋，江苏句容人。……幼颖异，读书能求是。道光甲午乡试，以经学淹博中式本省举人。辛丑会试，成进士。由庶吉士改刑部主事，累官云南曲靖府知府。……生嘉庆己巳五月二十一日，卒同治己巳十月二十二日，得年六十有一。”（刘恭冕《广经室文钞·曲靖府知府陈君墓志铭》）

吴嘉宾（1803—1864）：“字子序，江西南丰人。道光十八年进士，改翰林院庶吉士。散馆授编修。嘉宾究心当世利病，尝条陈海疆事宜，谕旨以非言官而言事，与礼部主事汤鹏同见嘉纳。二十七年，缘事谪戍军台。越四年释回。粤匪蔓延江楚，以防堵武阳，复新城、彭泽诸县，及督团兵援郡城，功赏内阁中书，加侍读衔。同治三年，贼犯南丰，率乡兵战三都墟口，遇害，年六十二。……有《求自得之室文钞》十二卷、《尚絅庐诗存》二卷。”（《清史列传》卷六十七）

刘宝楠（1791—1855）：“字楚桢，号念楼，宝应人。……道光十五年举人，二十年进士，任直隶文安、宝坻、固安、元氏、三河知县。……在官十六年，衣冠朴素如诸生时。……著有《论语正义》、《释谷》、《愈愚录》……《韫山楼诗文集》各若干卷。卒年六十五，入祀乡贤祠。”（《续纂扬州府志》卷九《人物》）“乡人私谥曰孝献先生……君内行严整，步立言笑，皆有矩矱，乡人士望之，以为矜式。……与人交，和敬以诚，不事谐谑。……其学不坚持门户，于河漕、盐筴大政，洞悉本末。”（戴望《故三河县知县刘君事状》，《谪麐堂遗集》卷二）详可参见《宝应刘楚桢先生年谱》（刘文兴编），载《辅仁学志》第四卷第一期。

徐荣（1792—1855）：字铁孙，号药垣，别号梅花老农，汉军正黄旗人。“道光十六年进士。试令浙江，历宰遂昌、嘉兴、临安诸县，俱以清廉著声。……咸丰三年署杭嘉湖道。……五年二月（率众剿贼），中矛被害，年六十四。……工诗，精隶书，善画梅，时人以‘三绝’推之。”（陈继聪《徐观察传》，见《续碑传集》卷五十九）

包慎言：字孟开，安徽泾县人。包世臣从侄。道光十五年举人。久客扬州。能诗文，著《广芙堂遗稿》一卷。擅经学，“著有《经义考义》、《公羊历谱》十卷。”（《清史列传》卷六十九《儒林传（下）》）

朱绶（1789—1840）：“字仲环，江苏元和人。道光十一年举人，焘躬劬学，敦励内行。工诗古文辞，与顾莼辈称‘吴中后七子’。时长洲王嘉禄亦工诗，又称‘朱、王’。然嘉禄才调宏富，绶格律精严。……绶尝佐梁章巨幕，章奏多出其手，而廉静简默，众皆重之。为文好表扬古烈，感论人事，言近旨远，深得风人之旨。……著有《知止堂诗文集》。”（《清史列传》卷七十三）“晚年更字仲洁。古文亦以洁为体，初多峭邃之作，后乃从容大适。卒年五十有二。”（同治《苏州府志》卷九十《人物（十七）》）

符兆纶（1796—1864）：一作兆伦，字鸿诏，号雪樵，别号卓峰居士，江西宜黄人。道光十二年（1832）举人，官福建南屏等县知县。著《卓峰草堂诗钞》二十四卷、《续钞》四卷。

考雪樵《丙辰岁生日志感示惺园》首联曰："我今六十已过一，尔去六十才二年。"由咸丰六年丙辰（1856）逆数六十一岁，因知其生于嘉庆元年（1796）。关于其卒年，陈宇《卓峰草堂诗续钞题辞》述之甚明："往年《卓峰草堂诗》廿四卷，予与弢叔共订之，雪樵即以付梓。自后复得若干篇。甲子冬，归道山。既葬，其子镜人奉以授予录定本，将续剞劂。"或谓之生卒年为1795—1866（《清人别集总目》下卷），误。

朱士端（1786—1861年后）："字铨甫。道光辛巳举人，考充右翼宗学教习，选广德州训导。……精于许氏形声之学。……官广德州，清廉自矢，教士有方。归里，键户著书，穷年矻矻。所已刊行者：《强识编》、《说文校定本》、《宜禄堂收藏金石记》、《吉金乐石山房文集诗集》，共若干卷。"（民国《宝应县志》卷十二《人物志·列传（下）》）

梅曾亮（1786—1856）："字伯言，上元人。……成道光壬午进士。以知县用，援例改户部郎中。……官京师久，以文自赡，一时碑版记叙，率其手笔，时论盛称之。……大抵曾亮骈文为上，诗次之，散文循桐城家法。……著《柏枧山房文集》十六卷及诗十二卷、骈文二卷行于世。年七十一卒。"（《续纂江宁府志》卷十四之八《人物·文苑》）"上元梅伯言正郎（曾亮）以古文词名大江南北者数十年……为桐城姚姬传（鼐）入室弟子，其为文传其师法，文词古雅。……其诗坚致古劲，神锋内敛，非时辈所能及，特以文名太盛，诗为之掩耳。"（林昌彝《射鹰楼诗话》卷八）详可参见吴常焘《梅郎中年谱》，载《国专月刊》第四卷第一号，民国二十五年刊。

马福安："字圣敬，又字止斋，顺德县人。……嘉庆二十四年举于乡，道光九年成进士，改翰林院庶吉士，散馆授四川犍为县知县。人咸惜之，君独自以为幸。……丁内艰，服阕，拣发福建，署顺昌。……题沙县知县，委署诏安县，……漳浦县知县……迁六安直隶州知州。丁外艰归。服阕，引旨仍发安徽。到省邸，病卒，年五十八。君好读书，手不释卷，自经史诸子以至唐宋大家诗古文词，无不能上口，尤熟于西北舆地险要，口讲指画，听者如亲至其地。……著有……《止斋文钞》二卷、《贞冬诗存》一卷，藏于家。"（曾钊《安徽六安直隶州知州马君家传》，《面城楼

集钞》卷四）

陈瀛：字桐孙，后改名凤昌，江西新城人。“道光十五年乙未恩科举人，大挑一等，官贵州玉屏县知县。”（同治《江西新城县志》卷八《选举志·乡举》）

杨士达（？—1861）：字希临，号耐轩。江西金溪人。道光十五年举人，勤于著述，有《耐轩文初钞》、《经史笺记》、《闻所未闻录》等。详见《江西历代人物辞典》第447—448页。

林廷禧（1816—1856）：字孝源，号范亭，福建闽侯人。道光十一年（1831）恩科举人，官至迤西兵备道，卒于回民起事中。

张鹏飞：字补山，陕西安康人。道光元年（1821）举人。著《来鹿堂集》十二卷（文八、诗三、别集一），光绪八年刻本，中国社会科学院历史研究所、陕西省图书馆藏。

晏宗望（？—1853）：字秋水，安徽含山人。“举人。官山西垣曲知县，有政声。咸丰三年，发逆窜太行，犯垣曲，城陷死之。荫云骑尉。”（光绪《重修安徽通志》卷二百一十六）

又，《天咫偶闻》卷七：“崇效寺，俗名枣花寺，花事最盛。昔国初以枣花名，乾隆中以丁香名，今则以牡丹名。”

［8］丁晏《柘塘脞录》（《山阳诗征》卷三引）：“王慈雨吏部钦霖于都门书肆购得龚高士《金陵六桂图》，题景炎二年，端宗丁丑，元至元十四年也，嘱余作歌纪之。”

龚开（1222—1306?）：字圣予，号翠岩，山阳人。少与陆秀夫同居广陵幕府。景定中，为两淮制司监当官。宋亡，隐居吴中。以擅画墨钟馗与写意马得享盛名。（详范以煦《淮壖小记》卷二《龚高士》、拙作《画坛奇士龚开》，载《江苏文史资料》第七十二辑）

王钦霖（1801—1837）：字慈雨。初名汝霖，字雨亭。江苏沭阳人。道光二年（1822）举人，六年成进士，官吏部考功司主事。著《待兰轩存稿》二卷，咸丰八年信芳阁刻本。

［按］关于王钦霖的生卒年，江庆柏先生说是1801—1847（《江苏艺文志·淮阴卷》、《清代人物生卒年表》、《清人别集总目》）。考此说殆本自民国《重修沭阳县志》卷八《人物志·名宦》之《王钦霖传》：“丁未卒于都中，年四十七。”这里的“丁未”即是指道光二十七年（1847）。然核诸王钦霖友朋的记载，

却可以断定此说必误。案：王钦霖，字慈雨，江苏沭阳人。道光六年（1826）进士，官至吏部主事。与山阳潘德舆（字彦辅，号四农）、安东鲁一同（字通甫）、宜黄黄爵滋（字德成，号树斋）等交谊至密。道光十七年丁酉（1837）四月潘德舆自扬州返乡，途经高邮作《高邮舟次寄怀通甫》四首（道光二十九年刻本《养一斋集》卷九，编年丁酉），其四尾注：“沭阳王慈雨吏部新逝，与通甫为至交。”因知慈雨卒于道光十七年春。复检黄爵滋《仙屏书屋初集》之《诗录》卷一一有题《哭友诗四首·王慈雨吏部钦霖》，鲁一同《通甫诗存》（咸丰九年刻本）卷一有题《哭王慈雨》九首，亦均编于丁酉年内。又，鲁一同《哭王考功文》（《通甫先生集外文》卷上）：“王考功慈雨，以丁酉之三月没于京师，其同年生鲁一同后二月始得问，北向号而哭之。……今年三月，由君弟付一书，闻其至在三月二十六日，而君以十一日死，则君固未之见也。”更明确交代王钦霖卒于道光十七年丁酉（1837）三月十一日，《年表》据《沭阳县志》谓卒于道光二十七年（1847），误迟了十年。当然，民国《沭阳县志》之误，不惟所谓“丁未卒于都中”之“丁未”，极有可能是手民之误植“酉”为“未”，而且其所称慈雨卒“年四十七”也颇值得怀疑。考慈雨另一友人山阳丁晏曰：“（慈雨）又得宋龚高士《金陵六桂图》，趣余为诗纪之，以余与高士同里也。生平健啖善走，能日行二百里许。年四十余，以恣饮秫酒卒。”（《颐志斋感旧诗·王慈雨吏部》）言之凿凿，足堪征信。而“年四十余”与“年四十七”似难以等同。按照常例，年四十七者，若要含糊言之，应说成是“年几五十”。又，《重修沭阳县志》卷十四《艺文志》之王钦霖《望塞上诸山》诗末，编者附注：“按钦霖出塞在嘉庆廿二年丁丑，以省舅氏徐子容广绪于蔚州倅。循桑乾，渡浑河，览大同宣府之胜，只身走数千里。”而鲁一同《哭王考功文》则曰：“君幼失恃，弱冠走万里，出入大同、宣府、塞上。”由嘉庆二十二年丁丑（1817）逆数二十岁（“弱冠”），是当嘉庆三年（1798）。检包世臣《书赠王慈雨》（《艺舟双楫》卷一《论文（一）》）附记：“慈雨成进士，观政吏部，勤政能自立。……而年仅四十，遘疫卒于都下。”自嘉庆三年至道光十七年，正四十岁耳。丁晏所谓“年四十余”，乃稍饰以掩其早卒之憾；《重修沭阳县志》所谓“年四十七”之“七”，乃衍文。

鲁一同《送王慈雨入都》，是其刻本诗开卷之作，编年乙酉。首数句曰：“我昔十七龄，意气高轩轩。君从塞外来，紫色须眉蜷。倾盖秦东门，置酒苍梧巅。”以此可知慈雨塞外归来时，通甫年方十七。通甫生年如前所考，既确定为嘉庆十年（1805），则其十七岁时乃是道光元年（1821）。这时慈雨已经二十四五岁了。

王褧之《待兰轩存稿跋》：“慈雨吏部世居昫阳东关，壬午举于乡，丙戌成进士，任吏部主事。性豪迈不羁，喜藏书，嗜吟咏。……沦落铨曹，往往纵酒颓放，藉浇磊快。所为诗俶诡靡嫚，亹亹动人，宋元以来未易才也。”

［9］李宗昉（1779—1846）：字静远，号芝龄，山阳人。淮上三杰之一。“八岁能作文，十六入县庠……选辛酉科拔萃，即于是秋举乡试，壬戌捷南宫，廷试第二人及第，授翰林院编修……历侍讲、侍读、庶子，洊擢国子祭酒……迁内阁学士，兼礼部侍郎衔。辛巳，道光改元，监临顺天乡试，稽查中书科。壬午，迁礼部左侍郎，充会试副总裁。……丁亥，调户部右侍郎，兼管钱法。是冬，充经筵讲官。……庚寅，署吏部右侍郎。……癸巳，调吏部右侍郎。旋丁内艰。……丙申，补吏部左侍郎，寻擢都察院左都御史。次年，丁外艰。……甲辰，升礼部尚书。乙巳，兼署兵部尚书。冬，以疾请假开缺，未半年，卒。……所著《闻妙香室诗集》十二卷、《文集》九卷、《经进集》五卷、《词》一卷。……生于乾隆己亥十月初三日，卒于道光丙午四月初十日，年六十有八。”（徐士芬《礼部尚书山阳李公墓志铭》，据《续碑传集》卷十）“宗昉为人坦易无城府，与人晤语，落落若不甚昵近者。而当官莅治务尽其职，与人交一于厚物克己，不为矫激沽名之为。”（《县志》卷十四《人物（四）》）“宗伯雅才好博，宏奖风流。叠掌文衡，主春秋乡会试，视学武陵、豫章，所得多知名士。……宗伯蔼如春风，淡如秋水，外和而内介。每遇公事辄持正不少阿，屏远权势，不喜为翕翕热。生平笃念故交，周恤亲党，其天性厚也。”（《山阳诗征》卷二十四）题称“少宰”，表明其在吏部左侍郎任。

韦坦《恬斋存稿》有题《题龚圣与驯象图（图为李芝龄总宪所藏）》二首。

“诗题贡象图，日下才名久。三子迹已陈，茕茕余老丑（李芝龄少宰藏龚圣予贡象图，属四农、通甫及余各题句。少宰云：同乡名画，得吾乡三子题咏，可以传矣）。法书摹二王，淋漓纵诗酒。梅石绘幽姿，清绝岁寒友。”（丁晏《颐志斋感旧诗》“鲁通甫孝廉”）

《柘塘脞录》（《山阳诗征》卷三引）：“丙申，余计偕入都，乡先生李芝龄侍郎出龚高士《驯象图》索余题诗，一人牵白色巨象，旁睨三人，下有小象，一旁有一人着绯衣。分书‘大德甲戌（大德无甲戌，戌当作辰。胡编修敬有《西清札记》，中载高士《洪崖出游图》正作大德甲辰，年八十有三），淮阴龚开，时年八十有三。’有‘淮阴龚开’印，‘翠巌红树山房’印，‘丙府秘宝’印，‘清晏堂’印，‘晋府图书’印。”

［10］是年会试四月初九日揭晓，见《思伯子堂诗集》卷二四（丙申）《四月初九日书翠岩扇子》题下注：“是日揭晓。”）。

［11］徐宝善《壶园诗钞选》卷十《还瀛集（下）》有《丙申四月余为潘四农刻诗话成四农适报罢留诗赠别追和却寄》：“《诗品》昉钟嵘，持论实乖要。纷然代有作，家诩辟堂窔。擿埴茨魂枯，微明爝火耀。雷同竞标榜，伐异纵凌暴。亡羊类臧谷，浑沌谁凿窍。夫子抱孤忧，冥搜出深造。网罗千春富，囊括百家奥。危言诛乱贼，大义辅名教。岂惟敦性情，将期植忠孝。江流千派合，瀰沩乃贻诮。隆污逐时趋，卓荦表风操。浮华涤荒秽，陈义戒窃剽。从来播讴谣，上以补岩庙。一朝角声誉，斯道等蝉噪。我欲挽颓风，笔力困掀趠。高文若论衡，中郎敢私劭。君才冠江表，名俊一黉噪。五上公车门，低吟苦席帽。平生宏纂述，如粟方在窌。一斑管中露，已足测全豹。锦段忽见贻，愧乏琼玖报。炎飙海上来，离情卓风纛。策马晾鹰台，云烟郁悲啸。归来手一卷，謦欬洽情貌。掩卷不见君，落月天西照。”

［12］黄爵滋《仙屏书屋诗集》卷十《答潘四农即送其归山阳》（编年丙申）：“潘郎别我意凄然，四月滹沱欲暑天。新句每贻兰泽美，旧交多是竹林贤（谓丁俭卿鲁兰岑诸君）。芙蓉秋满沧江露，芍药春消市郭烟。两地情怀一相感，飞鸿嗦唤乱云边。”

［13］其一云：“茅屋林塘狎海鸥，忽然尘土涴衣裘。眼中世事非书策，梦里家山有钓舟。宝剑尚能含夜气，酒杯况足遣乡愁。君来我去何惆怅，等是卢敖汗漫游。”味尾联意，因系于此时。

王家弼，字右卿，号云岩，“盐城人。道光甲午优贡生。覃思群经，尤精律算推步之学，制仪器精巧绝伦。丁酉秋闱，学使录科诗六韵，君误作八韵，以违式不入场。后郁郁卒。”（丁晏《颐志斋感旧诗》“王云岩明经”）“王家弼，字右卿，号云岩。……酷嗜问学……博览群籍，凡天算、律吕、韬钤、壬遁、堪舆、河渠、盐法诸书，无不窥其奥窔，而尤邃于经算之学。……道光中，以优贡游太学。……居京师久，王公贵人争相引重，以狷介故，卒无所遇。归里后，杜门著述，不与外事。久之，卒。”（光绪《盐城县志》卷十二《人物》）

[14] 黄村：位于“宛平县西”三十里（《日下旧闻考》卷九十七）。

[15] 苦水堡：在今山东德州市西南五十里。亦作苦水铺。孔继𬭚《苦水堡》（《心向往斋诗集》卷二）：“德州城南五十里，乡人凿井多苦水。客来饮此水，苦者甘如醴。水甘水苦水不语，客渴不敢道甘苦。苦水甘，苦水苦。”

[16]“东平州：在府西一百四十里。东西距一百十五里，南北距七十里。东至泰安县界六十五里，西至兖州府寿张县界五十里，南至兖州府汶上县界三十里，北至东阿县界四十里。”（《嘉庆重修一统志》卷一百七十九《泰安府（一）》）

[17] 文曰：“余数往来邹鲁间，道旁一古冢，崇不及四尺，前树一碣，题曰‘柳下惠之墓’。……乃为文以吊之。”既是数经其地，姑系于此。

[按]《山东通志》卷三十二《陵墓志》：“兖州府，滋阳县。周柳下惠墓：在县西八里进贤社，墓前有祠。”

[18] 康熙《邹县志》卷三《建置·驿递》：“界河驿：在城南五十里，洪武间知县赵允升建，前堂房五间，后厅房五间。……康熙五十年，知县娄一均修造厅后马房十二间，堂房三间，厨房二间，贮藏仓房二间，车屋二间。”《嘉庆重修一统志》卷一百六十六《兖州府（二）》：“界河驿：在邹县东南五十里。有驿丞，今裁。”

[19] 原为两首，刻本仅存其二。

[按] 其一次句下自注：“峄县桃花桥为山东、江南交界处。”检光绪《峄县志》卷八《建置·桥梁·村庄》，无桃花桥。然城之南有桃花村，又有东可风桥、西可风桥，“俱在城南六十里台

庄，西门外曰西可风，西关内曰东可风。乾隆二十六年邑庠生张勇捐资倡众建，士民便之，故名。”与四农所述“山东、江南交界处”颇合，故疑桃花桥或即西可风桥。

[20]“官湖：在今城东八里，源出沂州芦塘湖，又连汪湖，近沂河口。”（《邳州志》卷四《山川》）其近处有官湖集、官湖桥（同上卷三）

[21] 露滋宅：在河下相家湾，初名双桐书屋，更名梧竹山房。《淮安河下志》卷五：“杨香谷先生宅：梧竹山房，杨太常师著书处，在相家湾。……屋三楹，极幽敞。外有月台，上覆一亭，有双桐。初名双桐书屋，后易为梧竹山房，松相国筠所书额也。对面土山，山上古树一株，参天蔽日，不知几何年矣。东越圆门为小院，中有静室一间。西为竹篱，篱外碧琅玕数百竿。土山之侧有池，水深数尺，时出鲤。师少由涧河滨移居旧城，嗣设帐河下，因徙于是。”

[22] 此二诗刻本列于卷六，编年癸巳。然《潘四农先生诗册》载其墨迹，则明确题作《丙申夏日南村省妹及从子感赋二诗录奉巾五老弟削正》，是知刻本误植。刻本文字与手稿亦稍异：其二颔联“篌舆入野色，秔稻喜丰年”，手稿作“篌舆看野色，秔稻喜丰年”；尾联“柴门有樽酒，情话且怡然”，手稿作“柴门有樽酒，情话共怡然”。显然，刻本之修改反逊于原作。

[按] 从子，指潘开丽。郝其辂（？—1858 后）：山阳曹甸人。郝步蟾第三子。“字浑斋，号巾五。附贡生，议叙国子监典籍衔。著有《广月轩诗钞》。”（《淮山郝氏族谱》卷四）

[23] 序云：“乙未，一同由副贡生举乡试。明年，与余会试，皆报罢。僦车南归，逆旅中从容言曰：‘家君今年政七十……冀得一序。’……既归……因力疾为文，达之一同。”故知其作于本年此时。

[24] 文曰：“《度人经帖》荒诞如此，文词亦鄙浅可哂。然吴兴此书，真有揽姿运容，飞生自骞之象。昔人评黄庭坚如飞天仙人。吴兴暮年书得其意矣！道光丙申大暑，四农题于木果轩。”

[25] 小序曰：“道光十六年，自都南归，暑毒雨淫，坎傺不乐……遂为《五贤赞》。”其所谓五贤，即春秋时卫之蘧瑗（字伯玉）、后汉之黄宪（字叔度）、东晋之陶潜（字元亮）、唐之元德秀（字紫芝）、宋之邵雍（字尧夫）。

［26］序曰："取言之有益于身心者书之，名曰《佩言》，所谓'结德言而为佩者'也。或古人之言，或余尝言者，不复类次。然必以先人之箴言冠其首，警顽昏而涤罪恶，其系乎此矣。嗟乎！省身克己之学，少壮不能而老能之乎？然予之恶多矣，陷溺以死，非所甘也。兹册所书，一息尚存，敢不敬持！道光丙申六月，念石道人手记。"（《潘四农先生手迹杂钞》）

［按］《佩言》后经反复删订，即为《养一斋札记》，仍作九卷。

［27］少白：李续香之字。李氏事迹详道光七年注［9］。

［28］自序曰："诗与乐为表里。近人之诗淫哇喧阗，不中律度，其高手勉就钩尺，亦曹、郐之燕乐而已，非雅音也。况能有神无迹，凄感杳冥，如湘灵之鼓瑟，可闻而不可及，发古情、契琼轨哉！客问：'诗信有潇湘瑟音耶？'曰：'子日歌唐人名篇，情思未邃、未迈，遂不识此耳。七言绝句非合此妙，尤不可以成章，曷不静索之？夫七言绝句，俗谓截律诗四句，非也。乐府之一体耳。其音节幽而和、简而远，孰造其微，其神于乐理者乎？'客未喻。予遂命儿子录唐人七绝百余首，而书其端以俟知者。道光丙申八月，四农书。"（《潘四农先生手迹杂钞》）

［29］宝应："县治在扬州府北二百四十里，外广二百四十里，袤八十里。……水路抵南京（今江苏江宁）四百五十里。……北……总计八十里到山阳县。"（民国《宝应县志》卷一《至到》）

乔莱（1642—1694）："字子静，号石林，可聘子。……登康熙丁未进士，除内阁中书。……己未，试博学鸿词一等，改授翰林院编修，纂修《明史》。……升翰林院侍讲，转侍读。"（民国《宝应县志》卷十二）乃父乔可聘，娶四农先人潘叔旸之女。详见拙作《女诗人仲云鸾》（《江苏文史资料》第72辑）。仲云鸾，宝应人，潘叔旸室，著《保世楼集》。

［30］"扬州……府治……南至江，为路四十五里……北至山阳县界，为路二百八十里。自府治至南京为水陆路俱二百四十五里。"（嘉庆《重修扬州府志》卷七《疆域志》引《嘉靖志》）

［31］白下：即金陵。"白下故城：在上元县西北，本名白石陂。晋咸和三年，陶侃讨苏峻，至石头，从部将李根言于白石筑垒。……《旧唐志》：武德九年，改金陵为白下，移治白下故城。"（《嘉庆重修一统志》卷七十三《江宁府（一）》）故后亦称

金陵曰白下。

[32] 秦淮：河名。“秦淮水，在上元县治东南三里。秦始皇时，望气者言：金陵有天子气。乃使朱衣三千，凿方山为渎，以断地脉，水通大江。以秦开，故曰秦淮。”（《明一统志》卷六）流经今南京市南部，乡试贡院即在邻其北端。

[33] “金粉楼台夕照天，六朝如梦未须怜。不堪问我摇舟处，帘影波光四十年。”（其一）“半波秋水定微澜，一角晴山远岸蟠。十丈黄尘压鞭影，可知此地弄渔竿。”（其二）“桃叶渡头烟水晴，莫愁湖上晚凉生。白门无限青青柳，谁耐秋来风雨声。”（其三）“石城径作郁云堂，双桨还催下建康（石城莫愁非洛阳石城，亦非石头城，词人牵合之耳）。多谢湖山供宾客，恨无佳句接齐梁。”（其四）“浓绿湖光似泼醅，不教飞阁八窗开（湖西新建一阁，碍于他客未登）。秋荷寂寞多情绪，犹有残花待我来。”（其五）

[34] 陆艺林：卢泽女婿。其余情况尚待考。

[35] 此番会见，子乔有《和四农见赠韵》（首韵：“我年届六十，有如日已西。”），并《湖上小集率成示四农并柬稼轩》，俱见《山阳诗征续编》卷十一。

[36] 湾头：镇名，在扬州东北十五里。《重修扬州府志》卷十六《都里》：“湾头镇，即古茱萸湾。……今为镇，在府城东北十五里。”

[37] 自为《缘起》曰：“古人虽仓卒细微，均不玩忽，故书尺学稿，往往传于后世。予自今以往，凡有所作，均就此册为底稿。非冀传于后也，仓卒细微、无所不谨之意，藉此可以仿效云尔。丙申十月十二日，四农书于养一斋之南轩。”

[38]《崇祀乡贤录》：“林文忠公则徐见所著述，每行部过淮，必殷殷垂询。”徐嘉《潘四农先生逸事》（《味静斋文存续选》卷二）：“林文忠公抚苏，见所著书，以为实济时用，每过郡，辄投柬存问。”检《林则徐年谱》，少穆自道光十二年至道光十六年任江苏巡抚。检《林则徐日记》，可确知其道光十六年十月初行部过淮。《丙申日记》初九日记曰：“午后东北风，天阴。由淮城东门外雇船行，十五里至石场镇。”（《林则徐全集》第九册《日记》）故垂询存问四农事权系于此时。

[39] 札曰：“镜渠三弟足下：暑轩谈宴，欢悰如昨。……兄

近游秣陵，俯仰今昔，华颠增忱，山水清妙，未克助兴。……十月十二日，世愚兄顿。”

诗二首，后来刻本收入卷九。与刻本相校，诗其一于“霜气一以洌，枝干今何存”下尚有两句，曰：“惟君宅心固，使我劳梦魂。”接下去才是“我从江介来，落叶堆千村”云云。

［40］《杂稿》起始部分即有《挽胡问樵对联》，曰：“老泪洒西风，回思两世交情，皓首缠绵如少小；衰门寄东涧，还仗一生厚德，寸心培养到儿孙。”

［41］尾署：“道光十六年十月　日，三房司事云衢、彦辅、及试同启。”

［42］语曰：“人要立志，文要立意。立志乃义，立意乃气。行义是人，行气是文。”

［43］札曰：“夏间分手，怅惘不可言……七月杪，得小庚书，知吾兄荐石甫处课读。……弟数岁以来，南北奔驰，一无所得，而形神为之交瘁。比专意养疴，世间种种，一切不敢愁虑。偶观书籍，转见古人用心真切处，乃别有头脑，凡辞章工拙，境遇亨屯，均是末事。吾兄每言文字是身外物，弟今乃悟及。”

［44］札曰：“廉峰太史为弟刊拙著诗话已成，弟归时印本太少，未及请正，足下试索诸廉峰，可一烛览，并订其得失也。石甫司马处延弟授经，前有此说，今尚未定。”

《寄润臣》后来收入刻本卷九，题作《寄叶生》。叶名沣《与潘四农丈别后月夜有怀》(《敦夙好斋诗全集初编》卷一)：“明月上林表，流光满素琴。离怀一尊酒，古调百年心。花落燕台暮，风高淮水深。天涯犹咫尺，莫使鬓毛侵。”即应答四农此诗。

［45］题词曰：“少谷四言、五言古诗，淡而深，奥而直，取裁于魏晋，而原本于风骚，读之可以涤浮靡而返淳古，厚正性而悟道源，非徒才人之诗也。选百余首，朝夕玩味。回视已作，皆秕糠矣。”

［按］郑善夫（1485—1523）：字继之，别号少谷山人。福建闽县人。“二十举于乡，明年为弘治乙丑，遂成进士……嘉靖改元，先生用荐起，为南京刑部郎中，寻改吏部。行至建宁，游武夷山，大风雪为寒所中……抵家二日而殁，年三十九耳。”（邓原岳《郑继之先生传》，见《少谷集》卷二十三）著《少谷集》二十二卷（附录三卷），其中诗八卷。

[46] 黄以叟（1791—1838），字斗南，号星文，别号天河尊人，以炳弟。道光甲辰（1844）恩贡生，“笃行孝友、绩学，工诗词，书法得欧虞之神”，“力切用之学，凡民生利病，河漕、兵农、边防、水利之属，靡不究心”。还热心地方文献，“择近代掌故及宋元以诸大事参互考证，别为数编”，著有《听秋阁稿》。（《县志》卷十四）

[47] 此组诗后来收入刻本卷九，题作《题盛子履山水册即送之归镇洋》。题诗后附记曰：“子履先生为吾邑校官十数年，来春将归镇洋，解组潜居，优游林野，仆虽不文，弗能留也。今年冬，以自作溪山水景一册属题，格苍气古，如其为人。然烟雾之兴，亦自此深矣。仆幽怀甫触，离思已郁，赋诗四章，漫书其后。以为题画可，以为送别亦可。郁伊纠结，几不能自辨也。他日扁舟相访，复出兹册对观，乃种此一段愁怀耳。山阳愚弟潘德舆拜题。”

[48] 语曰：“吾之教人为文，先审书理，次立总意、立股柱、立排柱，然后下笔，通篇必求一气呵成，如是而已。诸生学文，高卑浓淡虽不必拘，要必守此为本务、为家法。不如是，则虽游吾之门，而未尝信吾之教也。丙申十一月朔日书。”

[49] 该诗收入刻本卷九，题作《子干南归过淮诗以志别》。

[50] 诸诗后均收入刻本卷九。刻本除将《寄宥函》改作《寄孔生》外，其余题及诗文字皆无变化。

[51] 序尾署：“道光丙申十二月望日，同邑潘德舆四农题。”

[52] 检该序与刻本略有出入，而稿本文辞似更顺畅，故迻录如下，以供读者裁识：

“嘉庆辛未冬，余始学词，年二十七岁矣。爱韦端已、冯正中风调，一岁得成一卷。吾友黄少霞所遴择者，流转友人间数年，卒索之不可得，私自怅怜。已而思之，情取跌宕，不无佻冶，失之无足恨也。兹帙从癸酉起至今，得五卷，又自删其十之二。盖此事虽小技，未易矜许。近人诗爱佻靡，词益纵恣，淫荡之章十可八九。或恃研琢为工，纤屑凑迭，气不转输，遑言神理？又其高者标唐为宗，兼奉《金荃》，笼盖有宋，不知其佻荡纤屑未尽融释也。窃谓词莫备于宋，莫高于北宋。词尊北宋，犹诗崇盛唐，皆直接《三百篇》、汉魏乐府者也。自竹垞以玉田导人，已殊正声。迦陵师稼轩，凌厉有余，乃转失浑成。一代作手，悉数不知谁属。予中年亦泛滥于稼轩、玉田两家，数岁来乃欲参北宋一唱三叹之旨，恨才思庸下，不足以追蹑也。哀录之以俟知者规绳纠之尔。道光丙申十二月，德舆自序。”

［53］张之濬：字黼堂，号云桥，山东黄县人。“由优贡举顺天副榜，又举乡魁，教习左翼宗学。官江宁、阜宁、泰兴知县，邳州知州。解组后，主讲瀛州书院。……著有《读书乐斋文稿》、《若山诗草》、《历下诗钞》。”（同治《黄县志》卷八《人物志·文学》）

［按］光绪《淮安府志》卷十三《职官·阜宁县知县》：“张之濬，黄县人。举人，（道光）十五年任。”

［54］文曰：“道光庚寅春，予入都坐先师仰山司寇家塾，课其两嗣君。京江同年生包圭山来，请刊师馆课诗赋。师将赴云南治狱，遂嘱予删择，且谓‘调有未协者即更正之’。予仅择得赋十五首，诗卅一首，又略点窜其字句，寄之圭山付剞劂氏，即此帙也。明年秋，圭山忽遘疾殁，年甫三十余，师与余皆为蠹然。明年冬，师为科布多参赞大臣，竟殁于异域。数年以来，予亦落拓不偶。乃者家居课儿，偶检此帙，追念师友，泪盈盈承睫矣。若此帙诗赋之美，能以名理清气抒题，迥出尘俗。虽吾师之绪余，乃后学之圭臬也。儿曹宝之！丙申涂月，四农书。”

［55］刻本卷九收录该诗，题作《除夕题壁》。其二“食息敢乖踳”句后，稿本尚有以下数语：“嗟我乡国中，无雪麦苗尽。坐见万蝻出，吞噬接畦畛。天心岂不回，人事亮未谨。”刻本刊落。

道光十七年丁酉（1837） 五十三岁

【行状】

正月，赴任阜宁观海书院山长。途中作《春日适阜宁观海书院舟次述怀》二首[1]。（《养一斋集》卷九）

二月初九日，将书院课务委托王静山代理。独自返舍，作《与吴少鹤书》[2]。（《养一斋杂稿》）

十七日，携第三子亮熙、门人吴昆田等往真州（今仪征）馆两淮盐务监掣署，因其时旧友姚莹正在其地任淮南盐务监掣同知。二十四日抵达署斋，安顿吴昆田寓居十笏庵。详见本月廿七日家书。

临出郡前，作《将之真州维舟城西游道观作》二首[3]。（《养一斋集》卷九）

途中作《泊宝应孔生送余二十里外口占为别》、《三汊河舟次偶书》。（《养一斋集》卷九）

至仪征，即约会老友汪汝成，作《饮真州十笏庵柬到渠并示吴生》二首[4]、《春日与到渠坐十笏庵》。（《养一斋诗石刻》）

此后月余作词有：《水调歌头·题辛忠敏公词集后》[5]、《齐天乐》“酬王二波骑尉，时二波守备真州，以词集见赠。”[6]《金缕曲》“题二波《江亭宴集图》”、《渔家傲·坐雨》。（《养一斋词》卷三）

三月，作《上止泉舅氏禀帖》[7]。（《养一斋杂稿》）

二十一日，修家书与亮弼，告知馆中情形[8]。

二十二日，修书丁晏，力辞分任编纂府志之邀[9]。（《养一斋杂稿》）

作《题张玉农胥江送别图》、《题陈生克家诗卷》[10]、《三月晦日坐十笏庵偶观陶集欣慨交心诠次为诗索到渠和》、《寄亨甫南昌》、《校王二波都尉诗》。（《养一斋集》卷九）

四月初一日，修书与亮弼，告知一切平安，惟姚应昌读书颇安稳，而与内人（陈石士侍郎孙女）则乖戾之气太甚。石甫亦诫之无效，欲将其单独带到扬州运署，偏又不肯。“石甫无奈，又生一法，请我与同馆诸生一同往扬州运使署中，坐馆讲肄”，而留应昌内人于仪征。“在石甫诚无如何，而我以师席仆仆往还，殊可发一大笑，我亦无辞以却之。”

初二，随石甫往扬州运使署。填词《买陂塘》（“由真州移寓扬州留柬到渠”）、《眼儿媚·赴扬州舟中作》。（《养一斋词》卷三）

早些时，陶澍荐四农与娄县令，欲介其去娄县书院任主讲。至是，四农方得确切信息。于是作《与娄令毛明府札》[11]（《养一斋杂稿》），婉示已在扬州运使署任教，不克应娄县书院任。

重晤毛松龄，作《赠子乔》；新识毛岳生，作《观毛生甫近诗用柳州饮酒韵赠之》[12]。（《养一斋集》卷九）

四月二十一日，为庆祝吴昆田三十岁生日，作《吴生三十初度赋诗赠之时同赴邗江》（《养一斋集》卷九）；继送刘桐江，作

《与刘桐江泛舟平山即送游松江》二首[13]。其二尾注："余将返淮上。"

月杪回淮。途中作《高邮舟次寄怀通甫》四首（《养一斋集》卷九）、《射湖归舟遣兴却寄阜宁王静山董继甫湛泉》二首。（《山阳诗征》卷二十四）

五月初，往观海书院讲学。（《行略》）

作《五月五日同人集王静山宅作歌纪事》。（《养一斋集》卷九）

五月廿三日，离开车桥再往扬州。修家书，告知近日"腹胀胃痛，小便频数，时时间作"，并得对语曰："能养气方许落笔，不求名才是读书。"又，"道德气节经济，才是学问真际；词章考据科第，只算眼前儿戏。"

行前，作《袁浦送孔生入都兼讯竹坪驾部》。途中作《高邮逢云生》、《五月廿五日与吴生稼轩舟次坐雨论诗》。（《养一斋集》卷九）

六月上旬，作《赠子乔》、《题毛生甫近诗用柳州饮酒韵赠之》[14]、《都转衙斋小亭看雨二首效韦体一用其〈对雨寄韩库部协〉韵一用其〈对雨寄李主簿高秀才〉韵》[15]、《登法净寺平远楼还饮湖舫作》二首[16]、《夏夜寄怀竹坪用韦苏州夏夜忆卢嵩韵》、《寄猗君》、《寄廉峰》。（《养一斋集》卷九）

中旬，偕门人吴昆田、张江、陈克家及长子亮弼并与姚莹、毛岳生、姚氏子师沆等渡江览金、焦二山，盘桓三日，作诗《与姚石甫毛生甫金山舟宿焦山三夕作》三首[17]、《海门庵》二章等[18]，刻于焦山石上。众人所作计二十四首，合刻名《焦山诗录》。

作《钦给七品职衔输庭王君墓志铭》[19]、《与王静山书》[20]。（《养一斋杂稿》）

作《与韦竹坪札》，通报婉拒丁晏邀请分任修志事。复作《与徐廉峰札》[21]，略道近况及未来打算。（《养一斋杂稿》）

将返淮，作乐府体《别生甫》；途中作《召伯湖上对雨》四首[22]。（《养一斋杂稿》）

七月初，携吴昆田与潘亮熙回淮。抵郡城，作《郡西别吴生》。（《养一斋集》卷九）

归里，作《题亦侨丈遗画》[23]。（《养一斋集》卷九、《潘四农先生手迹杂钞》）

友人黄钊作诗怀之[24]。

八月，门人吴昆田为刊《养一斋四书文》[25]。（《行略》）

九月，叶名沣作《怀潘四农丈》。（《敦夙好斋诗全集初编》卷一）

十一月初，与南来途经山阳之张际亮欢会，张氏有诗《淮安与四农饮别兼奉俭卿》三首纪之（《思伯子堂诗集》卷廿六）。上旬，复携昆田往仪真。途中作《冬日江行》。（《养一斋集》卷九）

抵寓后，作《真州示张生汇陈生克家用江行韵》、《寄生甫》（《山阳诗征》卷二十四作《寄生甫宝山》）、《送石甫之台澎》[26]、《晚步同张陈二生》。（《养一斋集》卷九）

腊月初，归车桥。途中作《归舟述兴示吴生》（《养一斋集》卷九）、《蝶恋花》（"射湖舟次留别袁木生即题其词卷"）[27]（《养一斋词》卷三）。及郡城，作《郡西与吴生别》，尾注："余将之阜宁，吴生渡河归"。（《养一斋集》卷九）

返里稍歇，旋至观海书院讲学。途中作《归自真州复之阜宁舟次作》。（《养一斋集》卷九）

年底返回，与王寿年惜别。王寿年有诗赠之[28]。

归至车桥，作《寄黄质庵通守》[29]。（《养一斋集》卷九）

除夕，作七古《道光丁酉除夕题壁》，尾署："四农书于养一斋。"（《家书》附录）

【其他作品编年】

文：《格物说》、《中者天下之大本说》、《论道学》、《论学示儿子》。（《行略》）

《江龙门诗序》[30]。（《养一斋集》卷十八）

《杨露滋诔》。（《养一斋集》卷二十四）

编辑完成《观海书院出案底簿》[31]。

【诗坛生态】

正月初四日，南海张荫桓生。十一月十四日，汪宗沂生。江宁陈作霖生。德清戴望生。五月五日，吴县石韫玉卒，年八十二。七月二十九日，歙县程恩泽卒，年五十三。九月二十二日，青田端木国瑚卒，年六十五。

【注释】

［1］《观海书院出案底簿·叙言》："道光十七年丁酉，阜宁大令张云桥（之浚）延予主观海书院讲席。予于正月至阜。阜之人应大令甄别者，生员三十九人，童生一百一十一人。云桥属予代勘甄别文字。予循其旧章，取内课生十二人，外课生十二人，内课童生十二人，外课童生十二人。云桥无所更易，第增附课童四人，自捐廉给附课者。"

观海书院：在阜宁城内东南隅。"初，康熙中海防同知郎文煌以南门外废五通庙改为观澜书院。未几，改为社学。乾隆中知县李元奋以西门外紫阳庵改为紫阳书院。四十年，知县阎循霦以其地湫隘，复于旧学宫故址（即文煌所建观澜书院，时学宫未立，即其处举行春秋祭）改设观海书院。嘉庆六年，知县宗守改建于学宫左侧文昌宫后。十五年，知县范溱葺而新之。"（《淮安府志》卷二十一《学校》）

检《阜宁县新志》卷七《教育志·书院》，潘德舆出任观海书院山长乃在无锡邵涵初（字吟泉）之后，"其教人先行后文，一切不蹈浮靡之习。"时书院有生员三十九人，童生一百一十七人。

［2］书云："弟真州之行，本拟在上月内，缘邑书院课卷羁留，迟滞至今。现定于十五日赴城，十七日南下。令郎（稼轩）可于十五日到城，以便同发。"

［按］鲁一同《诰封中宪大夫少鹤吴君家传》："君讳以诏，字紫纶，晚字少鹤，姓吴氏，清河人。……好施与……嘉庆十五年，岁大祲，助赈金二千。学宫圮，助修之。道光四年，洪湖决，助金散民钱米。十一年，河南北大饥，太公当食而叹，君知其意，则之齐豫粜黍麦数千石，平市价，设四厂，赈饿者日万人。二十年，又饥，赈益众。明年亦如之。岁良稔，浚便民河，通水利。于是大吏前后上其事，朝议加君息大田四品衔，封及二世。……道光二十年冬，朝议以中书乏人，召天下举人来年集试京师。大田与焉。时迫岁除，君体小不适，促之行。疾剧，力戒家人勿使大田知。比讣至都，中道错迕。大田归，而君没已四十余日。"（《通甫类稿续编》卷下）

《淮阴吴氏宗谱》卷三："以诏：行二，字紫纶，一字少鹤，太学生，诰封中宪大夫。……生乾隆四十四年十月二十九日子时，卒道光二十一年正月二十五日亥时。配史氏，诰封太恭人，晋赠太淑人，生乾隆四十七年四月初九日卯时，卒咸丰五年九月十三日巳时。”

［3］检《县志》卷二《寺观》，城西道观惟有老君殿。

［4］诗曰：“春水轻帆四百里，美于燕赵踏黄埃。真州兰若竹尤密，淮上酒人胸顿开。鸟语直从残夜起，钟声都入碧云来。故交举盏频相约，玉版诗禅不费才。酒酣更上拂云亭（庵西文墩乃宋人东园拂云故址），天际群山万古青。忽对东园思北宋，始知大地是飘萍。拈须喻客浑忘老，行脚残僧尚检经。等是尘途未抛却，江鸥含笑向烟汀。”

十笏庵：“在都火星庙前。康熙初，寂灯住此，并以名其诗集。”（道光《重修仪征县志》卷二十《祠祀志》）“其庵四面皆竹，青翠接天，人迹罕至，真读书妙地也。”（本月廿七日家书）

［按］吴昆田《邵伯晚泊序》：“道光丁酉春，潘四农师馆于姚石甫丈仪征监掣署中。余时负笈从游，寓署东之十笏庵，修竹参天。师每来过赋诗饮酒，意殊乐也。夏归，与师同舟，阻雨邵伯湖上，有七绝诗四首，旧稿毁于兵火，不能尽述。”（《山阳诗征续编》卷二十）

又，汪汝成有诗《奉和小饮十笏精舍原韵即呈四农三兄大人诲正》（《养一斋同人投赠诗词存》），潘亮熙《浑斋小稿》有题《丁酉春日与吴稼轩客真州稼轩寓十笏庵》。

［5］辛忠敏公：即南宋词人辛弃疾。弃疾（1140—1207），字幼安，别号稼轩居士，山东济南人。平生以功业自期，早年曾有反金义举，南归后仍力主抗金，惜不得志而终。“咸淳间，史馆校勘谢枋得过弃疾墓旁僧舍，有疾声大呼于堂上，若鸣其不平，自昏暮至三鼓不绝声。枋得秉烛作文，旦且祭之，文成而声始息。德祐初，枋得请于朝，加赠少师，谥忠敏。”（《宋史》卷四〇一本传）

［6］王嘉福（1790—?）：字谷之，号二波，江苏长洲人。以难荫世袭云骑尉，以武功擢江西文英营都司，官终靖江营守备。见丁绍仪《国朝词综补》卷三十一。有《二波轩词选》四卷，道光十七年（1837）初刻。

二波有诗谢四农为其校勘词集，题曰《四农仁兄将返淮阴，由邗江寄诗志别，并荷校勘拙稿，赋此报谢》(《养一斋同人投赠诗词存》)。诗云："尺书劳寄我，闻道返淮阴。郑重诗中意，难为笔下心。千金珍敝帚，孤调托秋琴。失笑虫吟怨，天涯遇赏音。"

［按］谢堃《春草堂诗话》卷三："王嘉福，字二波，长洲人。官仪征守备，惕甫先生子也。与弟嘉禄齐名（嘉禄字井叔），幼有双璧之誉。"

又，同时另有一王嘉福（1796—1877），字铁卿，吴县人。"道光丁酉举人，甲辰大挑二等，授淮安府安东教谕，以协获捻匪功，保举知县，授广东始兴。……加同知衔。旋以老病乞罢，贫不能归，士民醵资助之，乃归。卒年八十有二。"（民国《吴县志》卷六十八上《列传（六）》）著有《正心堂诗稿》。

［7］呈卢泽帖："甥于正月应阜邑观海书院之聘，连阅三课文字，至二月初九返舍。复于十五日起身南来，至廿四日乃抵真州姚署。生徒三人（二姚一张）并吴生稼轩及三儿亮熙，凡五人。……甥四月底必归，仍到阜宁一课，以场头已迫，阜邑人望甥甚殷，不得不往。节后复来真州，至秋闱乃归耳。"

［8］三月二十一日家书："馆中生徒凡六人：一松，一稼轩，二姚（应昌、以增），一张汇，一陈克家。陈系新来，苏州人，亦系应乡试者（石甫县试拔取之门生）。……前接阜宁县尊张云桥一札，极其推重。五月万不可不走一遭，以慰彼之望。"

姚莹《养一斋集序》："已而，毛生甫来，言四农一如亨甫。余慕之，为书延四农教子若婿。四农欣然至扬州，其从来者，弟子吴君大田及其子亮弼也。"

［按］由《上止泉舅氏禀帖》及二十一日家书看来，张汇乃是石甫之婿，而石甫所言从四农来者有"其子亮弼"则误，实为三子亮熙也。

又，姚应昌：字心完，系姚莹胞兄姚伯符（1780—1848）之子，出嗣姚莹。张汇：字德生。姚以增：字幼山。均详五月廿六日家书。诸生中以陈克家成就较显著。

［9］《答丁俭卿札》："柘唐三弟侍史：南来逾月，别怀耿耿。顷奉手教……承示吾邑修志……此事约有三难：一曰费难集，二曰事难悉，三曰笔难直。……若欲兄亦分任其事，则兄之自视又有三难焉：一曰学识粗，二曰馆舍远，三曰疾病多。此皆于纂辑

删正、细大兼举之事，甚不相洽。……兄非不知桑梓之亲，志乘之重……惟望吾弟及止庵键关却扫，力屏闲杂，正襟凝神，为吾乡必传之书。”

［10］陈克家（1812—1860）：字子刚，号梁叔，江苏元和人。“道光甲辰举人。少英异，为桐城姚莹所器重。及长，抗心希古，落落寡合，从嘉定毛岳生、陈瑑游。尤折服莹与山阳潘德舆、娄姚椿。椿称为唐魏文贞公一流人。文章自许北宋，俪体宗六朝，诗学黄庭坚。咸丰三年大挑，以教职用。时金陵为贼据，向大臣荣驻师城外，翼长福兴阿聘克家掌书记。福迁去，江南提督张国栋复聘之。十年闰三月，张令料健勇营事，十五日，贼大至，克家督弁勇迎战，兵败死之。”（同治《苏州府志》卷九十《人物（十七）·元和县》）著《蓬莱阁诗录》四卷，同治二年（1863）刻本。

［11］“毛应观：字盥三。嘉庆甲子举人，乙丑眷录，知江苏娄县，署理松江知府。学问渊博，名重一时。著有《经图汇考》、《小园制艺》、《一官录》等书行世。”（光绪《夏县志》卷七《人物志·贤才》）

［按］《娄县续志》卷十四《官师志·知县》：“毛应观，山西夏县人。举人。（道光）十五年任。”迄十八年，乃由罗才懋接任。

［12］毛岳生（1791—1841）：“字生甫，先世居太仓之宝山，既而迁诸嘉定。……少即劬学，每务博览，既而讲于当世贤硕，乃益笃志道古。……问业于惜抱先生之门……最为两淮都转运使莹所知。……君卒以道光二十一年九月十日，年五十一。”（姚椿《毛生甫墓志铭》，据《续碑传集》卷七十七）著有《休复居诗文集》。

［按］《与徐廉峰札》（《养一斋杂稿》）：“比在扬州得良友一人，曰宝山毛君岳生（生甫），经学、算法皆尝究心纂述；重修元史，已得其半；诗歌、古文尤极渊雅。朝夕谈论，推动至微，殆吾省第一士也。”

［13］刘桐江：未详。

［14］柳宗元《饮酒》：“今旦少愉乐，起坐开清樽。举觞酹先酒，为我驱忧烦。须臾心自殊，顿觉天地暄。连山变幽晦，渌水函晏温。蔼蔼南郭门，树木一何繁。清阴可自庇，竟夕闻佳

言。尽醉无复辞，偃卧有芳荪。彼哉晋楚富，此道未必存。”

［15］韦应物《对雨寄韩库部协》：“飒至池馆凉，霭然和晓雾。萧条集新荷，氤氲散高树。闲居兴方澹，默想心已屡。暂出仍湿衣，况君东城住。”《对雨寄李主簿高秀才》：“逦迤曙云薄，散漫东风来。青山满春野，微雨洒轻埃。吏局劳佳士，宾筵得上才。终朝狎文墨，高兴共徘徊。”

［16］《重修扬州府志》卷之二十八《寺观一·甘泉县》：“法净寺：县西北五里，即大明寺，古之栖灵寺也。又曰西寺，以其在隋宫西，故名。寺枕蜀冈，旧有塔。”始建于隋文帝仁寿元年。清“雍正中，光禄寺少卿汪应庚捐资修建，增造云盖堂、洛春堂、万松亭。山亭水池，于寺前后种松十万株。其筑云盖堂时，掘地数尺，得古砖坚厚者若干，塔基宛然可按。寺右为平山堂，左建平远楼。”

［17］姚莹《后湘续集》卷一《丁酉六月十二日偕潘四农毛生甫游金山放舟焦山宿松寥阁赋柬二君并示从游诸子》四首。

潘亮弼《一好斋诗存》有题《丁酉六月侍家君及石甫生甫两丈游金山遂宿焦山》五古一首（见《山阳潘氏历代存稿》）。

吴昆田《养一斋集跋尾》（《漱六山房全集》卷八）：“丁酉，从先生游于扬州姚石甫盐使幕中。石甫先生，才硕名望，方以天下自任，敬先生如师，放舟金、焦，宾从欢宴，为诗歌刻诸石。”另有诗题《陪四农师石甫生甫两丈游金焦两山作》（《漱六山房全集》卷四）。

［按］《江南通志》卷十三《舆地志·山川·镇江府》：“焦山，在府东北九里大江中，旧传以东汉焦光隐此得名。……与金山对峙，相去十五里。”

［18］《海门庵》诗序：“余与生甫同游焦山三日，尤悦海门庵风物之胜。……余晚交生甫，志甚合。既将言别，复游无期，慨深于乐。”

同治《焦山志》卷一《建置》：“海门庵：在山东北隅。明成化间僧宗诚重建。”“自然庵：旧在半山观音崖右，明宏治间移置真武殿之右。……松寥阁：在自然庵西，明万历间释明湛建。用李白‘焦山望松寥’之意，因名‘松寥山房’，后为‘松寥阁’。”

［19］王文瑞（1761—1837）：字南章，华亭人。乐善好施。其子王寿康（1795—1859），字保之，号二如，从学于熊传栗。

能诗词，善书画。

［按］刻本卷二十四收录该文，题作《王君墓志铭（代熊民怀先生作）》，文辞出入较大。

［20］王寿年（1778—1838）：“字静山，号筠墅。岁贡生，品学为多士冠冕。……书法二王，画得董王真意，得者珍之。”（民国《阜宁县新志》卷十七《人物志·列传（二）》）著有《思问录》（潘德舆选）、《治水三议》（黄以煚写本），见《静思轩藏书记甲编》。

［按］四农于道光十七年（1837）作《五月五日同人集王静山宅作歌纪事》，其中云：“王叟六十兴飙发，延宾令节逢天中。”因知静山生年。十八年冬，有《哭静山》，纪其殁。

又，该书收入刻本卷二十二。稿本开头曰：“今岁再东行，获足下益至厚。来邗江多疾，日趋颓放。每念足下教勖之谊，甚愧之。”刻本将“来邗江”数语悉数刊落。

［21］《与徐廉峰札》：“弟二月间至石甫仪征署，四月初移馆扬州，月杪旋里，五月复来。七月，生徒将趣省应试，弟又将北旋。宾主师弟，无不欢惬。……秋闱既毕，弟拟不复来馆，以日夕无所督课，素餐良可愧也。……来春尚拟北行，非觊一第，欲与师友一畅怀愫耳。”

［22］“邵伯湖：在城北四十五里。晋太傅谢安出镇广陵，修筑湖埭，民思其功，以比邵伯，故名。”（嘉庆《重修扬州府志》卷八《山川》）

又，刻本卷九收录《别生甫》。字句与稿本略异。

［23］诗前原有叙文，刻本卷九略去。因关系四农交游，兹特补之：“余弱冠求友，不喜与年少俱，里中往来核道义者：朱纻涧南、宋联珠绀佩、阮钟瑗定甫、赵延禔蓉垞、邵源洙鲁南、杨皋兰香谷、邱广业勤子、郭瑗蘧蘧。诸人中最少犹长予十余岁，涧南则长予三十余岁，其时已五六十。性纯笃如孺子，工文而困，以卖画糊口，画牛尤有名。予出素纸三尺许乞画，属空尺许，曰：‘留余纸，为君身后予题跋地，以寄余思也。’涧南笑诺之。呜呼！一时戏言，孰知今乃亲其境乎？涧南年八十余殁，殁已六、七年。诸友今唯香谷在，余发亦大半白，意气迥不似畴昔矣。抚画郁悒，系之诗以遣之。”（《潘四农先生手迹钞存》）

［24］黄钊《读白华草堂诗苜蓿集》卷一，编年丁酉，有

《怀人诗三十首》，其九曰："生平自多师，兄事惟彦辅。直谅复多闻，学道不迂腐。文章世可奴，志节我有主。"（《潘解元德舆》）

[25]《养一斋四书文·自序》：今之临缀文学者，率卑睨《四书文》，哂之如泥车瓦狗，自以为雅言。然可砭恒人腐士，伊优妪媪，窃有司荐举者耳！胜国□我□朝有八、九公者，其文维匡传注，与古文辞相出入，概歔歈之，非也。夫《四书文》流衍五百年，彼八、九公可矜异者，以此事实经术、古文辞所赅，而存根柢至闳远，又一世之文哲者觅其气息，测断贤佞，不爽铢黍。若横览一世铅椠之士，无复以俊伟明正，扶植文体，害何可胜计！是故《四书文》，虽文之支流，其系属世运，不可简忽也。予幼业此，既长，私击排时人所为，盖不欲多作，作必吐心得，准经训。气稍稍类古人者，乃镭之箧。比发箧，得百余篇。太仓毛岳生（生甫）见则诧曰："明以来，八、九公后，君代兴矣！"清河吴生大田侍曰："大田尝请付剞劂氏，先生弗许也。"予曰："两君言太易，往余谓文不克包罗性道，拯人心，重痼疾，皆侮圣言者也。范蔚宗曰：'解释先圣之积结，洮汰学者之累惑。'余于此窃有志焉，今其逮是耶？抑予不惧，近之缀学者纥谪沸腾，虑向者八、九公哂我也。"吴生曰："先生自抑退，良是。然先生老矣，于文或亹亹求造极，《四书文》度不复措意，剞劂可哉！"予喟吴生谅我心也，遂不拒其请，而自叙之如此。

[按] 丁晏《柘塘脞录》："《养一斋时文》，论者谓时文皆伪体，惟君之言一本于诚，其言有物，震川、百川以后，一人而已。"

[26]《姚石甫先生年谱》：道光十七年九月，台湾道缺需员，请旨拣放，帝荐"著以姚莹升署，仍俟期满再行实授，并著照例赏加按察使衔"。于是姚莹于"十月二十日卸运司篆"，翌年"闰四月十六日莅台湾道任"。

[按]《思伯子堂诗集》卷廿六（丁酉）有题《谭艺图为石甫廉访题即送之官台湾》，序尾署："丁酉十一月二日宝应舟中并记。"

[27] 袁木生：未详。

[28] 王寿年《奉和四农三兄大人留别原韵》（《养一斋同人投赠诗词存》）："奇才天亦忌，此论我茫茫。天岂形其小，人当

善所长。功名归德业，福命称文章。良晤今宵别，长歌学古狂。”

［29］鲁一同《通甫类稿续编》卷下《敕授承德郎黄君行状》：“君姓黄氏，讳斌，字双允，号质庵，其先自安徽迁徐州之宿迁县，是为君之高祖，讳成。成生以龙，以龙生仕忠，仕忠生廷珠，诰授昭武都尉、淮扬游击。……都尉生五子，长即君。君少沉密，力学不倦。补博士弟子员，入赀为东河丞，大吏称之曰：‘能。’道光五年，今云贵总督侯官林公、前淮扬道邹公分巡淮扬海，请君随行，多所宏益，补荥泽县主簿。……都尉当官廉介，又好施与。每岁时，悉召故人子弟与饮。既醉，恣取所有。即有余，尽以付酒家偿债，以故都尉没而逋负至巨万。先是，都尉为君入赀为府通判，至是服阕，需次于家。而诸弟禄入微薄，君内外撑拄，心力耗竭。少有目疾，遂失明。……君生平笃于交游，专赴人缓急。……君生于乾隆五十四年七月二十八日，卒于道光二十六年九月一日，得年五十有八。”

［按］《清河县志》卷二十二：“斌为人疏须白皙，神骨晶莹，晚益专静，返求身心之学。……既失明，使人扶掖见客，举步尺寸详审，未尝失礼。性强敏，笺候酬答，口授累千言，无可增损者。”

又，孔继鑅《题黄质庵湖上草堂》（《心向往斋诗集》卷五）题下注：“质庵家洪泽湖马头镇。”

［30］序曰：“道光辛卯、壬辰间，余客都下，喜与四方之士论诗。……庐江江龙门独韪余言。后二年冬，复相遇都下，交益亲。……龙门以盛年举京兆，选诗亦其和声鸣盛之一端。……去年冬，龙门挟姬人遍游杭之西湖。”顺推当为本年。

［31］稿本，现藏台湾“中央图书馆”。今有台湾文海出版社刊行之《清代稿本百种汇刊》本。

道光十八年戊戌（1838）　　五十四岁

【行状】

正月十三日启程入都，六应会试。门人吴昆田侍往，于廿九日午后抵京，同寓顺直门大街天门会馆南首路东孔继鑅邸[1]。（《家书（本年二月初六日）》）

作《赴都入南西门作即示孔吴二生》。（《养一斋集》卷十）

张际亮等人亦来京应试。

二月初六日，修家书，告诫诸子读书必须成诵[2]。

屠春林来京师，四农作《书赠屠芗洲七言》，云："幽燕白首能豪饮；湖海青山约耦畊。"[3]（《潘四农先生手迹杂钞》）

汤鹏重逢四农，喜出望外，作《喜潘四农到都》五律三首（《海秋诗集》卷十九）。四农作《答海秋》（《养一斋集》卷十）酬之。

叶名沣又见四农，亦备感兴奋，作《喜潘四农丈至》（《敦夙好斋诗全集初编》卷二（戊戌）《城南集（二）》）。四农作《答叶生》二首酬之。（《养一斋集》卷十）

十二日，与徐宝善、叶名沣等会饮于孔继镙寓所[4]。

望日，又集孔邸，作《花朝同人集孔生斋分韵得拔字》[5]、《答亨甫》、《再答亨甫》。（《养一斋集》卷十）

本月，作《题萧晨〈柳阴儿奕图〉》[6]、《题文嘉摹云林山水》[7]、《题林天素〈丛芦宿雁图〉》[8]。（《养一斋集》卷十）

作诗赠与张际亮，对张期许殷切[9]。

作《题羽可画竹》[10]、《再题羽可竹用前韵》、《题陆包山画》[11]、《与梅伯夜坐联句》、《题庆伯苍比部诗卷》二首[12]。（《养一斋集》卷十）

作《姚梅伯诗序》[13]。（《养一斋集》卷十八）

二十日，作《与张亨甫书》[14]。（《养一斋集》卷二十二）

三月初三日，作《夜与亨甫通甫孔生联句》[15]。初四作《次夜复与亨甫通甫孔生联句》、《晓起与亨甫联句》二首。（《养一斋集》卷十）

继复作《酒间忆通甫与孔生联句用前韵》、《树斋先生招饮即席赋呈》、《酒间示孔生二首仍用通甫韵》、《都门望西山》[16]、《为云生题朝鲜徐士敬兄弟书尺后》、《题龙门息心观化图》、《寄石甫》、《晚访亨甫不值留诗一章用前韵》。（《养一斋集》卷十）

初九日入闱应试，十五日考毕。十六日，修家书与诸子，预料情况不妙[17]。

下旬，作《述兴与俭卿》二首、《久不见廉峰书此代柬》、《赠别斌秋士武部》[18]。（《养一斋集》卷十）

三月晦夜，与姚燮等聚于孔继镙邸。孔继镙作《三月晦夜与四农师梅伯通甫联句》（《心向往斋诗集》卷四）纪其事。

四月上旬，与姚燮、汤鹏等同游小有余芳亭[19]。

复游龙树寺，作《饮龙树寺遂过龙泉寺》[20]、《饮亨甫寓庐醉中作》。（《养一斋集》卷十）

中旬，复闻报罢。精力衰惫，伤怀亦至，遂决意不复试。（《行略》）

倩温肇江绘《燕山话雨图》[21]。

十九日，与张际亮等会饮于孔继镖寓庐[22]。

下旬，作《与徐生大纶》二首[23]。（《养一斋集》卷十）

拟归，作《别梅伯》二首、《别竹坪》二首、《竹坪和诗来情旨斐然复作四首》[24]。（《养一斋集》卷十）

作《伊猗君诗序》[25]。（《养一斋集》卷十八）

月底出都，同人送行至右安门外，洒泪而别。作《海秋招同亨甫梅伯通甫孔吴二生饮尺五山庄留诗与海秋别》六首[26]。离京当晚作《燕南旅次用俭卿壁上韵》。（《养一斋集》卷十）

首途与张际亮同行，至茌平分手。作《茌平夜送亨甫》二首、《再送亨甫》三首。张际亮亦有《次韵别四农兄》二首（《思伯子堂诗集》卷二十七）纪之。

结伴同行者还有鲁一同[27]。

别过亨甫后之行程中，作《东阿忆亨甫当至东昌》、《东平旅亭》、《宿迁道中述怀和通甫壁上韵即以赠别》四首。至郡，作《郡东归舟作》四首。（《养一斋集》卷十）

五月下旬抵里，旋赴观海书院。作《晤静山》、《观海书院晚坐示张生文翰》。（《养一斋集》卷十）

六月，叶名沣寄诗，愿为弟子[28]。

鲁一同寄来《覆潘四农丈书》（《鲁通甫集外文》卷上），通报徐宝善去世，黄爵滋上疏禁烟[29]。

应邑人李长发之邀，为其所辑《七叶诗存》作序[30]。

七月，评点《唐贤三昧集》毕，自作题识[31]。

同月，作《论语权疑》，甫成三卷[32]。（《行略》）

八月，代杨钟祥（字云亭）制府作《卢止泉先生七十寿序》[33]。同时自作《卢止泉先生七十寿诗》。（《酬世集》）

又作《诰封奉直大夫晋中宪大夫吴君墓表》[34]、《宝应刘烈女诗》[35]、《雁冢图诗》[36]。（《养一斋集》卷十）

同月，疾作，小便失禁（《行略》）。

九月，作制艺要义三则示儿辈。（《家书》附录）

十月初八，《养一斋札记》（九卷）撰成，为之作序[37]。

十一月，为祝陶澍六十寿诞，作五古《陶宫保六十寿诗》八章[38]。（《酬世集》）

冬，漕运总督周天爵慕其人品、学术，“欲微服郊外相访。先生以为义无所居，徒骇流俗。公（即天爵）以是喟然有望尘之叹”[39]。（《行状》）

再至阜宁，闻友人王寿年殁，作《哭静山》五首[40]（《养一斋集》卷十）。厚助其丧[41]。

作《木果轩题壁》、《答孔生》二首[42]、《化寓》。（《养一斋集》卷十）

腊月初一，鲍宗瑾卒。四农作《挽鲍蕴华》、《鲍韫华诔并序》[43]。（《酬世集》）

同月，为第三子亮熙纳娶卢氏（1822—1894）。（《行略》）

【其他作品编年】

文：《郊社说》、《与鲁通甫书》（《养一斋集》卷二十二）。《丑石赞》[44]。（《行略》）

诗：《题林岵瞻枢部所藏〈赤壁图〉次吴文定韵》二首[45]、《题董文恪〈园居野趣图〉》[46]、《奉题孔恭悫公画兰》三首[47]、《题郑稼轩大令〈振衣濯足图〉》[48]、《题陈秋谷〈西溪梦隐册子〉》[49]、《题王惜庵〈越思图〉》二首[50]。（《养一斋集》卷十）

【诗坛生态】

二月初七日，海丰吴重熹生。十一月初六日，黄岩王咏霓生。十二月十四日，闽县龚易图生。闰四月二十九日，歙县徐宝善卒，年四十九。十一月二十八日，永福吕璜卒，年六十二。

陈文述编《碧城仙馆诗钞》八卷成，六月自序。

【注释】

[1] 吴昆田《养一斋集跋尾》：“戊戌，三从先生于都下，与通甫同寓宥函邸舍，文人学士萃集。春明，慕先生而来者，户外屦常满。所尤款密者，宜黄黄树斋、歙徐廉峰两先生，及建宁张

亨甫、益阳汤海秋、汉阳叶润臣、桐城江龙门、同郡韦竹坪也。”

鲁一同《通甫类稿》卷二《送稼轩入都》自注：“往与潘、吴同居孔刑部宣武邸寓，都人谓文章之盛无逾此时。”

又，《养一斋集跋尾》：“先生素豪饮，以多病为禁爵。爵容可一升，以十爵为度。然每谈天下事，则忘禁辄醉。尝曰：‘天下有事，我辈其如何？幸无忘前诗，即《述意》二章是也！’于是相率而起，且拜且哭。亨甫恒自言能相人，指宥函示人曰：‘此死难相也！’先生颔之。时寰瀛清宴，中朝大官方相与歌咏升平，目谈时事者为‘名士’，阳与而阴实拒之，于是士人动色相戒。乃不数年而烟尘四起，遂至于今，宥函果以从戎死于江上。曾几何时，追溯前言，能不悲哉！”

［2］二月初六日家书：“读文必须成诵，方有滋味可咀。汝曹用功不能得效者，恐是所读俱未成诵之故。多诵一遍自有一遍意味也。”

［3］附记曰：“芗洲二兄大人与余里闬至交，十数年来，燕鸿南北，久疏晤言。戊戌春，聚于都下，诗酒甚乐。出素笺属书楹帖，拈斯二语应之。见我两人虽老未衰，然不可不早作莼鲈计也。”

［按］屠春林（？—1843）：“字养初，号芗洲，性倜傥不羁。善书，家藏碑版甚富。诗魄力深厚。由拔贡授绩溪教谕，俸满卓异，分四川，终剑州知州。没于蜀。”（《续纂山阳县志》卷十《人物》）

“屠春林：嘉庆癸酉拔贡，南部县知县。”（《淮城信今录》卷一《题名》、《县志》卷九《选举》）

“芗洲屠先生，名春林，西园之从弟也。性倜傥不羁，自号洞天扫花使者，又号寓寓醉生。善嘲谑，每酒阑灯灺，虬髯一张，客无有不捧腹欲绝者。而于金石碑版尤所笃嗜。……著有《小瑶华庵诗稿》一帙，未付梓。余尝见之，今不知落阿谁手矣。”（段朝端《椿花馆续笔》卷上《屠芗洲》）

屠芗洲：“八旗教习，俸满选安徽绩溪教谕，卓异，升知县，分发四川，初署剑州知州，补南部县。时已患中满症，莅任七日而殁。”（吴涑《抑抑堂集》卷十五《札记》）

［4］叶名沣《敦夙好斋诗全集初编》卷二（戊戌）《城南集》二有题《二月十二日孔宥函招同徐廉峰潘四农两丈汤海秋张亨父沈小庚（照）吴稼轩大田集饮寓斋分韵得之字三首》。

［5］张际亮《思伯子堂诗集》卷廿七（戊戌）有题《花朝集宥函比部宅以我能拔汝抑塞磊落之奇才分韵得才字》。

［按］花朝：二月十五。“仲春十五日为花朝节。浙间风俗，以为春序正中，百花争望之时，最堪游赏。”（吴自牧《梦粱录》卷一《二月望》）

［6］萧晨（生卒年不详）：字灵曦，号中素，江苏扬州人。康熙年间画家。“工于画人物，粗服乱头，皆有丰韵。”（嘉庆《重修扬州府志》卷五十四《人物志·艺术》）“擅长山水、人物，尤精绘人物，神理俱足，设色研雅，丰神峻峭，衣纹清劲流走。”（《扬州历史人物辞典》）

［7］文嘉（1499—1582）：字休承，号文水，江苏长洲人。文征明次子。“和州学正。能诗，工书画篆刻，世其家。”（《明史》二八七《文征明传》）

［按］“和州府君讳嘉，待诏次子。岁贡生。初任吉水县训导，升乌程县学教谕，仕终和州学正。生于弘治十二年己未，卒于万历十年壬午，年八十四。”（《文氏族谱续集·历世生卒配葬志》［文含著］，转引自周道振、张月尊同纂《文征明年谱》）

“公姓文，名嘉。……能鉴古。山水疏秀，似云林而有肉。虽著色山水，有幽淡之致。能诗。小楷精劲，尤善行书。”（《吴郡名贤图传赞·文和州》）

［8］林雪：字天素，福建人。生活于晚明时期，寓居西湖。“工书，善画，画笔秀绝。”（俞剑华编《中国美术家人名辞典》）姜绍书《无声诗史》卷五：“林雪：字天素，西湖名妓。又有王友云者，俱彤管中之仲姬也。董宗伯思白云：‘天素秀绝，吾未见其止。友云淡宕，特饶骨韵，假令嗣其才力，殆未可量。’李长蘅赠天素诗亦有‘美人闺中秀，兴会托山水’之句。其为名流推重如此。”

［按］以上三题系于本年春间，乃依据张际亮《思伯子堂诗集》卷廿七（戊戌）《花朝集宥函比部宅以我能拔汝抑塞磊落之奇才分韵得才字》，紧接即题《为宥函题画三首走笔与四农海秋同作》（分别是：《文嘉山水》、《林雪芦花压雁图》、《萧晨画》）而定。

［9］《射鹰楼诗话》卷十：“辛丑夏，建宁张亨辅孝廉觞余于乌石山，席间诵其友山阳潘彦辅孝廉五律云：‘海内论诗者，余

生汝最宜。欲求骚雅合，惟许鬼神知。风雨蛰龙奋，关山老马迟。虚堂此明烛，千载溯风期。’按，此诗风骨老苍，《养一斋诗钞》遗之，何耶？”

［10］此乃和张际亮韵。亨父《题羽可画竹用登泰岱韵》云：“我梦跨青鸾，潇湘秋月白。道逢二妃游，风吹萝带碧。眷言结同心，何处西陵柏。觉来但有泪，付与披图客。”叶名沣亦有和作，题曰《题壁上羽可翁墨竹和亨父韵》，见《敦夙好斋诗全集初编》卷二《城南集（二）》。

［11］此诗见于叶名沣《宥函斋中题陆包山画四农丈七言亨甫六言余作五言》（《城南集（二）》）之附录，曰：“如何古石苍厓畔，犹有新花著意妍。枝外碧湖三万顷，春风来处本无边。”

陆治（1496—1576）：“字叔平。居包山，号包山。吴诸生，数辞廪。督学嘉其才行，令为贡生，遂衣处士服。隐支硎山写生，得徐、黄遗意，山水仿宋人，时出己意，上逼李郭马夏，其下勿论也。……束修自好，种菊支硎山下，自守泊如也。……宏治丙辰生，万历丙子卒，年八十有一。”（民国《吴县志》卷七十五《人物传·艺术》）

［12］庆霖（1809—1844）：“姓章佳氏，讳庆霖，字伯苍，满洲正白旗人。有异慧，读书一览能记。……性刚，好面折人过。志趣合者即折节与友，惟恐失其欢。才气警敏，遇事轇轕，迎机立解。官刑部二年，中以候补主事至员外郎，提调律例馆。会有疾，长官惜其才，悬其阙半年不以补。人有为蜚语诋君者，谓君必速罢去，不且疏劾君。君病亦日剧，数月遂卒，年三十六。”（冯志沂《适适斋文集》卷一《亡友伯苍哀辞》）著有《松阙阁诗钞》。

［按］庆霖：“举人，以荫补官刑部。工楷法，矩度森然……程春海极赏其书。”（《皇清书史》卷二十九）

［13］序曰：“四明姚燮梅伯与余交数年……乙未夏，以诗集示余。戊戌春，遇之都下，复观其近作。……梅伯遂属余序。”

［14］开头曰：“二月二十日，亨甫足下：昨得手札，喜甚。拟即裁答，以入城访猗君、秋士诸君不果，复奉大作，愈欢舞赞叹，以为此足下进境数十年所未有也。”

［15］孔继鑅有《初三夜与四农师亨甫兰岑联句》，编年戊戌，前一首题《三月初二夜与鲁兰岑孝廉（一同）联句》。

[16]《日下旧闻考》卷一〇一："西山在府西三十里……乃京西诸山之总名。……内接太行，外属诸边，磅礴数千里，林麓苍黝，溪涧镂错，其中物产甚饶，古称神皋隩区也。卢沟、琉璃、胡良三桥，山水所泄，多归其中。其水皆藻绿异常，风日荡漾，水叶递映，倚阑流览，令人欣然有欲赋京都之意。"康熙《宛平县志》卷一《山川》："西山，城西三十里，发脉太行，拱护京邑。层峦积翠，叠幛环青。梵宇琳宫，何止千百？春夏之交，晴云碧树，花气鸟声，秋则乱叶飘丹，冬则积雪凝素。帝里大观，莫是为最。"

[17] 三月十六日家书："来京身体甚佳，到闱中初九日，忽发头风，首艺文字不甚如意。其势未必有成，殊闷闷也。现在出场，精神又好，此亦命数使然耶？"

又，本年会试题目，"头场：首'言必信，行必果'；次'万物并育而不相害，道并行而不相悖'；三'颂其诗，读其书，不知其人，可乎？是以论其世也，是尚友也'；诗'赋得泉细寒声生夜壑'，得'声'字。二场：《易》'君子以明慎用刑而不留狱'；《书》'辟四门，明四目，达四聪'；《诗》'众维鱼矣，旐维旟矣'；《春秋》'秦伯使术来聘'（文公十有二年）；《礼》'其有藉者则裼，无藉者则袭'。三场：经、礼、训诂、吏治、农政、异端。"（林则徐《戊戌日记》"四月朔日"）

[18] 斌桐：字秋士，姓姚。先世桐城，后隶汉军正白旗。道光十六年（1836）进士，官兵部职方司主事。有《还初堂词钞》一卷，道光二十七年潘曾玮辑刻本；《还初堂诗存》一卷，现存钞本藏南开大学图书馆。

[19] 鲁一同《通甫诗存之余》卷下有题《戊戌四月同潘四农汤海秋张亨甫姚梅伯游小有余芳亭子即席用梅伯韵》，诗曰："城南一小榭，清流绕其下。出郭展遐眺，始觉红尘假。青天卷片雨，西山酒中泻。浮霭触隆景，百态焕丹赭。海内几酒人，风流被坛社。云雷郁未成，壮色入杯斝。当筵划长啸，逝将适穷野。万籁一孤竽，九州纷去马。诸公各努力，厉精复骚雅。茫茫人代速，落落赏音寡。"

小有余芳亭：详下注释［25］。

[20] 龙树寺：亦名龙树院，在黑窑厂西，邻近陶然亭，因院内有一大株龙爪槐而得名。《道咸以来朝野杂记》："龙树寺，

俗名龙爪槐，在江亭西北。门前野趣潇洒，为诸寺之首。内有蒹葭簃，当年为文士吟啸之所。”李慈铭《光绪二年重五日游龙树寺记》：“宣武门之南，地形偏下，潢水所积，芦苇丛生，冢殣晷鳞，刹宇间结，绋挽之地，乃为观游钟鱼之场，遂萃壶勺。龙树寺者，本观音寺之下院也。道光初年，有浙西僧增葺寮庑，补栽花竹。以寺有古槐，蟠曲倒垂，枝干阿互，角距四乡，鳞鬣羃披，因易兴诚之名，为龙树之额。面南开轩，野色万顷。春茭发叶，则波浪浮塍；秋荔作花，则缟圃散雪。颜曰‘蒹葭簃’，一寺之胜概也。……西为危楼一间，方广二仞，窗虚四敞，帘垂一重，西山缭青，凭槛可数。朱右丞侍郎眉之曰‘看山楼’。”

龙泉寺：在黑窑厂西，陶然亭稍北（《燕都丛考》第三编第六章《外五区各街市》）。《顺天府志》卷十六：“龙泉寺：在黑窑厂西，本旧刹。明成化间僧智林重建，旧为缁流挂锡之地。……康熙二十四年重修，王熙撰碑记。碑云：‘京城之西南隅，有寺曰龙泉。地势平旷，每风月晴霁，望西山诸峰，苍翠郁然，诚廛市纷嚣之所不至，而幽人禅客之居也。’”

［21］自题曰：“道光戊戌春，余来都下，与兰岑、稼轩践宥函约，寓其心向往斋数十日。四人者情志相惬如骨肉，又无日不高谈朗吟，至夜分乃罢，自以为天下之奇乐，有生不多遘之境也。遂嘱翰初作《燕山话雨图》归诸宥函，俾其属同志咏歌之，以广此乐焉。嗟乎！乐之既极，悲即从之，以余发短齿豁、奔走于燕者，十年于兹矣，既与世无所吻合，惟假朋友之乐稍自慰遣，而犹不可常得也。三人既皆失意归，微独宥函切怛不胜，即余与兰岑、稼轩同住一郡，又岂能日相见相乐如今者乎？且余此生度不复来都下，他日兰岑、稼轩来此，与宥函追寻旧欢，南望天末一老人戢景独居，其切怛又何如耶？虽然，今兹之悲皆以寓生，人立地上，万态飘转，安往而非寓者也？吾之悲既为不达，吾更愿诸君之各遣其悲也。爰缀诗一章于末，以正之诸君云。四月十九日，四农潘德舆书。”

［按］该题识下所附诗，与刻本之《题燕山话雨图》同。吴昆田《养一斋集跋尾》谓四农此题记及诗曰：“人皆言先生之悲，盖以永诀京师而于天下寄无穷之慨也。”

又，于四农殁后为该图题跋者有：鲁一同（尾署：“道光十又九年岁次己亥腊日，通甫鲁一同序于浪石斋中”）、江开（尾署："道光甲辰中秋后四日，龙门江开跋"）。题诗词者有：梅植之（尾记："宥函姻二兄比部以此册索题于京师之宣武坊，迟至南旋未报也。今日舟过宝应，倚窗成句应教，聚散之感亦犹图意云。辛丑岁四月十日，蕴生梅植之"）、王相（尾记："道光戊申长至节后三日，宥函、世长二兄大人属题，即似粲正。惜庵弟王相拜草"）、乔守敬（尾记："己酉小春中澣，宥函仁兄亲家大人以《燕山话雨图》见示，即命题一阕，因以《凤凰台上忆吹箫》写之，录祈拍正。羡塘弟乔守敬初稿"）、符葆森（小序："庚戌长至前一日，森由大河归舟，夜泊安宜城下，走访宥函司马，共话心向往斋。时漏已三下，语次及四农潘先生，声酸意楚，因出是图见示。森……感谱一词，写心无极"）、高延第（尾记："光绪癸未孟冬，高延第识。"）、徐嘉（尾记："《燕山话雨图》，今存稼轩夫子大人处，温叟六弟出以属题"）。

［22］张际亮《戊戌四月十九日与四农先生、兰岑、稼轩同饮宥函寓庐走笔题此图即正》（《燕山话雨图题识》）。

［23］"徐大纶，溧水人。道光乙酉副榜，乙未，顺天举人。……力学能文，尤工于诗。其诗长于言情，委婉曲致，恻恻动人心。膺五荐始博一第……客京师三年……时哲匠均许以翰苑才。惜年不永，卒于京师。"（《续纂江宁府志》卷十四之八《人物·文苑》）

［按］其二自比丑石，且交代与大纶因缘，曰："南山有丑石，见者交愕眙。君乃别有取，谓可供磨治。"注："生以被放日来，执贽称弟子。"因知大纶乃四农关门弟子也。

［24］韦坦作《送潘四农丈归淮》二首（《恬斋存稿》），其二曰："君云去不来，强为五日留。西山自苍翠，中藏万荒邱。古人爱身体，君衰我所忧。朝驱城南驭，暮登城西楼。星斗在霄汉，见之我心瘳。"

［按］鲁一同《通甫诗存》卷二《送稼轩入都》其二自注："往与潘、吴同居孔刑部宣武邸寓，都人谓文章交游之盛，无逾此时。比出都，孔刑部、韦驾部置酒余芳亭，折柳攀条，泫然涕下。"

［25］序曰："余家居十年，良友不过二三人。晚数游京师。……长白伊二犄君，生长朔方。"由此可知本序作于其"数游京师"之后。序又曰："余将归老江湖，茫茫天涯，合并无期。序其诗，

怅惘不能亦云。”因此可进一步断定本序必作于其决意不再来应会试之后，尚未离开京师之前。故宜订于本月下旬。

[26] 汤鹏有诗题《与潘四农饮尺五庄于时四农被放将归以八绝句留别辄用其韵答之》（《海秋诗集》卷二十六），因知四农原作有八首，编集时刊落二首。

尺五庄：故址在北京右安门外，盛极嘉、道时。于克襄（嘉庆十年进士）《铁槎山房见闻录》卷二：“京都南西门外尺五庄，房寮曲折，花木芬芳，处处引人入胜。每当春二、三月，游人麇集。夏间绿荷满池，芙蓉吐艳，红白相间，尤足移情。旁有小有余芳，好事者开设野茶馆，数株杨柳临水垂荫。十丈红尘，真不可多得之境。京官退食之暇，往往三五良朋宴集于此。”

附及，黄爵滋亦曾于同时有赠诗，题曰《送丁俭卿潘四农鲁兰岑吴稼轩落第还山阳有作》（见《养一斋同人投赠诗词存》）。诗云：“诸子文章伯，金台旧有声。升沉应易遣，聚散若为情。酒唤刘伶起，茶寻陆羽盟。山中多岁月，珍重异书成。”尾署：“戊戌初夏爵滋未定稿。”

[27] 亨甫紧次《别四农兄》后即题《既别四农兰岑是夜宿东昌之沙镇慨然赋此寄之》。孔继镛《送通甫》（《心向往斋诗集》卷四）“君壮且萧瑟，潘老况衰倦”句下注：“时四农师与通甫偕归淮上。”鲁一同《通甫诗存之余》卷下有题《茌平逆旅同四农次亨甫留别韵时亨甫将游襄汉余与四农归江南》。

[28]《敦夙好斋诗全集初编》卷二（戊戌）《城南集》二《寄潘四农师四首》，序曰：“名沣与先生交凡十年矣，作诗之旨多自先生得之。念先生品行，实足为吾党楷模。戊戌夏，孔宥函南归，因修书函于丈，愿执弟子礼焉。丐宥函寄呈二程子书并诗为贽。”诗其二：“青羊望君来，朱夏送君归。下马城西闉，一步千徘徊。门前杨柳花，翩翩从风飞。西山俯大道，苍翠无盛衰。惟有别离心，东流去不回。”其四：“志士秉介操，始终不磷缁。方其抱经坐，岂冀门外知。敦笃在根本，萌蘖无穷期。鲰生居今日，亲炙相诹咨。师道无贵贱，孑立念所归。”

[29]《覆潘四农丈书》：“一同自五月下旬来浦，前后染寒疾亦十许日，近已脱然。……自别京师有一快事、一恨事。廉峰溘逝，非徒失一文人，实失一好人，此可恨也。洋烟流毒遍海内且三十年，树斋鸿胪一旦奋发上疏，首除巨害，此可快也。”

［按］黄爵滋上书时在闰四月，折名《请严塞漏卮以培国本》，详见夏燮《中西纪事》卷上。魏秀仁《陔南山馆诗话》称“黄疏实出建宁张亨甫际亮之手”，恐未必。

附记：四农离京后，黄爵滋惦念不已，有感怀诗云：“文字求知己，难于索鬼神。只存千古志，不负百年身。出可为龙虎，藏犹比凤麟。吾生亦何补，洗眼看风尘。”（《戊戌长夏怀人诗二十四首·潘四农孝廉德舆》，见《仙屏书屋初集·诗录卷十二》）

［30］该序有云：“吾邑李先生茝厓，夷粹人也。齿高而气和，有文而自晦。予雅乐亲之。客岁奉其家集《七叶诗存》示予，予受而读焉。皆心恬理顺，阉然安其所遇，不致藻绚，不猎声闻，虽世之人不尽知其名，然按辞考意，信乎禀温柔敦厚之本教以为诒谋者也。……夫性情，操诸已者也；名，操诸人者也。治其操诸已者，遂可以逮其子孙，尔雅润泽，绵延勿替；丐其操诸人者，震荡一时，卒归乌有。孰得孰失，读是集者，可以憬然悟矣。”尾署：“道光戊戌六月，同邑潘德舆谨序。”

［按］《七叶诗存》为山阳李氏家集，计有李挺秀（颖升）《愓介山檕存稿》一卷、李伟孙（远令）《玉诜堂诗存》一卷、李嘉禄（篛庵）《响寒草》一卷、李蟠枢（蒨园）《水西诗钞》二卷、李蒸（云岫）《寿藤山房剩编》、李长发（茝厓）《无住吟》二卷及李元庚《漱芳馆诗选》一卷。民国数年，李氏后人李鸿年复并入李元庚之子李钟骏的《枕经书屋存稿》一卷，遂称《八叶诗存》，现藏楚州区图书馆。

李长发（1765—?）：“字庭芝，号茝厓，晚号樗枝，行六，邑增生。”（李元庚《山阳河下园亭记》）

附考：李长发《无住吟》按年编排，卷下《七十咏怀》后紧接题《甲午春荒家督斋（董儒）暨陈亦韩（琦）并予劝捐放粥歌》，因知其道光十四年甲午年七十，故应生于乾隆三十年（1765）。

［31］四农于原姜宸英序后批曰：“《三昧集》之诗，十可读八九，特其命名以异教为宗，殊可笑也。命名由于命意，其命意谓言有尽而意无穷语，最颠扑不破。而谓言有尽而意无穷者，即是不涉理路，不落言诠，此大误也。《三百篇》之诗，皆言有尽而意无穷矣，岂亦不涉理路，不落言诠乎哉？吾惜渔洋为严氏所欺也。戊戌孟秋，四农潘德舆书。”于原王士祯序后批曰：“初学

诗者必读此集，可以医邪俗而入正路。若谓此为诗之止境，亦未免于自画也。集诗高深精切皆有之，渔洋诚不误人。但其命名命意误人耳。然渔洋诗终身未尝入骨，是渔洋已自为严沧浪所误矣，而非唐贤误之也。此集中入骨之作岂少也哉！道光戊戌七月七日，四农。”

［按］该评现存钞本，所作唐诗评语，多为《养一斋诗话》所阙者。笔者已将其辑入《养一斋诗话》中。

又，段朝端《潘评唐贤三昧集汇录题词》（《椿花阁文集》卷二）：“一代之诗，随运会而为升降，不能无偏重。欲求其弊，则视乎选。一家之选，凭学识为去取，不能无罅漏，欲端其向，则视乎评。而运会所极，尤赖学识斡维而阐明之，则诗教之所以系大矣。养一先生，圣于诗者也。生平宗旨，不专主唐，而于渔洋此选，谓可读者十之八九，初学熟此，可易邪俗。其言平易正大，金针度与，异于好为高论者。又指其命名之失，可谓一语道破。至评之精当曲直，至无待觇缕。吾师稼轩先生有迻录本，温叟能读父书，手自抄撮，别为一编，嘉惠来学之心，至为深切。学者能于运会学识交关处，苦心领取，则于读唐诗之道，思过半矣。末学肤受，妄持謦说，温叟其有以教我也。戊午上巳日。”

［32］案：该书今存一卷，稿本，上海图书馆藏。

［33］序文云：“道光十八年戊戌八月廿七日，为先生览揆之辰，敢驰上序文一通。”

［按］杨钟祥（1782—1849）：字云亭，汉军旗人。少时从学于止泉，“以甲子副榜为丁卯举人，戊辰进士，归选班八年。”历浙江龙泉、山阴等县令，山东济南知府，山东、云南布政使，江西巡抚，河东河道总督，闽浙总督兼兵部尚书等，“勤事以死”。（宗稷辰《躬耻斋文钞》卷十《河东河道总督云亭杨公墓表》，亦见《碑补》卷十六）

［34］墓主吴朝观。表文曰：“十五年九月卒，年八十有四。……其年冬，合葬君与刘恭人于邑之河北浪石里。越四年八月，山阳潘德舆为阡表。”故当系于此。

［35］诗前有序，略述缘起。《重修宝应县志》卷二十《列女（上）》叙之更详，曰：“刘氏，许字衡阳镇人应铨。早丧母，父准常客游，女遂为应氏童养媳。年十五，铨病，女侍汤药，封股以进。卒不起，女哭之恸。舅姑怜其少，命服期以书告其父于河

南，将为别择配。女闻之，大恸曰：‘吾所以不死者，念舅姑恩，无人侍养，岂有他邪！’遂潜赴门外水死。”诗序末称：“嘉庆十九年，旌如例。其族弟宝楠征诗。”

［36］诗前有序，略述缘起。《重修宝应县志》卷三十八《异闻》叙之更详，曰：“柘溪之西延寿寺。康熙时僧恒慧尝畜一病雁，雄也。明年秋，其雌过而见之，悲鸣回翔，下就其雄，交颈移时，怆极俱毙。慧怜之，葬之庵西隙地，曰雁冢。”诗序末称：“道光十八年，其邑刘子为图征诗。”据县志述后附言，即刘宝楠也。

［37］序文曰：“幼而读圣经，禀遗训，将为承先自立之士。长而堕于物欲之陷阱，时名之窠臼，厥罪可及数乎？老而取旧书研之，天光时发，论议遂多。言而未践，愧恧深矣。然其中颇有通经史之大义，裨身心之切用者，弃之可惜，录为九卷，日置座隅，自警老悖。古人所云‘炳烛之明’，或在斯与？道光戊戌十月八日，山阳潘德舆。”

［按］吴涑《抑抑堂集》卷十二《札记》：“山阳潘彦辅先生《养一斋札记》，自写稿本存合肥张靖达公树声家。先是，先子将付刊，以稿本乞靖达公序，公爱而乞之。”

张树声（1824—1884）：字振轩，合肥人。早年以诸生积军功至候选同知，后追随李鸿章，官至两江总督。卒谥靖达。详见金天翮《张树声传》（《广清碑传集》卷十四）。《养一斋札记》同治刊本竣工时，他应吴昆田之请作序，尾署：“同治甲戌，后学张树声谨撰。”

［38］陶澍（1779.1.17—1839），字子霖，号云汀，湖南安化人。“嘉庆五年中乡试，七年成进士。（历官）翰林院编修……江南道监察御史……川东兵备道……山西按察使……（道光五年）任江苏巡抚。……十年，加太子少保衔，授两江总督。……十七年十一月，公六旬生日，御书‘绥疆锡祜’之额，御书福寿字，并寿品十六种以赠。……公生于乾隆四十三年十一月三十日，享年六十有二。”（陈銮《太子太保入祀贤良祠两江总督陶文毅公行状》，《续碑传集》卷二十三）

［39］周天爵（1772—1853），“字敬修，山东东阿人。……嘉庆十六年成进士，归班铨选。家居安贫，绝不与富豪人往来。道光初，任怀远知县，调阜阳……迁知宿州，升庐凤颍道，（因

除盗、赈灾有功）总督蒋公攸铦及陶文毅公先后疏奏与朝，由安徽按察使升布政使，擢授漕运总督，迁两湖总督。……三十年冬，奉命赴粤剿贼，兼署广西巡抚。……（咸丰三年）积劳卒于军中，年八十余。”（陈继聪《周文忠公天爵传》，据《续碑传集》卷二十五）

《清代职官年表·总督年表》：周天爵任漕运总督始于道光十七年八月五日，道光十九年四月十二日，改任河南巡抚。

［40］序曰：“静山，余三十年老友。……戊戌之夏，余至黄浦，犹与宴游。是冬复来，奄然已逝。”

［41］《潘公崇祀乡贤录》：“为阜宁山长时，故人岁贡生王寿年晚境清苦，佽以束修之半。及殁，厚助其丧。”

［42］孔继鑅作《四农师卧病淮安南城赋呈四律》（《心向往斋诗集》卷四）。兹录其一、四：“悲喜幻颜色，空堂烛影高。深杯寒夜雨，别泪旧征袍。侧耳厌更漏，惊心怯鬓毛。城南问淮水，谁得挽滔滔?”“隔县连乔木，移舟百里长。水田欢岁晚，泽国祷河防。生计从鸥鹭，闲吟感雪霜。掩关就灯火，莫更话行藏。”四农即酬答此组诗。

［43］鲍宗瑾（1773—1839.1.15）：字蕴华，山阳车桥人。行四。“内行淳笃，事兄宗奎极恭谨。坐立有常度。”（《续纂山阳县志》卷十《人物》“鲍桂生传”）受业于潘宗睿。

［按］《淮安鲍氏族谱》：“鲍宗瑾，字韫华，行四。从九品，钦旌孝子悌弟，建坊入祠，诰赠资政大夫，晋赠荣禄大夫。生于乾隆三十八年七月二十六日未时，卒于道光十八年十二月初一日亥时。”

诔序云：“同里鲍韫华四兄，余童丱与缔交，其识度行谊，超出流辈，殁之日，远迩交叹息其贤。余综而论之，君尤笃于兄弟者也。君幼随其兄星阶三兄，执业于先君子之门，皆英颖沈默，文采镞镞露头角，为先君子所极赏爱。已而君以家计殷重，弃举子业，摒挡繁猥。年甫十四、五，竟巨细交任，各就功绪，里人啧啧称慕。……齿逾六十，罗绮珍馔未尝偶御。……殁之前数日，余举先君子生辰家祭，君亦恭拜木主前。五十年老弟子，不敢不以筋力为礼，以此知君诚力行逊悌人也。……余与君为婚姻，君之长子抡彦，又执业于余门。”

《车桥闻见记》：“鲍丈韫华，少与兄西垣丈亦同受业于先大父，资禀过人。有相者谓之曰：‘子兄弟不富则贵，贵可三品，富巨万也。’太翁廷飏哂之。然家世业贾，不能俱读书，出塾门时持先大父之衣以泣，大父伤之，为作《种麻》诗。西垣丈既入庠，一再应省试不利，遂亦弃举子业，与韫华丈共经营什一计，遂大富，为一邑冠。凡遇邑中水旱，必首出资以振效于官，复助于乡，亲友告贷无虚日，族无贫者。人以此重之。生平无大喜怒，事至立办，而常有余闲与朋辈弹棋酌酒，意致暇甚。事兄极恭谨。坐立有常处。每朝夕必至寝门外问安，虽老弗辍。乡人称之曰：‘鲍君不独器量过人，内行亦过人，其兴也宜哉！’……子抡彦，即镜山。”

又，鲍宗奎（1770—1842），字星阶，号西垣。行三。乾隆五十六年辛亥首次参加山阳县学岁考，后议叙州判。（段注本《淮山肄雅录》卷下）

《淮安鲍氏族谱》：“鲍宗奎，字星阶，号西垣，行三。增贡生，议叙八品，候选州判，诰赠朝议大夫，晋赠通议大夫。生于乾隆三十五年九月二十七日亥时，卒于道光二十二年五月十四日卯时，寿七十有三。……子三：抡钧、抡弼、抡楷。”

［44］从其对丑石的审美态度看，与《赠徐生大纶》诗极其相近，故系于同一年。

［45］林扬祖（1798—1882）：字孙诒，号岵瞻，福建莆田人。“道光乙酉拔贡，是年乡荐第一。己丑成进士，签分刑部主事，升员外郎，记名御史，充方略馆纂修。庚子典试广西，己酉充顺天乡试同考官。庚戌，入直军机处。……乙巳，补授湖广道监察御史，擢兵科给事中，转工科掌印给事。咸丰辛亥，简放河南开归陈许兵备道……升河南按察使……署陕甘总督。……休致家居二十余年。……光绪八年卒……享年八十有五。”（民国《莆田县志》卷二十六《列传（下）》）

吴宽（1435—1504）：字原博，号匏庵，江苏长洲人。“成化八年，会试、廷试皆第一，授修撰。……弘治八年，擢吏部右侍郎。……十六年，进礼部尚书。……年七十，数引疾，辄慰留，竟卒于官。赠太子太保，谥文定。”（《明史》卷一百八十四）“素有古学，及入翰林，凡有作，辄传播中外。位益高，望益重，学者称为匏庵先生。”（王鏊《资善大夫礼部尚书兼翰林院学士赠太子太保谥文定吴公神道碑》，见《震泽集》卷二十二）著《匏庵家藏集》七十七卷。其《赤壁图》曰："西飞孤鹤记何祥，有客吹箫杨士昌。当日赋成谁与注，数行石刻旧曾藏。"（《家藏集》卷二十）

［46］董邦达（1699—1769）："字孚存，浙江富阳人。雍正……十一年，成进士，改庶吉士，授编修。乾隆三年，充陕西乡试考官……十二年，命直南书房，擢内阁学士……十五年……迁侍郎、历户、工、吏诸部。二十七年，迁左都御史，擢工部尚书。二十九年，调礼部。三十一年，调还工部。三十二年，仍调还礼部。三十四年，以老病乞解任。……寻卒。赐祭葬，谥文恪。邦达工山水，苍逸古厚。论者谓三董相承，为画家正轨，目源、其昌与邦达也。"（《清史稿》卷三〇五本传）"董邦达，字孚存，号东山，浙江富阳人。……善山水，取法元人，善用枯笔勾勒皴擦，多逸致。近又参之董巨，天姿既高，而好复古，复笃自然超轶，深为今上所赏。"（张庚《国朝画征续录》卷下）

［47］孔毓圻（1657—1723）："字钟在，一字翊晨，别号兰堂，至圣先师六十七代孙。袭封衍圣公，晋太子少师。"（叶名沣《题孔恭悫公画兰》题下自注，《敦夙好斋诗全集续编》卷一）谥恭悫。

［48］郑稼轩：待考。

［49］陈长孺（1811—1862）：字稚君，号秋谷，浙江归安人。"府学拔贡生。……居京师十余年，读书求友，尽识四方贤隽。卒无所遇而归，叔事子复（德慈案：奚疑字子复），博学雅游。收藏金石书画甚富，熟于湖州掌故。"（施补华《泽雅堂文集》卷六《奚疑传》附）

［50］王相（1789—1852）：字其毅，号惜庵，宿迁人。"先籍浙江之秀水。曾祖林，官宿虹邳睢同知，晚隐宿迁，至相遂占籍焉。少颖异，不屑事举子业，肆力经籍，于学无所不赅。尤善诗，出入眉山、剑南间。初居桃源之郑曲沟百花万卷草堂，日啸咏其中。四方豪隽，望门投止。既迁宿迁之归仁集，已又迁城中，筑亭疏沼，聚书益多，手自雠校。"（民国《宿迁县志》卷十五《人物志（中）》）。著《无止境初存稿》十五卷，道光八年刻本。辑有《友声集》（咸丰八年信芳阁刻本）

惜庵与山阳李续香交谊甚深，其子王褧之《墣影轩存稿跋》曰："少白世丈……与先子交最久。"故四农题诗其二颔联自注：

“亡友李少白与君至交，君恤其遗孤甚力。”

［按］王相《题燕山话雨图》始云：“文章信有神，未面成夙好。三子后先遇，终未识潘老。”据此，则潘、王二人仅神交耳。故四农题诗其二起句曰：“相闻不相见。”

《越思图》：孔继鑅《心向往斋文集》卷三《笔记·惜丈〈越思图〉跋》：“此图作于丁亥七月，垂今刚二十年，盖池东老人四十小影也。岳岳芝宇，不减于前。彼劳人憔悴，不足言矣。”王钦霖《题家惜庵越思图照》（《待兰轩存稿》卷上，《友声集》本）题自注：“图写‘楼观沧海日，门对浙江潮’景。”

道光十九年己亥（1839）　　五十五岁

【时事】

本年四月二十二日至五月十五日，林则徐亲自主持将收缴来的英国鸦片237万余斤公开销毁于广州虎门海滩。

【山阳要闻】

汪汝成署淮安府学教授。（《县志》卷六《职官（二）》）

【行状】

正月十一日，作书斋规诫[1]。（《家书》附录）

仲春，赴观海书院讲学。作《观海书院独坐》[2]。（《养一斋集》卷十）

随即应安东（今涟水）清涟书院邀请赴任讲席[3]。（《行略》）

作《读孟子答问》。（《行略》）

三月，小便带血，由长子亮弼陪同，前往兴化、泰州访医疗疾。（《行略》）

返里，选评王维诗一百七十五首。带病为《王摩诘诗》批点本作序[4]。

四月，病疴日沉，作《墓头草》。自理诗文集，作绝笔诗《纵笔》。（《养一斋集》卷十）

总结平生作诗经验，凝成一句要诀：“诗必淡雅浑大，乃可以示天下。己亥四月四农三书。”（《潘四农先生手迹杂钞》）

五月，次子亮彝及第三子亮熙科试游庠。（《行略》）

六月，疾剧。

七月二十七日（西历 9 月 4 日），卒于车桥家中。自题遗命联：“戒用阴阳、浮屠、鼓吹，辞谢诔文、吊联、挽章。”（《行略》）

友朋闻讯，纷纷致诗联哀挽[5]。

十一月，葬于郡城南潘冈之祖茔北端。（《行略》）

【诗坛生态】

四月十五日，宜都杨守敬生。六月初一日，钱塘汪鸣銮生。钱塘张上龢生。二月十四日，武进管绳莱卒，年五十六。六月初二日，安化陶澍卒，年六十二。七月初三日，宜兴周济卒，年五十九。十一月二十三日，江夏陈銮卒，年五十四。吴兰修卒。

【注释】

[1] 诫语曰：“木果轩中书籍，一本不许出门。欲观者来此观之。”尾署：“道光己亥正月十一日，四农手记。”

[2]《养一斋家书》附录此诗时尾署：“己亥仲春，阜宁观海书院独坐作，四农草稿。”

[按] 此次赴阜宁，由亮弼陪同。其《一好斋诗存》有题《春日侍家大人诣观海书院喜晤鞠少岚留诗为别》。

[3]《安东县志》卷六：“清涟书院，在县治东。”鲁一同《安东清涟书院记》（《通甫类稿续编》卷上）：“清涟书院，所从来久远，后少弛。官占房屋，士无所栖息，乃牒大吏，反侵地，杜滥荐，绝遥领，薙冗费，皆著令。……庚子四月，山阳鲁一同记。”是知清涟书院重新开学后，四农乃首任山长。

[4]《王摩诘诗批点序》：“李太白诗气举宇宙，杜子美诗精感鬼神，此百代之大宗，非王右丞等所敢望。然降此一等，则右丞为最，居其胜矣。其诗体兼众妙，虽后人以王、孟、韦、柳并称，其实孟、韦、柳非其敌也。韦之温厚，柳之雅静，可居其次。孟诗特清举而已，味之殊薄，相去弥远。今人学诗，以萧寂无声采者为王、孟、韦、柳，庸妄可发一大噱。同时储光羲者，雅与右丞齐名，其诗质而未妙，盖未造自然，不足与右丞之天韬自解争也。或谓右丞诗画绝迹天机，都由耽悦释典，故能超常入胜，此

亦妄谈也。右丞之清妙，自由资分旷达，不嗜俗体。若能攘斥外教，专功圣训，所造当亦宏大，可参李、杜二子。唯其以虚寂为宗，故于兴、观、群、怨之旨不能笃好深求，只存清妙之高躅而已。且其铺扬内典之篇，琐诞可哂，在集中实为下，似不可讳，特谓其得力在兹，此倒乱黑白之言也。此集为刘辰翁评点，亦染禅风，颇嫌酸涩，更不足辨矣。道光己亥余春四农潘德舆书。”

[5] 汤鹏寄挽联曰：“无计挽东流，海内才人同一哭；有名垂北斗，山阳诗叟自千秋。”又挽诗五章曰：“满眼西风恶，吹君堕九泉。存亡浑是梦，贤否不关天。陆贾书犹在，刘蕡策可怜。斯人竟淹没，谁复耸儒肩？”“弹指经过惯，淋漓二十秋。百钱供买酒，万感逼登楼。词赋存青眼，风霜了白头。寂寥宣室召，徒有涕横流。”“今代雕龙手，三人自一家（兼谓亨甫）。词源倒河海，藻采上云霞。山阳要闻看天意，才名岂国华。社中好诗叟，飘转付尘沙。”“不向巫咸诉，其如吾道何？荆榛埋老友，风雨妒狂歌。伯乐今谁是，钟期古岂多。青蝇满天地，悄悄长沉疴。”“门前旧行迹，慎莫长莓苔。梦引江南子，秋逢塞北隈。思君如昨日，后死愧非才。零落栖迟意，因风发七哀。”（《酬世集》附录，《海秋诗集》失载）

黄爵滋《五悼诗》其二《潘四农大令德舆》（《仙屏书屋初集·诗录》卷十六）：“溯淮水兮惊波，见淮山兮落月。有美人兮弃余，羌不见兮哀绝。昔凄凄兮雨愁，又冥冥兮风悽。闻招魂兮不复，空掩泪兮如縻。想容光兮如昨，怀笑语兮为乐。嗟傲骨兮既萎，独清心兮永存。怅江南兮江北，孰起君兮九原。”

郝其辖《闱中得潘四农凶问夜寤泣作》：“矮屋一轮日，无端泣故人。从兹载酒宅，不见苦吟身。风谊吾师友，精灵尔挚诚。频年看瘦影，此会痛非真。”（《广曹甸镇志》）

未得四农病逝消息之前，叶名沣尚作《秋夜怀潘四农诗》（《敦夙好斋诗全集初编》卷三《城南集（三）》[编年己亥]）：“秋风起遥夜，离思郁以长。蟋蟀应凉序，皎月升华堂。悠悠淮之水，嗟我不得杭。念君伏衡茅，幽怀谁与彰？穷困五十载，无乃天所将！陶然一室内，陵轹羲与皇。如何入我梦，颜色失厥常？昼读先生书，夜侍先生旁。一心结万绪，在梦焉得详？间关二千里，羡彼鸿雁翔。君其保体素，以为吾道昌！”及辛丑四月十五日南行途经车淮安时，作《淮安吊潘四农师》

（同前卷五《南征集（一）》）云："淮水不西流，悲音当我前。呜呼我夫子，欲见期黄泉。云木蔚城堞，洄溯生缠绵。侧闻弥留日，念我犹拳拳。孤坟已宿草，妻子居无椽。蹉跎数十载，心血余断编。至今道旁儿，莫不称其贤。昔游半寥落，知我今何人。君其梦中来，夜夜相周旋。"同年除夕前数日作《梦潘四农师》（同前卷六《南征集（二）》）云："扁舟涉长淮，掩泪过君乡。君目吾未知，杯酒不得将。殁者方千春，存者煎中肠。遗文尚在箧，后死宁相忘？苍昊胡不仁，使君以诗昌。入梦知路近，江水可以航。我往将奚为，关河愁雪霜。霜风吹瑶琴，恻恻不成章。"

道光二十年庚子（1840）

郭仪霄惊悉噩耗，作诗痛悼，题《闻潘四农大令（德舆）恶耗有悼》（《诵芬堂诗钞四集》卷一）。诗曰：

文章燕许汉唐诗，学行如君信可师。忍忆春明共风雨，小车羸马各分驰。（其一）

道骨棱棱难入世，长安花满户长扃。罡风阻断瀛洲路，飞上天垣作酒星。（其二）

一官未展王乔舄，闲得吟诗亦是仙。刘蜕冢荒文稿散，几人料理到遗编。（其三）

黄钊作诗悼之，题曰《余自出国门，其明年即闻鹤田凶问。今岁夏、秋，叠得四农、子毅噩耗。临风一痛，几于哭不成声。率成二诗，以志哀感》。其一云：

摧我青田鹤，悲鸣已足伤。如何老骐骥，又见踣山阳。复古常颓俗，古爻值亢阳。东南问名宿，洒泣对苍茫。

道光二十二年壬寅（1842）

湖北监利诗人王柏心赋诗追悼，题曰：《润臣舍人出示山阳潘四农孝廉所书诗册，时潘殁已三载矣，为赋诗吊之》（《百柱堂全集》卷十）。原四绝，兹录其二：

山阳一老殊绝伦，道高自比渭与莘。可怜槁馘死牖下，明月但照空山坟。

松寥昔年道潘叟，四海论交最低首。殷勤吾乡叶舍人，北面退之等北斗（自注：松寥谓建宁张亨甫也）。

道光二十四年甲辰（1844）

孔继鑅行经山阳，作《潘冈遥望四农师墓》（《心向往斋诗集》卷五）：

行行淮山郭，丛树明余曛。傍水陵阜晚，沙鸟栖成群。城邑有欢笑，人事成氛氲。北风回大野，市声时一闻。谁云逝寂寞，愚智乃无分？坡陀榛楚中，卓有斯人坟。厚土得灵异，蔓草为之薰。青苍生气多，上接垂天云。

姚燮自京南归，行经山阳，作《过山阳吊潘解元（德舆）》（《复庄诗问》卷二十八）：

江声极顿挫，过目有余凄。槁葬一抔骨，今古青山低。文章促元命，惨尔天相挤。一逝不可挽，万类何可怡？沄沄哭友泪，洒洒满路歧。掩面过江北，怕见秋草萋。

施补华在为嘉、道间奇士长兴钱江（字东平）作传时，称钱江于道光二十年（1840）后追随林则徐至新疆，“执弟子礼甚谨……归游江淮间，结其豪民有名字者，与潘德舆、鲁一同、臧纡青善。德舆、一同有文学，纡青负志节、通术数，以弟畜江，时时诫之。”（《泽雅堂文集》卷五《钱江传》）杨钟羲《雪桥诗话续集》卷八、俞寰澄《长兴奇士钱江传》（《广清碑传集》卷十一）踵其说。谓东平交游四农，显属向壁虚构。东平游淮时，四农已卒数年矣。

道光二十七年丁未（1847）

孔继镕重经山阳，作《哭淮安潘师墓是日同人集南冈龙光阁》（《心向往斋诗集》卷六）：

抔土惊心万念休，登临觞咏复何求？天边平楚淮流白，湖上高鸿泽国秋。子建昔游谁并驾？伯伦今日果埋忧。千秋黯碧城南阜，多少寒云老泪流。

道光二十八年戊申（1848）

鲁一同应潘亮弼兄弟之请，将《养一斋集》五十八卷（现藏南京图书馆，计诗二十八卷、词五卷、文二十卷、念石子一卷、黜邪家诫一卷、经说附存一卷、金壶浪墨一卷、示儿长语一卷）删订为二十六卷告竣，作《订四农丈遗集告成感而有作》四首（《通甫诗存》卷三）。谨录后两首：

君诗量山海，翕受普万有。郁积忠孝怀，俯仰一高厚。
当其精气足，往往入深黝。将奇归重泉，此事付身后。
我非云龙人，昔辱牛马走。含悲苦抉剔，甘心受攻捂。
世或多口憎，君亮虚怀受。绝膑岂不伤，息壤一回首。
（其三）

长安结客时，襟裾连八表。忝从邹枚末，壶尊待幽讨。
趋风多国宾，凌云散天藻。皇清二百载，斯文日再晶。
诵君讨赠篇，访旧生存少。文章如车马，日夜送人老。
恐复先朝露，斯事忍草草。掩卷数晨钟，陨涕忧心捣。
（其四）

道光二十九年己酉（1849）

门人吴昆田、叶名沣、孔继镕等醵金为刊《养一斋集》二十六卷。姚莹应邀为之作序（《东溟文后集》卷九题作《潘四农诗序》，文字亦与刊于《养一斋集》卷首者小有出入），尾署：“道光二十九年上元后六日，桐城姚莹序。”南丰谭祖同题签。担任校勘之役者为鲁一同、许瀚、高均儒等[1]。

叶名沣作《潘先生诗集刻竣赠吴稼轩》（《敦夙好斋诗全集初编》卷十）：

落落淮东叟，寥寥大雅音。毕生郁俯仰，后死痛人琴。未了吾侪事，弥伤不朽心。劳君奏铅椠，相对涕难禁。

【注释】

[1] 高均儒（1812—1869）：字伯平，号郑斋，浙江秀水人。“少孤，性至孝。……嗜学，知治经必先识字，故于小学为勤，不好制义，屡踬于有司不计也。……学不求博而贵专，《三礼》主郑康成，故自号郑斋。而笃守程朱之学，应潜斋、陆稼书，所尤服膺者也。与人交必诚，不作泛泛酬酢。……诗酒名士则远之，荡检逾闲、自以为天下之大才者，绝之如仇雠，而一为之友规过劝善，至不遗余力，人颇以为难近。……道光时校勘《养一斋诗文集》，咸丰间河帅杨至堂刻书，延主校勘，极相契重。”道光二十年（1840）后，长期流寓清江浦，或居四公祠，或居王公祠、黎公祠。吴昆田爱其季子谨重行笃，“以女妻之”（吴昆田《高君伯平行状》，见《漱六山房全集》卷八）。

咸丰三年癸丑（1853）

秋，友人黄斌（字质庵）之弟黄晋（字昼堂）醵资[1]，刊行《养一斋词》三卷[2]。（《行略》）

聊城杨以增（字益之，一字至堂）任江南河道总督，襄赞清河崇实书院，“求遗书，得山阳潘德舆《养一斋集》，谓是古之大贤，淮郡人士若知宗仰，当无近之缙绅之祸。有未梓行之《养一斋札记》，所述皆有益人心世道，亟命锓版。会以增卒，事遂中止。”（《光绪丙子清河县志》卷十七《仕绩》“杨以增传”）

【注释】

[1] 鲁一同《诰授昭武都尉淮扬河营游击黄君墓碑》：“君讳

廷珠，字殿光，姓黄氏。其先安徽人，曾祖成迁徐州宿迁。……君起家行伍，河督徐公分巡淮徐时，阴识君，稍擢至守备。……（徐公）叹曰：‘黄某才干，两河无双。’……道光三年，迁淮扬游击。明年，权参将。……君以道光十年六月二十五日卒，年六十有四。男子子五人：长斌，东河县丞，候补通判；次佩……次宣……次戊……次晋，漕务千总，候补守备。”（《通甫类稿续编》卷下）

［按］《续纂清河县志》卷十一：“黄铭庆，字右箴，宿迁人。……父晋，河营守备。当咸丰庚申后，吴勤惠棠锐意兴学，晋慨捐瓦屋数十间为崇实书院，不受值。勤惠强赀以钱八百千。今改高等小学。黄氏世以娴河务为南河武职官。”

［2］《养一斋词》刊行后，陆续有几位论者予以批评。四农之孙潘兰璘曾留意收集这些手批本，并借与陈畏人过录。陈氏过录本卷首识语曰：“圈点批语，都由伯彬表伯处假本照写。据伯言，是其世父六畦公所校对点注也。批语一黄、一毛、一沈。”考宋琨《静思轩藏书记甲编》“养一斋全集覆校本”条，知批四农词之黄即黄爵滋、毛即毛岳生、沈即沈照。

［按］伯彬即潘兰璘。《续宗谱》卷一：亮熙子“兰璘，行一，字伯彬，生咸丰壬子正月廿四日，卒民国甲子四月十八日，年七十三。”六畦公：谓潘亮彝。

咸丰八年戊午（1858）

八月初七，四农夫人史氏殁。

九月，“迁葬于车桥陈家河北岸，史孺人合葬焉。”（《行状》）

腊月，由鲁一同、徐登鳌等一百名地方绅士联名具呈，公请奉祀四农为乡先贤。作《皇清例授文林郎大挑分发知县潘公崇祀乡贤录》。江苏巡抚赵德辙因之于十四日上报朝廷请旨。十六日即获准。

咸丰九年己未（1859）

十一月二十七日，由两学博士先生主持，潘亮彝、潘亮熙奉四农神位于府学宫。公请鲁一同作《崇祀乡贤安徽候补知县潘先生行状》。

同治二年癸亥（1863）

吴昆田作《养一斋集跋》，尾署："同治二年岁次癸亥秋月，门人吴昆田百拜谨跋。"

同治八年己巳（1869）

仲春，潘亮彝重校刊本《养一斋集》，共订正讹误六十条。并取四农存世手迹中有关自我诗作评价诸条，一并置于重刊本卷首。

同治十一年壬申（1872）

正月，门人吴昆田为之刊刻《养一斋札记》，张树声撰序。今《四库未收书辑刊》第四辑第21册有之。

光绪十三年丁亥（1887）

乡人王锡祺刻《小方壶斋丛书》，收四农《金壶浪墨》、《示儿长语》两种。

主要征引文献与书目

一画

《一好斋诗存》，潘亮弼著，《山阳潘氏历代存稿》本。

《一草亭忆逝诗》，杨庆之著，稿本（楚州图书馆藏）。

二画

《丁柘唐中翰年谱》，丁寿恒等编，稿本（楚州图书馆藏）。

《七叶诗存》，李元庚辑，道光三十年刻本。

《九江府志》，达春布修，黄凤楼、欧阳焘纂，同治十三年刻本。

三画

《三国志》，陈寿撰，中华书局1959年版。

《三洲画史》，段朝端著，钞本（楚州图书馆藏）。

《上元县志》，武念祖修，陈栻纂，道光四年刻本。

《小腆纪年（附考）》，徐鼒撰，中华书局1957年版。

《小方壶斋丛钞》，王锡祺辑，光绪六年南清河王氏排印本。

《小倦游阁集》，包世臣著，续四库全书第1500册影印钞本。

《山东通志》，岳濬监修，《四库全书》本。

《山阳志遗》，吴玉搢著，民国十一年淮安志局刊本。

《山阳艺文志》，段朝端辑，附于《续纂山阳县志》。

《山阳邱氏族谱存略》，邱宝廉纂，民国十一年石印本（镇江市博物馆藏）。

《山阳河下园亭记》，李元庚著，光绪间铅印本。

《山阳潘氏养一斋外未定稿》，潘德舆著，钞本（中国科学院图书馆藏）。

《山阳潘氏历代存稿》，民国十九年潘名扬手钞本（楚州图书馆藏）。

《山阳潘氏统宗谱》，潘埙修，康熙二十三年重刊本。

《山阳诗征》，丁晏辑，光绪二十四年小方壶斋铅印本。

《山阳诗征续编》，王锡祺辑，光绪二十四年小方壶斋铅印本。

《山阳词征》，丁志安辑，稿本（楚州图书馆藏）。

《山阳阮氏续谱》一卷，阮家骏重辑，钞本（楚州档案馆藏）。

《广曹甸镇志》，邵骀著，《中国地方志集成·乡镇志专辑》影印1945年钞本。

《广清碑传集》，钱仲联主编，苏州大学出版社1999年版。

《广经室文钞》，刘恭冕著，光绪十五年刻《广雅书局丛书》本。

《心向往斋诗文集》，孔继鑅著，文物出版社1984年重刻《求恕斋丛书》本。

四画

《王家营志》，张震南纂，民国二十二年铅印本。

《天咫偶闻》，震钧撰，光绪三十三年甘棠转舍刻本。

《无声诗史》，姜绍书著，康熙五十九年观妙斋刻本。

《无锡金匮县志》，裴大中、倪咸生修，秦缃业等纂，光绪七年刻本。

《元明清戏曲论集》，严敦易著。中州书画社1982年版。

《云中集》，王柏心著，光绪十九年王传乔刻《百柱堂全集》本。

《艺舟双楫》，包世臣著，《近代史资料丛刊》本。

《五科会试遗卷》，潘德舆著，稿本（楚州图书馆藏）。

《五百石洞天挥麈》，邱炜萲著，光绪二十五年邱氏粤垣刻本。

《友声集》，王相辑，咸丰八年信芳阁刻本。

《车桥闻见记》，潘亮彝著，陈畏人钞本（楚州图书馆藏）。

《车桥入学题名记》，潘亮弼著，稿本（史鉴庭藏）。

《止庵遗集》，周济著，《丛书集成续编》影印《常州遗哲丛书》本。

《中西纪事》，夏燮著，高鸿志点校，岳麓书社1988年版。

《中国美术家人名辞典》，俞剑华编，上海人民美术出版社1981年版。

《少谷集》，郑善夫著，《四库全书》本。

《日下旧闻考》，于敏中等编纂，北京古籍出版社1983年版。

《内阁汉票签中书舍人题名》，孔宪彝、鲍康辑，咸丰十一年刻本。

《什一诗存》，朱纻著，钞本（楚州图书馆藏）。

《丹徒县志》，何绍章、冯寿镜修，吕耀斗等纂，光绪五年刻本。

《乌程县志》，周学濬、汪曰桢纂，光绪七年刻本。

《凤阳府志》，冯煦修、魏家骅等纂，光绪三十四年活字本。

《文选》，萧统编，中华书局1977年影印本。

《文征明年谱》，周道振、张月尊同纂，百花出版社1998年版。

《六畦轩存稿》，潘亮彝著，《山阳潘氏历代存稿》本。

《六安州志》，李蔚、王峻修，吴康霖纂，同治十一年刻本。

五画

《本省乡试硃卷》，光绪间山阳某氏编印（楚州图书馆藏）。

《平山堂图志》，赵之璧著，乾隆三十年刻本。

《戊子送报底册》，潘德舆著，稿本（陈慎侗藏）。

《古藤书屋诗存》，吴以诚著，咸丰九年南京宜春阁印。

《（乾隆）平原县志》，黄怀祖修，黄兆熊纂，民国二十五年铅印本。

《东林书院志》，高嵀等辑，雍正十一年刻本。

《北行日录》，潘德舆著，稿本，史鉴庭藏。

《史可法年谱》，史元庆著，中国友谊出版公司1991年版。

《史氏宗谱》，史久煌重修，民国二十五年承泽堂铅印本。

《史记》，司马迁著，中华书局1982年版。

《东昌府志》，嵩山修，谢香开、张熙先纂，嘉庆十三年刻本。

《东溟文集后集》，姚莹著，同治六年刻《中复堂全集》本。

《（道光）东阿县志》，李贤书修，吴怡等纂，民国二十三年铅印本。

《仙屏书屋初集诗录》，黄爵滋著，道光二十六年刻本。

《处州府志》，潘绍诒修，周荣椿纂，光绪三年刻本。

《汉书》，班固著，中华书局 1982 年版。

六画

《耳鸣山人剩稿》，周寅著，《小方壶斋丛书》本。

《考盘集文录》，方东树著，同治七年刻本。

《百柱堂集》，王柏心著，光绪十九年刻本。

《扬州历史人物辞典》，王澄主编。江苏古籍出版社 2001 年版。

《扬州丛刻》，陈恒和辑刻，民国刊本。

《当涂县志》，鲁式谷等编，《中国地方志集成》影印民国二十五年抄本。

《先府君行略随年附记》，潘亮弼、潘亮彝撰，钞本。

《全唐诗》，中华书局 1960 年版。

《会稽县志稿》，王蓉坡、沈墨庄纂，道光二十五年刻本。

《月斋文集》，张穆著，咸丰八年祁寯藻刻本。

《名媛诗话》，沈善宝著，《续四库全书》本。

《江南通志》，尹继善等修，黄之隽等纂，广陵古籍刻印社 1987 年影印乾隆二年刻重修本。

《安东县志》，金元烺修，吴昆田、鲁蕡纂，光绪元年刻本。

《许瀚年谱》，袁行云著，齐鲁书社 1983 年版。

《阮元年谱》，张鉴等撰，中华书局 1995 年版。

七画

《苏轼诗集》，苏轼著，孔凡礼点校，中华书局 1982 年版。

《（同治）苏州府志》，李铭皖、谭钧培修，冯桂芬纂，光绪八年江苏书局刻本。

《两浙輶轩续录》，潘衍桐辑，光绪十七年浙江书局刻本。

《邳州志》，董用威、马轶群修，鲁一同纂，咸丰元年刻本。

《抑抑堂集》，吴涑著，民国十二年淮阴吴氏刻本。

《吴鞠通研究文集》，淮安市历史文化研究会编，黑龙江人民出版社 2007 年版。

《吴县志》，曹允源、李根源纂，民国二十二年铅印本。

《岑襄勤公年谱》，赵藩著，光绪二十五年刻本。

《近世中西史日对照表》，郑鹤声编，中华书局 1981 年版。

《近代词钞》，严迪昌编著，江苏古籍出版社 1996 年版。

《邹县志》，娄一均修，周翼纂，康熙五十五年刻本。

《辛卯侍行记》，陶葆廉著，光绪二十三年养树山房刻本。

《京口山水志》，杨棨撰，道光二十七年赵氏刻本。

《庐江县志》，钱鑅修，俞燮奎、卢钰纂，光绪十一年刻本。

《冷庐杂识》，陆以湉著，崔凡芝点校，中华书局 1984 年版。

《沂州府志》，李希贤修，潘遇莘、丁恺曾纂，乾隆二十五年刻本。

《（万历）汶上县志》，栗可仕修，王命新纂，康熙五十六年补刻本。

《沛县志》，于书云修，赵锡蕃纂，民国九年铅印本。

《宋人别集叙录》，祝尚书著，中华书局 1999 年版。

《宋史》，（元）脱脱等修，中华书局 1982 年版。

《纸香书屋存稿》，李友香著，《友声集》本。

《灵谷禅林志》，谢元福纂辑，光绪刻本。

《迟鸿轩文弃》，杨岘著，光绪十一年刻本。

八画

《林则徐年谱》，来新夏编著，上海人民出版社 1981 年版。

《林则徐全集》，该书编辑委员会编，海峡文艺出版社 2002 年版。

《武城县志续编》，厉秀芳纂修，道光二十一年刻本。

《青门剩稿》，邵长蘅著，康熙刻本。

《茌平县志》，牛占诚修，周之桢纂，民国二十四年铅印本。

《杭州府志》，陈琼修，王棻纂，齐耀珊重修，吴庆坻重纂，民国十一年铅印本。

《卧云居诗钞》，邱广业著，咸丰刻本。

《卓峰草堂诗钞》，符兆纶著，同治元年刻本。

《味静斋文存续选》，徐嘉著，民国二十一年排印本。

《明清江苏文人年表》，张慧剑编著，上海古籍出版社 1986

年版。

《国朝画征续录》，张庚撰，乾隆四年刻本。

《国朝先正事略》，李元度著，易孟醇点校，岳麓书社 1991 年版。

《国朝御史题名》，黄叔璥著，光绪十三年刻本。

《国朝馆选爵里谥法考》，吴鼎雯辑，道光间刻本。

《国朝词综补》，丁绍仪编，中华书局 1986 年版。

《昙云阁诗集》，曹楙坚著，道光二十三年刻本。

《明一统志》，李贤等撰，天顺五年刻本。

《明史》，张廷玉等修，中华书局 1982 年版。

《知鱼乐斋存稿》，张恂著，《友声集》本。

《峄县志》，王振禄、周凤鸣修，王宝田纂，光绪三十年刻本。

《金山志》，卢见曾撰，乾隆二十七年雅雨堂刻本。

《金壶七墨》，黄钧宰著，同治十二年刻本。

《念楼集》，刘宝楠著，台湾文海版《近代中国史料丛刊续编》本。

《阜宁县新志》，焦忠祖、庞友兰纂，民国二十三年铅印本。

《兖州府志》，觉罗普尔泰修，陈顾濂纂，乾隆二十五年刻本。

《宝应县志》，戴邦桢、赵世荣修，冯煦、朱苌生纂，民国二十一年铅印本。

《宛平县志》，王养濂修，李开泰、张采纂，康熙二十三年刻本。

《实事求是斋遗稿》，汪廷珍著，道光二十九年家刻本。

《郎潜纪闻二笔》，陈康祺著，《续修四库全书》影印光绪刻本。

《金壶浪墨》，潘德舆著，《小方壶斋丛书》本。

《金坛县志》，冯煦等纂，民国十五年上海商务印书馆铅印本。

《金陵梵刹志》，葛寅亮撰，民国二十五年影印天启刻本。

《金陵胜迹志》，胡祥翰撰，民国十五年铅印本。

《金陵选胜》，孙应岳辑，天启二年刻本。

《金陵通传》，陈作霖著，光绪三十年瑞华馆刻本。

《京尘杂录》，杨懋建著，光绪十二年上海同文书局石印本。

《京口山水志》，扬棨撰，道光二十七年赵氏刻本。

《河间府志》，杜甲、周嘉露修，黄文莲、胡天游纂，乾隆二十五年刻本。

《泽雅堂文集》，施补华著，光绪十九年刻本。

《绍兴县志资料》第一辑，绍兴县修志委员会辑，民国二十八年铅印本。

《建昌府志》，鲁琪光纂，同治十一年刻本。

九画

《春草堂诗话》，谢堃著，《中国诗话珍本丛书》本，北京图书馆出版社 2004 年版。

《春宵寱剩》，杨庆之著，稿本（楚州图书馆藏）。

《赵州属邑志》，修纂者不详，光绪二十二年刻本。

《面城楼集钞》，曾钊著，光绪十二年刻《学海堂丛刻》本。

《南丰县志》，包发鸾修，赵惟仁等纂，民国十三年铅印本。

《（光绪）南昌县志》，江召棠修，魏元旷等纂，民国八年铅印本。

《南皮县志》，王德乾、尹铭绩修，刘树鑫纂，民国二十二年铅印本。

《南社丛刻》，柳亚子编辑，江苏广陵古籍刻印社 1996 年版。

《柘塘脞录》，丁晏著，《山阳诗征》本。

《柏枧山房骈体文》，梅曾亮著，咸丰六年刻本。

《柏堂集续编》，方宗诚著，光绪八年刻本。

《顺天府志》，张之洞、缪荃孙纂，光绪十二年刻本。

《显志堂稿》，冯桂芬著，光绪二年校邠庐刊本。

《思伯子堂诗集》，张际亮著，同治间刻本。

《闽侯县志》，欧阳英修，陈衍纂，民国二十二年刻本。

《重修山阳县志》，张兆栋等修，何绍基等纂，同治十二年刻本。

《重修扬州府志》，阿克当阿修，姚文田、江藩等纂，嘉庆十五年刻本。

《重修恩县志》，汪鸿孙修，刘儒尘、王金阶纂，宣统元年刻本。

《重修仪征县志》，王检心修，刘文淇、张安保纂，光绪十年刻本。

《重修沭阳县志》，戴仁修，钱崇威纂，《中国地方志集成》影印民国钞本。

《重修宝应县志》，孟毓兰修，成观宣订，道光二十年刻本。

《重修安徽通志》，沈葆桢、吴坤修等修，何绍基、杨沂孙纂，光绪七年冯焯校补刻本。

《钦定南巡盛典》，高晋辑，乾隆三十六年刻本。

《复堂日记》，谭献著，河北教育出版社 2001 年版。

《复庄诗问》，姚燮著，道光二十八年刻大梅山馆集本。

《复初斋文集》，翁方纲著，清李彦章校刻本。

《适适斋文集》，冯志沂著，同治九年刻本。

《待兰轩存稿》，王钦霖著，咸丰八年信芳阁刻本。

《饶州府志》，石景芬等纂，同治十一年刻本。

《恬斋存稿》，韦坦著，同治十三年仲春刻本。

《闻妙香室诗集》，李宗昉著，道光十五年山阳李氏自刻本。

《娄县续志》，汪坤厚修，张云望纂，光绪五年刻本。

《济南府志》，王赠芳等修，成瓘等纂，道光十二年刻本。

《济宁直隶州志》，徐宗干修，许翰纂，道光二十一年刻本。

《浑斋小稿》，潘亮熙著，《小方壶斋丛书》本。

《诵芬堂诗钞》，郭仪霄著，道光二十九年刻本。

《姚石甫先生年谱》，姚濬昌编，同治六年重刻本。

《逊学斋文钞》，孙衣言著，同治刻本。

《退补斋诗存二编》，胡凤丹著，光绪七年刻本。

十画

《泰安府志》，颜希深修，成城等纂，乾隆二十五年刻本。

《夏县志》，黄缙荣、万启钧修，张承熊纂，光绪六年刻本。

《都匀县志稿》，窦全曾修，陈矩纂，民国十四年铅印本。

《桂留山房诗词集》，沈学渊著，道光二十四年刻本。

《壶园诗外集》，徐宝善著，道光二十六年徐志导刻本。

《莆田县志》，石有纪修，张琴纂，《中国地方志集成》影印民国三十四年钞本。

《盐城县志》，刘崇照修，陈玉树、龙继栋纂，光绪二十一年刻本。

《倪高士年谱》，沈世良著，宣统元年刻本。

《钵池山志》，冒广生纂，民国二十七年上海国光印书局铅印本。

《钱考功集》，中华书局《全唐诗》本。

《铁盂居士存稿》，汪全泰著，《友声集》本。

《铁槎山房见闻录》，于克襄著，道光二十五年刻本。

《射鹰楼诗话》，林昌彝著，咸丰元年刻本。

《躬耻斋文钞》，宗稷辰著，咸丰元年刻本。

《唐才子传校正》，辛文房撰，周本淳校正，江苏古籍出版社1987年版。

《唐才子传校笺》，傅璇琮主编，中华书局1987年版。

《唐代诗人丛考》，傅璇琮著，中华书局1980年版。

《海秋诗集》，汤鹏著，道光十八年刻本。

《浙江通志》，曾筠纂修，乾隆元年刻本。

《读史方舆纪要》，顾祖禹著，贺次君等点校，中华书局2006年版。

《读白华草堂诗二集》，黄钊著，道光二十七年潮州刻本。

《读白华草堂诗苜蓿集》，黄钊著，道光二十七年潮州刻本。

《养一斋诗石刻》，民国二十四年吴其稑钞本（陈慎侗藏）。

《养一斋未刻诗目》，潘亮弼、潘亮彝钞（陈慎侗藏）。

《养一斋酬世诗文集》，潘德舆著，潘亮彝辑，陈畏人钞本，今陈慎侗藏。

《养一斋札记》，潘德舆著，同治十一年刻本。

《养一斋杂稿》，潘德舆著，稿本。

《养一斋日册》，潘德舆著，陈畏人钞本。

《养一斋同人投赠诗词存》，潘亮彝辑，稿本（楚州图书馆藏）。

《养一斋集外续钞》，潘兰雟辑钞本。

《养一斋集外编手稿》，潘德舆著，稿本（楚州图书馆藏）。

《养一斋家书》，潘德舆著，陈畏人钞本。

《养一斋诗话续编》，潘德舆著，民国二十五年张寿彭过录本。

《养一斋词集评》，潘德舆著，潘亮璘集评，陈畏人钞录，钞本。

《宸垣识略》，吴长先撰，乾隆五十三年池北草堂刻本。

《通甫类稿》，鲁一同著，咸丰九年刻本。

《通甫类稿续编》，鲁一同著，咸丰九年刻本。

《通甫先生集外文》，鲁一同著，民国二十五年排印《淮阴丛书》本。

《通甫诗存　诗存之余》，鲁一同著，咸丰九年刻本。

《陶文毅公年谱》，王焕錪著，民国三十七年油印本。

十一画

《曹甸镇志》，郝树纂，《中国地方志集成·乡镇志专辑》影印民国三十三年钞本。

《黄县志》，尹继美纂修，同治十年刻本。

《梦粱录》，吴自牧著，浙江人民出版社 1980 年版校点本。

《雪桥诗话》，北京文物出版社 1984 年版。

《雪桥诗话续集》，杨钟羲著，民国七年丁巳孟夏南林刘氏求恕斋刊本。

《龚自珍年谱》，樊克政著，商务印书馆 2004 年版。

《虚受堂文集》，王先谦著，光绪二十六年刻本。

《晚晴簃诗汇》，徐世昌辑，民国十八年退耕堂刻本。

《晚学斋文集》，姚椿著，道光二十年刻本。

《笥萧诗集》，潘宗睿著，誊清本（楚州图书馆藏）。

《康雍乾时期城乡人民反抗斗争史料》，中国人民大学清史研究所编，中华书局 1979 年版。

《清碑传合集》，上海书店 1988 年影印本。

《清画家诗史》，李濬之辑，民国十九年刊本。

《清朝书画录》，窦镇著，上海进化书局宣统三年庚申石印本。

《清中期五省白莲教起义资料》，中国社会科学院历史研究所编，江苏人民出版社 1982 年版。

《清史列传》，王钟翰点校本，中华书局 1987 年版。

《清史稿》，赵尔巽主纂，上海古籍出版社 1986 年影印《二十五史》本。

《清秘述闻续》，王家相著，张伟点校，中华书局 1982 年版。

《清代职官年表》，钱实甫编，中华书局 1980 年版。

《清代人物生卒年表》，江庆柏编著，人民文学出版社 2005 年版。

《清代官员履历档案全编》，秦国经主编，华东师范大学出版社 1997 年版。

《清代淮河流域洪涝档案史料》，水利电力部水管司编，中华书局 1988 年版。

《清人别集总目》，杨忠、李灵年主编，安徽教育出版社 2000 年版。

《清人室名别称字号索引》，杨廷福、杨同甫编，上海古籍出版社 1988 年版。

《清人诗集叙录》，袁行云著，文化艺术出版社 1994 年版。

《清人诗文集总目提要》，柯愈春著，北京古籍出版社 2002 年版。

《清宣宗实录》，中华书局 1986 年版《清实录》本。

《（光绪丙子）清河县志》，胡裕燕修，吴昆田、鲁蕡纂，光绪五年刻本。

《淮城信今录》，曹镳著，道光十一年甘白斋活字本。

《淮壖小记》，范以煦著，咸丰五年刻本。

《淮山郝氏族谱》，郝嵩云修，光绪二十八年木刻本。

《淮山肄雅录》，民国八年递修本，段朝端手注（楚州图书馆藏）。

《淮安采风录》，蒋一安、邵育云编著，维新书局 1989 年初版。

《淮安鲍氏族谱》，鲍崧生等纂，光绪二十八年刻本。

《淮安府志》，薛鎏修，陈艮山纂。正德十三年刻本。

《淮安府志》，孙云锦修，吴昆田、高延第纂，光绪十年刻本。

《淮安河下志》，王觐宸纂，程业勤增订，《中国地方志集成·乡镇志专辑》本。

《淮安潘氏续修宗谱》，潘兰璘纂。民国十五年刻本。

《淮安邵氏族谱》，邵育云续修，1992 年家印赠本（郭寿龄藏）。

《淮语》，潘德舆著，稿本（陈慎侗藏）。

《淮阴吴氏宗谱》，吴其稑编，1993 年誊印民国二十四年重编本。

《淮郡文渠志》，吉元、何庆芬纂辑，同治十一年刻本。

《宿迁县志》，严型修、冯煦纂，民国二十四年铅印本。

《宿州志》，何庆钊修，丁逊之等纂，光绪十五年刻本。

《续碑传集》，缪荃孙编，《清碑传合集》本。

《续纂扬州府志》，方濬颐修，晏端书、钱振伦等纂，同治十三年刻本。

《续纂山阳县志》，邱沅等修，段朝端总纂，民国十年刻本。

《续纂丹徒县志》，张玉藻等修，高觐昌等纂，民国十九年刻本。

《（同治）续纂江宁府志》，蒋启勋、赵佑宸修，汪士铎等纂，光绪七年刻本。

《续纂淮关统志》，元成、马冈、征麟等纂，光绪三十二年刊本。

十二画

《壹斋集》，黄钺著，陈育德、凤文学校点，黄山书社 1999 年版。

《堞影轩存稿》，李续香著，《友声集》本。

《散原精舍文集》，陈三立著，民国三十八年上海中华书局铅印本。

《雄县新志》，秦廷秀、褚保熙修，刘崇本纂，民国十九年铅印本。

《赏雨茅屋诗集》，曾燠著，道光间刻本。

《赌棋山庄集》，谢章铤著，民国初刻本。

《焦山志》，吴云辑，同治四年刻本。

《敦夙好斋诗全集初编》，叶名沣著，光绪十六年刻本。

《敦夙好斋诗全集》，叶名沣著，光绪十六年叶非纲重刻本。

《道咸以来朝野杂记》，崇彝撰，北京古籍出版社 1982 年版。

《曾文正文集》，曾国藩著，同治十三年传忠书局刻本。

《寓庸室词批评》，郭瑗著，潘德舆批，《山阳潘氏历代存稿》本。

《强识编》，朱士端著，同治元年刻本。

十三画

《椿花阁文集》，段朝端著，稿本（楚州图书馆藏）。

《椿花馆续笔》，段朝端著，稿本（楚州图书馆藏）。

《楚台见闻录》，段朝端著，稿本（楚州图书馆藏）。

《摄山志》，陈毅撰，汪志伊删补，乾隆五十五年苏州府署刻本。

《献县志》，薛凤鸣修，张鼎彝纂，民国十四年刻本。

《蓉湖诗稿》，卢涌著，咸丰八年信芳阁刻本。

《颐志斋感旧诗》，丁晏著，民国四年排印《雪堂丛刻》本。

《颐志斋文集》，丁晏著，民国三十八年铅印本。

《碑传集》，钱仪吉辑，《清碑传合集》本。

《碑传集三编》，汪兆镛编，《清碑传合集》本。

《碑传集补》，闵尔昌编，《清碑传合集》本。

《跰[illegible]余话》，段朝端，稿本（楚州图书馆藏）。

《新城（江西）县志》，刘昌岳修，邓家祺纂，同治十年刻本。

《新城（河北）县志》，张雨苍等修，王树枏等纂，民国二十四年铅印本。

《谪麐堂遗集》，戴望著，宣统二年刻本。

十四画

《嘉庆重修一统志》，穆彰阿、潘锡恩等纂修，中华书局1986年影印本。

《嘉庆高邮州志》，杨宜仑修，夏之蓉、沈之本纂，道光二十五年刻本。

《嘉庆新修江宁府志》，吕燕昭修，姚鼐纂，光绪六年刻本。

《静思轩藏书记》，宋琨著，民国十五年石印本。

《漱六山房全集》，吴昆田著，光绪十一年刻本。

十五画

《蕴奇录》，叶志诜著，同治四年刻本。

《蕴愫阁文集》，盛大士著，道光五年刻本。

《蕴愫阁诗续集》，盛大士著，道光元年刻本。

《增修甘泉县志》，徐成敷等修，陈浩恩等纂，光绪十二年刻本。

《震泽集》，王鏊著，《四库全书》本。

《墨林今话》，蒋宝龄著，同治十一年刻本。

《镇江府志》，高锡贵修，张九征等纂、朱霖等增纂，乾隆十五年增刻本。

《镇洋县志》，王祖畬等纂，民国八年刊本。

《滕县志》，王政修，王庸立、黄来麟纂，道光二十六年刻本。

《潘四农先生诗册》，潘德舆著，丁瑞侯辑，段朝端、田毓璠等跋。今泉州画廊叶金水藏。

《潘公崇祀乡贤录》，刻本《养一斋集》附录。

《潘氏世集》，编者不详，稿本（楚州图书馆藏）。

《潘四农先生手迹杂钞》，潘德舆著，陈畏人辑钞（陈慎侗藏）。

《畿辅通志》，李鸿章等修，黄鹏年等纂，光绪十年刻本。

《履园丛话》，钱泳著，道光十八年述德堂刻本。

十六画

《燕都丛考》，陈宗藩撰，北京古籍出版社1991年版。

《雕菰集》，焦循著，道光四年阮福岭南节署刻本。

《醒庐杂著》，邱奂著，同治三年刻本。

《歙县志》，石国柱、楼文钊修，许承尧纂，民国二十六年铅印本。

十七画以上

《籀经堂类稿》，陈庆镛著，光绪九年刻本。

《邃怀堂全集》，袁翼著，光绪十四年刻本。

人名字号索引

【说明】

一、所列人名，以见于本谱正文之“行状”与“注释”及引言部分为限，“时政”、“山阳要闻”及“诗坛生态”诸项涉及之人不与焉。因前者与谱主或有交游，或具血缘关系故也。

二、所列人名，一般按姓氏排列。个别不知其姓者，只好随谱主称其字号，并以之排序。部分女性无名者，则于括号内注明其与谱主交游之某男性之关系。人名后括号内所注一般为其主要字号或别号。

三、每位人名后均标明其在正文中出现的年次。为求精练，年号均取其首字简称。如“乾”指“乾隆”、“嘉”指“嘉庆”、“道”指“道光”、“咸”指“咸丰”，“同”指“同治”、“光”指“光绪”等。引言部分亦简称“引”。年号后的数字指具体年份，如嘉17、道10即分别表示嘉庆十七年、道光十年等。

四、所列人物凡有碑传、墓志或其他材料可循，经笔者整理或考证出其生平传略者，均于该传略所在年份前加星号（*）表示。

二画

三画

四画

五画

六画

七画

八画

九画

十画

十一画

十二画

十三画

十四画

十五画

十六画以上

后　记

终于完成了为潘四农先生撰制一部详细年谱的夙愿，真有一种如释重负之感。四农在清代思想史与文艺史上都占有显著一席，理应得到学界的重视。然而，迄今为止，学人对他的关注与研究，和他在学术史与文艺史上的地位显然是很不相称的。但愿本谱的推出，特别是其中首次公布的四农观念、情感变化的诸多原始材料，能够为改变这种状况提供些许帮助。

本谱得以顺利完成，非本人一己之力。以下诸位均程度不同地有功于是役：百岁老人陈慎侗先生、楚州区政协文史办郭寿龄先生、楚州区文化局刘怀玉先生、楚州区图书馆孙全珍女士、江苏大学赵永源博士、南京师范大学许隽超博士、南昌大学周子翼博士以及本系许芳红博士、周金标博士。他（她）们或提供原材料，或协助整理钞本、稿本，或帮忙查找相关资料。正因他（她）们的无私帮助，本谱的质量才日渐差强人意。曲学家、书法家、业师王星琦先生欣然应邀题签，为拙著增辉添色。本人供职的淮阴师范学院为本谱出版提供资金支持（教授基金06HSJS003、博士后基金05HSBS002），所在学科组亦为本谱的出版慷慨资助，并列为“淮上文丛”之一种。谨向以上诸人与组织致以由衷谢忱。

囿于见闻及水平，本谱对四农交游、行迹等各方面均尚有阙疑处，即便已考索的部分也难免存在舛误。凡此种种，敬希并世贤达不吝赐正。且衷心期待来哲能以此为基础，做出一部更加翔实的潘德舆年谱，庶几不负这位深孚众望的文学家、思想家。

朱德慈

2008年4月杪于樱花园畔